国家社科基金一般项目"华夏文明传播的观念基础、理论体系与当代实践研究"（19BXW056）阶段性成果；

福建省专业学位研究生导师团队"华夏文明传播研究团队"建设成果；

福建省首届网络教学名师培育计划建设成果；

福建省高校人文社科研究基地"中华文化传播研究中心"建设成果；

福建省课程思政"华夏传播概论"建设成果；

厦门大学一流本科课程"华夏传播概论"建设成果；

厦门大学研究生课程"中国传播理论研究"课程思政建设成果。

中华文化与传播研究

第十辑

谢清果　钟海连　主编

九 州 出 版 社

JIUZHOUPRESS

图书在版编目（CIP）数据

中华文化与传播研究. 第十辑 / 谢清果，钟海连主编. -- 北京：九州出版社，2022.5
ISBN 978-7-5225-0946-4

Ⅰ. ①中… Ⅱ. ①谢… ②钟… Ⅲ. ①中华文化－文化传播－研究 Ⅳ. ①G125

中国版本图书馆CIP数据核字(2022)第084712号

中华文化与传播研究·第十辑

作　者	谢清果　钟海连　主编
责任编辑	郝军启
出版发行	九州出版社
地　址	北京市西城区阜外大街甲 35 号 (100037)
发行电话	(010)68992190/3/5/6
网　址	www.jiuzhoupress.com
印　刷	北京九州迅驰传媒文化有限公司
开　本	720 毫米 ×1020 毫米　16 开
印　张	21.5
字　数	480 千字
版　次	2022 年 6 月第 1 版
印　次	2022 年 6 月第 1 次印刷
书　号	ISBN 978-7-5225-0946-4
定　价	76.00 元

《中华文化与传播研究》

主办单位：

　　厦门大学传播研究所

　　中盐金坛盐化有限责任公司

　　福建人文社会科学研究基地中华文化传播研究中心

协办单位：

　　华夏传播研究会

　　华夏文化促进会

　　国际中华传播学会（美国）

　　中国传媒大学媒体创意研究中心

　　福建省传播学会

　　厦门大学国学研究院

　　四川大学老子研究院

　　厦门大学道学与传统文化研究中心

　　厦门筼筜书院

　　厦门伟纳机电技术有限公司

　　两岸关系和平发展协同创新中心

　　中国新闻史学会新闻传播思想史专业委员会

　　中国新闻史学会台湾与东南亚华文新闻传播史研究委员会

　　中国传媒大学健康中国与中医药传播研究中心

编辑委员会

卷首语
作始也简，将毕必巨

回首 2021 年，"历史"一词无疑是这一年中的高频词汇。中华民族经历了三件大事：隆重庆祝中国共产党成立 100 周年；以史为鉴，开创未来，在全社会回顾党的百年奋斗历程，开展党史学习教育；召开党的十九届六中全会，通过党的第三个历史决议：《中共中央关于党的百年奋斗重大成就和历史经验的决议》。在 2022 新年贺词中习近平总书记说："百年成就使人振奋，百年经验使人启迪。"回望党的百年历史，从嘉兴南湖上的一艘小红船，到如今带领我们驶进社会主义现代化强国航向的新征程的"巨轮"，中国共产党的百年奋斗历史无疑是一部"其作始也简，而其将毕也必巨"的历史。

不仅中国共产党的百年奋斗历史是一部"其作始也简，而其将毕也必巨"的历史，而且中国共产党百年来发展的各个阶段的历史也是"其作始也简，而其将毕也必巨"的历史。1945 年 4 月，党的六届七中全会在延安召开，会议通过了党的历史上第一个历史决议《关于若干历史问题的决议》，在同一年党的七大召开，在闭幕式上毛泽东同志即以《庄子》中"其作始也简，而其将毕也必巨"这句名言来概括中国共产党在新民主主义革命时期的奋斗征程。1981 年 6 月，党的十一届六中全会在北京召开，会议通过了党的历史上第二个历史决议：《关于建国以来党的若干历史问题的决议》，会议系统总结了社会主义革命和建设时期的历史，为改革开放，解放思想进一步统一了思想认识。在会议前后几年的谈话中，邓小平同志多次提到"小康"的思想，从 1979 年第一次提到"小康之家"的设想，到后来正式提出"小康社会"的构想，再到 2020 年，我国成功打赢脱贫攻坚战，取得全面建成小康社会的伟大胜利，可见改革开放以来的历史也是一部"其作始也简，而其将毕也必巨"的历史。

进入新时代以来，习近平同志在多次讲话中也多次用"其作始也简，而其将毕也必巨"来概括党所走过的来时路。如 2017 年 10 月 31 日党的十九大刚闭幕，习近平同志带领中央政治局常委瞻仰上海中共一大会址和浙江嘉兴南湖红船时的讲话、2020 年 3 月 6 日习近平同志在决战决胜脱贫攻坚座谈会上的讲话，等等。

薪火相传，生生不息。中华民族和中华文化之所以能够成为世界诸多文明古国中发展从未中断的文明，究其文明传播特质而言，就在于中华文化与传播始终做到了"其作始也简，而其将毕也必巨"的传播效果和传播目标。老子所云"合抱之木，生于毫末；

九层之台，起于累土；千里之行，始于足下"、唐诗所描绘的传统中国农耕文明景观"春种一粒粟，秋收万颗子"、马克思主义所讲的从量变到质变的飞跃，讲的都是这个道理！

从传播学视角出发，中华文化"其作始也简，而其将毕也必巨"的特点勾勒出了华夏文明跨越时空长时间传承和大空间传播的特质。在中国新闻传播学加速本土化进程中和努力构建中国特色社会主义新闻传播学的学科背景下，以建设传播学"中华学派"为学术志向的华夏传播学应当积极探索中华文化之所以能够"薪火相传""其作始也简，而其将毕也必巨"的理论内核，探明其中所蕴含的文化信仰、文化理念、文化仪式、文化符号、文化产品等一系列从华夏传播形而上的传播哲学本体论，到形而下的传播应用理论。

为此，华夏传播研究在将来的发展中需要从两个方面久久为功：

第一，"致广大而尽精微"。立足于中华文化传播现实问题的解决导向，既要达到宽广博大的境界，基于时代呼唤，思考"人类命运共同体""中华民族意识共同体"等宏观而深远的时代命题；同时要深入到精微细致处，既要重全局，又要重细节。把华夏传播研究建立在中华大地的一个个细致入微的细节之上，有如著名社会学家费孝通先生晚年所写的中国社会考察记《行行重行行》所示，未来华夏传播学研究，将走出从书本到书本，将走出象牙塔，走向社会，走向城市，走向乡村，用眼睛看，用耳朵听，用生命去体验，浸润于中华大地上的丰富多元的传播现象和传播形态，在比较中思考，在观察中记录，在中国社会的细节和精微处，探索中国传播学本土化更多的细节，捕捉更多美好和值得思考的瞬间。

第二，"极高明而道中庸"。立足于中华优秀传统文化这一中华文明的突出文化优势来做研究。五千年华夏文明产生了无数灿若星辰的伟大思想家、文学家和艺术家；形成了以儒释道三教合一为代表的多元一体的文化精神和文化信仰，这些都是中华文明"极高明"的杰出代表。一方面存储于历代文化典籍之中，另外一方面深深内化于民间民俗传统之中。如前所述，华夏传播研究未来将彰显理论与实践并重路线，在研读经典和田野调查中探究"其作始也简，而其将毕也必巨"的中华文化传播密码，做到对"极高明"的"致广大"。与此同时，华夏文化传播还将力求做到对"道中庸"的"尽精微"，致力于华夏传播研究成果在中国社会现实问题和百姓日用问题的解决和探索。

"其作始也简，而其将毕也必巨"的名言浓缩了华夏五千年文明"薪火相传"之道的真精神，五千年华夏文明"始简毕巨"，百年党史"始简毕巨"，未来的华夏传播研究也将"始简毕巨"！

王婷（贵州师范大学）

2022 年 2 月

目　录

一、媒介学视角下的中华文化传播

主持人语

知名学者麦克卢汉曾经提到"媒介即讯息",强调了媒介本身的重要性。而法国学者德布雷则提出"媒介学"概念,从媒介系统的角度切入,深入阐释了媒介与社会、文化之间的互动关系。事实上,媒介变迁和社会结构的变化息息相关,并影响了文化的深层肌理和脉络。因此,从媒介学的角度来研究社会和文化,逐渐成为近年来传播学界的研究热点。本专栏汇集了三篇论文,从媒介学视角出发,聚焦中华文化传播现象,梳理媒介和文化传播之间的深层渊源和内在逻辑。

《规训还是重构:两种理论视角下的移动音频研究》一文以当下火爆的移动音频 APP 为切入口,探讨现代的声音产品和中国口述文化传统之间的关系。文中提到,对听与说的重视,是中国文化的传统。移动音频体现了对传统的继承和发扬,但它仍然是现代的声音产品。从福柯的理论角度而言,移动音频对碎片化时间和空间的进占,可以看作市场试图规训个体,使之成为合格的现代社会生产者和消费者所做出的努力,是中国社会被动卷入现代化进程的隐喻。然而,从麦克卢汉的理论出发来看,移动音频为个体化进程中的个人提供了重新联结的机会,以"始终在场"的方式提供安全感和归属感,这种"再部落化"是对中国传统的回归和再诠释,也为中国的现代化发展提供了更多来自传统的经验。

《集体记忆与身份认同:〈黄河谣〉的声音符号分析》一文,从听觉文化角度切入，分析黄河歌谣。文章以《黄河谣》民谣摇滚歌曲为研究对象，探究听觉传播领域有关《黄河谣》的声音符号及其意义、听众如何获得意义并形成身份认同与想象的共同体，指出《黄河谣》以其极具代表性的声音符号与漂浮的"意义"，打破了地域限制、文化圈层、语言障碍，引发现代"牧民"共同的哀思，构建"想象共同体"，确立身份认同。

《技术、文化与集体记忆——从媒介学视角看侨批与潮汕文化的传承与嬗变》一文，选择了潮汕地区极具地域文化特色的"侨批"作为研究对象。侨批是19世纪50年代后出国谋生的潮汕先民寄回家乡禀报平安以及赡养胞亲的一种"银信合封"的民间函件。侨批作为一种中介作用物，跨越了时空界限，连接了不同历史时期、不同国家和地域之间的潮人文化血脉。文章力图通过媒介学的理论视角，探讨侨批这一物质化的象征物作为一种中介如何传承潮汕地区的文化之根，并且如何在技术与文化的交融中影响了潮汕文化的发展轨迹。

具体而言，这三篇论文分别结合相关的社会学、传播学理论，对中国社会的媒介现象展开分析，并对深藏于媒介现象之下的中国文化心理进行了一定的梳理。本专栏特刊此以飨读者，也期待更多学界同仁不吝赐教！

（中国传媒大学副教授 李汇群）

规训还是重构：两种理论视角下的移动音频研究

李汇群*

（中国传媒大学传播研究院，北京，100024）

摘要： 对听与说的重视，是中国文化的传统。移动音频体现了对传统的继承和发扬，但它仍然是现代的声音产品。从福柯的理论角度而言，移动音频对碎片化时间和空间的进占，可以看作市场试图规训个体，使之成为合格的现代社会生产者和消费者所做出的努力，是中国社会被动卷入现代化进程的隐喻。然而，从麦克卢汉的理论出发来看，移动音频为个体化进程中的个人提供了重新联结的机会，以"始终在场"的方式提供安全感和归属感，这种"再部落化"是对中国传统的回归和再诠释，也为中国的现代化发展提供了更多来自传统的经验。

关键词： 规训；重构；现代化；移动音频

"互联网+"时代的到来和移动客户端技术的快速发展，为近年来的移动音频产业注入前所未有的活力。《2020—2021年中国在线音频行业研究报告》显示，"2020年中国在线音频用户规模为5.7亿人，预计未来继续保持稳定增长，2022年将达到6.9亿人"①，市场发展前景良好。

一、说和听：移动音频与口述传统

移动音频能结合传统声音介质和互联网的优势，充分发挥听觉传播的便利，将视觉文本内容转换为更容易接受的听觉符号，轻松进入用户的日常生活。值得注意的是，中国传统文化原本就很重视听觉，如儒家经典《论语》就是一部记载孔子和学生日常对话交流的典籍，而传统的中国古典小说，更以其"口述性"（Orality）独树一帜。无论是儒

---

　* 作者简介：李汇群（1978—），女，湖北荆州人，中国传媒大学传播研究院副教授，研究方向：应用传播、媒介文化研究。

① 艾瑞咨询：《2020—2021年中国在线音频行业研究报告》，2021年3月31日，https://www.iimedia.cn/c400/77771.html，2021年8月30日。

家经典还是话本小说的口述性，都反映了传统中国社会的特点：聚集与分享。在农民聚集的乡村、在手工业者聚集的城市，说话人和听众一起分享故事"讲故事的人所讲述的取自经验——亲身经验或别人转述的经验，他又使之成为听他的故事的人的经验"①，说故事的人和听故事的人分享的是经验。费孝通先生曾指出，传统中国社会是乡土社会，家族世世代代在固定的地方聚族而居，"不论在空间和时间的格局上，这种乡土社会，在面对面的亲密接触中，在反复地在同一生活定型中生活的人们，并不是愚到字都不认得，而是没有用字来帮助他们在社会中生活的需要"②。简单定型的生活，使得人们不需要通过复杂的文字来进行更深入的沟通，面对面的经验分享是最常见的、最熟悉的交流方式。对口述交流的重视和依赖，说明传统的乡土生活很稳定，流动性很低，简单的口头传播即可覆盖日常需要。

移动音频在当下中国社会的广泛传播，虽然从形式上和传统的口述交流有相似之处，但它本身由"现代的声音"构成，完全脱离了具体时空的限制，可以重复播放收听，其传播的范围和效果，自然的声音远远不能与之相比，这种可重复使用、可便利收听的声音产品，反映了现代社会的气质，即对碎片化时间和空间的规训。

二、对时间和空间的规训：被动卷入现代化进程的隐喻

移动音频主要包括播客、付费音频节目、网络电台、音频直播、有声书等形式，移动音频的兴起，使人的手、脚、眼睛等多个部位得以解放，无孔不入的声音以其便利占据了更多的碎片化时间和空间。

1. 对时间的规训

移动音频平台的特色之一就是对时间的精细划分和利用。以移动音频行业头部企业喜马拉雅 APP 为例，按照时间顺序，它的推荐界面曾经一度分为清晨时光、上班途中、午间休息、下班途中、深夜时间等不同时段，每个时段都根据场景安排不同内容。此后，喜马拉雅的推荐界面又添加了助眠专注的选项，下设助眠、冥想、专注、解压等四个场景，每个场景下又细分有若干个小场景，提供不同内容为不同场景服务，以满足"用声音服务美好生活"的目标，增强用户黏性。然而，看似美妙动听的口号之下，覆盖24小时滚动的时间表也体现了平台对用户时间的规训，折射出资本对个体的权力控制。如福柯所言"这种新技术用于控制每个人的时间，调节时间、肉体和精力的关系，保证时段的积累，致力于利润的持续增长或最大限度地使用稍纵即逝的时间"③。这种无孔不入的对

---

① [德] 瓦尔特·本雅明：《本雅明文选》，陈永国、马海良编，北京：中国社会科学出版社，1999年，第295页。
② 费孝通：《乡土中国》，北京：北京出版社，2004年，第28页。
③ [法] 米歇尔·福柯：《规训与惩罚：监狱的诞生》，刘北成、杨远婴译，北京：生活·读书·新知三联书店，1999年，第177页。

时间的利用，隐含着一种"进步的时间"观念，即假定时间是获得效率、制造价值的工具，意即"为了积聚未来的'利润'，时间必须得到妥善利用，不准浪费"。[①]

现代的时间观念，借由工业革命，从西方向全球扩散，时间以某种客观、科学的方式被组织起来，然而现代性的矛盾之处在于，它清除了旧的时间观念，但同时又确立了某种单一、机械的时间规范，并导致了工作世界向生活世界渗透。如果说传统的工业时代，工业机器还难以完全覆盖到人们生活的碎片化时间，但在移动媒体时代，新兴的移动音、视频，已经能完全克服传统媒体的不足，彻底占据人们的生活世界。

2. 对空间的规训

对空间的有效组织和利用，是移动音频平台的另一个特色。几乎所有的移动音频平台在用户登录时，都会要求用户填写性别，并进行相应的内容选择，从性别的角度对内容空间进行分类。此外，喜马拉雅、蜻蜓FM、懒人听书、酷我听书、得到等都设置有专门的儿童或家庭亲子专栏，针对儿童教育提供内容服务。针对女性和儿童的内容服务，多围绕情感、家庭、教育、自我成长等主题而展开，虽然显得丰富，却难免同质化。如喜马拉雅的儿童栏目下设有排行榜、哄睡、故事、儿歌、科普、国学、动画、育儿学科等多个子栏目，每个栏目点击进入后，都会有相应的节目供选择。并且，喜马拉雅还提示"设置宝宝年龄，获得更精准的内容推荐"，设置有男宝宝、女宝宝选项，并从年龄上划分为孕期、0—2岁、3—6岁、7—10岁、11—14岁等五个阶段。值得注意的是，在3—6岁的阶段，喜马拉雅为女宝宝推荐了"迪士尼女孩故事"，强调"这里是女孩的专属梦幻花园"；同时为男宝宝推荐了"迪士尼男孩故事"，强调"这里是男孩的专属冒险乐园"，而这样的故事分类呈现出明显的性别刻板印象。

这种基于性别和年龄而设置的空间区隔，反映了某种精心的安排和设计。如福柯所说："在组织建立'单人密室''场所''座次'时，纪律创造了既是建筑学上的我，又具有实用功能的等级空间体系。这种空间既提供了固定的位置，又允许循环流动。它们划分出各个部分，建立起运作联系。它们标志出场所（位置）和价值。它们既确保了每个人的顺从，又保证了一种时间和姿态的更佳使用。"[②]在福柯看来，工业革命在西方的兴起和推动，通过空间的规训，把个体变成了某种适应现代社会工作节奏的现代人。以福柯的理论来看待当下移动音频产品的空间安排，也能看到这种明显的规训意味，无论是从性别空间的角度来规训男、女的性别角色，还是从年龄空间的角度来规训不同年龄段的儿童成长，其最终目的都是为现代社会的生产发展培养符合期待的规范化个体。

自从西方进入工业革命以来，传统社会快速转型为现代社会，对所谓现代化的追求导致了社会组织的全面革新，其中就包括以或隐或显的权力运作，对个体进行全方位的

---

① ［英］阿雷恩·鲍尔德温等著：《文化研究导论》，陶东风等译，北京：高等教育出版社，2004年，第190页。

② ［法］米歇尔·福柯：《规训与惩罚：监狱的诞生》，第167页。

规训，使之顺从地接受工业生产方式对身体潜移默化的塑造，成为服从的、自觉的、满足现代社会需求的全新现代人。这种西方主导的现代化革命，经过数百年的殖民扩张，扩展到全世界范围，使得其他非西方国家被动卷入这种现代化转型的进程中，中国也未能例外。作为全球第二大经济体，中国有广阔的国内市场和完整的工业生产线，社会经济结构已经和全球生产体系高度嵌合。并且，作为全球最大的劳动力资源国家，对劳动力资源进行整合，也是中国进行现代化建设的必然要求。移动音频产品对于用户时间、空间的全方位覆盖，在某种程度上可以视为现代社会体制无孔不入地进入个人生活，而移动音频用户数的海量增长则可视为个人对这种进入的默认和许可。有用户曾提到"对我们这种上班一族来说，拥有各种碎片化的时间，如吃早餐的时间、午饭时间、午休时间，甚至赖床的时间都可以塞上一个小耳机，就播放有声阅读的内容，这样一举两得！充分利用时间学习"[①]，默认了非工作时间应该被充分利用于学习和工作。如果说，西方确立现代性的标志之一就是确立了工作时间的霸权，而在当下的中国，个体不仅认同工作时间，甚至认同工作时间对非工作时间侵入的合理性，生活世界也日益受制于理性系统而沦为被殖民地，这是不是意味着中国在现代化的道路上不仅蹒步西方，甚至比西方走得更远呢？

三、重构"再部落化"：以联结回归听觉文化传统

麦克卢汉曾提到，和视觉文化占主导的西方不同，中国有着听觉文化的传统："在部落文化中，经验由占主导地位的听觉生活来安排，听觉生活压制着视觉价值。听觉与低清晰度的、中性的视觉不同，它具有高度的审美功能，它是精微细腻的、无所不包的。"[②]麦克卢汉解释说西方使用表音文字，文字呈线性排列，使得西方形成了独特的线性思维传统，并建立了以线性思维为基础的理性社会，但中国、印度等国家都使用表意文字，由此建立了部落性的传统文化，重视关系的联结和建构，认为这比生活的便利高效更重要。

麦克卢汉的理论，在一定程度上可以回应费孝通先生的说法。如上文所述，费先生提到，口述传播反映了传统中国的乡土特性，即人们通过口头传播分享经验、联结关系，其重要性完全不输于传播内容本身。那么，当下的移动音频生产，固然受制于资本的压力试图压制用户的个人时空，但众所周知，从来都不存在完全逆来顺受的用户，用户有没有可能依托这种新型媒介形态开拓自己的体验世界，并在竞争激烈的理性社会建立新联结呢？

---

① 知乎用户"燕子跑跑跑"回答"有声阅读会不会成为阅读新趋势"，2018 年 6 月 25 日。
② ［加］马歇尔·麦克卢汉：《理解媒介——论人的延伸》，何道宽译，北京：商务印书馆，2004 年，第123 页。

1. 隔离与伴随并存

现代社会是充满噪音的社会，尤其在都市，各种社会生产所形成的噪音可谓无处不在，给人的生理和心理都带来压力和挑战，这也是现代性的痼疾之一。移动音频器质的便携，为现代人提供了开拓自我声音空间的可能，通过手机、耳机、车载音箱、水中MP3等媒介，用户完全可以挑选、定制独特的声音产品，与喧嚣嘈杂的外部噪音世界相隔离，深入沉浸到自我的声音世界。这个声音世界与不同场景高度融合，结合运动、开车、行走、做家务、休息等场景，用户可以主动选择不同声音产品，建构封闭的、隔离的私人体验空间，对声音的掌控和把握，彰显了个体的积极主动性，表达了对外部工具世界的疏远和反叛。在自我的声音空间里，声音的陪伴将用户重新带回到聆听的现场，调动情绪投入到信息交流，而移动音频产品打造的互动方式，如点赞、留言等，能为用户提供更好的交互体验，能嫁接、勾连声音主体和听众所处的不同时空，如苏格拉底所说，让双方都能感受到彼此之间"爱欲"的流动①，将人从冰冷的异质化的世界中解放出来，化解现代社会对人的压制和异化，使人能够更好地恢复人的本质。这也印证了麦克卢汉的看法，即人们在电子媒介时代必然重新经历"再部落化"，回到人的感觉全面均衡发展的环境中，"超越文字人的局限，恢复人的'整体性'"②。

2. 脱嵌与联结同在

在传统中国社会，说与听联结的往往是熟人社会的群体，口头传播的范围比较有限。现代社会的一个特点，是熟人社会的瓦解，个人从传统的社会秩序、社会结构中脱嵌，如原子般分散。这也是贝克提到的风险社会特征，既有的社会形式解体，阶级、性别角色、社会地位、家庭、邻里等社会范畴弱化，以往被规范的标准化的人生轨迹不再是必然归宿，而只是某种选择③。为自己而活成为人们的普遍信仰。和传统社会相比，现代社会生活显然更有活力，需要面对更多挑战，但伴随着各种不确定性和风险，而这些风险往往需要由个人来独自承担。④以一己之力来对抗社会风险，对个人而言显然难以胜任，重新建立新范畴、寻找新联结，成为现代人的必然选择。当人们从以往基于血缘、地缘而建立的亲戚、熟人等初级群体中脱嵌，建立以趣缘为基础的新型社会关系成为更现实的可能路径。人们出于兴趣主动选择音频节目，与主持人、主讲人互动，与听友们共建微信群、QQ群等展开持续交流，甚至可以发起呼吁，定制符合自己需求的音频节目，这些操作方式构成了日渐成熟完善的音频产业发展模式。通过移动音频平台，口头传播得以突破现场的局限，辐射到更广泛的受众群体，而这些群体是由基于共同兴趣的众多"陌

① ［美］约翰·杜翰姆·彼得斯：《对空言说：传播的观念史》，邓建国译，上海：上海译文出版社，2017年，第53页。
② ［加］马歇尔·麦克卢汉：《理解媒介——论人的延伸》，第125页。
③ ［德］乌尔里希·贝克，［德］伊丽莎白·贝克–格恩斯海姆：《个体化》，李荣山、范譞、张惠强译，北京：北京大学出版社，2011年，第2页。
④ ［德］乌尔里希·贝克，［德］伊丽莎白·贝克–格恩斯海姆：《个体化》，第29页。

生人"重新组织起来的新型社会关系。阎云翔曾指出,中国社会的个体化与西方的不同之处在于它是某种"国家管理下的个体化",① 国家的力量始终在场,在传统中国它表现为宗族、地方的介入,在集体主义时代它体现为单位、组织的干预,在改革开放的时代,随着国家逐步从个人生活领域退出,更多元、松散的社会关系随之进入。与传统的集体组织相比,新型社会关系对个人的束缚更少,但提供的服务柔性贴心,为身处于激烈竞争环境中的个人带来更多疗愈和抚慰,而以"始终在场"的方式不断提供安全感和归属感,正是传统中国文化的延续。

综合来看,移动音频的发展推广,折射了资本和市场试图全面进占用户生活世界的努力,这本身包含着规训个体,使之成为合格的现代社会生产者及消费者的意图。但用户并非完全受控,相反用户通过对移动音频节目的选择,建构了自我的声音世界和新型社会关系,以此来反抗工具系统对日常生活的殖民化。而注重连接、重视社会网络本身就是中国传统听觉文化的内涵,从这个角度来看,现代人通过"现代的声音",在更广泛的电子社区里重新定位自我和他人的关系,重新发展"整体的人",可以看作向传统的努力回归和重新创造,而这也为发掘中华传统文化内涵以服务于现代社会建设,提供了更多可以参照和思考的经验。

---

① [美]阎云翔:《中国社会的个体化》,陆洋等译,上海:上海译文出版社,2012 年,第 15 页。

集体记忆与身份认同:《黄河谣》的声音符号分析

杨 璠 林 倩*

（宁夏大学新闻传播学院，宁夏银川，750021）

摘要：黄河，作为一种跨越时间与空间的媒介，生生不息、源远流长，至今都是中华民族不可磨灭的集体记忆。从文字与视觉传播方面来说，记录黄河的文章与影视作品不可胜数，但关于黄河的声音研究却鲜有耳闻。本文以《黄河谣》民谣摇滚歌曲为研究对象，分析听觉传播领域有关《黄河谣》的声音符号及其意义、听众如何获得意义并形成身份认同与想象的共同体。《黄河谣》以其极具代表性的声音符号与漂浮的"意义"，打破了地域限制、文化圈层、语言障碍，引发现代"牧民"共同的哀思，构建"想象共同体"确立身份认同。

关键词：黄河；声音符号；身份认同

声音的魅力正在被重新挖掘，有关于"声音传播""听觉主义""互联网音频"等领域的研究开始不断涌现。声音作为一种重要的传播方式，是如何被听众接收且对听众会产生什么样的影响？除了视觉传播之外是否还存在着另一种传播的可能性？用户是否可以通过此构建身份认同呢？从已有研究来看，《声音与"听觉中心主义"——三种声音景观的文化政治》通过分析现代声音技术的编码逻辑，以摇滚乐、流行乐、梵音音乐为研究对象，分析声音文化政治的编码方式与生产机制，以及其呈现的文化逻辑（周志强）[①]。《城市的声音：现代早期欧洲城镇的声音景观》通过城市声音景观、城镇声音的意义、声音景观与身份和权力，得出声音景观塑造着精神共同体及本地身份，并且在城市权力结构中起到了重要的作用，控制声音即可以控制一种交流的媒介（大卫·加里奥）[②]。《"听觉性"在场——论大众文化装置范式中的声音景观》认为声音景观既是物理环境，又包括

---

　* 作者简介：杨璠（1994—），女，宁夏人，宁夏大学新闻传播学院助教，研究方向：文化研究、视听研究；林倩（2000—），女，山东日照人，宁夏大学新闻传播学院本科生，研究方向：文化研究。

　① 周志强：《声音与"听觉中心主义"——三种声音景观的文化政治》，《文艺研究》2017年第11期。

　② ［澳］大卫·加里奥，王敦，李泽坤，李建为：《城市的声音：现代早期欧洲城镇的声音景观》，《文学与文化》2017年第4期。

文化层面的聆听方式、听众及其所处的环境关系，以及谁能听到什么样的社会环境（李健）[①]。*Why Music Matters* 认为音乐总是和隐秘的自我有很大关系，可以确认自己的身份且与集体记忆、公众经验相关（*David Hesmondhalgh*）[②]。*Rethinking The Soundscape* 研究了声音与意义的关系，声音的意义，听众如何获得意义，声音与噪音、技术、文本的关系等（*Ari Y.Kelman*）——总结得出声音不仅仅是简单的感官体验，其蕴含着丰富的意义实践，有着独特的编码及解码的生产机制[③]。声音符号与听众的自我认知、集体记忆、身份认同、社会环境之间存在着相关的逻辑关联。本文将以前人所做的研究为基础，以声音符号的编码解码、声音符号的意义为问题取向，以《黄河谣》为声音文本，分析其声音符号及所进行的意义实践，进而分析其如何塑造集体记忆并形成身份认同。

一、研究问题与方法

（一）研究问题

1. 民谣摇滚歌曲《黄河谣》中的声音符号都有哪些？
2. 民谣摇滚歌曲《黄河谣》声音符号的意义是什么？
3. 民谣摇滚歌曲《黄河谣》如何构建集体记忆并形成身份认同？

（二）研究方法

本文尝试从声音符号及意义的关系问题入手，选取了两首不同的民谣摇滚歌曲《黄河谣》为研究对象，分析《黄河谣》中所蕴含的声音符号，进而分析其意义及声音符号与集体记忆、身份认同的关系。

本文主要采用的研究方法是文本分析法，文本分析法是指从文本的表层深入到文本的深层，从而发现那些不能为普通阅读所把握的深层意义。文本分析的对象主要包括两首《黄河谣》的声音符号，主要借助符号学的方法进行（需要指出，本文某种程度超越了能指与所指的范围，将黄河延伸到了更大范围的象征性方面），包括分析歌词文本中出现的声音符号，将其进行能指与所指分析，并对相关声音符号进行词频统计，进而更深入分析其深层所蕴含的意义。

二、声音符号与意义表征

以黄河为原型进行创作的民谣摇滚歌曲众多，本文选择了在网易云搜索中排名前两位的两首歌曲《黄河谣》（表格中为《黄河谣 1》与《黄河谣 2》）。这两首《黄河谣》分别来自歌手赵牧阳与野孩子乐队，他们均来自中国西北地区——银川与兰州，作为黄河

---

① 李健:《"听觉性"的在场——论大众文化装置范式中的声音景观》,《南京社会科学》2021 年第 2 期。

② Hesmondhalgh D: *Why Music Matters*, New Jersey: Wiley-Blackwell, 2013, pp.1.

③ Ari Y. Kelman, "Rethinking the Soundscape", *The Senses and Society*, no.2(2010).

流经的上游城市,黄河雄伟壮阔的景观、生生不息的生命力,扎根在世世代代在此繁衍生息的人们内心深处。下表为两首《黄河谣》的歌词文本:

表1 《黄河谣》歌词文本

歌名	《黄河谣1》	《黄河谣2》
词曲创作	赵牧阳	野孩子乐队
歌词文本	黄河的水干了,妈妈哭了 黄河的水干了,我心碎了 早知道黄河的水干了 修他妈的铁桥是做啥(saniye)呢 早知道尕妹妹的心变了 谈他妈的恋爱是做啥(saniye)呢 早知道黄河的水干了 修他妈的铁桥是做啥(saniye)呢 早知道尕妹妹的心变了 谈他妈的恋爱是做啥(saniye)呢 做啥(saniye)呢 做啥(saniye)呢 做啥(saniye)呢 做啥(saniye)呢 哎呦喂,我回不去的家 爸爸妈妈老了 黄河的水啊,干掉了 流浪的人啊,回来了 黄河的水啊,干掉了 流浪的人啊,回来了 黄河的水干了,妈妈哭了。 黄河的水干了,我心碎了 我心碎了	黄河的水不停地流 流过了家,流过了兰州 远方的亲人啊 听我唱支黄河谣 日头总是不懈地走 走过了家,走过了兰州 月亮照在铁桥上 我就对着黄河唱 耶～咿～呀～咿～耶～咿～呀～咿～耶～哟 耶～咿～呀～咿～耶～咿～呀～咿～呀～咿～哟 耶～咿～呀～咿～耶～咿～呀～咿～耶～哟 我就对着黄河唱 每一次醒来的时候 想起了家,想起了兰州 想起路边槐花香 想起我的好姑娘 黄河的水不停地流 流过了家,流过了兰州 流浪的人不停地唱 唱着我的黄河谣 耶～咿～呀～咿～耶～咿～呀～咿～耶～哟 耶～咿～呀～咿～耶～咿～呀～咿～呀～咿～哟 耶～咿～呀～咿～耶～咿～呀～咿～耶～哟 唱着我的黄河谣 耶～咿～呀～咿～耶～咿～呀～咿～耶～哟 耶～咿～呀～咿～耶～咿～呀～咿～呀～咿～哟 耶～咿～呀～咿～耶～咿～呀～咿～耶～哟 唱着我的黄河谣
发行时间	2006-06-27	2006-10-05
地理空间	宁夏银川	甘肃兰州

在民谣歌曲《黄河谣》中,黄河隐喻着不同的意象,赵牧阳的《黄河谣》是对于大自然的不可控与时间流逝的无可奈何,比如"黄河的水干了""妈妈的心碎了""尕妹妹的心变了"等,其以"黄河""妈妈""尕妹妹"为符号,朴素地表现对于生命、时间、

爱、希望的渴望，而"流浪""心碎了""回不去""做啥呢"等词则表现的是理想与现实之间的横亘；相对于赵牧阳充满悲悯的《黄河谣》，野孩子乐队的《黄河谣》更随性自然，"黄河的水不停地流"区别于"黄河的水干了"，表现的是"黄河"的生生不息与历史传承，"日头总是在不懈地走""流浪的人在不停地唱"，时间在流逝，一代代的浪子在游荡，但黄河就在那里，从过去到现在，从现在到未来，更具自然主义随遇而安的意义表征。下表将以两首歌中共同出现的声音符号为文本进行分析，以能指与所指、出现频率（次数）为分析方法进行解码：

表 2 《黄河谣》文本中的能指与所指

能指	所指	出现频率（次）
黄河的水	生命、时间、传承	10
妈妈、爸爸、亲人	爱、希望	4
铁桥	沟通、连接、交汇	2
尕妹妹、好姑娘	失去的美好事物	3
家	故乡与心灵寄托	5
流浪的人	居无定所、自然随性的生命状态	3

虽然两首歌所表达的意境不尽相同，但都以"黄河"为声音符号，"象征性远远超出了能指与所指符号之间的关系"[①]，"黄河的水"、沿岸的"铁桥""槐花"、留在故乡的"亲人""妈妈""好姑娘"，"黄河"作为一个极具象征性的纽带勾连起了所有相关的能指与所指，使得意义的实践更为宽泛与深刻，黄河不再是河流，不再滋养土地的甘露，而是生活在黄河沿岸，乃至生活在中国土地上的炎黄子孙的集体记忆，黄河代表的是故乡、母亲、爱人、花等一切具象化的美好事物，但从更深刻的意义上来讲，黄河更是超越了能指与所指的范围，漂浮的"意义"象征着抽象的哀思与忧愁，抑或希望与爱。

传播学者英尼斯的"媒介的偏向"理论认为，从发展的关系来看，任何特定的传播媒介都会在信息的组织和控制方面体现出对时间或空间的偏倚性。具体地说，偏倚时间的媒介是指石头、黏土等媒介。这些媒介的特性是沉重、不容易移动，难以借助空间来传递，但却经得住时间的销蚀，对于此类媒介的偏倚利于阶层社会的形成与稳定，利于道德风气和宗教氛围的形成。偏倚空间的媒介是诸如纸张一类的媒介。此类媒介质地轻，便于携带，可以远距离传送，但生命力并不持久，便于地域扩张和组织机构的形成[②]。黄河作为跨越时间与空间的媒介，从时间上来讲，在第四纪中更新世（距今约115万年至10万年）古黄河诞生并成长[③]，生生不息。黄河所塑造的文化内涵与精神内涵，源远流长，

---

① [法]雷吉斯·德布雷：《媒介学引论》，刘文玲译，北京：中国传媒大学出版社，2014年，第28页。
② 梁虹：《英尼斯的传播偏倚观与西方文明危机》，《江西社会科学》2012年第32期。
③ 黄河：百度百科，https://baike.so.com/doc/4951143-5172588.html，2021年6月29日。

延续着几千年的中华文明；空间上来说，黄河北起青海，东至山东，最后汇入渤海，跨越中国九个省市，从青藏高原到黄土高原、汾渭盆地、下游冲积平原、鲁中丘陵和河口三角洲，使其不再是某个特定地域内的文化符号，而是贯穿于中国大多数省市与各个民族的集体记忆之中，塑造着了不可撼动的中华民族共同体。

三、集体记忆与身份认同

（一）以个体经验唤醒集体记忆

"首先，音乐总是非常密切的、感性化的和隐秘的自我联系在一起。"①《黄河谣》从创作者本身出发，其是以创作者本身的个体经验在记录与吟唱的记忆与感受。以两首《黄河谣》进行对比，可以发现即使是同一个歌名——《黄河谣》，同一个歌唱的对象——黄河，甚至是所处的社会环境、地理风貌都近似的地区——黄土高原，但从个体经验叙事的角度却大不相同。赵牧阳歌里的"黄河的水干了"，而野孩子乐队歌里的黄河却在不停地流，从黄河在不同版本里的映射就可以看出对于相同的、具象的黄河，不同的个体却会创作出完全不同的声音作品。音乐对于创作者与听众而言都是隐私化的，在某个阶段创作什么类型的音乐、听什么样的音乐会从某种程度上反映出个体当时的生存情境与心境，而这在某种程度上其实是创作者抑或听众对于声音符号本身进行的心理投射。

"其次，音乐总是基于集体的、公众的经验，比如现场表演、音乐派对等，人们总是会记住相同的音乐和表演者。"②不论是赵牧阳，还是野孩子乐队，他们都是以西北地区特有的地方民谣为基础改编了新民谣，其是介于民谣与摇滚之间的音乐类型，被称为民谣摇滚。

民谣摇滚乐是指源于20世纪60年代的美国的一种音乐类型。当时美国局势动荡不定，社会问题层出不穷，民权运动、越南战争，加上生态环境日益恶化。在这种情况下，很多年轻人离开了大城市，离开家庭，来到郊区或乡下，组成社团，过着一种简朴的群体生活。他们反对权威，反对传统（包括传统文化），反对既有秩序。以鲍勃·迪伦为代表的民谣摇滚（Folk Rock）之中，民谣摇滚借鉴了民谣音乐简单直接的旋律以及摇滚乐强烈的节拍，以较通俗的手段表达哲理性的歌曲主题。民谣歌手对音乐传统的美学价值有很高的要求，鲍勃·迪伦就是以诗化的语言来吟唱时事和政治。他们多半把他们唱出的歌，看成一种工具，用来检验人生百态。他们在歌曲中，诉说自己的经验，表达自己的感情，描绘自己的感情，歌词中内容转换，而曲子则大都较为柔缓。③

改革开放后中国经济迅速发展，与此同时文化也发生了巨变，与主流文化相悖的亚

① Hesmondhalgh D: Why Music Matters，pp.1.
② Hesmondhalgh D: Why Music Matters，pp.1-2.
③ 民谣摇滚：百度百科，https://baike.baidu.com/item/ 民谣摇滚 /5194956?fromtitle=Folk%20Rock&fromid=6670853&fr=aladdin，2021 年 6 月 30 日。

文化层出不穷，它们以解构的方式消解着主流话语。互联网的发展更是让很多小镇青年看到了外面的世界，年轻人流入了北京、上海、广州等城市，对于他们来说，这些超级城市是他们梦想开始的地方，但离开家乡、亲人、爱人，来到与故乡质朴、封闭的风格完全不同的地方，开放、时尚、潮流将他们裹挟，使其无所适从。"回不去的家""留不下的北京"使很多青年变身现代"牧民"，在野孩子乐队《黄河谣》的评论区有这样的评论：

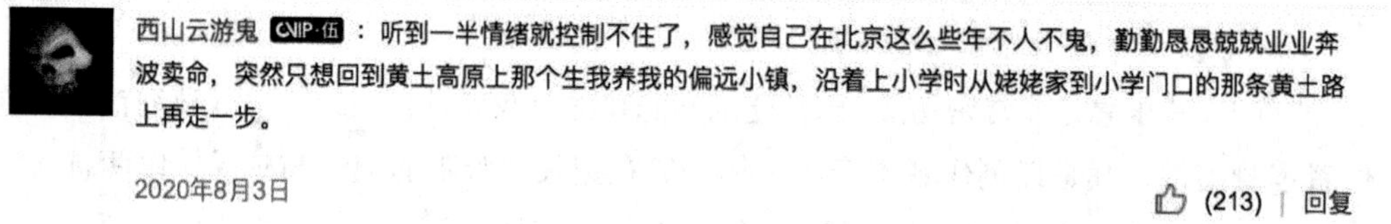

 西山云游鬼 **CNIP·伍**：听到一半情绪就控制不住了，感觉自己在北京这么些年不人不鬼，勤勤恳恳兢兢业业奔波卖命，突然只想回到黄土高原上那个生我养我的偏远小镇，沿着上小学时从姥姥家到小学门口的那条黄土路上再走一步。

2020年8月3日　　　　　　　　　　　　　　　　　　　　　🖒 (213) ｜ 回复

图 1　野孩子乐队《黄河谣》评论

这条评论点赞量达 213 次，也被多次转发，说明 213 名听众与创作者产生了共情，是对于现在生存环境与状态的倦怠、对于回不去的故乡的思念，这些年轻人是现代的"游民""浪子"，可能终其一生也无法在北上广扎根、落户、买房，获得世俗意义上的成功，因此对于他们来说，《黄河谣》以诗化的语言，从个体经验层面超脱，唤醒了青年们对于"故乡"的集体记忆，黄河不再是一个人或者某个群体记忆里的符号，而是集体记忆中共同的"家"。民谣摇滚则以声音符号的形式诉说着这些集体记忆里的符号，比如"黄河""母亲""铁桥"等，表达着青年们对于现实生活的无奈，对于回不去家乡的哀思。

（二）以开放文本塑造身份认同

《黄河谣》文本的开放性表现在两个方面，声音符号的隐喻性及声音符号的吟唱法。从声音的隐喻性来讲，《黄河谣》中出现的多次的"黄河""铁桥""姑娘""槐花""流浪"等词，并非具象的事物或者存在，正如鲍勃·迪伦在《答案在风中飘荡》中唱的：

一个人要抬头多少次

才能够看见天空

一个人要有多少耳朵

才能听见人们哭泣

到底要花费多少生命

他才能知道太多人死亡

答案，我的朋友，在风中飘荡

答案在风中飘荡

　　"答案在风中飘荡"说明了民谣摇滚声音符号的意义具有不确定性，"意义"在风中飘荡。这些"意义"是自由的，听众会根据自身的个体经验赋予其各种不同的解读，一个个声音符号组接起了一个个不同的个体故事，正如亨利·詹金斯在《电视粉丝与参与式文化》中所言："视觉上的图像和歌词中的语句往往不存在有意义的连接，但是图像的剪辑完全是跟着音乐的节奏走的……其风格就是回收利用原语境中分离出来的图像，让它们重新获得意义，并简化为漂浮的能指，而意指则只有一个：它们是自由的，在通常感受和控制依旧通常的意义解读过程之外，因此它们可以进入纯快感的领域。"①声音符号是一个个游荡的意义，在每一个有相同记忆的个体身上落下并"共生"。

　　从吟唱的方法来讲，"咿呀咿呀""哎呦喂"等以西北方言发音的语气词，更具西北地区的地理特性，使得听众会自觉地想象西北的黄土地、粗犷的农民、耿直的脾性。这些唱词并无特定的指向性与意义，正是语义的开放性造就了民谣的声音符号的可读性，开放的文本空间，不断重复的、相同的语气词，以重复的手法，强调了声音本身的作用——没有识读门槛、更具感性色彩、直击心灵等。在《黄河谣》中均有以语气词吟唱的部分：

《黄河谣1》

做啥（saniye）呢

做啥（saniye）呢

做啥（saniye）呢

做啥（saniye）呢

哎呦喂，我回不去的家

《黄河谣2》

耶～咿～呀～咿～耶～咿～呀～咿～耶～哟

耶～咿～呀～咿～耶～咿～呀～咿～呀～咿～哟

耶～咿～呀～咿～耶～咿～呀～咿～耶～哟

耶～咿～呀～咿～耶～咿～呀～咿～耶～哟

耶～咿～呀～咿～耶～咿～呀～咿～呀～咿～哟

耶～咿～呀～咿～耶～咿～呀～咿～耶～哟

唱着我的黄河谣

耶～咿～呀～咿～耶～咿～呀～咿～耶～哟

耶～咿～呀～咿～耶～咿～呀～咿～呀～咿～哟

耶～咿～呀～咿～耶～咿～呀～咿～耶～哟

---

① ［美］亨利·詹金斯：《文本盗猎者：电视粉丝与参与式文化》，郑熙青译，北京：北京大学出版社，2016年，第222页。

赵牧阳的《黄河谣》中的"做啥呢（saniye）"，以西北方言的发音应该是"组撒尼呀"，极富西北地方性特点，并在整曲中重复了四次，"哎哟喂"出现一次；野孩子乐队的"耶~咿~呀~咿~耶~咿~呀~咿~耶~哟"更是重复了六次，这种吟唱的方式，其声音符号本身并无特别的意义指向性，可以理解为它只是旋律的一部分，也可以认为它的出现使得歌曲本身表现的情感更具听觉冲击性，也可以说使得歌曲更具特色和地方性，但却无法将其存在的意义与价值完全归纳与定义，民谣摇滚歌曲中出现的这类语气词与前文分析的文本符号的隐喻性具有异曲同工之处，是极具开放性的声音符号。

麦克卢汉在《理解媒介》中提出了"地球村"的概念，当下孤独的个体们在互联网的海洋里"流浪"，正如离开家乡流浪在超级城市里的小镇青年一样，那些对于所处环境没有归属感、认同感的青年们其实也是"游子"。技术的进步推动媒介变革，电子媒介的出现使得越来越多的人在互联网上寻找与自己志趣相投的"共同体"，从而确认群体归属感。音乐不同于影视剧，受众唯一能接收的就是声音这种表现形式。声音不存在具体的可视符号，听众只能依靠讲述者的声音去联想、塑造与解读，《黄河谣》构建了这样的一个想象的空间。

区别于进行曲《黄河大合唱》的慷慨激昂，《黄河谣》以个体经验、去宏大叙事、吟唱的曲调，将黄河与母亲、爱人、家乡等符号联结，通过声音符号以极富西北腔调的声音，表达着普通人对于黄河在个体生命历程中的经历。听众在听到音乐的那一瞬间便会产生"天涯共此时"的感觉，从而形成了"想象的共同体"，并以此建立身份认同，"虚构静静而持续地渗透到现实之中，创造出人们对一个匿名的共同体不寻常的信心……"①现代民谣摇滚歌曲正是以此为基础，培养忠诚的粉丝群体，这些粉丝不将民谣摇滚乐队偶像化，而是在互联网上以相同的旨趣建立起粉丝社群，通过音乐节、livehouse（现场音乐场所）等线下活动进行集体狂欢。

（三）以故乡记忆映射现代"牧民"

区别于其他的民谣摇滚歌曲，《黄河谣》确实有很强的地方性，声音符号"黄河""槐花""尕妹妹""兰州""做啥呢（zusaniya)""哎哟喂"等西北方言，使得歌曲本身体现出很强的西北特征，声音所构建的视听图景，会让听众联想到西北特有的景观，比如沙漠、黄河、羊皮筏子等极具大漠风情的文化符号。

---

① ［美］本尼迪克特·安德森：《想象的共同体：民族主义的起源与散布》，吴叡人译，上海：上海人民出版社，2005年，第32页。

朴宝宝很甜6002:黄河石林划羊皮筏子的大叔,赶驴车的大爷开口一句"早知道黄河的水干了……"真的好治愈,西北的纯朴,粗犷,原始。越听越上头,爱了

2月20日 10:24   👍 | 回复

图2　网易云音乐《黄河谣》评论

这些典型的西北景观、西北方言会让出生、生活在西北地区的听众更容易产生情感共鸣、心理共情,有网友在《黄河谣》的评论区里这样说:

蒜泥白 CNIP·伍:重庆人,在渝中。泪流满面

　　小皈依_:西北人 在长沙 听的我一声鸡皮疙瘩

2020年10月11日   👍 | 回复

图3　网易云音乐《黄河谣》评论

但声音或者音乐的魅力不会止步于此,与西北地区有各种关联的听众(血缘、地域、文化)对于《黄河谣》的共情能力确实会更强,不论是从个体生命经历,还是生活习惯、文化习俗来讲,他们对于原有文化的认同会更容易。正如上文所言,对于那些离开家乡流浪在城市里的小镇青年,抑或离开故土流浪在他国的浪子,还有那些对于所生存地域无认同感与归属感的"牧民"们,对于"家""母亲""姑娘",这些意象是每个人都会有的思乡的哀愁,对于理想与现实的无可奈何,而《黄河谣》所有的声音符号都在诉说着、歌唱着这个主题,因此《黄河谣》就会打破地域限制、文化圈层、语言障碍,走向全国,甚至全世界。正如野孩子乐队《黄河谣》里唱的"黄河的水不停地流 / 流过了家 / 流过了兰州",黄河流动的河流,隐喻着生生不息的生命力与文化的传承,"寻根"是人类所面对的共同问题,它不再是一个民族或者一个国家的问题,这从根本上映射着现代"牧民"对于信息时代与技术文明的怀疑与无助,对于故乡淳朴生活的神往。

《黄河谣》以人类所面对的共同的问题与哀思为主题,以具有"故乡"意象的声音符号、具有家乡特色发音方式,为"流浪"在"地球村"的居民寻找到了可以心灵休憩的"声音乐园"。

seyothoy ✅ CNIP·陆:虽然这首歌有唱兰州。但是想说这首歌不只属于兰州,也不只属于西北,黄河。他属于所有思念家乡漂泊的人。作为一个兰州人,不希望有人总是强调这个具体的意向,而是欢迎所有的人一起在这首歌中找到每个人自己的乡愁。

2020年8月2日   👍 (110) | 回复

图4　网易云音乐《黄河谣》评论

没有象征性的超越就没有分配，没有人类之间的分配就没有象征性的延伸。事物本身不会代表自己，他总是象征着其他人或物，总之是一个附加物。所以事物的"象征性"都起着联结的作用，用来联结"一个个体同另一个个体；一个可视的事实和一个隐形的事实。因而，这样一个物体就成了一个意义和集合的中介，以同样的运动一个个地联结起来"。[1]"黄河"——中华民族集体记忆里重要的文化符号——与民谣摇滚的组合是以一种解构的叙事与视角，以声音为传播方式，以人类面对的共同问题为主题，创新传播黄河文化的重要方式，沟通着创作者与听众，联系着游子与故乡，表达着理想与现实，诉说着希望与心碎。

结语

《黄河谣》通过"声音"，以听觉方式冲破文化圈层与语言障碍，以声音符号为听众展开了西北地区景观的画卷，也开启了现代"牧民"的哀思，用具有集体记忆的黄河为文化符号形成共情，进而构建人类"想象共同体"。声音的魅力被民谣摇滚呈现出来，传播的壁垒、交流的无奈、意义的偏差通过听觉传播被消解，个体经验唤醒了集体记忆。黄河作为重要的文化符号与民族记忆，以民谣摇滚歌曲这种独特的方式得到了创新的传播。

在促进黄河流域生态保护与高质量发展的今天，如何将延续千年黄河文化与黄河精神推向世界，如何讲好黄河故事，如何形成全人类共情的话题，是我们需要思考的问题。"声音"+"黄河"是否是绝佳拍档，如何更好地传播中国声音，民族的声音是否可以走向世界，"黄河"的声音如何能够被更广泛的传播也是笔者将来需要继续研究的问题。

---

① ［法］雷吉斯·德布雷:《媒介学引论》，刘文玲译，北京：中国传媒大学出版社，2014 年，第 29 页。

技术、文化与集体记忆

——从媒介学视角看侨批与潮汕文化的传承与嬗变

王梓涵[*]

（中国传媒大学传播研究院，北京，100024）

摘要： "侨批"是19世纪50年代后出国谋生的潮汕先民寄回家乡禀报平安以及赡养胞亲的一种"银信合封"的民间函件。侨批作为一种中介作用物，跨越了时空界限，连接了不同历史时期、不同国家和地域之间的潮人文化血脉。本文旨在通过媒介学的理论视角，探讨侨批这一物质化的象征物作为一种中介如何传承潮汕地区的文化之根，并且如何在技术与文化的交融中影响了潮汕文化的发展轨迹。

关键词： 侨批；媒介学；潮汕文化

"潮汕地区"特指广东省东南沿海的潮汕文化区和方言区，包括汕头、潮州、揭阳、汕尾四市，是潮汕人民的祖籍地与集中地，也是潮汕文化的发源地、兴盛地。19世纪50年代，迫于战乱、天灾等生计问题，许多潮汕先民选择出国谋生，以此接济、赡养家乡中的家眷与胞亲。彼时没有邮政、侨汇等物流或者金融系统，为了将出国谋生所得的钱财或物资寄回国内家乡，潮汕先民依靠来往两地的船家或是船客（俗称水客、客头）寄送"侨批"，继而形成别具一格的侨批文化。

侨批，又称为"番批"，"侨"与"番"在潮汕语言系统中均指代出国的人，而"批"指代一种信件形式。侨批是彼时出国谋生的潮汕先民寄回家乡禀报平安以及赡养胞亲的一种"银信合封"的民间函件，即所谓的"汇款家书联襟"。学者陈训先认为侨批是一种以金融流变为内核，以人文递播为外象，以心心交感为纽带，以商业贸易为载体的综合性、流动型文化形态。[①]

在学界，关于侨批以及侨批业的学术研究相对较少，主要集中于南京国民政府时期、

---

[*] 王梓涵（1997— ），男，广东汕头人，中国传媒大学传播研究院研究生，研究方向：传播学研究。

① 陈训先：《论侨批的起源》，《华侨华人历史研究》1996年第3期，第73页。

新中国成立初期、改革开放后三个历史时期，从社会学、经济学、商学的学科视角进行研究探讨，而较少有涉及民俗学、人类学、媒介学等人文视角的学术研究。[①] 因此，本文旨在通过媒介学的理论视角，探讨侨批这一物质化的象征物作为一种中介如何传承潮汕地区的文化之根，并且如何在技术与文化的交融中影响了潮汕文化的发展轨迹。

一、媒介学视角下的侨批：象征符号的传承工具

在媒介学视角下，中介指包含在一定的社会时期内所有的惰性载体和活性载体，这些载体对推动或者促进象征符号的传承起着必要的作用。19世纪50年代以来，侨批作为一种物质中介物紧密地联系着海外与国内两地的潮汕人民的经济、情感与文化。在那个特殊的历史时期，分隔两岸的潮汕先民正是通过侨批这一工具才得以保持自身文化的延续性，并通过这一过程向旧的文化谱系注入了新的活力与内涵。将媒介学的中介理论映射到侨批这一文化中介物上，可以得到下表：

表 1 侨批（象征符号传承工具）

技术运载工具	机构运载工具
MO1: 物理载体（纸张、信封、墨水、银圆等）	OM1: 语言编码（中国古汉语、潮汕语言等）
MO2: 表达方式（文章、文字、图画等）	OM2: 组织范围（水客、侨批馆、脚客等）
MO3: 运输设备（水客、船、水路网络等）	OM3: 形成模式（信批规制、潮汕文化等）
组织性物质（MO）层面	物质性组织（OM）层面
= 运载的外部载体	= 转化的内部载体

在侨批时代，水路陆路交通不便、通讯不畅，跋山涉水出国谋生的潮汕先民与家乡胞亲的唯一联系就是侨批这一封"家书"，一则禀报平安、传递思念，二则寄回银圆、赡养家庭。作为一种中介物，侨批以中国传统书信，即"批"的形式，通过物质组织性（MO）层面的纸张、文章、图画、水路网络等，以及物质性组织（OM）层面的古汉语、水客、侨批馆、潮汕传统文化等，组织起在外游子与家乡丝丝缕缕的联系。

侨批这一物质中介物，不仅在空间层面上媒介化地帮助了战乱时期出国谋生的潮人对家乡的思念之情以及反哺之心的传递，更在时间层面上媒介化地促进了中华汉文化与潮汕文化的传承与超越，并在两国两地的交流过程中，促成了潮汕文化与他国文化的交融与创新。

（一）中华汉文化的传承：从技术层面到符号层面

侨批作为一种物质化的符号象征物，其在外在形制上就无处不体现着浓浓的中华汉

---

① 焦建华：《近百年来中国侨批业研究综述》，《华侨华人历史研究》2006年第2期，第50页。

文化气息。中国最早在唐宋时期就对"批"这一书信形式有所记载，如宋代沈括《梦溪补笔谈》卷三《什志》所言"前世风俗，卑者致书所尊，但批纸尾"。"批"这一传播技术手段从唐宋由来已久，是卑者致尊长，由下呈上的一种口信或书信形式。①由此可见，侨批这一中介物，在中华汉文化语境下，其自身形制就已经传递出"尊敬长辈、孝顺父母"的中华文化意蕴。侨批时代出国谋生的潮汕先民通过"批"这一书信传递回家乡的不仅仅是家书与银圆，更是一种晚辈对家中尊亲的尊敬与爱戴之情，是对中华"尊亲重长"文化的传承与延续。

侨批在信批的装饰上，也处处体现着对汉文化的传统的保留。在信封的批封上，有许多侨批的批封采用"红封条"，这在汉文化中象征着平安和顺；在信封的封面上，不乏诸如松鹤延年、竹报平安、鸿雁来宾等中华民俗吉祥图案。这样一种技术手法不仅传递了游子向家人禀报平安的美好意愿，更传递出了中华汉文化独有的审美意趣和文化传统。此外，侨批中所涉及的纪年方式均是沿用甲子纪年或者民国纪年，如"辛酉年""庚贰月贰拾玖日"等表述。彼时海外潮人所处的海外社会大都采用公元纪年的方式，而身处异邦，仍然采用祖国家乡的纪年方式，颇有一种天涯共此"时"的意味。同时，侨批书写所用的汉语言文字符号与表意系统，乃至毛笔、纸张、墨砚等书写工具，无一不是源自汉文化的传统。

在潮人被迫出国谋生、物理层面上与祖国家乡分离的特殊语境下，无论是侨批的形制与包装，还是表意的文字系统，乃至书写方式，这些客观物质化的符号象征物使得中华汉文化得以传承与延续，通过信息物质化的方式传递出在外潮人的爱国思乡之情愫。

技术层面的物质象征意义通过侨批的中介作用得以转化成符号层面的文化象征意义，进而成为中华汉文化的一部分而被传承，成为中华民族文化的"化石"与"博物馆"，随时开启都能让民族文化活色生香，历历在目。

（二）潮汕民俗的延续：一种媒介化的"在场"

侨批在寄送时间上，有几个比较共同的时间节点，其一是游子刚到海外寄送回家禀报平安的"回头批"，其二是每逢清明、端午、中秋、春节等传统节日寄送回家补贴庆贺节日之用的"节日批"。

"回头批"是指潮人抵达东南亚各地后寄回国内家乡的第一封侨批，一则禀报平安，二则提醒自己谨记出国谋生旨在反哺家乡之初衷。潮人初到海外异乡，自然还没有薪酬，少有余资可寄，所以"回头批"中寄回家的银钱要么是差旅劳顿剩下的盘缠，要么是跟当地亲戚求借，要么是先赊借日后工作的薪酬，要么是典当身上衣物，"总之，是必须随

① 陈训先:《论侨批的起源》,《华侨华人历史研究》1996年第3期，第76—77页。

家书附上银钱的,这是一种约定俗成的传统"①。在这封侨批中,所附银钱的多少并不重要,然而没有银钱却不足以表达"牢记赡养胞亲反哺家乡责任"的这层意思。因而,在这里银钱既是一种经济层面上的等价物,也是一种精神与文化传统的媒介化象征物。如斗门乡陈瑞国初抵越南隔日所寄"回头批":敬禀者,儿拾捌日早在家起程,到汕头乘轮,拾玫日午扬轮开行。幸蒙二位大人福庇,水陆顺吉……外付大银贰元,祈笑纳为茶宜之用。谨以敬达并候。"②从家书内容中足见其对父母恭敬尊厚,以及不忘以银钱告慰亲人的孝顺之心。

彼时在海外侨民社会,每逢清明、春节等节日,潮人就需要寄侨批回家,这是一种约定俗成的传统。水客或者侨批馆在这些节日到来前会逐户拜访并收揽侨批,足见在外潮人们对民俗节日的重视。节日寄回的侨批银钱多做补贴祭祖拜祭等民俗活动之用,以清明节为例,陈木钦清明节前寄回家乡的批信就提道:"今逢叻(新加坡)轮递汕之便外付上金圆券贰万元正,至时查收,以为清时节拜祖先之用。"③身在异邦仍心系先祖,可见在外潮人对宗族血亲与传统民俗的敬畏尊崇。

祖先信仰是中华汉文化的特征之一,是传统宗族社会的重要体现,更是潮汕民俗的重要组成部分,因血浓于水而心心相系,无论身处何处也无法割舍。通过侨批这一媒介物,海外潮人即使在空间上"缺席",也实现了时间上的"在场",完成了这一传统民俗传承的仪式链条。

一封侨批传递的不仅是家书和银钱,更是在传递一种在外潮人思念家乡,与家乡胞亲血浓于水无法割舍的情义,"以示追思养育之恩"④。这种文化认同通过侨批这一中介物质化、媒介化,而成为一种不朽的、实体的存在,得以跨越时空而长久留存。

(三)潮汕文化的继承:从技术逻辑到信息逻辑

1. 根文化

从潮汕历史与文化的角度来看,潮汕人民重视乡土情怀与胞亲血缘,是极其看重"根"这一文化传统的。彼时潮汕先民由于战乱等原因被迫背井离乡,漂泊海外谋生,是极其不愿也不忍的,从萧英全寄回家中的侨批"行到樟林港嘴泪汪汪,何日才得家乡还"可以照见此情。然而潮汕先民远赴海外谋生,再将所得金银物资寄回家乡反哺亲恩,是"归根"情愫的另一种升华。萧英全曾在寄送给儿子萧炳乾的侨批中写到"来到暹罗牵猪哥,驴生拼死耐拖磨,赚有钱银加共减,寄回唐山养公婆",可见潮人出国谋生,勤苦耐

---

① 杜桂芳:《潮汕侨批:义务与权利——以强烈的心理需求为特征的家族观念》,《华侨华人历史研究》1995年4期,第43—44页。

② 邹金盛:《潮汕侨批复印件(第二部)》,汕头:潮汕历史文化研究中心,2011年,第21页。

③ 杨群熙:《潮汕地区侨批业资料》,汕头:潮汕历史文化研究中心、汕头市文化局、汕头市图书馆,2004年,第412页。

④ 潮汕历史文化研究中心编:《潮汕侨批萃编》第一辑,香港:公元出版有限公司,2003年,第329页。

劳，为的就是赡养家中胞亲，并且总是期待有朝一日"衣锦还乡"，叶落归根的。[①]

此外，侨批本身就是这种"归根"情愫的媒介化表征——侨批寄送过程中所涉及的红封条、潮汕语言、民俗文化、水客等象征物，无一不体现着潮人对家乡的思念与盼望，它是一种技术化的记忆载体，是连接潮人与家乡的坚固纽带。在特殊时期，海外潮人的"根"意识通过侨批得以传递，无论何时在捧起这些侨批，映入眼帘的依旧是历历在目的、鲜活的、不朽的潮人"根"文化。

2.神明崇拜

古时潮汕地区由于其地理和文化原因，与其他地区鲜有联系，因此保存着许多原始的文化习俗，如神明崇拜。彼时乃至现如今的潮汕地区，崇尚鬼神之风，对三山国王、妈祖、保生大帝、圣母娘娘等神明极为崇敬，通过各种仪式祭祀神明祈求平安和顺，在潮汕人民的心中根深蒂固。陈木升在一封侨批中写道："我乡福德老爷夫人圣驾出游吉时……购礼物以酬神恩并应闹会今春得沐鸿恩而浴雨露虔诚之心岂忘之耶"[②]，可见彼时海外潮人不忘神明，在祭祀时节会寄回银钱物资补贴家中胞亲祭祀神明之用，以酬谢神恩。这是海外潮人神明崇拜的一种物质化折射，虽身处异邦，但时刻不忘神明福庇之恩，共同的信仰文化认同通过侨批这一中介物得以传递。

而这种神明崇拜还会体现在"问神"的风俗中，在侨批中也常常可见。蔡俊娥在给家乡的一封批信中写道："关于我儿女时日八字代为问神……对于问卦，只银若干，望音来知，后信付奉交还。此问神银子不可免言……"[③]寄回银钱，求卦问神，只为祈求儿女平安，是彼时海外潮人对神明虔诚信奉之心的缩影。在这里，侨批作为中介物，已经超越了物质层面的传播，通过对神明崇拜这一文化传统的传递，从精神层面上联系了两岸之心，实现了"天涯若比邻"的文化心理效果。

3.商文化

在中国的商业史中，潮商一直占据着举足轻重的地位，至今在国内外的商界中仍活跃着许多潮商的身影。潮商的成功，很大程度上是依托于潮汕文化中的创新精神和诚信理念。而这种精神理念，早在侨批时代就有所显现。

侨批业的前身是水客业，即专门为出国谋生的潮人同胞寄送金银物资回家乡的那些人所构成的一种民间服务行业。这种水客行业最早出现于唐宋之前，与潮人出国的步伐一致。[④]原始水客业最早通过"以物易物""以物易银"的方式来完成民间国际金融转换，可见潮汕先民对金融价值规律掌握的天赋。19世纪50年代，中国与东南亚国家间通用的

---

① 陈训先:《论侨批的起源》,《华侨华人历史研究》1996年第3期，第77页。

② 潮汕历史文化研究中心:《潮汕侨批萃编》第一辑，香港：公元出版有限公司，2003年，第70页。

③ 杨群熙:《潮汕地区侨批业资料》,汕头：潮汕历史文化研究中心、汕头市文化局、汕头市图书馆，2004年，第411页。

④ 陈训先:《论侨批的起源》,《华侨华人历史研究》1996年第3期，第77页。

银圆、法币相继出现，使得国际金融流变有了正式的等价物。也正是此时，原始水客业才转变成寄送"汇款家书联襟"的侨批，运送货物或者人也在其服务范围，不过并非其主业。

经营侨批业务，并非那么简单。与现代物流系统类似，如何处理好寄送人与接收人之间盘根错节的关系，将信批及时且准确地送达家眷手中，是侨批业务需要解决的至关重要的问题。据《潮州志·侨批业》记载：

因华侨在外，居留范围极广，而国内侨眷，又多为散处穷乡僻壤之妇孺。批业在外洋，代收方法或专雇黔伴，一一登门，收寄抵国内后，又用有熟习可靠批脚，逐户按址送交，即收回批寄返外洋，仍一一登门交还。减少华侨为寄款而虚耗工作时间，至人数之繁多，款额之琐碎，既非浪行依照驳汇手续所能办理；其书信书写简单，荒村陋巷，地址之错杂，也非邮政所能传递；故批业之产生与发展，乃随侨运因果相成，纯基乎实际需求而来，故不能舍弃现实，执泥于一法也。[1]

以上可窥见潮汕先民的创新精神之一斑。而将零散水客集中起来，建造专门服务于侨批业务的侨批馆或侨批局，是侨批业务的又一次飞跃。通过组织的形式集中人力物力，扩大规模以节约成本，是工业时代规模经济理念的体现；而通过分工来提高效率，更是一种工业时代经济理念的闪现，足见潮汕先民之创新与智慧。

在侨批时代，中国内部的邮政业务并不发达，更别提国际间的邮政业务。在外潮人寄送回国内家乡的侨批，都是通过水客或者侨批馆进行流通，而这两者均是属于个体而非官方，他们经营侨批业的基础都是基于其"个人信用"。在侨批发展的早期，在外潮人都是委托归国同乡中诚实靠谱之人帮忙寄送侨批，水客归乡后将侨批送到其家眷手中，并领取回批，作为家眷收批的凭证，待再次南返交予发批人手中，才算完成一次侨批的寄送业务。在这个寄送过程中，侨批以及回批除了作为中介物，还作为信用凭证行使功能，前者证明水客寄送到手的钱款与发出时相同，后者证明钱款顺利达到家眷手中。由于一般侨批所附钱款的十分之一会作为水客的脚费而有利可图，所以一些人就发展成职业水客，而这其中口碑良好者不断扩展业务，进而组建侨批馆。良好的信誉是水客和侨批馆的立业之本，天一信局创办者郭有品的信义故事就是一个例证——郭有品曾是一名水客，一次运送侨批的途中遭遇台风，所带侨批深埋大海，他被同乡救出后并没有以自然灾害为由拒绝解付侨批款，而是变卖自己的田产，悉数解付侨眷。此事传到他人耳中，瞬时郭有品声名大噪，客源不断。

在媒介学看来，形式重于内容，一种媒介的出现实际上就已经传递出了一些重要信

① 饶宗颐:《潮州志·实业志·商业》，汕头：艺文印书局，1949年，第73页。

息。侨批曾被国学大师饶宗颐教授称为"侨史前导",被国内学术界称为"海上洋务运动的产物",被日本商人称为"经济魔鬼"。①侨批作为一种媒介,其组织模式、流通方式,乃至外在形制,就已经使其作为潮汕文化创新精神以及诚信理念的象征物而存在,是"媒介即信息"的一种具象体现。

二、跨国文化的交流中介:潮汕文化的传承与超越

侨批时代出国谋生的潮人多为成年男性,而女性和幼年男性则留在家乡,这与当时"男主外、女主内"的传统性别秩序相关。这种两性分隔的局面造成了以男性为主的海外华人社会和以妇孺老弱为主的侨乡社会,进而产生了许多社会问题。这是因时因势被迫而形成的一种社会组织形态,并不利于社会的长久发展。那么在这种境况下如何维持正常的社会机制,行使正常两性家庭所具有的家庭教育、家庭繁衍的功能,是一个关乎潮人社会能否继续蓬勃发展的关键问题。

海外潮人通过侨批这一媒介解决"缺席"难题,实现跨时空的"在场",履行自己的家庭职责。在陈遗恩1922年寄回家乡的侨批中问及了七岁小儿陈应传的教育情况:"兹寄上一信外付上大银二十元整,祈查收入家中之用耳。应传读书如何,祈示知。"②在其1926年寄回家中的侨批中业提及"如应传知,教他写字写好为要",告诫家中亲眷要好好教养陈应传,其舐犊之情可见一斑。海外潮人正是通过这种物质化的象征物实现家庭教育的"在场",出席于家中幼儿的每个关键人生节点,完成自己的家庭功能与使命,进而促进了传统潮汕家庭教养文化的传承。

而值得注意的是,侨批这一中介物除了媒介化地促进潮汕家庭文化的传承,更为潮汕传统文化注入新鲜的血液,使得其得以超越自身局限。在陈应传1947年寄予家中的侨批中写道:"润鑫学业程度低劣,须要严加督责,切勿溺爱,以免将来变成无可取之人为要……另者,祈夹润鑫最近所写之纸库一章来看。"③可见陈应传对其家中幼儿的教育之重视,而这种对后代教育的重视实际上是来自其在海外社会的生存经验。

彼时潮人出国谋生并不容易,作为外来者,除了要应对当地的原住民,还要应对后来的殖民统治者,要找到自己的生存空间需要极高的智慧和极强的韧性,而其中佼佼者大多是由于本身受过良好的教育。这种内外夹困的生存经历,让陈应传等海外潮人十分重视后代教育,因而也间接地促进了潮汕地区等侨乡的教育发展。根据陈达20世纪30年代对闽粤两省侨乡与非侨乡的教育的比较研究结果,侨乡社会的教育无论就师资、学校经费还是学童的受教育率等方面都比非侨乡地区发达;全国范围内,广东和福建这两

---

① 晏露蓉、黄清海:《侨批:中国信用文化之珍品》,《征信》2013年第10期,第4页。
② 参见汕头市潮汕历史文化研究中心藏陈应传家族侨批复印件。
③ 参见汕头市潮汕历史文化研究中心藏陈应传家族侨批复印件。

大侨乡省份的教育在民国时期一直位于前列。①

在女性教育方面，海外潮人的思想也走在当时社会的前列。在 1946 年陈应传侨批中涉及"瑜妹……四年音讯不通，未知有进学校继续研读否？兄前有言，欲妹求达自立阶段，后因战祸终止，未能达愿，今幸年龄尚稚，我愿负'不自量'之名，要妹继续求进，以继我未竟之志……"②，可见其对家中胞妹的教育十分重视，耳提面命地督促胞妹继续学业，成为一个自立自强的女性。这种女性教育理念在彼时"男尊女卑"的中国传统社会中是很超前的，而这种女子教育的平等会在男性缺席的侨乡社会形成一种良性循环，促进潮人社会的良性发展。由于侨乡男性大多出国谋生，于是留在侨乡的女性负担起了家庭教育和文化传承的大部分责任，女性教育水平的提升有利于侨乡后代教育的良性发展，进而促进整个侨乡社会的正向嬗变。

无论是对后代教育的重视还是对女性教育的平等对待，海外潮人根据海外生存经历所得的社会经验通过侨批这一中介物得以传递与传承，并在物质化的过程中得以永存，成为潮人社会先进性的物理凭证。在这里，侨批促进了两国两地间的文化交融，在中介逻辑中寻找信息逻辑。而这种教育理念的超越实际上对后世会产生"伏脉千里"的影响，如对女性教育的平等对待进而促进了侨乡社会的女性自我意识觉醒，这种意识觉醒对后来男女平等、封建婚嫁习俗的摒弃都产生了不可估量的深远影响。

三、结语：凝结文化血脉的集体记忆载体

法国社会学家哈布瓦赫在其《记忆的社会性结构》中提出"集体记忆"这一概念，将其定义为"一个特定社会群体成员共享往事的过程和结果，保证集体记忆传承的条件是社会交往及群体意识需要提取该记忆的延续性"③。集体记忆区别于个体记忆，具有显著的社会性和群体性特征。学者陶东风认为："记忆联合体是一个群体得以凝聚成一个具有深度认同的共同体的重要原因。"一个民族如果缺乏集体记忆，就无法建立起自身的文化身份认同。④而集体记忆的传递与传承需要依赖物质化的媒介才能得以实现，"鲜活的记忆将会让位于一种由媒介支撑的记忆"。⑤

侨批作为联结海外潮人与祖国家乡的一种物质中介物，无论是其外在表象还是内在含义，都在促进中华汉文化与潮汕文化在游子与侨乡之间的互动，在这种技术与文明的交融中，使其承载的文化作为一种集体记忆而得以传承，并通过媒介化的过程而将这种

①　陈达:《南洋华侨与闽粤社会》,上海：商务印书馆，1938 年，第 221 — 223 页。

②　参见汕头市潮汕历史文化研究中心藏陈应传家族侨批复印件。

③　[法] 莫里斯·哈布瓦赫:《论集体记忆》,毕然、郭金华译，上海：上海人民出版社，2002 年，第 44 页。

④　陶东风:《记忆是一种文化建构——哈布瓦赫〈论集体记忆〉》,《中国图书评论》2010 年第 9 期，第 72 页。

⑤　[德] 阿莱达·阿斯曼:《回忆空间：文化记忆的变迁》,潘璐译，北京：北京大学出版社，2016 年，第 2 页。

集体记忆转化为一种"由媒介支持的记忆",成为不朽的符号物理凭证。换句话说,侨批作为一种物质化的媒介物,不仅实现了经济、情感、文化的传递,更承载了侨批时代潮汕先民的文化血脉,作为一种集体记忆的物质载体而长久留存。侨批作为集体记忆的载体,丝丝缕缕地联系着海外游子与祖国、海外潮人与侨乡、潮汕先民与后辈之间的文化认同,它的媒介化存在使得潮汕人民得以凝聚成一个"具有深度认同的共同体"。

以上关于潮汕侨批及侨批文化的论述,事实上旨在回答一个经典的媒介学问题——"一个条幅如何引发一场革命",即潮汕文化如何依靠一封"银信合封"的家书而得以跨越时空地延续与传扬。

侨批作为中介物,跨越了时空界限,连接了不同历史时期、不同国家和地域之间的潮人文化血脉,涉及民俗、经济、商贸、教化、伦理等社会生活的方方面面。国际著名汉学家饶宗颐教授曾对侨批做出评价:"徽州留下来具有特殊价值的是契据、契约,而潮州可与之媲美的是侨批。"① 侨批这个历经百年沧桑的象征物穿越时空,作为潮汕文化的缩影,蕴含着潮汕精神的精华,在传递与传承中成为一种永恒的记忆载体刻入潮汕文化的内核,历久弥新。

---

① 庄世平:《潮汕侨批萃编·序》,《汕头大学学报》2003 年第 S1 期。

二、健康传播研究

主持人语

2021年春，《中华人民共和国国民经济和社会发展第十四个五年规划和2035年远景目标纲要（草案）》提出："全面推进健康中国建设。把保障人民健康放在优先发展的战略位置，坚持预防为主的方针，深入实施健康中国行动。"[①]2021年夏，中国新闻史学会的第23个二级学会"健康传播专业委员会"于8月2日在上海召开成立大会。2021年夏秋之交，南京与扬州相继发生规模性的新冠疫情——人民健康再次遭受威胁，生产生活秩序普遍受到影响。

在上述背景下，本专栏围绕"健康传播"组织了由四位作者完成的两篇笔谈。

移动互联网时代，以微博和微信为代表的社交媒体是公民获取资讯和知识的重要渠道。新冠疫情防控期间，医学专家的专业知识如何通过社交媒体的传播而转化为公民健康素养中的常识呢？对此问题，刘泱育和祝嘉蔚选择获得"共和国勋章"的钟南山作为医学专家的代表，以人民日报微博发布的钟南山关于新冠疫情防控的健康知识为切入点，通过实证研究提出了对策建议。

现代社会中，由于"现代性"的存在，突发公共卫生事件中的不确

---

① 新华社：《中华人民共和国国民经济和社会发展第十四个五年规划和2035年远景目标纲要（草案）》（摘编），《人民日报》2021年3月6日，第9版。

定性得到增强，这既意味着风险的增强，也意味着人类成功应对可能性的增强，其中的关键在于对媒介的掌控程度。赵雪莹和陈晨以"人民英雄"张伯礼的中医药传播实践为例，从专家系统与信任生产、媒介知识分子的理想身份以及专业话语与媒体话语共生等三个维度进行了讨论。并从以史为鉴的角度分析与挖掘其中医药传播实践的启示。

上述两篇笔谈，以"新冠疫情防控"为语境，以"专家介入"为切入点，共同的理论预设是"媒介重要"。值得一提的是，在四位作者之中，祝嘉蔚为南京人，陈晨乃扬州人，由于两人分处于南京和扬州疫情的中心，做与新冠疫情有关的健康传播研究——无疑属于将个体的生命体验与学术结合起来的理论联系实际之旅。这种研究不但是"为人"之学，而且是"为己"之学。在推进健康中国建设的征途之上，将"为人"之学与"为己"之学"健康地"合二为一，是做健康传播值得追求的一种境界。

（南京财经大学新闻学院副教授 刘泱育）

疫情防控的专家知识如何化为公民健康素养中的常识

——基于人民日报微博发布钟南山言论的实证研究

刘泱育　祝嘉蔚 *

（南京财经大学新闻学院，江苏南京，210023）

摘要： 新冠疫情防控进入常态化阶段，从社会建构论和知识社会学的角度来看，钟南山等专家关于新冠疫情防控的知识如何通过媒介传播而化为公民健康素养中的常识是一个值得探讨的重要问题。论文选取人民日报微博发布的钟南山的相关言论进行实证研究，采用 Python 编程爬取微博内容与相关数据，通过人工清洗数据。研究发现，人民日报微博发布的钟南山关于疫情防控的健康知识具有三个特点：健康知识的碎片化传播、健康知识的一次性传播和健康知识的评论无传播，而这并不利于促进疫情防控的专家知识转化为公民健康素养中的常识。因此，研究建议以人民日报微博为代表的微博发布者——在发布微博时，应对健康知识进行系统化归档、制度化重现和共情化宣传。

关键词： 健康传播；健康素养；钟南山；知识传播；微博

基金项目： 本文系国家社科基金项目"政务新媒体回应重大舆论关切的专家介入机制研究"（19BXW066）和江苏省研究生科研创新计划项目"我们'凭什么'信任钟南山——基于媒介学的研究"（KYCX20_1367）的阶段性成果。

一、问题提出：新冠疫情防控常态化与公民健康素养

新冠疫情正深刻地影响着全球的生产生活秩序和每个人的生活质量。2021 年，广州、南京、扬州等大中城市先后爆发由"德尔塔"（Delta）变异毒株引发的新冠疫情。张文宏医生认为，对于新冠病毒这样的"常驻病毒"，在新冠疫情防控进入常态化之后，我们要

---

* 作者简介：刘泱育（1976—），男，黑龙江木兰人，南京财经大学新闻学院副教授，研究方向：健康传播、政治传播。祝嘉蔚（1996—），女，江苏南京人，南京财经大学新闻学院研究生，研究方向：健康传播、媒介化。

学习如何长期与之相处①。

由于每个人都是自己健康的第一责任人，而健康素养（health literacy）是影响个体健康水平的重要因素②，学习与新冠病毒长期相处无疑离不开公民自身健康素养的提升。早在 2016 年 8 月，习近平总书记首次在全国卫生与健康大会上发表重要讲话时，就强调倡导健康文明的生活方式，建立健全健康教育体系，提升全民健康素养。③

本文所讨论的"健康素养"是指"个人获得、处理和理解基本健康信息和服务，并通过运用这些信息和服务做出正确健康决策，来维持和促进自身健康的能力"——依据《中国公民健康素养——基本知识与技能（试行）》，将健康素养划分为 3 个方面：基本健康知识和理念素养、健康生活方式与行为素养、基本技能素养；以公共卫生问题为导向，则可将健康素养划分为 6 类健康问题素养，即科学健康观素养、传染病防治素养、慢性病防治素养、安全与急救素养、基本医疗素养和健康信息素养。④

在深度媒介化时代（deep mediatization），由于一切都已经中介化了(mediation of everything)⑤,公民健康素养的提升显然离不开"媒介"这一"中介"⑥ 对于专家所讲的健康知识的精心传播。具体到新冠疫情的防控中来，由于绝大多数人并没有机会直接面对面地获得钟南山等医学专家所讲授的健康知识，因此，以钟南山为代表的医学专家所讲授的健康知识如何通过"媒介"的精心传播而化为公民健康素养中的常识便成为一个值得研究的重要问题。

由于"媒介"是一个含混的概念，既包括传统的大众传播媒介，也包括新兴的社交媒体平台⑦，而微博和微信等社交媒体平台目前已成为公民获取资讯的主要渠道，因此，本研究中的"媒介"聚焦的是社交媒体平台。微博的"广场式传播"与微信的"朋友圈传播"比较起来，微博的公开传播属性更强⑧，本研究因而选择以"微博"作为考察媒介如何精心传播来自专家的健康知识，使之化为公民的健康素养。

在研究的具体操作层面，选择人民日报微博传播的来自钟南山关于新冠疫情防控的相关知识作为经验材料。之所以选择人民日报微博，是因为其作为党中央机关报《人民

① 张文宏医生个人微博，2021 年 7 月 29 日，https://weibo.com/u/7454177482?refer_flag=1005055014_&is_all=1，2021 年 10 月 2 日。

② 何艺璇、闫文捷：《谁在社交媒体扩散虚假健康信息？——健康素养与分析性思维的作用》，《新闻记者》2021 年第 7 期。

③ 习近平：《把人民健康放在优先发展战略地位 努力全方位全周期保障人民健康》，2016 年 8 月 21 日，http://health.people.com.cn/n1/2016/0821/c398004-28652254.html，2021 年 10 月 2 日。

④ 中华人民共和国国家卫生健康委员会：《2020 年健康素养监测问答》，2021 年 4 月 1 日，http://www.nhc.gov.cn/cms-search/downFiles/374338ed4ec74e36b587579283397bbc.pdf，2021 年 10 月 2 日。

⑤ Livingstone, S. "On the Mediation of Everything", *Journal of Communication*, vol. 59,no.1(2009),pp. 1–18.

⑥ [英]雷蒙·威廉斯：《关键词：文化与社会的词汇》，刘建基译，北京：生活·读书·新知三联书店，2016 年，第 345—346 页。

⑦ Couldry, N.& Hepp, A. ,*The Mediated Construction of Reality*, Cambridge: Polity Press, 2017,p.2.

⑧ 刘泱育：《政务微博意见领袖形成机制的经济学分析》，北京：人民日报出版社，2019 年，第 1—2 页。

日报》的社交媒体平台——法人微博，拥有超过 1 亿粉丝，影响力大。之所以选择钟南山作为新冠疫情防控医学专家的代表，是因为钟南山担任新冠疫情防控期间国家卫健委高级别专家组的组长，具有权威性。

二、文献综述：社会建构论、知识与媒介

本研究站在社会建构论和知识社会学的立场上，重点讨论媒介在社会现实的建构（尤其是知识的建构）中的重要作用。

在社会建构论看来，社会世界及其日常现实是被建构出来的。这意味着它们并不是自然存在或先天给定的，而是由人类实践以及该实践的负效应造就的。[①] 法国社会学家卢克·博尔坦斯基 (Luc Boltanski) 认为，社会世界的"日常现实"并不是全部现实——这是因为被建构为现实的东西在一组更大的现实可能性中脱颖而出，而这些现实可能性构成了任何可以被建构为社会世界的"日常现实"的东西的背景世界。[②] 依此而论，人民日报微博已经发布的钟南山关于新冠疫情防控的"知识"——作为社会世界的"日常现实"的一部分，只是可能被建构为"日常现实"的多种现实可能性中的一种。换言之，人民日报微博的用户所获得的钟南山关于新冠疫情防控的知识可以有不同于目前的知识来源或者表征方式。

本研究所讨论的"知识"，在学术脉络上遵循的是伯格和卢克曼在《现实的社会建构》中对"知识"的界定——"是一种确定性，它确证了某些现象是真的并且包含一些具体特征"。[③] 这种知识是一种"常识性知识"，指"在常态的、不证自明的例行生活中，由我和他人所共享的那些知识"。[④] 与"思想"相比，常识性"知识"是知识社会学的焦点，因为正是此种知识构造了社会赖以维系的意义之网。[⑤]

回顾学术史，早期知识社会学关注的首要问题是知识来源——"尼采、马克思、涂尔干、伯格和卢克曼等均认为知识不是理所当然的，也不是现实的某种自然镜像，而是受到一定因素影响的具有倾向性的"。[⑥]

在新冠疫情防控常态化的背景下，结合本文的研究问题，就知识"受到一定因素影响"而论，我们将这里的"一定因素"具体落实到"媒介"（微博）上面来考量，因为在

① Couldry, N.& Hepp, A. ,*The Mediated Construction of Reality*, Cambridge: Polity Press, 2017,p.25.
② Couldry, N.& Hepp, A. ,*The Mediated Construction of Reality*, Cambridge: Polity Press, 2017,p.26.
③ [美] 彼得·L. 伯格，[美] 托马斯·卢克曼：《现实的社会建构：知识社会学论纲》，吴肃然译，北京：北京大学出版社，2019 年，第 3 页。
④ [美] 彼得·L. 伯格，[美] 托马斯·卢克曼：《现实的社会建构：知识社会学论纲》，吴肃然译，北京：北京大学出版社，2019 年，第 27 页。
⑤ [美] 彼得·L. 伯格，[美] 托马斯·卢克曼：《现实的社会建构：知识社会学论纲》，吴肃然译，北京：北京大学出版社，2019 年，第 20 页。
⑥ 刘海龙：《作为知识的传播：传播研究的知识之维刍议》，《现代出版》2020 年第 4 期。

深度媒介化时代,"媒介"在建构现实方面扮演着越来越重要的角色。[1] 不仅如此,在彭兰看来,新冠疫情防控时期,媒体中心化传播重新获得瞩目。[2] 这表明,人民日报微博在发布钟南山有关新冠疫情防控的知识时,对作为人民日报微博用户的公民健康素养所产生的影响不容小觑。

按照伊尼斯的洞见,不同的媒介对于不同类型的知识有着不同的传播效果,在《传播的偏向》一书中,伊尼斯曾用这样一段话来说明知识在传播过程中的媒介偏向:"根据传播媒介的特征,某种媒介可能更加适合知识在时间上的纵向传播,有可能更加适合知识在空间中的横向传播,其含义是:不同的媒介具有不同的偏向。"[3]

"微博"由于其碎片化发布的特征,在知识传播过程中,无疑属于"偏向空间"的媒介。如果说复杂的深奥的知识需要"时间偏向"的传播——这种倾向性体现了对于时间及媒介记忆永恒性的追求,那么,偏向空间的媒介则是为了获得空间上、数量上的影响力,所以采用一种便捷的、快速的传播方式。这种媒介在传播时,往往采用降低知识难度的方式来获取数量的普及。[4]

之所以要降低知识难度,不仅由于微博作为偏向空间的媒介,还由于医学专业性的专家知识与公民健康素养中的常识之间存在的距离需要通过媒介在传播过程中来消解——有研究认为媒体接触与社交媒体讨论会不同程度地介入并影响到医学专家的知识普遍化,[5] 这显然表明了知识传播的重要性。在彼得·伯克看来,知识传播的重要性要放在这样的视野中来审视——它是对抗"知识分散"的有力措施。[6] 而专家知识毕竟要通过媒介进行传播,有学者认为媒体是钟南山等专家的专业知识传播的主要推手。[7]

三、实证研究:人民日报微博发布的钟南山关于疫情防控的知识

本研究通过 Python 编写脚本爬取了 2020 年 1 月 20 日至 2021 年 7 月 20 日人民日报微博发布的钟南山与疫情防控相关的信息共计 224 条,月发布量如图 1 所示:

---

[1] Couldry, N.& Hepp, A. ,*The Mediated Construction of Reality*, Cambridge: Polity Press, 2017,p.26.

[2] 彭兰:《我们需要建构什么样的公共信息传播?——对新冠疫情期间新媒体传播的反思》,《新闻界》2020 年第 5 期。

[3] [加]哈罗德·伊尼斯:《传播的偏向》,何道宽译,北京:中国传媒大学出版社,2017 年,第 71 页。

[4] [加]哈罗德·伊尼斯:《传播的偏向》,何道宽译,北京:中国传媒大学出版社,2017 年,第 71 页。

[5] 刘亚娟、展江:《国民"保命大神"如何发声?——疫情中医学意见领袖的支配角色与多重身份分析》,《新闻界》2020 年第 5 期。

[6] [英]彼得·伯克:《知识的社会史(下卷):从〈百科全书〉到维基百科》,汪一帆、赵博囡译,杭州:浙江大学出版社,2016 年,第 85 页。

[7] 蒋晓丽、叶茂:《从介入到共生:新冠疫情媒体报道中专家话语的表达修辞》,《新闻界》2020 年第 5 期。

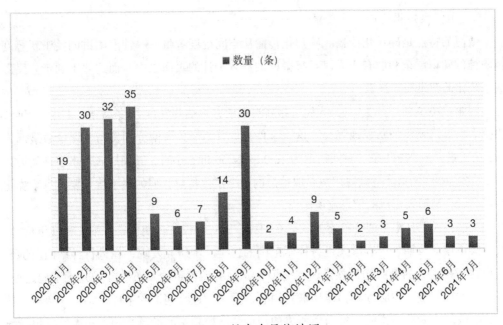

图 1　月发布量统计图

之所以选择 2020 年 1 月 20 日作为研究的起始时间，是因为钟南山于当天接受央视采访时明确指出新冠疫情是"人传人"的。而选择 2021 年 7 月 20 日作为数据分析的结束时间，是因为当天是南京疫情发现的时间，并且距 2020 年 1 月 20 日恰好为一年半的时间——在此期间内，疫情防控已进入常态化阶段。（图 2）

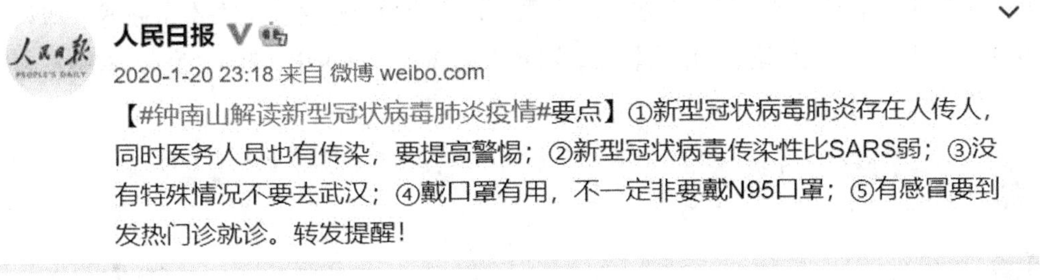

人民日报 V
2020-1-20 23:18 来自 微博 weibo.com
【#钟南山解读新型冠状病毒肺炎疫情#要点】①新型冠状病毒肺炎存在人传人，同时医务人员也有传染，要提高警惕；②新型冠状病毒传染性比SARS弱；③没有特殊情况不要去武汉；④戴口罩有用，不一定非要戴N95口罩；⑤有感冒要到发热门诊就诊。转发提醒！

图 2　钟南山明确指出疫情人传人

对这 224 条微博，我们通过人工进行逐条的数据清洗，去除与本研究的核心问题无关的微博①，得到钟南山关于疫情防控的知识类微博共计 59 条。这些知识类微博呈现出三个特点。

---

① 例如 2020 年 1 月，【#钟南山给一线医护人员加油#】，2020 年 8 月【#钟南山成为共和国勋章建议人选#】，2020 年 9 月，【#外交部回应钟南山进入世卫专家组#】，等等。

（一）健康知识的碎片化传播

微博的特点是碎片化传播。碎片化传播从空间维度考量——钟南山讲的关于新冠疫情防控的知识混杂和散布于人民日报微博的数以千计的页面之中。而这并不利于公民形成系统化的健康素养常识。

例如：2020 年 2 月 27 日，人民日报新浪微博客户端共发布 73 条微博，其中，"钟南山院士出席广州疫情防控通气会"这一事件被拆分为 8 条微博分别发布，评论数最低为 483 条，最高至 27211 条，时间跨度为 10:06—14:56 近 5 小时，其间插入与本事件无关微博 13 条。碎片化阅读是微博用户获取信息的一个主要特点，但如果不将重要信息系统化推送，就会被铺天盖地的信息流所淹没。

又如：人民日报微博的检索方式只有两种，第一种仅按日期检索，第二种高级检索，按照关键字、日期、内容形式进行检索范围的框定。本研究发现，在进行钟南山所讲的与疫情防控相关的健康知识检索时，与搜索其他类型的事件发布的方式并无不同之处，甚至关键词的键入也必须严格按照微博内容，同义、近义词语均不能识别，导致检索结果的失败。这间接地说明了钟南山所讲的与疫情防控相关的健康知识，在人民日报微博客户端中并没有被系统化地分类。

（二）健康知识的一次性传播

钟南山讲的关于新冠疫情防控的许多知识，在人民日报微博上都只传播了一次。这种健康知识的一次性传播，不利于公民对其进行记忆，从而内化为自己的健康素养。

例如：在 2021 年 1 月 31 日"钟南山谈农村疫情防控 3 大重点"这条微博中，转发量、点赞量、评论数都属于较低水平，人民日报微博粉丝过亿，但在本条微博上却只有 2648 次点赞、365 条评论、495 次转发，在现有的 365 条评论中，我们发现，有网友表示应转发扩散（如图 3）。

图 3　评论截图

又如：自 2020 年 1 月 20 日以来，钟南山唯一一次将健康知识以授课的方式传授，是在"2020 年 3 月 12 日钟南山团队发布的新冠肺炎防控课程"中，通过爬取相关微博的全量评论数据 2368 条，发现 3 月 12 日当天评论数据有 1180 条，仅占评论总数的 50%，最后一条评论发布于 3 月 20 日，内容为"我为什么才看到！"。由此可见由于时间与空间的"不在场"，"一次性"的健康知识传播使许多公民"来不及"获取知识，甚至错过了知识获取的机会。

（三）健康知识的评论无传播

由于媒介技术的飞速发展，传播的边界已经逐渐模糊，尤其是在新冠疫情期间，"全世界都在说"成为新冠疫情用户新闻生产的总体特点。换言之，数字媒体时代，用户都具有记述自身的能力以及传播知识的能力，他们作为主体介入广泛的社会叙事过程，共构了开放迭代的新闻流，带来多种话语的碰撞冲突。①

具体到作为"社交媒体"的人民日报微博，不仅人民日报发布的微博属于传播内容，而且对其所发布的微博的转发、评论和点赞在某种意义上也构成了传播内容。尤其是"评论"，使得微博发布者和微博用户之间的互动实现了"可见化"。但检视人民日报微博发布的钟南山关于新冠疫情防控知识的"评论"，尽管用户发布了大量的"评论"，然而这些"评论"却并没有被人民日报微博再次进行整合过——我们可以称之为"健康知识的评论无传播"。实际上，从疫情防控的专家知识转化为公民健康素养中的常识这一角度，用户的这些"评论"是应该被重新整合进而再次作为微博内容而发布的。

四、对策建议：微博发布如何使专家知识化为公民健康素养中的常识

根据实证研究的上述发现，对于以人民日报微博为代表的微博类社交媒体平台而言，在促进疫情防控的专家知识转化为公民健康素养中的常识方面，本研究提出如下对策建议。

（一）健康知识的系统化归档

人类记忆的原理表明，微博发布的"零碎的"健康知识不利于记忆。相反，健康知识的"系统化"则有利于记忆。而系统化的前提是"归档"，"归档"意味着对知识进行分类。

依据《中国公民健康素养——基本知识与技能（试行）》，以公共卫生问题为导向，可以将健康素养分类为6种——科学健康观素养、传染病防治素养、慢性病防治素养、安全与急救素养、基本医疗素养和健康信息素养。据此，人民日报微博发布钟南山关于疫情防控的健康知识可以划分为以下三类。

1.传染病防治素养

我们将传染病防治素养界定为新冠肺炎防控举措。据此可以将相关的微博归档为一类——例如2020年2月4日的下列微博（图4）：

---

① 刘鹏：《"全世界都在说"：新冠疫情中的用户新闻生产研究》，《国际新闻界》2020年第9期。

图 4　人民日报微博截图

再如 2020 年 1 月 30 日，人民日报发布的微博（图 5）：

 人民日报 V

2020-1-30 22:58 来自 微博 weibo.com

【听话！#钟南山给你9条防护建议#】普通人怎么预防最好？#返程后如何做好个人防护#？钟南山的建议↓↓速速转给家人朋友！

图 5　人民日报微博截图

表 1　人民日报微博中钟南山的 9 条防护建议

最重要一条 不要到处跑	不要参加集会 减少感染机会	出门要戴口罩 不一定要戴 N95
摘口罩也有讲究 不要抓着污染面	注意洗手卫生 防自己也防别人	发烧要去医院 不要待在家里等
接待过武汉来的人 可做一些普查检测	春运返程测体温 有必要	首先要保护好自己 才能很好地救别人

又如，2021年1月31日，人民日报发布的微博：

【#钟南山提醒打了新冠疫苗仍要戴口罩#】今天，钟南山院士解答春节期间基层疫情防控相关问题，有记者提问，注射了疫苗是否就不用戴口罩了？钟南山表示，答案是否定的。中国的疫苗主要是全病毒灭活疫苗，它安全性非常好，对它的作用评估，一般注射第一剂以后出现抗体了，这个抗体大概是60%、70%……

2.健康信息素养

我们将健康信息素养具体界定为信息获取偏好以及时效性信息说明。例如，2020年3月1日的微博（图6）：

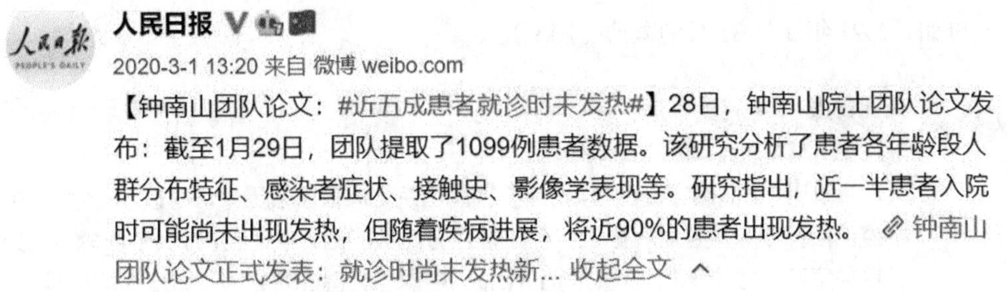

人民日报 V

2020-3-1 13:20 来自 微博 weibo.com

【钟南山团队论文：#近五成患者就诊时未发热#】28日，钟南山院士团队论文发布：截至1月29日，团队提取了1099例患者数据。该研究分析了患者各年龄段人群分布特征、感染者症状、接触史、影像学表现等。研究指出，近一半患者入院时可能尚未出现发热，但随着疾病进展，将近90%的患者出现发热。🔗 钟南山团队论文正式发表：就诊时尚未发热新… 收起全文 ∧

图6　人民日报微博截图

再如2021年6月26日的微博（图7）：

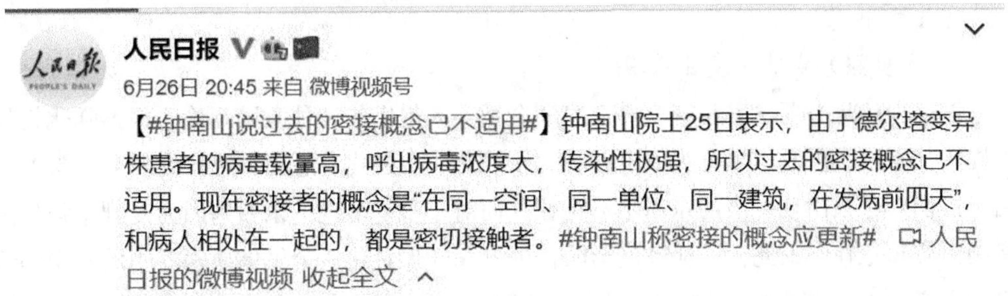

人民日报 V

6月26日 20:45 来自 微博视频号

【#钟南山说过去的密接概念已不适用#】钟南山院士25日表示，由于德尔塔变异株患者的病毒载量高，呼出病毒浓度大，传染性极强，所以过去的密接概念已不适用。现在密接者的概念是"在同一空间、同一单位、同一建筑，在发病前四天"，和病人相处在一起的，都是密切接触者。#钟南山称密接的概念应更新# 💬 人民日报的微博视频 收起全文 ∧

图7　人民日报微博截图

3.科学健康观素养

我们将科学健康观素养界定为具有永久时效性的防疫认识及相关举措，这既包括接种疫苗，也包括重视心理健康，例如（图8）——

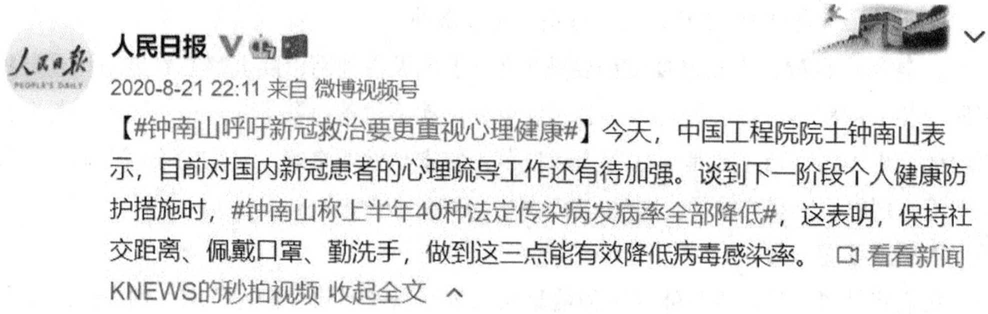

人民日报 V
2020-8-21 22:11 来自 微博视频号

【#钟南山呼吁新冠救治要更重视心理健康#】今天，中国工程院院士钟南山表示，目前对国内新冠患者的心理疏导工作还有待加强。谈到下一阶段个人健康防护措施时，#钟南山称上半年40种法定传染病发病率全部降低#，这表明，保持社交距离、佩戴口罩、勤洗手，做到这三点能有效降低病毒感染率。 □ 看看新闻 KNEWS的秒拍视频 收起全文 ∧

图 8　人民日报微博截图

再如，2021 年 3 月 31 日的微博（图 9）：

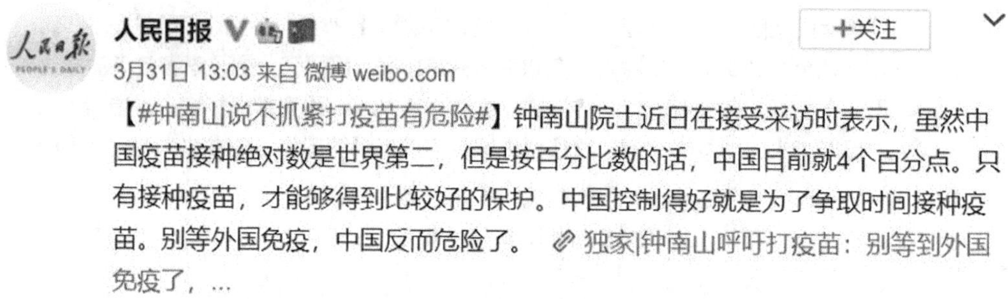

人民日报 V　　　　　　　　　　　　　　　＋关注
3月31日 13:03 来自 微博 weibo.com

【#钟南山说不抓紧打疫苗有危险#】钟南山院士近日在接受采访时表示，虽然中国疫苗接种绝对数是世界第二，但是按百分比数的话，中国目前就4个百分点。只有接种疫苗，才能够得到比较好的保护。中国控制得好就是为了争取时间接种疫苗。别等外国免疫，中国反而危险了。 ⌗ 独家|钟南山呼吁打疫苗：别等到外国免疫了，…

图 9　人民日报微博截图

（二）健康知识的制度化重现

强化理论是心理学家和行为科学家斯金纳等人提出的一种激励理论，根据强化物的不同，其激励手段基本可分为以下四种：正强化、负强化、惩罚、忽视处理（削弱）。[①]由于人们对于只出现一次的东西不易记住，而对于重复出现的东西则因为受到正强化的激励而容易记住，因此，从促进疫情防控的专家知识转化为公民健康素养中的常识的角度，有必要对一些重要的健康知识通过"制度化重现"的方式进行二次转发。这里所讲的"制度化"是指形成转发的"惯例"，这种惯例对于微博运营者而言类似于一种制度——从而有意识地对重要的健康知识进行定期转发。

就在我们撰写本文期间——2021 年 8 月，一篇名为《华为到该炸掉研发金字塔的时候了》的文章，"再次"出现在华为的心声社区，这是任正非在 5 年前签发的。[②]这里的"再次"出现，如果运用到微博对于重要的健康知识的"制度化重现"上，那便是定期对于钟南山等专家的疫情防控知识进行"再次"转发（图 10）。

① 牛玉飞、张发明、袁胜军：《泛强化激励动态评价模型及应用》，《中国管理科学》：1-13[2021-08-06]. https://doi.org/10.16381/j.cnki.issn1003-207x.2020.1888.

② https://t.cj.sina.com.cn/articles/view/7506115851/1bf663d0b001013u6h.

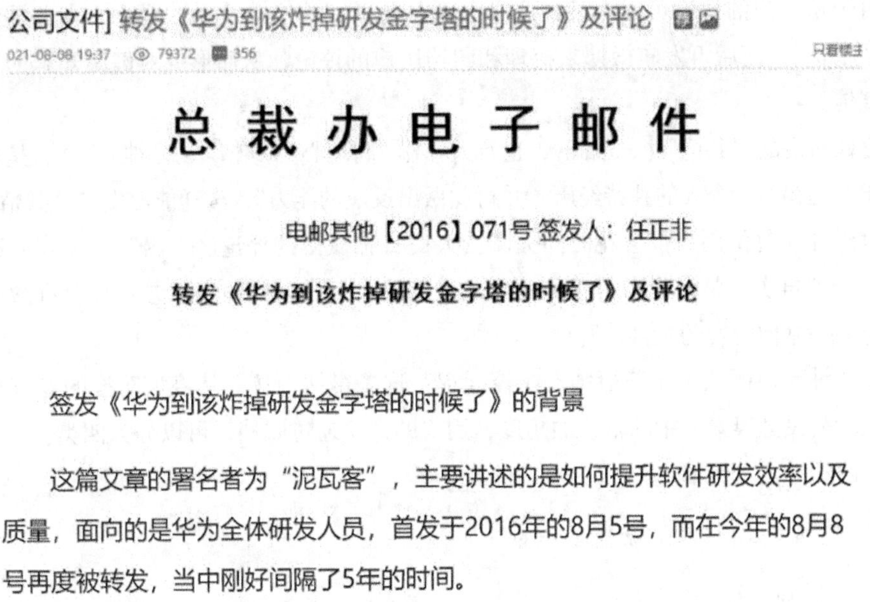

公司文件] 转发《华为到该炸掉研发金字塔的时候了》及评论

021-08-08 19:37 79372 356 只看楼主

总 裁 办 电 子 邮 件

电邮其他【2016】071号 签发人：任正非

转发《华为到该炸掉研发金字塔的时候了》及评论

签发《华为到该炸掉研发金字塔的时候了》的背景

这篇文章的署名者为“泥瓦客”，主要讲述的是如何提升软件研发效率以及质量，面向的是华为全体研发人员，首发于2016年的8月5号，而在今年的8月8号再度被转发，当中刚好间隔了5年的时间。

图 10 《华为到该炸掉研发金字塔时候了》及评论截图

（三）健康知识的共情化宣传

2020 年 3 月 12 日，人民日报微博发布了钟南山团队的新冠肺炎防控课程，引发用户的热议（图 11）。

人民日报

2020-3-12 13:15 来自 微博 weibo.com 已编辑

【#钟南山团队发布新冠肺炎防控课程#：无偿供医学生等学习】近日，钟南山院士团队发布了《新型冠状病毒肺炎防控》课程，将在抗疫一线的战斗经验、常见问题全面梳理，并将它无偿地提供给全部医学生和社会学习者。课程将从3月9日持续至4月30日，由参与抗疫临床实战的专家钟南山院士及其团队参与授课。课程由概论、临床诊治、疾病防控、中医药防治等临床知识和防控中的人文关怀、新冠肺炎的研究热点及启示等扩展内容两大方面共六个知识点组成，系统全面地讲解新冠肺炎。@广州呼吸健康研究院 抗疫进行时：钟南山院士团队带你走进《新型冠... 收起全文

收藏 4605 2386 36270

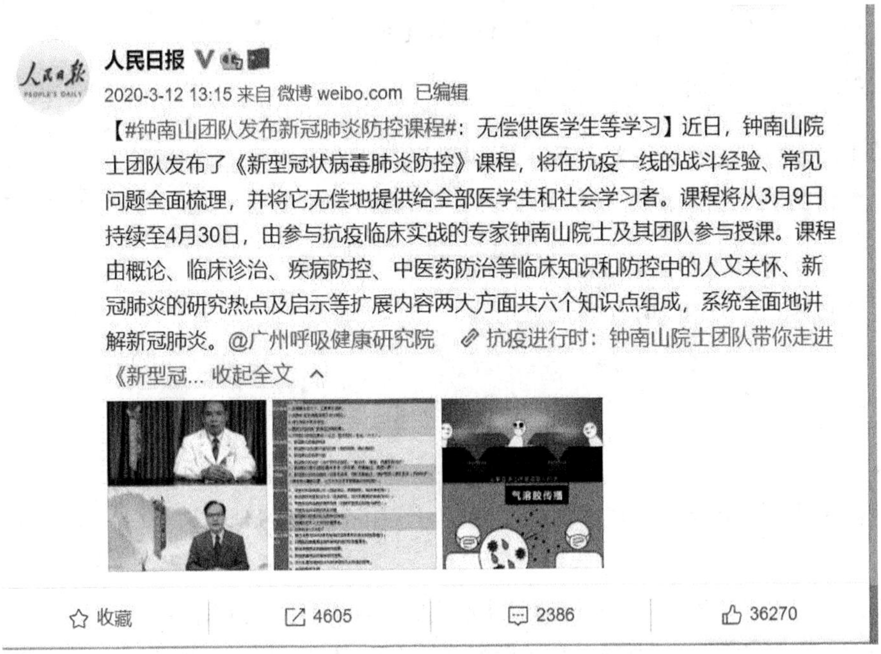

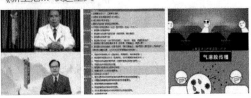

图 11 人民日报微博截图

由于从用户的评论可以在某种意义上判断此微博的传播效果，因此，有必要对评论进行"精选"，而后再发布微博来梳理和归档用户的评论，从而形成对健康知识的"共情化"宣传。

此处所讲的"共情"（empathy，也有人译作"同理心""移情"或"神入"），是指"一个人能够理解另一个人的独特经历，并对此做出反应的能力"，沟通能够促进"共情"。[1]

由于并非每位用户都会花时间去阅读人民日报微博的评论区，因此，需要通过将微博的评论"再次"整合成微博正文的形式进行发布——以此种沟通方式来促进微博用户之间对某一微博内容的"共情"。

以"钟南山团队发布新冠肺炎防控课程"这条微博为例，从疫情防控的专家知识如何转化为公民健康素养中的常识的角度，用户的评论通过归档，可以分为四类：

1. 信任钟老。例如（图12）：

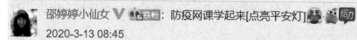

龙宝麻麻6044104391: 就相信钟老的
2020-3-13 08:33   回复 | 👍 赞

图12 评论截图

2. 学习知识。例如（图13）：

邵婷婷小仙女 ✔ 🈲: 防疫网课学起来[点亮平安灯]👻👻👻
2020-3-13 08:45   回复 | 👍 1

图13 评论截图

3. 分享知识。例如（图14）：

香琴玲兵-双双: 太棒了，知识共享很赞，我最喜欢知识共享的社会，是永远进步的社会！
2020-3-13 05:58   回复 | 👍 赞

图14 评论截图

4. 践行知识。例如（图15）：

小小小谁_: 钟爷爷的话，我们一定认真听🙏
2020-3-13 00:44   回复 | 👍 赞

图15 评论截图

这四种类别在逻辑上形成了由信任到学习，由个人学习到与人分享，再到知识指导实践的"知行合一"。

据此通过对评论进行精选整合而可能形成的微博内容便是（图16）：

【#钟南山团队发布新冠肺炎防控课程#网友们表态：信任、学习、分享、践行（网

---

① 吴飞：《共情传播的理论基础与实践路径探索》，《新闻与传播研究》2019年第5期。

友表态分类词云图）】

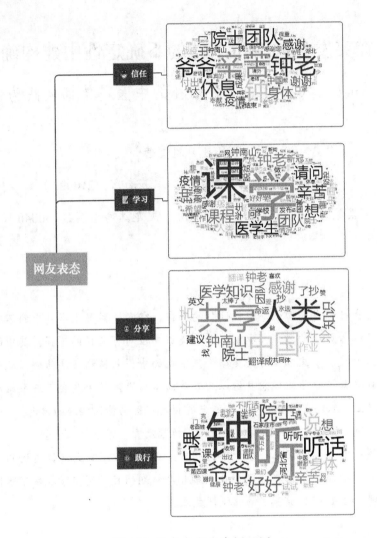

图 16　网友表态分类词云图

五、结语

在新冠疫情防控常态化的背景下，钟南山等医学专家的健康知识如何转化为公民健康素养中的常识？这需要包括专家、媒介和用户在内的各方面的共同努力。

本研究从"媒介"如何更好地发挥作用的角度切入，具体讨论了社交媒体（微博）在专家关于疫情防控的健康知识如何转化为公民的健康素养中的常识这一问题上应如何精心地（即策略性地）开展"健康传播"。

未来的相关研究不但可以从"专家"和"用户"等维度分别切入，而且对于"媒介"还可以通过细分（比如微信、抖音，等等）来开展健康传播研究。

如何在突发公共卫生事件的不确定性中建构确定性

——以"人民英雄"张伯礼的中医药传播实践为例

陈　晨　赵雪莹[*]

（南京财经大学新闻学院，江苏南京，210023）

（黑龙江中医药大学基础医学院，黑龙江哈尔滨，150040）

摘要： 现代社会中，由于"现代性"的存在，突发公共卫生事件中的不确定性得到增强，这既意味着风险的增强，也意味着人类成功应对可能性的增强，其中的关键在于对媒介的掌控程度。本文以"人民英雄"张伯礼的中医药传播实践为例，从专家系统与信任生产、媒介知识分子的理想身份以及专业话语与媒体话语共生等三个维度进行了讨论。在此基础上，从以史为鉴的角度分析与挖掘其中医药传播实践的启示。

关键词： 现代性；中医药传播；张伯礼；新冠疫情；媒介知识分子

基金项目： 本文系国家社科基金项目"政务新媒体回应重大舆论关切的专家介入机制研究"（19BXW066）和江苏省研究生实践创新计划项目"现象学视域下赛博人的感性媒介实践研究"（SJCX21_0604）的阶段性成果。

引言 突发公共卫生事件、流动的现代性与被增强的不确定性

突发公共卫生事件是指突然发生，造成或者可能造成社会公众健康严重损害的重大传染病疫情、群体性不明原因疾病、重大事物与职业中毒以及其他严重影响公众健康的事件。[①] 由于其突发以及影响广泛的特点，突发公共卫生事件会给整个社会带来极大的不确定性，继而引发风险。具体到新冠疫情中——肺炎病例自 2019 年 12 月底在我国湖北

＊　作者简介：陈晨（1997—），男，江苏扬州人，南京财经大学新闻学院研究生，研究方向：健康传播、媒介化。赵雪莹（1978—），女，黑龙江哈尔滨人，黑龙江中医药大学基础医学院教授，研究方向：方剂学、健康传播。

① 中华人民共和国国务院：《突发公共卫生事件应急条例》，2020 年 9 月 25 日，http://www.bjtzh.gov.cn/tzzfxxgk/c109720/202010/1319837.shtml，2021 年 9 月 22 日。

武汉出现，起初并未被当作什么大事情，哪怕之后病毒迅速扩散，政府对于"封城"的决定其实也都有所犹豫。

　　人类面对突发公共卫生事件时的犹豫来源于对多个因素的考量，如经济因素、社会影响因素，等等。这些因素并非孤立于突发公共卫生事件而存在的，而是"牵一发而动全身"的存在。例如，应对疫情的物资自然是需要经济活动来保障的，社会恐慌情绪可能会不利于疫情防治。因此，如果对人类面对突发公共卫生事件时的"犹豫"做过分的苛责，便多多少少有些"事后之见"的意味——在面对陌生的突发性事件时，人类需要一定的时间去进行前期准备工作以形成完善的应对策略。故本文在此讨论的并非对突发公共卫生事件中"犹豫"的完全消除，而是探讨如何在该事件所必然带来的不确定性中最大限度地寻找确定性，以此掌控风险，从而减少损失。

　　在现代社会出现之前，对突发公共卫生事件中不确定性的减少大体依赖于既往的经验事实或神秘化。如上古时期由于缺乏对传染病的医治手段，一旦遭遇传染病，人类社会往往会遭遇大量减员，因此，鼓励高生育率的道德准则成为文明社会得以维持的必要基础。[1]这里是用人数上的保证来减少传染病所可能带来的破坏和威胁。而宗教的出现则给突发公共卫生事件的解决提供了另一种思路："宗教朝圣在引发疫病中扮演的角色可与战争比肩，疾病来自上帝的信念可以轻易地转换为，若采取措施有意识地预防疾病，无异于干预神的意志……对虔诚者而言，死在朝圣途中是上帝的安排，以此可让朝圣者从此岸的苦难中超度到与神同在的彼岸。"[2]这里是将传染病归责于上帝或恶魔，这样便可以让人安然等死，从而避免大规模的社会恐慌和动乱。而哪怕是出现了一些具体的医治手段，也往往是粗糙的经验主义，缺乏也根本没有条件去进行科学实证——比如放血治疗热病的方法。

　　人类进入现代社会后显然有了更人道、更科学的手段来应对突发公共卫生事件中的不确定性，造成这种变化的核心在于科学实证主义的出现与兴盛。"在欧洲，以医学院和医疗机构为中心的专业机构，可能决定了对新疾病的更为系统性的反应。医院给医生们提供了反复观察病情及其变化过程的机会，曾经有效的治疗方案可以在下一个病人身上再试，而同行则可以在一旁随时观察疗效。"[3]科学实证主义的出现与兴盛离不开人类社会现代化进程背景下的技术进步和社会体系变革，但伴随着人类社会现代化进程的还有现代性的出现。所谓现代性，指的是"伴随着现代化进程出现的一种人类精神气质，它以崇尚理性、尊重人性、强调个人主义等为特征"[4]。目前学界认为，现代性的直接来源是启蒙运动，根本来源则是社会生产力的持续进步。从长远看来，现代性无疑是先进的，但在当下，现代性却确确实实给整个社会带来了极大的不确定性。张琳曾对现代性进行

　　①②③　[美]威廉·麦克尼尔：《瘟疫与人》，余新忠、毕会成译，北京：中信出版社，2018年，第55、192、193页。

　　④　陈嘉明：《现代性与后现代性十五讲》，北京：北京大学出版社，2006年，第24—25页。

过批判，她认为："现代性的本质是以人为中心的主体性，其根本逻辑是主体——客体绝对分离、截然不同……在这种思维模式的推动下，主体与客体的关系相割裂，主客体关系不是征服就是妥协，缺少主客体间的辩证互动。"① 在此种情况下，人渐渐丧失了自身的社会性，从整个社会的视角看来，产生的是决策主体多元化的问题——谁也管不了谁，谁也不相信谁，个人只相信自己。

决策主体多元化一定程度上导致了社会凝聚力不够，执行力不强的问题，在突发公共卫生事件中，这些问题无疑是致命的——极大地增强了突发公共卫生事件中的不确定性。有人对我国公共政策中决策主体多元化的现象进行了研究②，认为多元决策主体可以让政府不断适应迅速变化的政治社会环境，提高自身执政水平，打造服务型政府。但同时也指出，多元决策主体也会导致有序性、统一性等方面的不足。具体到新冠疫情事件中，人类自以为是的现代性曾让我们付出过惨痛的代价。如"双黄连事件"，曾导致民众对政府和专家的盲目失信，进而阴谋论满天飞，这种情况的出现对于疫情的防控显然是不利的。因此，本文认为需要考虑的是——如何在突发公共卫生事件中对现代性进行妥善处置。

对现代性的妥善处置包含了对其进行利用的可能。鲍曼谈及现代性时曾说："现代性是一段'过渡时期'，这个时期，处理事情的老办法不再奏效，但应对挑战的新方式和更加适合于新情况的新生活方式尚未发现、就位和发挥作用。因此，现代性就是要永远处于变化之中，避免完成，保持未定状态。每一个新结构都是另一次被承认为暂时性的。'事后'状态是现代性不可或缺的一个特点。"③ 基于此，鲍曼提出了"流动的现代性"的概念，即"对变化就是恒久而不确定性就是确定性的最大确信"。这一精神气质很好地对应了突发公共卫生事件中突发性的显著特征，使得其能够成为人类对抗该类事件的重要精神力量。具体到本次新冠疫情中，"以变化应万变"成为一种鲜明的中国特色。比如不仅仅限于此前传染病防治的经验，中国在本次疫情中还积极尝试了新型的防治手段，如基于大数据平台的精细化管控、电商物流保障群众被隔离的生活、建设方舱医院，等等。此外，疫情尚未完全过去，但我国已经在积极布局应对以后可能的新疫情，如各地应急管理学院的成立以及医学研究生的扩招等。这些手段不仅仅是在疫情期间生效，还是可以预见的一场社会体系的深刻变革。而在普通群众这边，虽然有盲目失信等乱象的出现，但在"让子弹飞一会"的精神引领下，更多的人愿意相信政府，比如"不造谣，不传谣，等团团反转"等话语的流行，充分印证了人们"流动的现代性"的精神品质——真理会

---

① ［英］齐格蒙特·鲍曼：《流动的现代性》，欧阳景根译，北京：中国人民大学出版社，2018年，第4—5页。

② 张琳：《现代性的信仰困境与信仰塑造》，博士学位论文，.复旦大学，2012年，第94页。

③ 孔令朋：《我国公共政策决策主体多元化与公民参与多样化的关系研究》，硕士学位论文，山西大学，2010年，第8—11页。

迟到，但不会不到。

综上所述，本文认为，现代社会中，由于现代性的存在，突发公共卫生事件的不确定性被增强了，这既意味着更大风险的可能性，也意味着人类成功应对突发公共卫生事件可能性的增强。所谓更大的风险，指的是现代性思潮下决策主体的多元化——社会凝聚力不够，执行力不强。而所谓更大的可能，指的则是对"流动的现代性"的精神品质的利用，这能够让人类在面对突发公共卫生事件时有从容应对的精神力量。这两者都指向了一个共同的沟通的基础设施——媒介的力量。无论是及时凝聚社会共识、保障执行力还是维持人类"流动的现代性"的精神品质，有效率的信息沟通一定是必要的。这不仅仅意味着需要更快的信息传播速度，也意味着需要良好的信息传播形式。

基于此，本文讨论的核心问题便是，面对现代社会中突发公共卫生事件中被增大的不确定性，人类该如何通过媒介力量来最大限度地把握确定性——从而掌控风险，减少损失？

本文认为，"人民英雄"张伯礼的中医药传播实践呈现出极大的事例样本参考价值，原因有三：

一是张伯礼的中医药传播实践在极短的时间内取得了公众的广泛认可，并且有效地推进了中医药参与防疫以及后续研究支持的工作，因此对其传播过程的探讨显然是必要的。

二是张伯礼的中医药传播实践采用了新媒体手段——比如拍摄纪录片《苍生大医张伯礼》，并取得了良好的传播效果，其中的创新意义不言而喻。

三是张伯礼作为中国工程院院士，其专业性自然是毋庸置疑的，但在本次中医药传播实践中，却化晦涩为通俗，极大地方便了公众的理解，因此对其话语层面的分析能够获得一定的方法论意义。

因此，本文接下来将从张伯礼的中医药传播实践出发，试图探讨张伯礼对中医药的传播是如何与公众发生互动的，他本人以及公众在其中都扮演了怎样的角色，并最终如何产生了有效的传播成果——以减少现代社会中突发公共卫生事件中的不确定性。

一、在熟悉与陌生之间：专家系统与信任生产

中医药传播实践在新冠疫情防治过程中的成功，离不开核心人物张伯礼的身份——中国工程院院士、天津中医药大学校长（现为名誉校长）。可以说，张伯礼是作为一个重量级专家出场的，其所带来的核心说服力在于"提供了一个预期的保障"。首先是官方光环加身，张伯礼的一系列头衔意味着他是深受社会主流肯定的，尽管民众没有参与到这个选拔过程，但由于选拔机制的客观存在，民众容易建构起"张伯礼是行业顶尖"的认知。其次是专业知识的存在。张伯礼作为一名中医药学者，他对本行业的专业知识是精通的。最后是可靠的事实。张伯礼在进行中医药传播实践时，其在武汉疫情期间的工作

成果已有目共睹。依赖于顶尖的、专业的以及有效的三个维度的核心竞争力，张伯礼作为一个可靠的专家，提供了公众对其进行信任的基础。

吉登斯认为，"信任"是现代性的独特产物。区别于"信心"那样无条件地想当然，信任是人们认识到风险之后的一种特殊类型。即"现代性下，个人在决定进行某一特定活动时，总是在心中揣摩着其他可能性"①。对于突发公共卫生事件来说，这一点并不是完全有害的。尽管比起"信心"，"信任机制"损失了一定的凝聚力和执行效率，但由于公众会对风险进行评估，以降低行动有可能造成的危险后果，因此实际上带来了人类整体意义上的理性增强，这意味着人类作为一个整体进行犯错的可能性降低。吉登斯同时指出："基于对环境的了解，人类所要追求的并不是完全掌控风险以规避危险，而是将危险降低到最低程度以建构出'可接受的风险'，这恰恰是人类能够真正追求的'安全'。"②这意味着信任的建立虽然要经历一定的流程，但经由这个过程，人类才得以从对风险的陌生过渡到对风险的熟悉把控。基于此，信任机制所损失的凝聚力和效率，恰恰是为了形成真正可靠的共识以及行动效率。

因此，本文认为，在突发公共卫生事件中，公众的信任将带来两个层面的不确定性减少。

首先是公众的主观层面。由于公众追求的是"可接受的风险"，因此信任对象只要大体符合某个标准，便可以让公众进行信心托管。具体到本次的中医药传播实践中，张伯礼作为行业内顶尖的、社会中专业的、事实上有效的可靠专家，值得信任——完全能够满足公众的心理预期。也就是说，在公众的主观层面，选择信任张伯礼，可以将行动的危险降到最低。吉登斯曾言："对那些外行人士来说，对专家系统的信任既不依赖于完全参与进这些过程，也不依赖于精通那些专家所具有的知识，因此信任在一定程度上不可避免地也就是信赖。"③信赖具有一定的盲目性，但在这种情境下，已然是一种"理性的盲目"。公众对专家系统的信任一旦成立，便体现出一种"契约精神"，这时无论是他们的现代性还是人类本性中的不确定性都会大大减少。

其次是社会的客观层面。公众与专家系统信任的建立事实上构建了一种"契约"，在此情境下，无论是社会共识还是行动执行都是有据可依的。因此在面对突发公共卫生事件时，这种契约将发挥效用。具体到新冠疫情防控时的中医药传播实践中，张伯礼的成功也使得社会对中医药的认可大大加强。比如张伯礼所提到的"中医药现代化"概念已经成为学界乃至整个社会的共识，运用大数据对中医药进行祛魅以及科学化的工作正在有序展开，可以预见的是，接下来无论是对中医药研究的推进还是相关设施的建立，所遇到的阻力都会大大减少。而这客观上增强了我们应对突发公共卫生事件的底气，在可

①②　[英]安东尼·吉登斯：《现代性的后果》，田禾译，南京：译林出版社，2011年，第26—27、31页。
③　[英]安东尼·吉登斯：《现代性的后果》，田禾译，南京：译林出版社，2011年，第25页。

见的未来，中医药作为一种日渐成熟的科学治疗方法，可以大大降低突发公共卫生事件所带来的不确定性危害。

总体看来，张伯礼中医药传播实践成功的第一个要素就在于他专家身份的可靠——顶尖、专业、有效。通过这一富有含金量的身份，张伯礼成功地与公众建立了信任，并实现了信任的持续生产——在契约精神下，中医药研究得到了社会拨给的资源，并成为一种日趋成熟的科学治疗方法，反过来又再生产了张伯礼身份的说服力，从而持续获得社会认可和公众信任。在这种良性循环下，公众主观层面的不确定性和社会客观层面的不确定性都大大减少，形成了一种双赢。

二、在专业与异化之间：媒介知识分子的理想身份建构

在突发公共卫生事件中，专家与媒介的结合可以带来传播效率的提升，对于建立以及维护公众和专家系统之间的信任起到了极大的促进作用。比如在新冠疫情防控的中医药传播实践中，张伯礼与央视合作拍摄了纪录片《苍生大医张伯礼》，以视频化的方式——对疫情中的中医药医学实践以及中医药现代化等情况介绍得非常详细和生动，起到了良好的宣传效果。

但专家与媒介的结合也带来了"异化"的风险。中国新闻传播学界曾提出过"媒介知识分子"的概念，即"借助传统媒体或新媒体传递信息、发表意见、传播思想、交流观点的一批人"①。利用媒介技术进行更有效率的传播本来无可厚非，然而由于现代的传媒市场化趋势，媒介知识分子不可避免地被裹挟进"媒介逻辑"当中，进而引发异化风险。赵勇曾论述过知识分子"学院化"与"传媒化"的关系："学院化的过程其实就是积累文化资本的过程……一个学者只要成为大众媒介的合作伙伴，媒体就会把他的文化资本转换为具有某种新闻价值和轰动效应的文化产品……让他换来可观的经济效益。"② 然而，一旦这样的媒介运营逻辑被知识分子所接受，那么媒介与知识分子的关系将被简化为供需关系，原先纯粹的知识传播合作关系将荡然无存。基于这样的供需关系，媒介知识分子将产生"平面化"以及"迎合媒介"两大思想特征。

首先是平面化，指的是媒介知识分子思想深度被削平，谈论问题浅尝辄止的现象。布尔迪厄曾在《关于电视》中提出"快思手"的概念，即知识分子在进入电视媒介后，倾向于迅速、简单化地理解和判断问题，进而用适合媒介的方式迅速表达出来。③ 这是由媒介逻辑中的时效性和显著性所决定的，由于文化资本的转化速度直接和经济效益挂钩，那么媒介知识分子就极易进入一种文化的狂热生产状态中。在这种情况下，由于缺乏时

---

① 姜华：《媒介知识分子：关系、角色特征及身份重建》，《新闻大学》2009 年第 3 期。

② 赵南：《从知识分子文化到知道分子文化——大众媒介在文化转型中的作用》，《当代文坛》2009 年第 2 期。

③ [法] 皮埃尔·布尔迪厄：《关于电视》，许钧译，沈阳：辽宁教育出版社，2000 年，第 29 页。

间的沉淀与思考，所生产出的内容自然是扁平又无味。

其次是迎合媒介，指的是知识分子将自己视为传媒的"自己人"，从而以传媒自身的逻辑来思考问题，至于所传播知识的准确性和专业水准都是可以妥协的。[①]在此种情况下，媒介知识分子已经有意识地认同了"传媒—市场"逻辑，因为这可以为其换来舒适的物质生活，因此知识分子在知识生产和传播上陷入了一种"自我矮化"与"犬儒化"。

在突发公共卫生事件中，专家作为知识分子，其自身的异化将导致极大的不确定性，最显而易见的便是本次疫情中"公共知识分子"的现象，他们拥有一定的学识，却"炒热度"。然而在张伯礼的中医药传播实践中，却并未看到其被传媒异化的问题，这对于我们无疑是富有启发意义的。

黄灿提出过一种理想的媒介知识分子身份，即"能够抵制媒介技术、传播机制对自己的异化，又能够脚踏实地，面对真实社会和文化所提出的各种挑战和问题，进而提出解决方略，实现自己社会关怀的价值。"[②]而要形成这样的理想媒介知识分子身份，其关键首先在于知识分子本身，其次在于媒介管控。

关于知识分子本身，徐贲说得有理："一个媒介工作者能否称得上是'知识分子'，看的不是学历，也不是单纯的'专业水准'，更不是他究竟在使用文字还是图像，而是他的社会关怀和价值立场。"[③]媒介知识分子作为一个有文化和主体性的个体，面对媒介带来的异化风险是拥有主观能动性的，其中社会责任与担当是他们尤为重要的精神品质。具体到本次中医药传播实践中，张伯礼作为院士，在疫情期间主动请缨，深入一线，可以说是他一把手将中医药推进了防疫工作当中，这本身就证明了他"苟利国家生死以，岂因祸福避趋之"的社会关怀与责任担当。因此在之后的传播实践中，媒介对他的异化自然也就无从谈起，张伯礼的这种精神品质是保证他未被异化的首要因素。

关于媒介管控，如哈贝马斯所言，"具有操控力量的传媒褫夺了公共性原则的中立特征"。知识分子的异化自然跟媒介的引导脱离不了关系，因此需要对媒体的这种做法加以遏制。在这次中医药实践中，张伯礼并未跟市场化媒介合作，而是选择与央视合作拍摄了纪录片《苍生大医张伯礼》。而央视作为央媒，其本身无疑具有强烈的社会责任感，因而也是本次中医药传播实践成功不可或缺的重要因素。

综上所论，本文认为，由于在突发公共卫生事件中，社会需要尽快凝聚共识以及提高行动效率，因此在传播工作中需要赋予专家系统以理想的媒介知识分子身份，这样不仅能保证真正专家的出场以获取公众信任，同时也能让专家系统自身的稳定性和科学性大大提高，以此来减少突发公共卫生事件中的不确定性。而其中的关键就在于知识分子

① 姜华:《媒介知识分子:关系、角色特征及身份重建》,《新闻大学》2009年第3期。
② 黄灿:《专家话语与媒介知识分子理想身份建构——基于省级音乐广播节目听评活动的考察》,《现代传播(中国传媒大学学报)》2019年第11期。
② 徐贲:《媒介知识分子手中的文字和图像》,《中国传媒报告》2007年第4期。

自身的精神品质以及对于媒介的管控。

三、在学术与通俗之间：专业话语与媒体话语的共生

在突发公共卫生事件中，传播工作的核心是如何实现专业话语为公众所理解。而媒体话语在其中起着中介和桥梁的作用。

贝克曾在《风险社会》中概括专业话语与媒体话语所应分别扮演的角色："如果科学理性话语是解决这些风险的话，那么专家话语的媒体角色则是'驱散社会焦虑的乌云'。"①这表明，虽然专业话语扮演着头等重要的角色，但媒体话语也具有不可或缺的地位。而若要实现两者的共生，则需要媒体和专家的合作。蒋晓丽等认为，在突发公共卫生事件之中，虽然专家话语的介入可以"一针见效"，但只有与媒体建立良好的合作才能有长期的持续性效果，并将其归纳为从"介入"到"共生"的过程。而这一过程的实现，则是借助话语修辞——包括四个框架：概念修辞框架、隐喻修辞框架、故事修辞框架和描述修辞框架。②

一是概念修辞框架，指的是面对突发公共卫生事件所带来的巨大不确定性时，通过专家话语制造和传播相关概念来厘定风险对象，使得风险对象成为可被公众认知的大众化知识单元。具体到新冠疫情防治时的中医药传播实践中，张伯礼便运用了大量的中医药相关术语来进行传播，如"配伍"③"方剂"④等概念，精确地向公众展现了中医药科学化的一面。

二是隐喻修辞框架，指的是借用一定的喻体来进行更为生动和灵活的表达。在纪录片《苍生大医张伯礼》中，张伯礼在讲述中医药的历史时，将其称为"中华民族的守护者"。通过这种方式，极大地拉近了公众与中医药的距离，并赋予其强烈的正当性。

三是故事修辞框架，指的是面对科学话语介入公共修辞时的"可述性"问题，为了新闻生产的真实姓和传播维度上的接受性，专家需要配合媒体去寻求一种连续、稳定和有机的故事修辞氛围。这里讲的是专家话语在对接媒体话语时，不必过分追求严谨和面面俱到，而是要进行适当的故事化处理以便于公众接受。比如在这次中医药传播实践中，媒体高度聚焦了张伯礼个人，对他身边人的采访也都是围绕张伯礼个人展开。然而客观来看，新冠疫情中的中医药治疗工作不可能由张伯礼一人完成。因此，基于故事修辞框架的视角，本次中医药的传播实践事实上做了一定程度的故事化处理，这样不仅烘托出一种"人民英雄"的精神，而且也更好地为公众理清了事件脉络。

① [德]乌尔里希·贝克：《风险社会》，何博闻译，南京：译林出版社，2004年，第200页。
② 蒋晓丽、叶茂：《从介入到共生：新冠疫情媒体报道中专家话语的表达修辞》，《新闻界》2020年第5期。
③ 指将两种或两种以上的药物搭配在一起使用。
④ 方剂是指"按照组方原则配伍而成的药物有序组合"。见李冀、连建伟主编：《方剂学》，北京：中国中医药出版社，2016年，第6页。

　　四是描述修辞框架，指的是在科学理性层面的坚守。专家需要维持自身的专业身份，因此，语言过分的日常化和通俗化是不合适的。但在现实生活中又确实面临着需要向下兼容的问题——为了解决这种矛盾性，需要通过"对话"的方式来传播专家话语，即将媒体作为公众代言人来与专家进行对话，这样一来，专家在坚持科学理性精神的同时，将通俗化工作交给了媒体，以此来实现修辞公共化，最终产生对突发公共卫生事件的社会劝服效果。在新冠疫情防治时的中医药传播实践中，描述修辞的手段得到了大量运用。比如在《苍生大医张伯礼》中，为了体现张伯礼所言的"中医药现代化"，节目组提到了张伯礼当年的毕业论文，其中涉及的是运用计算机看舌象的技术——而纪录片在进行专业内容的展示之外，还运用旁白的方式进行了通俗化解释。

　　从以上四种话语修辞框架的运用中不难看出，在力求实现专业话语与媒介话语"共生"的努力之中，专家始终是占据主动位置的，而媒体更多扮演的是服务提供者的角色。蒋晓丽等认为，"这种共生的核心和目标是形成更为互融的话语共生态，这不仅是媒体报道中专家话语表达修辞的应然状态，更是一种成熟的媒体策略。"① 因此，在突发公共卫生事件中，要想让传播工作实现专业话语在"学术"和"通俗"之间的平衡，取决于媒体和专家的共同努力，而其中专家的主观能动性的发挥尤其重要。

结语

　　贝克的"风险社会"理论曾预言了人类社会现代化过程中的风险——随着人类技术力量的增强，其生产力的扩张产生了毁灭人类生存环境的潜力。有学者认为，贝克理论的过人之处并不仅仅在于它提示了风险已经和即将来临，也并不仅仅在于它预设了风险的必然性，而在于它对于人类社会对风险社会的反应以及这种反应所引致的社会政治领域之变迁和挑战的精辟分析。② 在本文看来，比起单纯的技术性力量，人类社会在现代化过程中出现的"现代性"往往更可能成为最大的"不确定性"因素。尤其是遇到突发公共卫生事件时，二者的结合将极大地放大不确定性，并加剧对人类的危害。而传媒作为一种有效的信息沟通手段和基础设施，无疑为我们开启了一条破解之路。也正因此，本研究以新冠疫情防控中"人民英雄"张伯礼的中医药传播实践为例，剖析与挖掘其中医药传播实践所能带给我们的启示，为在突发公共卫生事件的不确定性中建构确定性抛砖引玉。

---

　　① 蒋晓丽，叶茂：《从介入到共生：新冠疫情媒体报道中专家话语的表达修辞》，《新闻界》2020年第5期。

　　② 李艳红：《以社会理性消解科技理性：大众传媒如何建构环境风险话语》，《新闻与传播研究》2012年第3期。

三、媒介批评研究

主持人语

在社会生活中，批评是一种极为普遍的存在。凡是有社会关系的地方，就有批评的存身之所，没有人能够逃避批评与被批评的罗网。在新闻传播领域，以媒介及其传播活动为指涉对象的"媒介批评"自然也就是一种普遍存在的精神活动现象。这种普遍性根植于社会评价活动存在的普遍性，根植于媒介与人之间所具有的普遍而必然的联系，是人的社会关系本质的必然表现。马克思指出："人的本质不是单个人所固有的抽象物，在其现实性上，它是一切社会关系的总和。"[①] 人是自然界之子，其生存和发展必须依赖于外部自然界，但是，外部自然界不会自动满足人的生存和发展的需要，人必须制造和使用工具，并在这一过程中形成一定的社会关系，以改造外部自然界。正是在这种改造外部自然界的实践过程中，逐渐形成了主体和客体的区分，并在主客体之间的关系中形成了物质形态上的"为我"关系。为我关系在本质上是客体属性满足主体需要的价值关系，即主体总是根据客体属性是否满足主体的需要而赋予客体以肯定或否定性的意义。"这种为我关系的意识活动就是评价活动。"[②] 评价是一定反映过程的终点，也是一定创造活动的起点。认识是人类最基本的活动，是一种普遍性的社会意识现象。在新闻传播领域，以评价

[①] 《马克思恩格斯选集》第1卷，北京：人民出版社，1995年，第60页。

[②] 陈新汉：《评价论导论》，上海：上海社会科学院出版社，1995年，第3页。

为标志和内容的媒介批评，亦是无时无处不表现出来的重要活动内容。

媒介及其传播活动是人类社会生活的中心和重要内容之一。美国传播学者斯蒂文·小约翰指出："传播是人类生活中最普遍、最重要和最复杂的活动。在高层次上进行交际传播的能力把人类与其他动物区分开来。我们的日常生活受到我们自己与他人的交流、受到来自世界其他地区和历史上我们不认识的人们提供的信息的强烈影响。"①媒介自然是人类的杰出产品，而人类亦是媒介的神奇动物。对人而言，媒介及其传播活动就像空气那样，是一种自然而然、无所不在而又必不可少的元素与活动。正因如此，美国传播学家威尔伯·施拉姆才用充满感情和睿智的语言形容传播与人的关系及其巨大的社会功用："传播似乎在社会机体里流动，就像血液在心血管系统里循环一样，为整个有机体服务，根据需要时而集中在这一部分，时而集中在另一部分，维持身体各部的接触，保障身体的平衡和健康。我们习惯于生活在传播的汪洋大海中，已经很难想象如果没有传播如何生存了。"②在人类社会发展的漫漫岁月长河中，媒介与人形影相随，须臾不离。媒介是人类的产品，但在一定的意义上也可以说，人又是媒介的动物。因此，历史不过是人类与传播媒介及其以之为介质和载体的传播活动相互生发、裹挟前行的绵长过程。

如果说在大众传媒发展早期，媒介批评活动因主体和形态分散、规模效应并不明显，这种由于学术研究视阈疏失所致的负面作用还不十分突出的话，那么在公民社会主体意识空前高涨的当下信息社会中，这种对新闻传播发展关键性因素的遗漏，无疑会极大地限制新闻传播学术研究的质量和水平，进而影响对新闻传播规律的探寻和把握。"要真正地认识事物，就必须把握、研究它的一切方面、一切联系和'中介'。我们决不会完全地做到这一点，但是，全面性的要求可以使我们防止错误和防止僵化。"③所以，对媒介批评史的关注和研究，是使新闻传播史获得学术"全面性"的重要一环。

20世纪60年代，在大众传播业高速繁荣发展的推动和催生下，媒介批评学在西方学界兴起并迅速成为一门边缘性学科而引人注目。1987年，台湾学者黄新生出版了《媒介批评——理论与方法》一书后不久传入大

---

① [美]斯蒂文·小约翰：《传播理论》，陈德民、叶晓辉、廖文艳译，北京：中国社会科学出版社，1999年，第4页。

② [美]威尔伯·施拉姆，[美]威廉·波特：《传播学概论》，何道宽译，北京：中国人民大学出版社，2010年，第19—20页。

③ 《列宁选集》第4卷，北京：人民出版社，1960年，第453页。

陆，引起国内新闻传播学界的关注和重视。从 1995 年起，国内学者开始提出并尝试建立具有我国特色的媒介批评学，陆续推出了一系列专题论文和专著，初步搭建了我国媒介批评学的学科知识体系。2000 年 11 月，教育部委托有关专家起草的《高校"十五"新闻传播学学科研究规划及课题指南（草案）》发布，将"媒介批评的理论与实践"列入"十五"重点研究课题，并将之归入"21 世纪新闻学与传播学理论建构"专题中，从而给媒介批评学的研究及其开展注入了强大的动力，一些高校开始将"媒介批评"列入重点研究范围，媒介批评研究成果不断涌现。毋庸讳言，中国媒介批评学作为一门新兴学科，其学科成果积累至今还甚为单薄，厚重扎实的成果尚不多见。这既需要国内外关心媒介批评学的同人们在时间、精力上的持续投入，也需要媒体提供媒介批评学的成果发表园地，从而一方面展示媒介批评学的存在与实力，另一方面也吸引更多的同道能陆续加入这一学术阵线中，共同挥汗劳作，耕耘不辍，以推动中国媒介批评学的成长和繁荣，为中国新闻传播事业的发展贡献出自己的力量。

这就是我们推出这一专栏的小小愿望。

（南京师范大学教授 胡正强）

论中国近现代媒介批评的意识成长与演进特点

胡正强　张郑武文 *

（南京师范大学新闻与传播学院，江苏南京，210024）

摘要： 作为国人的一种观念性话语实践，中国近现代媒介批评受到政治、文化、伦理以及社会风俗习惯的影响和熏染，被深深地打上传统社会的特殊烙印。在中国近现代媒介批评的演进过程中，政治始终是影响其发展方向和内容的重要一环，不同政治团体开展了丰富的媒介批评实践。对新闻专制制度的讽刺、控诉和批判则是媒介批评的重要主题之一，而大量文字和以漫画为代表的图画作品构成了媒介批评文本的多样性。文化传统的润泽、社会思想的博弈、新闻事业的实践繁荣和研究进步，成为推动中国近现代媒介批评成长发展的共同助力。

关键词： 近现代；媒介批评；意识成长；演进特点

中国近现代史在时间上虽然并不漫长，但在这一百多年的岁月中，中国人民却经历了诸多沧海桑田、改天换地性质的重大事变，鸦片战争、甲午战争、戊戌变法、宪政改革、辛亥革命、民国创立、五四运动、国民革命、国共分途、抗日战争、解放战争等等，在中华大地上曾经上演过无数动人心魄的故事。在任何地方任何时候，人都是社会生活的主角。正如无产阶级革命导师恩格斯所指出的那样：在社会历史领域内进行活动的全是有意识、经过思虑或凭激情行动、追求某种目的的人，任何事情的发生都不是没有预期目的和自觉意图的盲目行动的结果。历史研究以人类的活动为特定对象，它思接千载，视通万里，多姿多彩，令人销魂。这是它比其他人文学科更能够激发人的想象力，也更为迷人的地方。历史与新闻传播的关联，曾经为众多新闻学者所挖掘和阐释，而英国考古学家路易斯·奥·明克更是十分精辟地指出："一方面，历史指的是事件，即人类事件的

---

* 作者简介：胡正强（1965—），男，江苏睢宁人，南京师范大学新闻与传播学院教授，博士生导师，博士，研究方向：新闻史论、媒介批评。张郑武文（1996—），男，四川达州人，南京师范大学新闻与传播学院硕士研究生，研究方向：新闻史论、媒介批评。

过程;另一方面,它又是指历史的事实报道,即历史学家所从事的探究和做的记事。"① 人类的社会生活广漠无垠,以之为对象的历史学研究,自然也就存在于一切的人文科学之中,并成为所有人文科学研究和进一步发展的基础。媒介批评史研究,自然也具有与此相类的学术和学科意义。

一

媒介批评是新闻传播进步的一种有效形式和动力。"中国是世界上最先有报纸和最先有印刷报纸的国家。"②新闻事业的历史非常悠久。近代以降,随着西方传教士的东来,中国近代新闻传播开始呈现与古代新闻传播迥然不同的面貌。欧美新闻观念的传入,西方的新闻传播技术和模式渐次移入,并与中国传统文化在冲突中融合,不断生根、发展和普及,成为国人观察、分析和评价媒介时的重要标杆。实践固然是观念生成的最基本途径,但任何新观念的生成又同时必然会受到特定社会文化背景的制约和影响,至少人们只有在接受了一定文化知识的教育后,才能对先前的文化遗产进行改造和吸收,进而形成新的观念。中国近现代媒介批评作为国人的一种观念性话语实践,在其运动和演进的历史过程中,必然会受到政治、文化、伦理以及社会风俗习惯的影响和熏染,从而在媒介批评的主题和内容、文体结构形式和语言修辞等方面,被深深地打上中国传统社会所具有的特殊烙印。

在中国传统社会中,媒介批评的理论资源并不丰富,很长一段时间内"批评"处于被污名化的尴尬境地而无法得到应有的发展空间。人们往往将批评视为骂人,将之归入社会话语实践的另册,甚至将其与攻讦、党同伐异等同。因此,在中国近现代媒介批评史上,为媒介批评正名就成为媒介批评本体论和功能论中一道亮丽风景与一项重要内容。在这方面,以评论为职志的《现代评论》做出了很大的贡献,该刊发表了很多对批评具有本体论意义的探讨性文章。1924 年 12 月 20 日,著名话剧家、物理学家丁西林就在《现代评论》第 1 卷第 2 期上发表了《批评与骂人》一文,对此进行了相应分析。丁西林在文中说,近年来人们很喜欢做批评性文章,几乎十个做文章的人有九个是做批评文章;而十个做批评文章的人,有九个喜欢骂人。对此种话语现象,"一般关心世道人心的人,都个个摇头叹息;然而,作文章来批评,是很好的现象;批评的时候骂人,是正当的行为"③。丁西林坦承他平时最爱看的风景是两个超等的批评家相骂,最怕看的则是两个劣等的批评家讲规则,说什么批评只能够就事论事,不可越出范围;说什么批评只能批评,不可骂人。他认为这是一种糊涂的说法!因为如果批评只能批评,一个批评家何以能够成为批评家?如果批评不能够骂人,那么这种批评还有什么价值?他举例反驳道:

① 转引自赵吉惠:《历史学概论》,西安:三秦出版社,1986 年,第 2 页。
② 方汉奇主编:《中国新闻事业通史》第 1 卷,北京:中国人民大学出版社,1992 年,第 2 页。
③ 西林:《批评与骂人》,《现代评论》1924 年 12 月 20 日,第 1 卷第 2 期。

"新近报纸上常引法国文学家法郎士的话，说批评是一种灵魂的冒险。那么既然是一种灵魂的冒险，那还怎么能够受到什么范围的约束呢？如果批评只能够就事论事，那么这个批评家与坐在印刷房里的校对先生又能有多少差别？"因此，丁西林认为，批评的时候免不了骂人，实属正常之事。一个人文笔不佳，我们说他不佳；一篇文章文理不通，我们就说它不通；一个人在胡说，我们也就只能视之为胡说；一本书没有出版价值，白白糟蹋了纸张笔墨，我们也只好说这本书没有价值糟蹋了纸张笔墨。我们不能不承认不通、胡说、糟蹋纸张笔墨等等是在骂人，但我们又都不能不承认在相当的情形下，这些又是最恰当的批评。如此，还能说什么批评不应该骂人吗？

当然，批评与骂人毕竟有别，即批评的时候虽可骂人，但骂人却不是批评。丁西林于此亦举例进行论证道：两个洋车相撞，车夫回过头来你一句我一句地相骂，那是骂人而不是批评；听差的打破了主家的一件古玩，老爷槌几拍桌，口口声声吐脏话，那也是骂人而不是什么批评。如果说人家写文章有用意，说人家批评是为了出风头，是为了泄愤，或者是为了报仇，为了三角恋，甚至是为了谋夺一个位置等等，这当然是骂人，是很不好的习惯。对此自应有则戒之，无则加勉。批评应该具有一定的底线，有所节制，表现出批评者应有的宽容和风度来。丁西林称他赞成批评家骂人甚而至于丢人的脸，但决不赞成因为乱骂人而丢了骂人者自己的脸。

五四运动前后，是中国历史上少有的学术文化空前繁荣的时期之一。在对传统一元文化进行全面否定且彻底批判的同时，欧西文化纷纷涌入国门，初步形成了中国现代报刊新闻生产的多元机制和竞争格局。其典型表现是同人报刊大量出现，一时间派别如林，相互间的论争此起彼伏，成为持续至20世纪二三十年代报刊界的重要特征之一。这一方面反映了当时文人之间的歧异和报刊界错综复杂的矛盾，另一方面也体现了新文化运动所带来的理论和思想的繁荣与活跃，彼此之间骂来骂去，虽然不无意气用事之处，但也多涉及政治思想上的大是大非。其间的"骂人"固不雅驯，但唯其如此，才显得更加真实而有生动之气，较之于政治价值取向不容别人置喙和挑战的"一边倒"，此般现象无疑应被视为一种文化和思想的进步。

前锋在《现代评论》第7卷第175期上发表的《批评的批评》一文，对批评的建设性功能更是做了较全面的评述。前锋认为："在促迫人类社会进化的种种方法中，批评恐怕要算最有效力的一种。"[1]一个人无论他是上智还是下愚，都有其长处和短处，都有其见得到和见不到、做得到和做不到的地方。如果一定要每一个人都进化到完美无缺时，才准他发言做事，那我们就不必生在这个世界上，只好去西天成佛或自杀了。如做不到这一层，社会就不应该对他苛求。一般人在社会上活动，不但他自己应负责任，作为社会一分子的批评者也得负责任。因为这不但关系到社会状况，还关系到人才选拔。人类生

---

① 前锋：《批评的批评》，《现代评论》1928年4月14日，第7卷第175期。

活如何向上？批评是一种必要的方法。可是批评也要有所限制，也得跟着逻辑的圈子走。批评很容易，然而做到中肯却不易，做到有效则更难。人是一种主体性动物，谁都可以批评，谁又都不见得一定会听谁的话。一不小心，逻辑的力量就会指向自己，结果是在挖自己的墙脚。

前锋认为批评的方法固然很多，但批评目的则要端正，即批评是为了阐明真理，促成人类的进步。破坏式批评有时不能够使用，是因为破坏不是最终目的。只是迫不得已的时候才使用破坏式的批评，目的也不是为了破坏，而是寻找改造的机会。矫正式的批评，有时却不能不用，为的是要使被批评者感觉到他的见解有不到之处，行动有差，从而吸收批评者的意见，以便日后加以改善。一个好事的学者，妄发议论，造出谬误的学说，他的同道应该秉着拥护真理的精神，给他一个彻底的破坏式批评。一本新出的书，有根本的错误，当然也不应该任它在社会上传播，欺骗读者。前锋认为，凡属学术或文艺类的批评，只要不牵连到作者个人的立身行事，任你怎样批评，都应该受到欢迎。你批评得当，只有好处，作者应该感谢你。如果你是在胡说八道，那么就是自打嘴巴子。所以批评应是一种负责任的社会话语行为，我们要准备批评别人的时候，首先要认清我们自己的地位和责任，并且要估计批评以后可能的社会影响。一时的意气冲动，或因无所顾忌而信口开河，使批评流于讥诮，以讥诮而变为谩骂，以谩骂卒至诟骂，实与真正的批评不相干了。

鲁迅先生在致友人的信中也曾谈到对骂人的看法："骂人是中国极普通的事，可惜大家只知道骂而没有知道何以该骂，谁该骂，所以不行。现在我们须得指出其可骂之道，而又继之以骂。那么，就很有意思了，于是就可以由骂而生出骂以上的事情来的罢。"[①] 茅盾先生则在《批评和谩骂》一文中认为：批评是论事，谩骂是对人，两者之间的界限似乎并不怎么难以分别。针对有人坚持即使是论事，也应该不失风度的观点，他认为这种说法固然可以存立，但难免有些迂腐之嫌，因为它无法让每一个人都能够做到"您只消轻轻一指，他就虚怀若谷；大家不使气，不怙过"[②]。他认为如果大家都本着爱真理的精神，那么即便批评和争论达到涨红脸的地步，也不为过。"要使批评真能发挥它的研究出个真理的使命，则红着脸的力争倒是必要。尤其是在感觉迟钝的社会里，尤其是对肉麻当有趣的人们，辛辣和尖锐应当是批评的必要条件。"[③] 至于批评的社会处境不妙，茅盾认为要从多方面去分析，也要批评者和被批评者、社会等多个方面去共同努力。

如果说丁西林、前锋、鲁迅、茅盾等人所言的批评还只是一种一般社会上或文学领域的批评，那么张柳云则将政治、舆论和批评三者联系起来进行思考，他明确指出："健

① 鲁迅：《通讯·复吕蕴儒》，《鲁迅全集》第 7 卷，北京：人民文学出版社，1981 年，第 271 页。
② 茅盾：《批评和谩骂》，《文学》1935 年 8 月 1 日，第 5 卷第 2 号。
③ 茅盾：《批评和谩骂》，《文学》1935 年 8 月 1 日，第 5 卷第 2 号。

全的政治,系于健全的舆论,健全的舆论,系于健全的批评。"①显然,他这里所指的批评是一种针对舆论的批评,而舆论的载体在当时无疑应主要归之于新闻媒体。换言之,张柳云所说的批评已经是一种较为严格意义上的媒介批评。

二

政治是上层建筑领域中权力主体为了维护自身的利益,基于采取一种有方向性的行为而结成的特定关系。在任何社会中,由于同社会治理的权力紧密相连,政治始终是牵动社会全体成员利益及其行为的一种支配性力量。在大众传媒出现以后,如何控制和利用大众传媒就成为政治行为主体必须且一定会予以考量的重要内容。"在现代政治活动中,控制与利用大众传媒已经成为最常见的政治行为之一。"②因为一旦缺失了这种行为,或者在这种行为的处理上不很恰当,就极有可能导致政治活动或政治行为无法达到预期目标。政治与传媒的这种紧密关系,使政治因素成为观察和分析媒介行为的一种重要考量。在中国近现代媒介批评的发展过程中,政治始终是影响其发展方向和内容的重要一环。在现代社会中,政党是现代政治的基本构成要素和重要活动主体,甚至可以说,现代政治就是政党政治。在通常情况下与多数场合中,政党是阶级利益的代言人,"各阶级政治斗争的最完整、最完全和最明显的表现就是各政党的斗争"③。中国进入近代以后,政党意识开始萌芽,特别是戊戌变法期间,康有为就明确提出了组党的设想,并将之付诸行动,强学会以及后来的保皇会在一定程度上都具有政党的雏形和规模,至于后来的同盟会,就更具有了现代政党的建制和意义。无论是强学会还是同盟会,他们都进行了大量的报刊活动,主动利用报刊来宣传本政党的纲领、方针和政策。在他们的报刊活动中,报刊是否贯彻和执行了本党的纲领、方针和政策,就成为他们对报刊进行价值评判的重要衡估标准。

中国共产党自1921年7月诞生以后,即成为影响中国社会革命进程中的最重要政治力量之一。作为中国历史上最先进的无产阶级政党,中国共产党诞生之始,就非常重视新闻宣传工作,"宣传教育是实现党的任务的经常的基本工作"④。报刊宣传就成为中国共产党手中的锐利武器。从1921到1949年,在28年漫长而波澜壮阔的斗争与发展历程中,新闻事业始终是中国共产党战斗的号角、有力的喉舌和锐利的思想武器。有新闻传播活动,就必然会有对新闻传播活动的反思,就会有媒介批评。在中国共产党的新闻传播活动中,媒介批评是其中一项非常重要、不可或缺的内容,它既是中国共产党建构新闻理论、实现马克思主义新闻理论中国化的主要途径,又是中国共产党指导新闻传播活动、

① 张柳云:《论批评》,《迎头赶》1941年3月31日,半月刊第2期。
② 刘华蓉:《大众传媒与政治》,北京:北京大学出版社,2001年,第1页。
③ 《列宁全集》(第39卷),北京:人民出版社,1986年,第21页。
④ 《中国共产党新闻工作文件汇编》(上),北京:新华出版社,1980年,第41页。

组织社会舆论进行政治和文化斗争的重要话语与实践形态。在中国共产党早期领导人中，绝大多数都是新闻传播的行家里手，他们既是无产阶级革命家，又是马克思主义新闻宣传的实践者。在他们丰富多彩的新闻宣传活动与文本中，很多都是围绕思想和理论论战活动而展开，具有强烈而鲜明的媒介批评色彩。其中，李大钊对胡适"主义与问题"观点的批评，萧楚女对国家主义派"显微镜"式的剖析和揭示，都是中国共产党现代媒介批评史上的著名篇章。

谈到新闻宣传，毛泽东在《〈政治周报〉发刊理由》一文中，曾非常明确而直截了当地揭橥了报刊出版与革命之间的关系："为什么出版《政治周报》？为了革命。为什么要革命？为了使中华民族得到解放，为了实现人民的统治，为了使人民得到经济的幸福。"① 无产阶级革命导师列宁曾有一句名言："报纸不仅是集体的宣传员和集体的鼓动员，而且是集体的组织者。"② 这句名言在延安时期，曾被印在给报纸通讯员的奖品上面而广泛流传，成为党开展新闻宣传工作的一种基本指导思想，在其后的各种新闻宣传理论文章、文集中被反复阐释和普及。1948年4月2日，毛泽东在《对晋绥日报编辑人员的谈话》中论及报纸的政治功能时明确指出："报纸的作用和力量，就在它能使党的纲领路线，方针政策，工作任务和工作方法，最迅速最广泛地同群众见面。"③ 这些论述，似一根红线贯串在中国共产党的现代媒介批评活动之中，确保了中国共产党现代媒介批评的正确方向，并延续到1949年以后中国共产党的媒介批评活动之中。

中国国民党是中国现代社会中另一产生重大影响的政治力量。特别是孙中山的"三民主义"理论在1927年之后，成了国民党及南京国民政府国家治理的指导性理论。1928年7月，国民政府公布了《各级学校增加党义课程暂行条例》，规定中小学须增加"孙文学说浅释""三民主义浅说""民权初步""建国方略概要""建国大纲浅释"和"五权宪法浅释"等党义课程。在这种明确的政治主义和理论价值认同的语境下，"三民主义新闻政策"遂成为国民党人在新闻传播领域深入阐释的一种指导理论和权威话语。④ 上海特别市教育局局长陈德征在国民党三全大会上就曾提出"党应确定新闻政策案"，主张训政时期的宣传其要义在于训民以政，输民以主义。马元放则在《如何确立本党的新闻政策》一文中指出："吾国是以党治国，一切是以本党的三民主义原则为准绳，本党的新闻政策，当然以本党的三民主义为最高原则。凡是国内报纸的宣传，均应以绝对遵从此项原则为标准，不得有违背三民主义之言论。"⑤ 马元放认为既然以三民主义为国民党的最高指导原则，那么对新闻事业就不应只取消极的限制与取缔政策，凡是遵守本党三民主义的报纸，

---

① 《毛泽东新闻工作文选》，北京：新华出版社，1983年，第3页。
② 杨春华、星华编译：《列宁论报刊与新闻写作》，北京：新华出版社，1983年，第128页。
③ 《毛泽东新闻工作文选》，北京：新华出版社，1983年，第149页。
④ 胡正强：《中国现代新闻政策研究的学术进路》，《现代传播》2019年第12期。
⑤ 马元放：《如何确立本党的新闻政策》，《江苏月报》1934年1月12日，第1卷第3期。

都应加以积极扶植与指导。具体方法有三：一是注重新闻教育，大力培养新闻人才；二是保障言论自由尊重记者人格；三是积极补助经费，减轻媒体负担，如设立新闻事业发展和奖励基金、减免邮电费用等。马元放认为，国民政府如果能真正施行三民主义新闻政策，"各地的报纸，在法律上，在道德上，当能于三民主义的最高原则之下，尽力负起唤起民众感化人群改造社会的责任"[1]。这将不仅有利于新闻界，实际上于国民革命前途，也会有莫大的帮助。但实际情况却是，国民党自1927年国共分途之后，囿于一党之私和进行意识形态斗争的需要，完全背弃了孙中山的三民主义政策，其所谓的三民主义新闻政策之说，也只能停留在一种口头和纸面之上，而在具体的新闻治理和媒介批评活动中，根本不能够真正落到实处。

对现代新闻专制制度进行讽刺、控诉和批判，是中国近现代媒介的一个重要主题。这是因为中国自进入近代社会以后，真正的民主政治并未落实，表现在新闻传播领域，就是新闻媒体的基本职业权力常常匍匐在专制的淫威之下，步履维艰。漫画家丁里发表在《论语》1936年4月1日第85期的漫画作品《大有可观》，便对国民党当局钳制新闻自由的恶行予以嘲讽和批判。这幅漫画的画面上，一群人正围在一张展开的对开报纸前看报，但这张报纸上除了报名之外，其余的地方，大部分是稀稀拉拉，要么是大片的空白，要么是文稿被删除后因为不及补充而临时被拉来充数的"□"或者"×"符号。读者阅读报纸，是为了获取消息和知识。从阅读的一般心理上来说，信息丰富是读者对于一张报纸的基本要求。一张信息量匮乏的报纸势必无法获得读者的青睐，新闻工作者对此当然是了然于心的，因此，尽量使报纸内容丰富，也是新闻工作者的追求，但是由于有新闻检查制度的存在，媒体最后与读者见面的内容无法由新闻工作者来选择决定，很大一部分由新闻检查人员掌控着。新闻检查人员的好恶决定了报纸的内容，而新闻检查人员审查的标准并不是读者的阅读需要，而是政治的需要。1927年以后，中国国民党表面上完成了国家统一，南京国民政府开始对政权进行制度建设。新闻审查作为进行"舆论统一"的重要手段，成为其政治制度的重要组成部分。1927年至1937年抗日战争爆发的十年间，南京国民政府颁布了名目繁多的新闻审查条例，设立了系统的新闻审查机构，建立起了一套完备的新闻审查制度。当然，其目的并非保障新闻自由，而是借此对社会舆论进行统一，以维护其政权统治。审查的延宕，常常导致媒体送审的稿件被删除后，由于已到截稿时间而无法替换或补充，媒体只得以留白或以"□""×"符号处之。令人可笑的是，1934年6月国民政府公布的《图书杂志审查办法》中规定审查委员会不仅有权删改稿本，而且删掉的地方不许留下空白。这种严酷的新闻审查制度非但未能帮助其树立政治权威，反而激起了社会舆论的强烈不满。《大有可观》从侧面对国民党当局对新闻自由的钳制进行了抨击。

---

① 马元放：《如何确立本党的新闻政策》，《江苏月报》1934年1月12日，第1卷第3期。

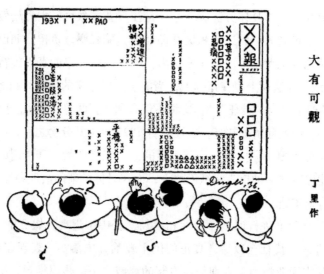

图1 《大有可观》，丁里，1936年4月1日

三

　　文体的多样性是中国近现代媒介批评的典型特征之一。批评文体是媒介批评的话语言说方式，是文本结构的规格和样式。媒介批评文体是媒介批评言说历史长期积淀的产物，它不仅反映了批评文本从内容到形式的整体特点，而且具有某种时代和专业的色彩。从意义传达的角度看，每一种文体都有其各擅胜场的地方和长处，甚至在某些时候某些场合能够起到出奇制胜的媒介批评效果。"批评文体在某种意义上也可以说是一种表达，是一种选择，甚至可以说是一种强调，它以展现在批评主体面前的体裁可能的丰富性为前提，在表达同一思想内容时，可以在对等的种种方式中改进型选择性的取舍，即选用最恰当的再现思想内容的形式外衣。"① 时评、论说、杂文、政论乃至学术性论文，是观点表达的通常方式，自然也是媒介批评最常见也最规矩的文体选择，但这不代表其他文体就会在媒介批评活动中只能扮演失语的角色。其实，在中国近现代媒介批评的发展过程中，至少还有如下一些文体承担着不能予以忽视的媒介批评职能。

　　一是新闻报道文体。新闻报道的本体功能固然是在叙事，但任何一种叙事都有可能担当叙事之外的功能，实现意在言外的表达。新闻叙事总是通过语词符号的调用、语法规则来实现意义的传达，在众多的同义词中选用什么符号，如何进行符号组合，都可以细微而周到地表达出传播者的立场、态度和评价。在理论的意义上，社会上每一个人都可以是媒介批评的话语主体，但在实际生活中，新闻工作者由于身处新闻传播领域，不仅对有关新闻传播实际状况的了解和感受更为熟悉与细腻，而且由于职业情感的维系，

① 胡正强:《媒介批评学》，北京:世界图书出版公司，2016年，第23页。

更具有开展媒介批评的主体性冲动和热情，并且其职业岗位的便利也为其媒介批评文本的发表提供了比普通人所享受不到的优先性。对新闻工作者来说，自然可以通过时评、杂文等论说性文体来对新闻传播进行价值评判，但论说性文体在观点表达上的豁然性，往往使其态度和立场失去含蓄性，因此在一些微妙的新闻事件发生时，新闻工作者也可以选择新闻报道的方式来开展批评，通过遣词造句等修辞方式，将叙事和价值评判有机地融合在一起。这对于熟悉新闻报道文体的新闻工作者来说，通过新闻报道的方式进行媒介批评，不仅不是一件困难的事，甚至可以成为一种颇为得心应手的文体选择，它借助新闻叙事话语的生产方式，在不动声色之中，挖掘和利用其意义的建构功能，从而实现媒介批评的功能。在汗牛充栋的中国近现代新闻报道中，具有媒介批评意义的新闻文本可谓比比皆是。读者在阅读这些新闻报道时，也会在不知不觉间接受其立场和态度的影响，实现话语意义的有效传播。

二是文学体。文学具有广义和狭义之分，广义的文学文体，包括杂文、论说、时评等观点性文体。狭义的文学体则主要指诗歌、戏剧、小说、散文等等，特别是诗歌、戏剧和小说等文学体裁，通过抒情和塑造人物形象来实现对生活的反映和干预，更被视为最典型的文学体裁，所以一般不用于进行论说。但在中国近现代媒介批评中，我们却常常可以发现典型文学体的媒介批评文本。例如，在1928年10月21日《大公报》第10版《儿童周刊》专栏里，刊登了一位14岁小朋友常守仁的名为《大公报》的微型剧本，全剧内容如下：

（布景）桌子，凳子，笔，墨，纸，砚台。

（人物）赵生，李生。

（时间）上午十点钟。

（开幕：赵生坐在室内，作写字状，李生拿《大公报·儿童周刊》，正从外边进来。）

赵生："这几天没有见面，你往那儿去啦？"

李生："我考中学去了。"

赵生："你考上了么？"

李生："不错，考上了。"

赵生："你手里拿的是什么？"

李生："拿的《大公报·儿童周刊》。"（说着作给赵生状）

（赵生，接过这报一看，呀了声说）："这报真是全国没有比的报啦！不但得看小朋友们的作品；并且有了错字，编辑先生还给改正，又得奖品，真实我们儿童的良师益友了。"

李生："你何不也订一份呢？"

赵生："好吧！我就订去，有闲时再投几个稿子。"

李生:"我也同你去。"①

这个剧本只有两个赵生和李生两个人物,且这两个人物还是"赵生""李生"这种很模糊的代号,可见人物是谁并不重要,重要的是借他们之口所言的物事。剧情简单,就是两个小学生围绕《大公报》而展开的几句对话,通过对话表达出《大公报·儿童周刊》是小朋友们良师益友的这个观点。《大公报》为读者的"良师益友"就是剧本的中心思想。整个剧本剧情极为简单,人物形象十分模糊,但对《大公报》赞扬的主题,则表达得十分突出而又鲜明。显然,这个剧本并不具有剧本所要求的文学性,而更多的是要借助剧本人物相互间对话的结构形式,表达对《大公报》的价值评判。这一剧本如果是常守仁小朋友的一种自主性投稿行为,那么它就很好地表达了当时社会中一部分人对《大公报》的批评。而刻意发表这一剧本的行为,又令人高度怀疑是否为《大公报》一种营销手段。但无论如何,从媒介批评的角度看,这都是对剧本这种文学体式的充分利用。

在中国近现代媒介批评中,除了大量的文字文本以外,还有众多的图画文本,尤其是漫画类媒介批评文本的存在。在人类的叙事手段中,语词与图像都是表情达意、传播信息的有效媒介,都是不可或缺的叙事工具。尽管从现实的情况看,图像与文字相比总是处于边缘性的地位,文字无疑是媒介批评最为惯常的文本构成形态,但在媒介批评的具体实践中,图画尤其是漫画有时比话语或想法更概括,更复杂,即"图画在内容上比话语更为丰富——话语'容易安排',但也容易出偏差"②。正因如此,在中国近现代新闻传播发展过程中,漫画形态的批评文本一直不绝如缕,以其特有的方式显示着自己的存在,但这种文本在媒介批评史的研究中却一直未受到人们应有的关注。③

每一种职业都有自己特点的职业道德规范,新闻职业亦是如此。它是新闻工作者在长期的职业实践中形成的调整和处理新闻机构内外相互关系的行为规范或准则。新闻伦理包括但不局限于新闻工作者的职业道德或职业伦理。无论编辑、记者还是其他新闻工作者,在新闻工作中的价值取向、道德表现总是与其所在的新闻媒体的价值取向、道德功能与伦理规范密切相关。换言之,媒体的价值取向、道德功能与伦理规范总是体现在其所属的编辑、记者的行为之中。新闻工作者是传播系统中最活跃的因素,是媒体的最终雕塑师,新闻工作者的素质、水平、趣味决定了媒体的面貌和质量。美国著名报人普利策曾这样说过:"倘若一个国家是一条航行在大海上的船,那么新闻记者就是船头的瞭望者。他要在一望无际的海面上观察一切,审视海上的不测风云和浅滩暗礁,及时发出警告。"在日常生活中,漫画家通常是通过给新闻工作者进行画像来开展媒介批评。《读

① 常守仁:《大公报》(剧本),《大公报》1928年10月21日。
② 转引自龙迪勇:《图像叙事与文字叙事——故事画中的图像与文本》,《叙事丛刊》第2辑,北京:中国社会科学出版社,2009年,第150页
③ 胡正强:《论中国近现代漫画中的媒介批评及其表达》,《中国出版》2016年第6期。

者一致赠给他的奖品》就是这样一幅漫画式媒介批评文本。这幅漫画发表在1930年1月4日《上海漫画》的第89期，是漫画家对当时某些新闻工作者的形象描绘。这幅漫画的画面上，一个身着长袍马褂传统中式服装、戴着眼镜、胸前别挂"记者"字条的人，面前堆放着一堆各种各样或大或小的奖杯奖牌，上面分别写着"巧言令色""畏首畏尾""借题发挥""反舌无声""无中生有""不自由"等等字样，意思显然是这位"记者"集这些"称号"于一体，堪称新闻记者队伍中的一个"典范"。漫画家就是通过这种方式，讽刺当时社会上的一些新闻记者完全背离了新闻记者的职业操守，假借新闻记者职业上的某些便利，不但不为民请命，充当人民大众的耳目与喉舌，反而成为体制权力的同谋者，以攫取个人的私利。《读者一致赠给他的奖品》无异于一篇声讨无良新闻记者恶行的檄文。

图2 《读者一致赠给他的奖品》 黄文农，1930年1月4日

中国近现代漫画视域中的媒介批评从近代漫画产生时就已经产生，它是漫画评议性本质的一种必然表现。漫画介入媒介批评，是新闻传播越来越渗透到人们的日常生活之中、作为艺术范畴的漫画与之交合进而产生跨界的结果。图像和语言基于人类的通感，能在表意上相互联系和转换，但二者的叙事起点不一。漫画是以线条、图形、色彩叙述的视觉艺术，漫画视域中的媒介批评文本在话语形态、思维线路等方面，一般是通过夸张变形、诙谐幽默和荒诞不经等手段，表达事物的精神实质，传递某种观念。漫画以形象作用于读者的眼目，给人以一目了然的感觉，容易引起读者共鸣，接受其所传达的批评意义，这是漫画类媒介批评文本得以存在的依据和优势。

四

需要指出的是，中国近现代媒介批评的话语形态有一个逐渐发展的过程，因此，我们判断媒介批评的成熟与否，不能以某种话语形态为唯一准绳，因为这样会削足适履，得出与历史实际相去甚远的结论。媒介批评的话语实践形态，在一定程度上表现、凝结为批评文本的结构或文体问题。倘若我们不是比照新闻写作实践对媒介批评活动做一般性观望，而是深入其间，对具体的媒介批评文本，诸如论点的确立和表述、论点和论据的关系、论据的材料选择、运用乃至批评家的思路和话语背景等等进行细读，就不难发现，尽管批评逻辑的周到和绵密，论证过程的严肃和规范，对文体难免是一种拖累，使之缺少生动的气息与活泼的变化，但人们的媒介批评实践仍然纷繁复杂，气象万千，特别是中国共产党媒介批评在文体方面受到中国绵长悠久的学术形态的润泽和影响，尤其是在批评方法论方面获益良多，多种批评话语形态共生，相得益彰。例如先秦子学的对话模式，使得中国媒介批评中长久呈现出一种"以说为论"的批评形态；史学的叙事传统，孕育了中国媒介批评的叙事模式；汉代出现的序跋和宋代以后大量涌现的诗话、词话，在中国现近代媒介批评中经常能够找到其形式的影子；经学的"传""注"与"章句"等形式，直接启发了评点，媒介批评中的夹批、旁批和评注等皆由此而来。《萧伯纳在上海》的结构形式，正可看成鲁迅、瞿秋白对中国古代文学批评形式的借鉴和放大。媒介批评文体是媒介批评内容长期积淀的产物，它反映了批评文本从内容到形式的整体特点，属于形式范畴。在中国现代媒介批评实践中，批评者创造了批评文体的多种形式，如论文、点评、杂文、时评、新闻、对话、序跋等。这些媒介批评文体各有其适用性，也各有其局限性。在批评实践中，批评家们认识各种批评文体的特点并恰当而自如地选用来构成自己的话语言说方式，是使批评产生良好效能的一个非常重要的条件。媒介批评史研究当以媒介批评文本的解读为基础，但鉴别何为媒介批评文本时，我们切切不可以今绳古，过度设限。相对于具体而生动的媒介批评实践，对媒介批评话语形态任何简单的归纳和划分，都不免显示出理论的灰色和统辖的无力，不仅每一类别的内涵只能相对而言，而且它们之间的交叉和重叠也无法完全避免，甚至根本就无法穷尽中国媒介批评生动而活泼的话语呈现形式。所以，在对媒介批评文本的采用上，应当持有一种较为宽泛的标准，即只要其文字具有评述、评析的性质，即可认定为媒介批评的文本。

媒介批评作为一种社会话语，其发展归根结底是社会存在的反映，其最基本的动力是也只能是社会的需要，是社会意识互相激荡的结果。社会意识是社会存在的反映，而各种社会意识之间亦互相影响，互为支撑，共同形成了一种错综复杂的思想理论场域。任何一种有价值的社会理论及其实践形态都是某一个特殊时空环境中的历史性产物，都是该思想的历史发展过程。1922 年 10 月胡适在《努力》周报上发表《国际的中国》一文，反对中国共产党的民主主义纲领，攻击二大关于帝国主义扶植各派军阀共同宰割中国的正确分析，"很像乡下人谈海外奇闻，几乎全无事实上的根据"。他否认国际帝国主义侵略中国的事实，宣扬美国及其他帝国主义列强都是希望中国"和平统一"的国家，甚至"外国投资者的希望中国和平统一，实在不下于中国人民的希望和平统一"①。思想观点与传播载体具有连带性，对这种昧于国内实际情况和国际大势的奇谈怪论，当时的一些中国共产党人就进行了及时而有力的批驳。可以这样说，中国共产党的新闻宣传工作以及与各种错误思潮的论战主要是通过各种报刊达成，在批驳各种各样错误论点的同时，对作为错误论点载体的媒介也势必要进行连带性的分析和批评。例如1922年中国共产党的《教育宣传问题决议案》中，即有着"反对英美帝国主义之各方面的宣传"②的明确要求。正是在这种对错误论点进行批驳或论战的过程中，产生和形成了中国共产党早期的媒介批评活动，并在这种活动中逐渐凝聚形成了中国共产党的媒介批评特点及其思想体系。

媒介批评的直接对象是新闻传播及其活动，因此，媒介批评的发展更直接依赖于新闻传播事业的发展及其现实状况。自进入近代以来，笼罩在中国新闻传播事业上空的专制魔影虽然始终未能散去，但毋庸讳言，新闻传播事业仍然在强大的社会需要支撑之下获得了前所未有的进步。这种状况在五四新文化运动时期表现得异常显著。正是五四运动对言论出版自由的深情而强大的呼唤，催生了中国新闻传播事业百花吐艳、争奇斗胜的繁荣局面。在短短的一年之中，全国涌现出的各种宣传新思潮的报刊多达400余种，秉持各种政治立场的报刊或同气相求，桴鼓相应，或你讨我伐，互相攻讦、论辩，特别是新文化运动的倡导者们和封建保守势力代言人之间，以报刊为主要阵地开展了一场号称为"新旧思潮之激战"③的斗争。在新旧思潮的森严对垒和激烈交锋之中，中国媒介批评活动获得了持久的社会发展物质基础。"对新闻活动方式的认识影响着批评家提出批评对象、批评方法和批评标准，构成新闻批评观念的主要含义。"④新闻观念不仅是媒介批评的思想和意识母体，而且为媒介批评实践提供着丰富的理论资源和正确的思维方向，有力地提升了媒介批评的学理化和专业化的品质，大大缩短了媒介批评从自在状态走向自立自为状态的时间。

媒介批评的产生和形成得力于当时新闻学理论研究的玉成。1918年10月，北大新闻学研究会成立，开中国新闻学教育之端绪，有力地推动了中国现代新闻学理论的发展。在徐宝璜《新闻学》、邵飘萍《实际应用新闻学》、戈公振《中国报学史》等中国第一批新闻学论著之中，都包含着大量的媒介批评内容。如当时颇为流行的"有闻必录"观念，都曾受到他们的反驳和批评。徐宝璜更是运用西方新闻学理论，对"有闻必录"论的荒

① 胡适：《国际的中国》，《胡适文存》第2辑第3卷，转引自黄元起主编：《中国现代史》（上），郑州：河南人民出版社，1982年，第83页。
② 《中国共产党新闻工作文件汇编》（上），北京：新华出版社，1980年，第2页。
③ 《李大钊全集》第3卷，石家庄：河北教育出版社，1999年，第189页。
④ 刘建明：《媒介批评通论》，北京：中国人民大学出版社，2001年，第4页。

谬和危害，进行了既条分缕析又有理有据的细致剖析，使其媒介批评建立在较先进的理论基础之上，具有强大的专业和逻辑说服力。更为重要的是，这些新闻论著所传播的某些新闻理论和新闻观念也为当时中国共产党的一些报刊活动家如毛泽东、李大钊等所接受，并化作他们进行媒介批评的理论武器之一。这使中国共产党人的媒介批评从诞生之日起，就能矗立在一个较高的理论逻辑起点之上，实现了理论与实践、现实与历史的逻辑统一。

媒介批评的效果最终要反映到新闻传播实践中，反映到新闻媒体的内容和形式、立场和态度、趣味和格调等方面的变化上来。作为一种社会话语言说，媒介批评的开展往往具有一种受动性，其社会效果更是具有一种滞后性，以致人们常常会怀疑和慨叹媒介批评的无能或无力。其实，纵观世界新闻发展史，人们可以发现，新闻传播发展迅猛的时期，多是新闻观念斗争最激烈的阶段，也多是媒介批评大显身手的活跃时期。在新闻传播事业发展过程之中，媒介批评起着澄清思想、明辨是非的功效。媒介批评产生效果的前提是批评者话语为被批评者获悉，被批评者或接受，或不以为然，或反唇相讥，但无论怎样，这都是媒介批评效果的一种表现形态。媒介批评能否产生或产生什么样的批评效果，受到很多方面因素的制约，既与批评是否切中肯綮、击中要害有关，也与批评者的话语策略、知识含量和逻辑表达有关，更与当时的政治背景、文化环境有关。媒介批评文本必然同一种社会文化系统联系在一起，任何的媒介批评作品都产生于独特的文化背景和文化传统之中，不可能是隔断历史纽带和文化联系的孤立文本。在一百多年的时间里，中国新闻事业从早期报刊不分的原始粗糙形态，演变至20世纪三四十年代多达几十版的现代报业，推动其不断前行的社会诸多动力因素中，不仅有社会政治、经济、技术、文化、伦理等显在性的因素，也有相对先进报业观念等相对潜在性的因素。在先进报业观念的输入、传递和接受的过程中，媒介批评无疑功不可没，起到了应有的推动性作用。媒介批评在表达观点时，必须以一定的理据面目出现，负载于阐释、论争和反驳等逻辑的运作方式之中。正是在这种媒介批评实践中，越来越多的专业观念得以舶来和远播，并逐渐运用到新闻传播实践当中，中国近现代新闻传播事业的现代专业性特征，才得以日益显现、突出并固定下来。因此，中国近现代媒介批评无疑是中国近现代新闻事业发展中的一个有机组成部分，媒介批评的发展在一定程度上推动了新闻事业的发展，而新闻事业的繁荣又推动了媒介批评的兴盛，两者实际上具有相辅相成的连带关系。

结　语

美国大众传播学者曾经说过："一个学科的知识基础常常可以在那些早期思想家的著作中发现，他们曾致力于解决当时的学者所面临的某些相同的问题，虽然很明显是在当时的局限范围之内。当一个新学科处于创立阶段时，通常并不清楚以往的著作曾注重过一些看起来属于当代的问题。直到一定时候，人们才意识到早先的学者实际上已在普遍的知识文化中置入了某些必然成为新学科一部分原理的概念和结论。所以，需要透彻研究这些观念，把它当作该学科知识遗产的一部分。"①人们认识历史的过程，有与旅行者观赏名山大岳相似的地方——旅行者在山间辛苦跋涉，沿途奇峰峭壁，天险盛景，高树流泉，水色山光，历历在目，但往往只见其一草一木、一拐一角，只有在走出山脚以后再回头眺望，方能见出它的逶迤势态、灵气所在，中国近现代媒介批评史研究的现实意义也就在于此。诚然，中国当下的媒介批评现状实难令人满意。但是，正如谈论某种困境和危机是一回事，而真正在实践的层面上去改变造成危机与困境的现状是又一回事，改变媒介批评的缺失不仅仅是一个理论问题，更是一个实践问题。历史地看，一篇高质量媒介批评文本的出现，有时能浓缩一个时代的学识思想，标志着一个时代理论思维的高度，对新闻传播实践起到迎头棒喝、醍醐灌顶的巨大作用。特别是当批评已经成为表扬的另一种形式，当理论在丰富中匮乏，在批评中泛滥，在新闻传播令人们日益感到空前繁荣，实际却异常虚弱的时候，媒介批评史研究或许将会以将以其潜在的学术能量，以其时间的厚度，以其批判的锋芒和思想的声音，顽强地显示它曾经的存在，并以历史老人的睿智而带领人们走出由自己一手制造的新闻传播困境和危机。

---

① [美]德弗勒、鲍尔-洛基奇：《大众传播学诸论》，杜力平译，北京：新华出版社，1990 年，第 258 页。

中国现代媒介批评的"学理性"探究

胡 丹 戴 丽[*]

（南昌大学新闻与传播学院，江西南昌，330036）

摘要：20世纪20年代至40年代，我国现代媒介批评不但在数量上进入繁荣之态，且在思想和方法上步入独立、理性的发展阶段；本文主要对我国20世纪20年代至40年代发生的媒介批评实践进行系统梳理，初步呈现出"职业性"批评与"学术性"批评的发展概貌，从而探究我国现代媒介批评"学理性"的历史逻辑。

关键词：职业性批评；学术性批评；现代媒介批评；学理性

中国现代媒介批评发生在清末民初时期。[①]20世纪20年代前，现代媒介批评十分强调文学式的点评方法，批评的感情色彩十分明显。20世纪20年代至40年代，我国现代媒介批评不但在数量上进入繁荣之态，且在思想和方法上步入独立、理性的发展阶段；具体表现在，我国报人职业角色得到社会认可，新闻学理论研究步入正轨，媒介批评也从笼统的价值判断，进入对媒介产品、现象、行为、体制、文化的具象反思，批评方法开始运用新闻学理论研究视角，从职业理性出发，走向了更为深入的学术性批评。

一、"学理性"的内涵和历史语境

"学理性"，通常指对事物进行认识和研究的过程中，须讲究科学思维及原理。媒介批评对媒介进行的价值判断和理性思考，也会具备"学理性"，这里包含几层内涵：第一，方法理性，指批评过程采取科学分析和调研方法；第二，思维理性，注重独立、职业的理性意识；第三，话语理性，批评文本形成稳定的规范和模式；第四，价值理性，批评效果有实践和理论价值。

---

* 作者简介：胡丹（1979—），女，江西瑞昌人，南昌大学新闻与传播学院，副教授，研究方向：新闻传播史论；戴丽（1998—），女，安徽安庆人，南昌大学新闻与传播学院，硕士研究生。
① 胡丹：《论中国现代媒介批评的发生》，《江西社会科学》2014年第8期。

20世纪初期，现代出版业、新闻业不断向纵深发展，西方新闻自由观念也为我国知识界普遍接受，我国现代新闻观念的职业自觉意识开始觉醒，媒介批评也真正拥有了理论依据和稳定发展的平台。

（一）新闻学理论研究正式步入正轨，成为媒介批评的理论资源

1919年，我国第一本新闻学著作《新闻学大意》（徐宝璜著）出版，这标志着我国新闻学的学理研究正式步入正轨。出于新闻学教学的需求，一批新闻学专著和教材陆续得以出版，其中代表性的包括邵飘萍撰写的《实际应用新闻学》（1923年）、戈公振的《中国报学史》（1927年）、《新闻学撮要》（1925年）；胡愈之、徐宝璜合编的《新闻事业》（1924年）等。这些著作的问世，从新闻价值、新闻道德、编辑理论等理论视角，为现代媒介批评的实践提供了科学、有力的学理依据；甚至在许多著作的章节中，就有专门性的媒介批评文本。例如，《新闻学大意》中对"有闻必录"的批评；[①]《实际应用新闻学》"外交记者之地位""新闻价值减少之原因"两章节中对媒介现状的调查性意见；《中国报学史》第四章中对我国近代报纸发展状况的审视。

（二）新闻学术刊物的出版，为媒介批评提供平台和规范

1918年10月14日，北京大学新闻学研究会成立，学界陆续出版了《新闻学周刊》（1927年创刊）、《新闻学刊》（1927年创刊）、《新闻周刊》（1928年创刊）、《报学杂志》（1929年创刊）等新闻学学术期刊；这些刊物在新闻学学术研究方面，做出了很大的贡献，也为20世纪30年代新闻学理论和媒介批评，准备了充分的理论资源和学理规范。

同时，这批新闻学理论刊物也为媒介批评文本提供了公开发表的平台。当时，新闻学理论刊物的主编与参与者，有许多著名学者和报界奇才，如徐宝璜、邵飘萍、胡政之、戈公振、黄天鹏、周孝庵等，都在期刊上发表过数量可观的批评性的文本，如：黄天鹏《中国新闻界之鸟瞰》（1927年），鲍振青《余之中国新闻事业观》（1927年），王伯衡《中国之西字报》、《中国与报纸》（1927年），周鲠生《对于中国报纸之几种希望》（1930年），冯武越《报纸校对为神圣之工作》（1933年），张一苇《中国式广告术》（1927年），胡政之《中国新闻事业》（1928年），吴凯声《新闻事业与国际宣传》（1930年），顾红叶《新闻纸与平民教育》（1927年），黄粱梦《新闻讲话》（1930年）等。

（三）"批评"专栏和批评行为的经常化

20世纪20年代后，报纸杂志开始设立专门对书报进行推荐、评价的批评专栏，如《大公报》设立的"批评专号"专栏，《现代评论》设立的"书评""本刊启事，《每周评论》设立的"新刊批评"专栏，《觉悟》设立的"书报批评"专栏，《新潮》设立的"书报介绍""书报评论"专栏，《星期评论》的"新刊介绍"专栏，《热血日报》设立的"舆

---

① 徐宝璜：《新闻纸之定义》，《新闻学大意》，北京：中国人民大学出版社，1919年，第6页。

论批评"专栏等。这种专门性批评专栏直接促使批评实践逐步固定化、经常化。

同时，报刊当中的批评文章逐步具学理色彩。例如，19世纪末期，对谣言的批评，侧重于从传统文化现象的视角去理解。辛亥革命前后，对谣言的批评逐步从文化批评过渡到信息传播的视角，对于谣言本质、传播特点、社会效果，都有了新的认识。比如，批评者指出，谣言就是"无非新闻家之一支秃笔，几句大谎而已"[1]，这说明谣言有了新的身份，不再是传统文人嘴里的"诬告"，而是"闭户造新闻者，专以造谣为特长者"[2]，这就成了新闻信息传播的种类；对于谣言的传播效果，也转向对新闻事业的影响——"不意共和时代之报纸，竟以供散布谣言之利器，呜呼！自有造谣之报出，而报界之面皮，遂被削尽，报界之老台，遂被坍足"，[3]将谣言视作新闻传播来展开批评，这即是一种职业性的学理思维。《大公报》《东方杂志》《现代评论》等报刊中也涌现出一批对新闻事业、出版事业进行调查总结的文章，这都说明20世纪20年代后，理性的批评逐渐成为一种经常性的行为。

二、"职业性"批评的兴起与发展

五四运动后，现代媒介批评的理性思维开始大放异彩，在许多进步报人、知识界人士的推动下，批评者首先从职业理性出发，初步展示了职业性的批评观念和模式。

1.职业性的媒介调查

五四运动后，知识界依托传播新思想的综合性期刊，注重对报刊传播内容进行调查研究，以进行专业性的反思和评价。《东方杂志》《清华周刊》《北京大学日刊》《现代评论》等综合性出版物中，出现了一批具有典型代表意义的文本，例如：《东方杂志》刊登的《对于新青年之意见种种》（1918年）、《最近各报关于华事的论评》（1927年）、《英美两国的报纸概观》（1930年）；《新潮杂志》中刊登的《对于新潮之评论》（1919年）；《清华周刊》刊登的《出版物底封面》（1920年）、《清华周刊里的小说》（1920年）、《周刊半年来的批评》（1922年）、《周刊内容彻底改革之商榷》（1922年）；《京报》副刊刊登的《"京副"的式样》（1924年）；《向导》周报刊登的《国民党报纸不应有这样记载》（1922年）、《美国底广告板》（1924年）；《文学周报》刊登的《中国的报纸文学》（1922年）、《卑劣作品》（1923年）；《现代评论》刊登的《中国报纸的外闻》（1925年）、《读了第七十三期的现代评论》（1926年）；《大公报》刊登的《烟台报纸内容简记》（1927年）。

这些综合理论性刊物的批评文本，都有一个共同特点，不仅注重事实调查，同时也能提出理性、建设性的批评意见，相较感性批评来说，理性批评更加有说服力和生命力。同时，20世纪20年代中后期，长篇媒介调查报告在刊物中已经比比皆是、数量丰沛，可

[1] 无妄:《闲评》,《大公报》1913年4月17日, 第3836号。
[2] 无妄:《闲评》,《大公报》1913年4月17日, 第3836号。
[3] 无妄:《辟谣言》,《大公报》1913年5月9日, 第3858号。

见，理性的媒介批评实践已经蔚然成风。

2．"书报"专栏的专业批评

20世纪20年代开始设立的"书报"批评专栏，主要目的在于向读者推荐优秀的书籍及报刊作品，对此，不少刊物都专门发表声明以强调该宗旨，如《新潮》杂志主笔在创立"书报评论"专栏时，希望能针对中国出版界"恶滥小说"泛滥的暗淡局面，多多推荐优秀的作品，以作为出版界良好的示范，推动中国出版界的"自觉心和上进心"。[①]《觉悟》则声明，创立宗旨是为剔除出版界那些"冒牌的"出版物，一方面欢迎、鼓励出版界多出好书好报；另一方面逐步淘汰并改善不好的书报。[②]

这些专栏的书评不能划进媒介批评的实践范畴，但也有例外，出现了一些对书报进行社会价值判断和理性反思的批评文本。例如，《觉悟》"书报批评"专栏的《看了学生杂志八卷七号以后》一文，作者通过阅读体验，摆事实、举例子，并结合社会效果展开否定性点评，之后，作者又将《觉悟》报刊比作新生婴儿，认为应当允许其犯错，而不可将之与成人同等看待。这是十分理性、客观的判断，同"文学式"批评中痛快叱骂的情绪色彩不同，也和感性批评中全盘否定性的断论迥异，思考媒介的问题更全面，批评思维也更成熟客观化。

3．职业道德的批评视角

民国初期，我国党派报纸林立，立场纷乱，局势不稳，报界的逢迎、欺诈、逐利行为一度成风，对职业道德进行批评，成为批评者的重点对象。

这个时期的批评者，跳出传统文化的伦理思维，转向以遵守"新闻道德"为批评依据。例如，罗家伦在《新潮》杂志刊登的《今日中国之新闻界》一文，已开始使用"新闻记者""新闻道德"术语，设定的批评语境，也针对新闻全行业。文章通过列举实例，批评北京报纸纷纷创办副刊，报道"风月"消息，登载照片帮助娼妓做宣传，甚至一些注重名声、消息灵通的报纸，也要在附张中征求此类"风月"消息，以寻求销量扩大。上海报纸也有一批质量堪忧的小报，专门报道"靡靡之音""风流韵事"，贻害青年，完全丧失新闻道德。[③]

不仅如此，批评者还对出版界、新闻界"追逐利益、毫无底线"的职业道德问题，展开了严厉批评。例如，何宏图批评出版物作品的卑劣，实在是出版界的堕落，书报无利不博，内容只随着社会心理而转变，编辑漠视批评，眼里只有谋利二字；[④]徐志摩批评副刊为追逐利益而文风糜烂——"性，性，再来还是性！"；[⑤]张奚若也批评："副刊被当

①　傅斯年：《出版界评》，《新潮》1919年1月1日，第1卷第1期。
②　邵力子：《专设书报批评栏的要求》，《觉悟》1920年7月14日，第7卷第14期。
③　罗家伦：《今日中国之新闻界》，《新潮》1919年1月1日，第1卷第1期。
④　何宏图：《卑劣作品》，《文学周报》1923年1月11日，第61期。
⑤　徐志摩：《我为什么来办我想怎么办》，《晨报副镌》1925年10月1日，第1卷第1期。

成散播靡靡之音或出风头的地方，易堕其志"；^①裴复恒直接批评出版堕落刊物的商务印书馆、中华书局：追逐"发财主义"，抽取版税、剥削劳心者。^②

针对这样的局面，胡愈之指出，出版界编辑应当第一个承担责任，指导和宣传正确的文化事业观，了解文化艺术的真正含义，才能指导民众，推动新文化事业的发展。^③当批评者从规整职业良俗的视角，要求从业者拿出职业良心和责任担当，联合起来抵制"唯利是图"的职业行为时，已充分说明，新闻道德的批评观念已经取代传统伦理批评观，成为新的理论依据和思想来源，这是媒介批评脱离文学批评色彩，走向学理性的一个重要标志。

（三）职业技能的批评

20世纪20年代，我国报刊编辑工作尚未确立科学规范的系统性标准，版面编排体例常常仿照古书籍的编排法，十分陈旧；报刊文体混乱，标题制作、选稿标准也没有统一的规范可以遵循；报道原创性不足，不少报刊专靠抄袭或剪裁北京、上海报纸的新闻以凑数。针对这种情况，批评者从职业角度提出了许多批评改善意见，以促进编辑业务改革。

《东方杂志》曾刊出系列文章，对报刊编辑业务提出改良意见。譬如，《中国最近之新闻事业》^④一文，列数当前编辑十二大缺点，批评编辑业务有失专业水平；《地方报之编辑》^⑤从"编辑方针"理论出发，去审视地方编辑业务不足；《新闻编辑法改良之必要》^⑥从版面编排的视角，批评编辑方法的陈旧和编辑室管理制度的不当；《文学周报》与《晨报副镌》也刊登了一些以"新闻职业观""编辑理论"为批评依据的文本，其中以郑振铎《论上海各日报的编辑法》（1929年）、东生《封建势力在报纸上》（1929年）两篇文章最有影响力；还有部分文章，对出版发行和印刷技术的落后也提出批评，例如，《晨报副镌》记者曾批评，中国报馆都没有自己的印刷所，胡乱叫别家印刷所进行印刷，结果版面"不但没有圈点，眉目甚不清楚，就是那副呆板的相貌，看了也不能引人美感"。^⑦

审查这些批评文本，可发现批评者对编辑方针、版面编排理念、出版发行技术都十分熟悉和了解，理论阐释成熟，和现代编辑理论十分接近，因此，批评意见专业性很强。

三、"学术性"批评走向深入与繁荣

20世纪30年代开始，新闻学术理论研究走向深入，媒介批评也步入更为成熟与繁华

---

① 张奚若：《副刊殃》，《晨报副镌》1925年10月5日，第1284号。
② 裴复恒：《著述的稀少》，《现代评论》1925年10月24日，第2卷第46期。
③ 胡愈之：《中国的报纸文学》，《文学周报》1922年8月21日，第47期。
④ 周孝庵：《中国最近之新闻事业》，《东方杂志》1925年5月10日，第22卷第9期。
⑤ 任白涛：《地方报之编辑》，《东方杂志》1921年9月10日，第18卷第17期。
⑥ 端六：《新闻编辑法改良之必要》，《东方杂志》1921年8月25日，第18卷第16期。
⑦ 记者：《介绍诺斯克利夫的意趣》，《晨报副镌》，1921年11月15日。

的阶段；当时新闻学研究刊物《申报月刊》《申报馆内通讯》《报学季刊》《报学杂志》《星期评论》《新闻记者》《中国新闻学会年刊》中，出现了大量篇幅较长的学术文本，有的刊物甚至开设了相对独立的学术研究园地。例如，君默在《申报馆内通讯》开设的"学术讲座"专栏，在两年时间内统共刊出十八期新闻学研究文章及媒介批评文本。这些学术性批评文本在继承职业思想和批评规范的基础之上，无论是在方法、思维，还是话语、价值理性层面，都达到了 20 世纪 20 年代未能达到的深度和高度。

1. 研究方法的建构与拓展

20 世纪 30 年代之后，媒介批评实践中普遍开始采取调查研究、历史研究、比较研究、定性定量研究的方法来进行科学论证。

第一，调查研究方法的运用。

从 1947 年到 1948 年，《申报馆内通讯》登载了许多批评文本，大多数文本运用调查报告的体裁，使用实地调研或文本抽样方法，对媒介现实情况进行分析归纳，例如:《南昌报业概况》《江阴的新闻事业》《丹阳报界》《广州的报纸》《西昌的报业》《苏北的报纸新闻和读者》《上海报在香港》《南通的报纸》《从常德看湘西报业》《宜兴报业概况》《长春报业今昔谈》《苏北报业巡礼》。

其余学术期刊，甚至一些商业性报刊中，也有不少通过严谨考证、科学逻辑推理的学术文章。例如，《报学季刊》的《我的编辑经验与最近平市新闻界趋势》(1935 年)、《一九三四年我国新闻事业鸟瞰》(1935 年)、《小型报的缺点及其改善办法》(1935 年);《新闻学期刊》的《今日的中国新闻纸》(1935 年)、《中国新闻事业》(1928 年)、《我国各大报纸版面构成分析及其批评》(1935 年);《中国新闻学年会年刊》的《ABC 三国出版自由之比较研究》(1942 年)、《各地报业现状及发展之意见》(1944 年);《申报》的《不景气中的上海: 贱卖广告之花样翻新》(1935 年)、《一九四三年的华北出版事业》(1944 年)、《华北的出版文化》(1945 年)、《大破坏后出版界的新转向》(1945 年)、《中国出版界的进化》(1945 年);《申报月刊》的《苏联的新闻事业》(1933 年)、《苏联出版事业近况》(1935 年);《战时记者》的《我国报纸的三个时期》(1938 年)、《论战时新闻机构》(1939 年)。这些均是学术批评的范本。

第二，比较研究方法的运用。

20 世纪 30 年代后，批评者对于新闻界的观察更加成熟和全面，研究方法也更理性客观。例如，《新闻编排的方法论》[①]一文，采取比较研究法，通过数据分析，对英美、中国城市报刊出版数量及读报人数进行对比，在充分证明新闻事业发达与教育正比例关系的基础之上，得出中国教育滞后导致新闻业不发达的结论，有理有据。《ABC 三国出版自由

———————

① 彭革陈:《新闻编排的方法论》,《报学季刊》1934 年 10 月 10 日，创刊号。

之比较研究》① 从 "出版自由的保障措施" "限制滥用出版自由的手段" "战争中对出版自由的限制者" 三个层面，详细对中美英三国的出版自由状况做出总结与问题反思。作者并没有直接对中国出版自由现状提出批评，而是抛出客观需要解决的问题，以供思考，逻辑十分严谨。《从欧美的新闻事业谈到中国的新闻事业》② 一文则通过对照英德美、苏联新闻事业在数量上的发展迥异，来批评中国相对落后的新闻事业现状。

第三，历史研究方法的运用。

19 世纪 70 年代到 20 世纪 30 年代，我国报刊业发展已有 60 年的历史，新闻学也开展了近 30 年的理论研究，知识界此时顺势出现一批总结性的文章，采用历史回顾的研究方法，总结新闻出版事业的发展脉络与轨迹。例如，《四十年来中国新闻学之演进》③《六十年来中国日报事业》④《六十年来中国之出版业和印刷业》⑤《我国报纸的三个时期》⑥；此外，还有专著《中国出版界简史》中的章节——"中国古代的出版业""五四时代出版界的发展""五四以后出版界的新气象"等。它们分别对我国报界媒介生存环境、发展状况进行反思，也对 60 年报业在数量、销量、办报规模、营业利润、报道内容方面的进步成绩做出肯定与总结；有的文章采取"时间、特征、属性"作为逻辑分析方法，将 60 年报刊出版业的发展历史进行科学界定，既尊重历史事实，又讲究科学依据，在论证过程中，还不忘对媒介现实状况进行学理反思，这足以说明，这个时期知识界已经具备科学、严谨的批评态度。

第四，定性与定量方法的运用。

20 世纪 30 年代开始，学术期刊已开始使用社会科学的定性与定量研究方法。

例如，1934 年，《新闻学期刊》刊登了一篇《我国各大报纸面构成之分析及其批评》，这篇文章和《申报馆内通讯》批评文本中"粗糙的列表"和"简单的调查"方法不同，采用比较成熟的定量、定性研究方法，将《申报》《新闻报》《大公报》《时事新报》四家报纸作为主要研究对象，跳出传统调查研究的零碎叙述，直接制作出醒目的图表进行定性分析。

另一篇代表性范本，是 1935 年《报学季刊》刊登的《一九三四我国新闻事业鸟瞰》一文，论证过程中，作者将搜集到的新闻界史料，按照"月日"的时间顺序，进行归类，并将这些类项的分析结果绘制成柱状图，以结构图谱的可视化，直观形象地展现高度抽象、复杂的史料线索和结果。

---

① 马星野：《ABC 三国出版自由之比较研究》,《中国新闻学会年刊》1942 年 9 月 1 日，第 1 期。
② 许升阶：《从欧美的新闻事业谈到中国的新闻事业》,《新闻记者》（汉口）1938 年 6 月 1 日，第 1 卷第 3 期。
③ 黄天鹏：《四十年来中国新闻学之演进》,《中国新闻学会年刊》1942 年 9 月 1 日，第 1 期。
④ 潘公弼：《六十年来中国日报事业》,《申报月刊》1932 年 7 月 15 日，第 1 卷第 1 期。
⑤ 陆费逵：《六十年来中国之出版业与印刷业》,《申报月刊》1932 年 7 月 15 日，第 1 卷第 1 期。
⑥ 甘介候：《我国报纸的三个时期》,《战时记者》1938 年 12 月 1 日，第 1 卷第 4 期。

经过不同学者的努力，"数据统计""对比分析""列表说明"都成为 20 世纪 30 年代学术批评常见、固定的科学方法；同时，这些批评文本中，摘要、脚注、引文格式都已经出现，同当代学术论文格式趋同。可见，运用科学论证、严谨推理来批评，成为 20 世纪三四十年代"学理性"媒介批评的一个重要表现，这是媒介批评的一大历史进步，正如学者描述的那般："既有逻辑的结构，又有历史的过程；既有属性的规定，又有量的表现；既有现象的归纳，又有特征的演绎；既有一种分析，又有一种综合"，[①] 媒介批评逐渐形成专业学术活动必需的研究路径和规范。

2. 理论资源的学科化与专业化

20 世纪 20 年代前，媒介批评十分注重从中国古代文学批评中去寻找理论资源，或从西方文化中去借鉴和移植，批评重感性而轻理性，重整体而轻微观。20 世纪 30 年代中期开始，我国新闻学著作愈加数量可观。据统计，自 1937 年到 1945 年间，我国出产大约有 70 多本新闻学著作，新闻界也历经 30 年新闻思想的变迁："20 世纪 20 年代至 30 年代初，我国新闻本位思想占据主流地位，20 世纪 30 年代至 40 年代初期，战时新闻宣传思想逐步兴起，20 世纪 40 年代中期后，大众新闻思想日臻成熟。"[②]

我国本土新闻学理论在自我调适中不断进步，媒介批评顺势向本土新闻学理论靠近，随之有了系统、专业的理论依据和思想来源，媒介批评思想也发生了相应变化；现实表现便是，20 世纪 30 年代后，批评者们都可以熟练地采取新闻学的研究视角，从"采写编"业务标准、新闻道德、新闻价值等理论层面，考察新闻传播活动和现象，对媒介展开学术批评。

第一，对编辑出版业务的批评。

1918 年，徐宝璜在《新闻学大意》著作中，第一次对"编辑"进行学术定义："新闻既采集矣，其次手续，即为编辑。"编辑之根本义有二：（一）报告确实；（二）引人注意；自此之后，业界、学术界继续对编辑出版理论进行补充，并确定编辑方针、策划、选稿等核心业务作为编辑出版的理论基础。

例如，1935 年谢六逸出版的专著《实用新闻学》，第十四章节关于"硬软新闻的编辑方针"，对我国 20 世纪 30 年代前的新闻编辑业务进行总结，批评我国报刊性质多为政党报刊，重新闻宣传，对新闻政策唯唯诺诺，商业性报纸又看重营收利润，轻视立场，真正能为公众服务的报刊少之又少。中国的通讯社大多为国际通讯社，仅有路透社和哈瓦斯两家，受国外通讯社的制约，对各地报纸来说，全国性及国际新闻的来源极为不足。[③]

20 世纪 30 年代后，批评实践多依据这些核心理论展开批评，例如，《今日的中国新闻纸》一文，对中国新闻纸的采写编业务进行批评："现今中国的报纸，在编排方面，实

① 刘建明：《媒介批评通论》，北京：中国人民大学出版社，2001 年，第 130 至 157 页。
② 李秀云：《中国现代新闻思想史》，北京：中国社会科学出版，2007 年，第 19 页。
③ 谢六逸：《实用新闻学》，上海：上海申报馆，1935 年，第 279 页。

在太令人不满意了"；①《地方报的采访工作》一文，对地方报刊"编辑方针"存在的问题提出批评，认为地方报纸应有"地方色彩"，办出"地方特色"。②

从新闻编辑理论视角对媒介展开理性批评，批评者在指出问题之后，往往都能提出建设性的对策，以供总结和回应，这是这个时期批评文本的一个重要特色。

第二，对报刊广告、评论的学理性点评。

20世纪20年代报刊上出现的"虚假医药"欺诈广告、"黄色"广告问题，一直延续到30年代都未能根除，因此，批评者对报刊版面的广告产品，依然十分关注。例如，《报学杂志》中《商业广告的净化问题》一文，该文章批评商业广告过量，采取三个分论点，从"对社会的影响""对报纸的影响""对广告登户的影响"三个层面来说明广告的负面作用，以医药广告和电影广告的现状作为论据，来论证广告不良影响的具体表现，并提出净化广告的有效对策——"广告道德伦理化的必要"，这是一篇发现问题、解决问题的对策性文章，从全文架构和论述全过程来看，已经具备学术论文的体系和规范。

除却新闻、广告之外，评论也被批评者所关注。事实上，从维新变法时期开始，知识界都十分重视报刊的论说，直到五四时期，新闻界的"言论本位"才向"新闻本位"过渡，但对于新闻评论如何发挥作用、怎样发挥最大的影响力，知识界并不满意。批评者认为，中国的报刊评论并未得到充分发展，也没有体现出应有的社会影响，就如《报纸评论和社会舆论》一文批评的那般："我国报纸的历史已有八九十年，报纸之有评论，亦有五六十年，各地报纸虽不无良好的评论，然终鲜能建立起健全的舆论，以监督政府和指导民众"③。

第三，对职业素养、道德的反思。

20世纪20年代后，道德及伦理被纳入新闻学知识体系，新闻职业道德观念逐渐形成，该理论体系不再沿用传统的道德伦理观点，而是针对新闻事业的现实问题，总结并形成专业的概念和内涵。例如，1923年，邵飘萍在《实际应用新闻学》提出"品性为第一要素"，这是新闻界第一次正式将记者职业素养与道德问题，列为新闻学教材的第一篇章，具有十分重要的时代意义。自此之后，对新闻界展开职业素养和道德研究，都可以从新闻学理论中寻找到理论资源和批评依据。新闻职业道德的内涵也在实践中不断得到丰富。

例如，1935年《报学季刊》刊登《新闻记者应有的的修养》一中，将"贞洁"的品行列为职业素养第一位。作者提到，新闻记者品性是立身根本，是由记者的社会地位所决定的，因为职务的原因，记者一言一行都为外界关注，又周旋于复杂的社会关系网中，面对诱惑，更有可能堕落，贞洁的品性是保证记者克制自我。保持尊严人格的基础，否

① 吴剑雄：《今日的中国新闻纸》，《新闻学期刊》1935年第1期。
② 赵家欣：《地方报的采访工作》，《战时记者》1939年11月1日，第2卷第3期。
③ 潘君健：《报纸评论和社会舆论》，《报学季刊》，1934年10月10日，创刊号。

则，记者一旦被利诱，颠倒是非，混淆黑白，会造成不堪设想的后果。①

《无我与无私》一文，对"战时"与"平时"报人的职业素养做了区分，这 也是对新闻道德内涵的补充。②《中国报人之路》一文，又对战时报人品格内涵做了进一步的解释。作者批评，在抗战建国的大时代中，许多藏污纳垢的场合，都被这大时代的洪流所涤荡，唯报人的恶根性，还有一点没有根绝。因此，报人的道德品格是服务报界的第二生命。③

可见，无论是业界、学术界，20 世纪三四十年代的职业素养与道德内涵，不但符合新闻事业发展的需要，同时与当时的时代需求与使命紧密相联，在这些丰富的标准之下，对于当时报界、出版界的不良风气，批评起来有理有据。

第四，关于媒介体制的批评。

辛亥革命时期，为反对袁世凯、历届军阀政府对言论界的压迫与控制，争取言论自由成为当时批评的主要依据。20 世纪 30 年代后，对媒介体制的批评，伴随着时代的变化，有了新的时代内容。

潘公弼在《六十年来之中国日报事业》一文中谈到，中国报刊业和出版业在 60 年间，数量、资金、规模都有了很大的进步，现代出版业和报业的发展，对于媒介内部经营管理也有了更高的要求，因此，对媒介内部制度的反思与建设就变得十分重要。对于这个观点，学术界给予了高度支持。《新闻学期刊》曾采取约稿的形式，请四位学者一起，针对中国报馆应否"托辣斯化"的问题进行全面探讨，集中刊发四篇论文。多位学者一起探讨同一个论题，并能够从现实层面、学理层面将问题研究透彻，这本身就说明，20 世纪 30 年代的学术期刊，真正做到了"为学术而学术，为批评而批评"。

另一方面，我国新闻传播活动一直处于"新闻检查制度"的束缚中，各界人士对新闻检查制度的批评一直十分关注。抗战时期，知识界在"一致抗战"大前提下，主动接受了战时"新闻统制"政策。但批评者很快意识到，他们认同的新闻统制观念，最终成为桎梏新闻事业进步的障碍。于是，批评者又"盼望着当局对于目前的新闻检查制度，有所改善"④，并围绕新闻统制和新闻检查的弊端，展开了系列批评和探讨。这种批评，掺杂了许多政治性批评的因素，失去了纯粹的学术理性，本文就不再赘述。

（三）理论与实践价值的践行

媒介批评的存在意义，不仅体现在对媒介"是非、美丑、好坏"进行价值判断和反思，以促进媒介和社会进步，还体现在对理论的价值贡献。批评者通过关怀、反思媒介现实问题，将问题分析归纳并上升至成熟的理论，并以精神财富的形式将理论传承下去，正所谓媒介批评理论指导批评的实践，媒介批评实践又反过来丰富批评的理论。因此，

① 张万里:《新闻记者应有的修养》,《报学季刊》1935 年 8 月 15 日, 第 1 卷第 4 期。
② 张季鸾:《无我与无私》,《新闻记者》1938 年 6 月 1 日, 第 1 卷第 3 期。
③ 杜绍文:《中国报人之路》, 杭州: 浙江省战时新闻学会, 1939 年, 第 42 页。
④ 陆诒:《我对于目前新闻检查要说的话》,《新闻记者》(汉口) 1938 年 10 月 10 日。

20 世纪三四十年代媒介批评有三个批评目标：第一，对新闻理念纠偏；第二，对媒介进行导善；第三，支持抗战救国。这些理想目标和媒介批评的现实价值，从本质上相统一。

统观 20 世纪三四十年代的媒介批评实践，可以发现，批评的"问题意识"十分浓厚，许多文本仅从标题就可以看出问题意识，笔者从《报学季刊》《报学杂志》中挑选的文本，有《新闻记者应注意"史"的研究》《报馆编辑部的剪报问题》《对于新闻标题的商榷》《缩张和广告问题的讨论》《报纸福斯化与儿童读报的问题》《资料室新闻照片的保存与运用》《中国报界应有之觉悟》《新闻记者"学"的问题》《关于新闻记者职业地位建立问题》《报馆印刷部的疲劳问题》《小型报的缺点及改善办法》《需要怎么样的新闻》《新闻伦理化问题》《商业广告的净化问题》《各地报业现状及发展之意见》《报纸通俗化问题》等。这些文章善于发现现实问题，并认真去分析问题，努力寻找解决问题的办法，使媒介批评实践有了十分重要的现实指导价值，在改良媒介现实的基础之上，又极大地丰富了新闻理论的内涵。

"问题意识"一方面反映出批评者拥有学理意识，另一方面则强烈地体现出批评者的社会责任意识。例如，维新时期，许多报刊秉承"有闻必录"的编辑理念，许多谣言不经审核便刊登出来，遭到了许多学者批评。1918 年，徐宝璜在《新闻学大意》中正式对"有闻必录"观念进行了矫正。20 世纪 30 年代，学界对报刊的标准要求更高，黄天鹏在《新闻学概要》中，强调报刊报道新闻，讲究新闻价值，应当强调从社会责任作为出发点，做到有闻必查，而不是有闻必录。[①]

在抗战时期"社会责任意识"成为考察媒介价值的重要衡量标准。例如，著名报人邹韬奋提倡新闻事业要做到"事业性"与"商业性"的统一。"事业性"即是指对民族抗战高度负责，巩固为坚持抗战而积极建设的文化事业。[②]正是在"社会责任意识"的指导下，批评者对不利于社会进步和精神文明发展的现实问题发起了猛烈的批判。例如，一面对黄色广告、黄色新闻、犯罪新闻进行批评，一面又站在社会责任的高度，对未来的社会前景进行理想化追问，提出了理想的广告、理想的新闻、报纸的标准等模式。

20 世纪 40 年代后的批评，更强调"大众化"立场。例如，《论报纸的标准》一文，认为报刊的"社会使命"在于"代表公众利益"[③]。此篇文章提出的社会使命，为当时学术界大多数学者所认同，正如学者所说，"虽然报纸是一种'人为的制度'，人为的制度从未有于哲学理论完全相合的，但报业是逐渐向服务社会的伦理标准发展，乃实属必然的趋势"，也正因如此，20 世纪三四十年代的媒介批评实践，始终在践行自己价值理性的道路上，坚持不懈地努力着。

---

① 黄天鹏：《新闻学概要》，北京：中国传媒大学出版，2018 年，第 57 页。
② 张文明：《邹韬奋新闻出版实践与思想研究》，北京：社会科学文献出版，2015 年，第 257 页。
③ 戴永福：《论报纸的标准》，《报学杂志》1948 年 12 月 1 日，第 1 卷第 7 期。

四、对近现代媒介批评"学理性"的审视

1921 年，上海新闻记者联欢会在上海成立，"标志着不同于'文人'的新闻职业意识得以明确"①。19 世纪末期"末路文人"终于过渡到"职业新闻工作者"角色。作为批评者，通过报刊来表达思想观点，批评媒介产品、行为、现象，影响进而促进媒介及社会的彻底改良。很明显，职业性的媒介批评，已脱离了纯粹的感悟式、印象式批评的色彩，步入学理性。

也是从 20 世纪 20 年代开始，我国新闻教育和新闻学研究开始兴起，知识界开始用新闻学术语和观点来观察和研究媒介。值得关注的是，在新闻学理论知识逐步走向系统化、专业化的进程中，媒介批评趁机向新闻思想依附，并找到了批评的理论依据。在这样的前提下，我们可以看到，20 世纪 20 年代后，媒介批评实践就慢慢进入一个学理性绽放的盛况：一方面，报纸杂志出版物的进步，为公共空间的理性舆论及批评，提供了自由发表意见的平台；另一方面，公共空间的批评观点，也刺激了旧报刊、旧传统的变革。在这样的良性循环中，职业的批评渐入佳境，学术性批评开始彰显重要的影响力。

更为重要的是，从 20 世纪 20 世纪年代开始，我国理论界开始以理论建构的姿态，去反思媒介批评的本质、观念、方法和标准。

20 世纪 20 年代之前，理论界对"批评"的理论思考虽不多见，但报端已有对"时事"展开批评实践的专栏或文章。例如，《新闻报》设立"批评"专栏，刊登类似《舆论一斑：论风俗之害》一类的时事批评文章；《新青年》设立"读者论坛"，刊登《对于今日学校之批评》文章；《北京日报》设立"时事批评"专栏，《中国白话报》设立"批评"专栏。从 20 世纪 20 年代开始，在新文化运动对传统文化展开批评的同时，知识界开始出现对"批评"内涵进行分析的论说，如，《批评的精神和新文化运动》论述，"考察他的内容及从哪里发生，经过演绎或归纳的历程而终于判断，用这种思想得来的结果，即是所谓的判断的，就是批评"②；《批评的真精神》则这样解释，"批评就是鉴别一件事情（一人或一物）的优点或缺点，不可于题外东拉西扯，溢出范围"③。

受西方思潮影响，知识界开始引入并借鉴西方的文学批评方法，如《法国人之法国现代文学批评》《喀赖尔的文学批评观》等文章，批评者还引入西方自由主义思潮，积极倡导"自由的批评"，④甚至总结出带有西式理论色彩的批评方法，如，批评应采取"What（什么？）why（为什么？）How（要怎么样？）"的思路，来进行精确、有眼光的批评；⑤在思考正确且合适批评方法的同时，20 世纪二三十年代的知识界更多地从批评者的态度、

① 涂凌波：《现代中国新闻观念的兴趣》，北京：中国传媒大学出版，2016 年，第 220 页。
② 周长宪：《批评的精神和新文化运动》，《民国日报》1920 年 10 月 20 日，第 1 期。
③ 邹恩润：《批评的真精神》，《约翰声》1920 年 12 月 20 日，第 31 卷第 9 期。
④ 小我：《通讯："自由批评"底批评》，《民国日报·觉悟》1920 年 7 月 11 日，第 7 卷第 11 期。
⑤ 光典：《批评的精神和方法》，《民国日报·觉悟》1920 年 9 月 6 日，第 9 卷第 6 期。

责任与边界，价值与意义进行反思，例如，《通讯："自由批评"底批评》《批评的精神和方法》《批评的精神、资格》《失掉了的批评精神》《批评家的要德》《需要脚踏实地的批评家》。这些文章指出，我国文化、经济、精神层面存在许多不足，但我国批评家缺乏科学的批评理论依据，好空谈，且盲从与附和新的西方学说，因此，正确的批评有利于改正社会上的各种不足，"批评可以补充我们的缺憾，增加我们的能力，提醒我们的疏忽"[①]。那么，知识界就非常需要"脚踏实地的批评家，多研究讨论创作上的实际问题，努力向生活学习"[②]。

如何正确开展批评呢？知识界在积极倡导要批评、指明批评重要性的同时，对已有的批评目的、标准、方法进行了自我批评与反思。20 世纪 20 年代出现了一批研究如何正确批评的理论文章——《周刊半年来的批评》（1922 年）、《批评人家的文章是否应带谩骂的色彩？》（1924 年）、《批评界的全捧与全骂》（1925 年）、《批评的批评》（1928 年）、《批评的需要和检点》（1929 年）。批评者指出，"批评不等于盲目的批评，也不等于为了批评而批评，最有力的批评是把握实际的批评，批评者应注意论调，注意情感和谨慎，公与私应绝对分开"[③]，"除了批评的文字之外，还希望看见有能够检点承认错误的文字"[④]，并对批评根本目的也进行了检讨，"批评的任务不是作文学作品的注解，而是作品价值的判断"[⑤]。

在对批评理论与实践进行审视的过程中，批评者很快拥有了丰富的实战和理论经验，并开始撰文论述与"媒介批评"相关的理论问题，例如，《评论家与评论——指新闻界与普通评论而言》《报纸评论和社会舆论》《言论自由与报纸的评论》等。

《评论家与评论——指新闻界与普通评论而言》是第一篇对"媒介批评"进行学理反思的文章，作者站在"新闻评论"的理论视角，对批评家的批评态度、方法、价值提出意见，并认为文学式的感性批评价值和意义都不大，提出批评的理论依据与科学方法的重要性。[⑥]尽管作者将媒介批评等同于新闻评论，但这种反思具有开创意义。

《报纸评论和社会舆论》则第一次对"新闻评论"的本质概念进行梳理。作者将批评视作普通论文中的一类，对批评下的定义是"批评是对于一事一人为优劣的批评"[⑦]。报纸的评论则包括社论、时评、专论、来论、代论、译论、特别论著、征文披露、述评，其中，对述评的界定是"就一时期发生的重要新闻，为综括简明的叙述，而参以批评"。综

---

①　北：《批评的价值》，《津浦铁路日刊》1936 年第 1483—1507 期。

②　茅盾：《需要脚踏实地的批评家》，《生活星期刊》1936 年 9 月 6 日，第 1 卷第 14 期。

③　梁实秋：《略赖尔的文学批评观》，《梁实秋论文学》，台北：时报文化事业出版有限公司，1927 年，第 55 页。

④　梁实秋：《略赖尔的文学批评观》，《梁实秋论文学》，第 55 页。

⑤　梁实秋：《略赖尔的文学批评观》，《梁实秋论文学》，第 55 页。

⑥　敏中：《评论家与评论——指新闻界与普通评论而言》，《晨报副镌》1925 年 3 月 20 日，第 62 号。

⑦　潘君健：《报纸评论与社会舆论》，《报学季刊》1934 年 10 月 10 日，创刊号。

合作者对"批评"的定义，显然，作者将媒介批评视做了新闻评论的一个种类，将二者不做严格区分来进行探讨，这也说明，现代媒介批评开始展露学理色彩的时候，就与新闻理论纠缠在一处。

尽管这些文章并未将媒介批评的"理论问题"单独进行梳理，也未对媒介批评进行系统的"理论建构"，但是，从20世纪20年代开始，知识界对批评本质、方法、态度、观念等问题的学理探讨，足以证明，批评者已经拥有了独立、自觉的学理意识。

（本文系2016年度国家社会科学基金项目研究成果，项目名称："中国近现代媒介批评的逻辑与范型研究"，项目号：16BXW012）

四、影视与新媒体传播研究

主持人语

人类艺术的存在需要立体空间形象，完成意义的凝结和本质表达。当下后现代与全媒体时代，文化形象的多元传播、人的主体性呈现，依然需借助空间感极强而流动迅速、具有多元意义的影像棱镜空间给予涵容和承载。如此，现代影像（画报、动画、电影、直播视频等）空间内外，借助不同视角的凝视、观看和被观看，主体与客体、影像与现实、存在与本质，实现了多维价值的产生与意义再传播。如此，文化传播既有意义内生的价值辐射模式，又有主体互换后镜像再生模式。空间因为视点的多维变换，影像（画报、动画、电影、直播视频）因为自身空间性获得了恒定的时间性本质表达，具有了多元价值，实现了符号意义的再生性传播。

刘晓臣《〈人民画报〉与人民电影——融媒体传播雏形视野下的新中国电影文化建构（1950—1959）》一文，以传播学与历史学的双重视角来剖析 1950 年至 1959 年中新中国对外文宣窗口性杂志《人民画报》对新中国电影动态的相关报道文本。在长达近十年的跨度中，《人民画报》电影类消息的报道模式从最初的强调对现实新闻的简单模拟，而渐渐发展为以重视电影本体性为核心，以意识形态传播为支撑的动态报道模式。对于新中国的电影艺术而言，《人民画报》中的有关报道文本无疑与相关的电影史的书写形成了一种从存异而趋同的生动对照，当电影最终以富于本体性艺术化的方式呈现在《人民画报》的电影类消息报道中时，中国电影提供了多元生动的传播内容并强化了其作为新中国文艺范本地位的身份塑造。从某种意义上讲，《人民画报》中对中国电影长期以来的动态报道方式是一种单向度的融媒体传播模式之雏形，电影类消息依托于新中国重要的对外宣传窗口杂志而推动其传播范围的扩局与传播影响力的增长，而在共同的社会主义意识形态与文艺观念的统合下，最终双方均实现了更为优化的传播效果与社会效益。画报作为独特的历史空间文本，实现了影像空间的历史建构和传播。

关于空间的论述，法国经典马克思代表人物列斐伏尔认为空间是人的一种存在方式。空间性、历史性和社会性的三元辩证法使得列斐伏尔认为"个体始终是历史的—社会的—空间的存在，单个或整体地主动参与到历史、地理、社会的建构或生产—'形成'中去"刘丽芸、王启华的《空间理论视域下的女性身份与现代焦虑——评网络博主李子柒及其短视频》以网红博主李子柒及其短视频为研究对象，从空间理论入手，分析李子柒作为"乡村姑娘"与"现代姑娘"的双重身份，以及由此产生视频中可见的"乡土空间"和视频外不可见的"都市空间"。乡村与都市的二元对立关系以及屏内与屏外的镜像关系，喻示着现代人无法到达的理想之镜与现代焦虑。美食博主李子柒完成了自己从打工妹到"乡村姑娘"的身份转变的同时，也在桃源般的"乡土空间"找到了自己的身份归属。而诗意乡村生活的空间营造、李子柒的造型符号，却传达着一个网络流行文化的现代女性身体，集美貌、勤劳、智慧于一身的李子柒，作为乡土空间中兼具清新脱俗女神与吃苦耐劳的劳动妇女的双重品质，形成一个具有返归乡村的符号隐喻、田园牧歌的乡土空间的景观叙述，在某种意义上对应着当下现代城市的想象乌托邦，形成民族文化意义表征的同时，给予现代都市困境的想象性解决与双重抚慰。

文化传播因为媒介技术变化，普通人直播完成空间转化和身份认同，同样作为影像传播的主要载体电影，其影像空间形象传播，具有更持久的本质性意义指归。吴颖、杨雪团的文章《身体·主体·镜像：新世纪中国动画电影女性形象传播美学新变》，便针对新世纪中国动画电影中的女性形象伴随着传统文化的价值再造，呈现出美学新变，开展动画电影女性形象传播美学研究。视角转换下，全面分析动画电影空间中女性形象变化：中国动画影像中女性身体不再是欲望符号书写的对象，转为价值载体；女性主体性由"缺席"转为"在场"；女性所表现的时代镜像由道德批判转向社会隐喻。中国动画电影中的女性形象经历了从身体、主体到镜像的多层次转变。

后现代时代，其价值符号和传播路径均在资本消费、权力控制中顽强地以喜剧张力完成全新的文化批判。任顶、焦仕刚的论文《消费美学的影像化传播：女性主义视域下的中美公路喜剧电影》着力分析后工业社会的到来，使得消费这一概念逐渐嵌入人们日常生活的各个领域、消费美学的影像化传播：人物景观消费、地理空间消费和"物"的符号消费，探索大众文化消费到亚文化消费领域中更为隐秘的女性窥视，并成为一种新的艺术特征，关照当代电影消费文化与传播路径。

（广西艺术学院副教授 焦仕刚）

《人民画报》与人民电影

——融媒体传播雏形视野下的新中国电影文化建构（1950—1959）

刘晓臣[*]

（厦门大学人文学院，福建厦门，361005）

摘要： 本文主要通过考察 1950 年至 1959 年中新中国对外文宣窗口性杂志《人民画报》对新中国电影动态的相关报道文本，以传播学与历史学的双重视角来剖析其原因与影响。就整体而言，在长达近十年的跨度中，《人民画报》电影类消息的报道模式从最初的强调对现实新闻的简单模拟，而渐渐发展为以重视电影本体性为核心、以意识形态传播为支撑的动态报道模式。对于新中国的电影艺术而言，《人民画报》中的有关报道文本无疑与相关的电影史的书写形成了一种从存异而趋同的生动对照，当电影最终以富于本体性艺术化的方式呈现在《人民画报》的电影类消息报道中时，中国电影提供了多元生动的传播内容并强化了其作为新中国文艺范本地位的身份塑造。

关键词： 人民画报；国营电影；新中国；传播；"双百"方针

在新中国成立之后至改革开放之前，《人民画报》杂志曾长期作为中华人民共和国重要的外宣窗口而备受关注。这本从 1950 年 7 月正式于北京创刊的杂志，其前身可追溯于 1946 年 8 月创刊的《晋察冀画报》，是一本以摄影图像为主要视觉载体的政治文化宣导性杂志。《人民画报》杂志在创刊之初的办刊理念、开版美工、选题结构与当时社会主义阵营的龙头国家苏联创办的《苏联画报》有较大的相似性。然而其预期的传播对象则远非局限于社会主义阵营内部本身，其传播半径在持续扩大。1951 年《人民画报》为"用中俄英以及蒙藏维文字刊印"[①]，而到了 1957 年则"用汉、蒙、维吾尔、朝鲜、俄、英、德、

---

[*] 作者简介：刘晓臣，女，厦门大学人文学院博士研究生。

[①] 《目录》，《人民画报》1951 年第 3 期。

法、日、越南、印度尼西亚、西班牙十三种文字刊印"①。这种立足社会主义阵营并面向世界友好国家的办刊宗旨事实上对于提升新中国的国际形象裨益良多。

除1959年杂志改版为半月刊之外，在此前九年的时间里，《人民画报》杂志长期以月刊形式存在。与此同时与其他社会主义国家政宣画报相类似的是，《人民画报》同样更侧重于对人民革命与社会主义建设动态的报道，能够被选中成为报道对象的新中国文艺元素自然是凤毛麟角。而关于新中国电影方面的有关报道差不多能够占据整个文艺报道中的半壁江山，其次是关于中国戏曲与舞台剧动态的相关报道。那么，像《人民画报》这样有着国家意志精准支撑的传播主体，为达到预期的宣传中国特色社会主义文化传播效果，其在选择相应的传播内容时自然大多经历着深思熟虑。电影作为当时社会文化语境下的一种新兴大众传媒载体，对于传播者与受众群体而言都是一种令人瞩目的文化存在。更值得注意的是，电影作为大众传媒手段，它既是一种传播媒介，同时也是承载艺术的载体。新中国成立初期电影作为一种较为有影响力的传播媒介，搭载着政治话语和艺术话语。媒体对电影的宣传既需要凸显电影的政治基调，也要借助它的艺术形式来增添政治宣传的附加值。同样依托视觉工具传播政治讯息的《人民画报》可谓在电影宣传方面发挥出独特价值。

《人民画报》作为一种面向中国与世界读者的杂志，比当时电影而言，具有更广泛的大众传媒载体属性。在传统纸媒时代，它凭借影像的独特视觉呈现打破了不同时间和空间的人们对电影接受的限制，甚至能延宕社会对电影的关注和讨论。因而当两种当时都备受关注的大众传媒载体发生场域上的叠加时，其最终呈现的传播效果既展现出电影媒介更为丰富的自身样态，也双倍加强了政治宣传的意图。因而导致的结果是1950年7月至1959年这九年半的时间里，《人民画报》中涉及中国电影的报道涉猎主题广泛且报道形态多元，报道方式远比电影史对电影的经典式树碑立传更为丰富。《人民画报》承担着两个声音，评价电影和宣传电影。评价电影的标准来自政策，因而它随政策内容对电影剧照做删减式处理；但同时它又不得不扩大对电影的宣传，以期达到让读者接受教育的目的。因而，一件有趣的事情发生了：电影作为媒介，塑造着社会主义现实主义新人的道德，而《人民画报》作为媒介，又塑造着电影在读者心目中的地位。我们仅截取1950—1959年这十年，在极"左"的政治并非完全占领电影艺术创作时，我们可以观察在《人民画报》杂志中，电影是如何在接受中被塑造的，即如何被筛选，如何被借用，又是如何被增添附加值，成为政治舆论助推器的，直至超越了简单政宣模式下以现实社会意义为唯一指向性的单点性现在时聚焦模式。在纸媒和影媒这一"融媒体"的融合下，实现了政治宣传的最大化。

---

① 《目录》，《人民画报》1958年第1期。

一、最初的范本（1950—1953）：对现实的基础性模拟

在《人民画报》中，在 1950 年 7 月的创刊号里便已经出现了与电影相关的报道。这篇名为《文化回到劳动人民的手里》的图文报道以电影受众与电影传播效果为切入点，意欲突出展现苏联电影对于新中国人民文化生活的重要意义。"文化宫每星期放映电影二次，每次观众就前往，轮流发票给各厂工人。已经放映的片子有《永远的秘密》《五彩炭画》《成吉思汗后代》《小英雄》《远方未婚妻》等富于教育意义的苏联影片。这使工人得到了很大的益处，崇高的苏联英雄的性格深深地影响了他们，使他们更懂得：如何'爱祖国，爱人民，爱劳动，爱科学，爱护公共财物'。为了使更多的劳动人民得到苏联英雄的鼓舞，还辗转到各工厂巡回放映这些片子。"① 对于新政府的文化建设而言，依托于意识形态宣传的社会主义道德体系建构明显居于首席，对于从艺术角度进行电影欣赏与评论显得可有可无。《人民画报》和当时的所有媒体一样，急于通过新中国电影体现《讲话》里的要求，电影要为什么人服务。因而分析新中国电影的题材和内容是首要任务。

这样的宣传思路在 1953 年以前的《人民画报》中几乎居于主导地位，对于电影艺术与美学的批判曾一度长期缺失。这样的思路直接导致杂志在对国产影片进行介绍，对我国影人活动进行报道时，对影片故事以一种拟真实化的样态予以铺排介绍，以虚构的影像来代偿一种新闻纪录片与历史现场的真实直击感，报道时所选择的剧照与同时期杂志上出现的新闻图片的构图几无差异，对于传播受众而言很容易因此而模糊对虚构与真实的主观判断力。

在这样的舆论语境下，对于当时的中国电影，特别是剧情片而言，其在《人民画报》这一杂志中呈现的样貌显得有些龃龉，关于电影的相关报道在被搁置乃至抽离其自身专属的艺术创造性之后，它的信息量似乎被降维处理了，看似少了一些东西。然而若对照当时的新中国历史与新中国电影史来解读这一现象，自然会觉得这样的处理方案自有其合理之处。从微观角度而言杂志对影片的报道本身就是依托于图片与文字，与电影所依托的视听综合模式不尽相同，因而自然而然会出现相应的降维感；从宏观角度而言，无论是电影人还是杂志的编辑，他们既是自身文艺观的实践者，更是新中国大时代的亲历者。上溯于古希腊哲学，便已经有人认为文艺是一种对现实生活的模仿，因而在波澜壮阔的时代面前，影人的电影拍摄与杂志编辑、记者的选图排版受到时代流行的风貌影响而相应地调整了审美偏好也是正常的。甚至于电影中营造的影像氛围可能比现实中真实的新闻现场更易于实现编辑、记者们的思维表达，由此或强化了杂志方在报道与电影有关的消息时选取图像时的立意所在。例如在《人民画报》1951 年 8 月号中一则题为《电影介绍:〈上饶集中营〉》② 的报道中,用了五百余个字符与 8 张大小不等的剧照来介绍这部

---

① 华丕:《文化回到劳动人民的手里》,《人民画报》1950 年第 1 期。
② 《上饶集中营》,《人民画报》1951 年第 8 期。

电影，文字所占的篇幅甚至比最小的图片都要小，由此可见传播者对以图像为主体的传播方式之重视。

图 1 电影介绍：《上饶集中营》

这一时期的电影正在通过一系列运动建立叙事的规范。因而电影本身是一个理解《讲话》的过程。同时，《人民画报》对电影剧照的筛选也无疑是《讲话》的对照解读。因而电影和《人民画报》在政治宣传上保持着一致的目标，对艺术上并不过多探索。在对电影的宣传上，《人民画报》也积极响应《讲话》号召，突出演员要向人民群众学习，因而弱化对演员的介绍，呈现主演群体形象和英雄形象，就成了《画报》照片的筛选处理办法。此处的电影介绍报道显得相当有趣。从文字部分上看，此宣传文案中屏蔽了传统以彰显明星风采为主导的宣传模式，通篇报道中未见一个演员的名字，也没有体现电影的制作机构，在文章中的三段内容里，最核心的关键词无疑是"爱国主义精神和革命英雄主义形象"，首尾两段明确点出了关键词，中间对剧情详述的一段其用意是在凸显关键词。与常规意义上剧情介绍会留悬念不同的是，这篇文章对电影的介绍以正叙的方式一气呵成，令读者在读罢介绍之余仿佛已经看了一遍这部电影。而电影如同一则放大的新闻纪实，给读者营造现实感，打破读者和电影的距离。这样的剧情介绍方式对于突出电影自身的艺术特色而言无异于适得其反，然而站在政宣的高度来解读便自然而然显得直观明了，对新时代新道德的构建需求处于整个传播活动的最高级位置。对于篇中的剧情介绍而言，向读者们阐明何为"爱国主义精神和革命英雄主义形象"便已经得其精妙了。在图像选择方面，同样呈现出相似的特点，8 张图中有 7 张图是以集体性群像式的中远景构图，有 1 张则选择了特写式的构图，画面主人公还是两名女性，国民党反动派监狱中的难友新四军女战士施珍与小学教员苏琳，两人的清晰的面容、质朴的妆容、真挚的神情，外加上传统影像语言中女性被赋予的柔弱感想象，自然地唤起读者们对两位女性命运的关注以及对她们所代言理念的信任感。现实与文本＋影像载体的模式的多重对应与关联，令电影以一种更集中彰显社会现实意义的范本状态出现在《人民画报》杂志的传播场域中。

二、选题的依据（1954—1955）：塑造"人民电影"重见电影本体性

新中国成立之后，国营电影厂的制片活动曾在一段时间内遭遇了一些创作瓶颈[①]，面临着剧本荒，国营制片厂的故事片制片数量明显减少。这一情况直到1953年开始才渐渐得到缓解："广大电影工作者集中进行了关于社会主义现实主义的学习，批评了公式化、概念化倾向，改善了电影剧本的组织工作，电影生产又逐年上升，到'双百'方针提出之后日渐进入高潮。"[②]1954年《人民画报》中的中国电影报道无疑是一个丰收年，杂志先后在一月号中介绍了的电影《丰收》之外，在四月号中介绍了电影《草原上的人们》，六月号中介绍了电影《鸡毛信》，一年中介绍三部影片，这样的关注力度可谓前所未有。从1950年杂志创刊到1959年，以大版面单片介绍方式出现在杂志中的只有《上饶集中营》、《白毛女》（1951年）、《六号门》（1953年）、《丰收》、《草原上的人们》、《鸡毛信》（1954年）、《渡江侦察记》（1955年），《风筝》（1958年）、《金铃传》、《林则徐》、《风从东方来》、《青春之歌》（1959年）等影片，1954年的报道数量暂居于第二位[③]，因而我们有理由相信，当电影被赋予更多艺术表达空间之后，电影在对内对外宣传与传播中将发挥着超越现实拼贴的先导性影响力与感染力。

自1954年开始，《人民画报》中对电影的报道又渐渐多了起来，而报道的方式也不像之前那些单纯强调思想性、模糊电影艺术与现实的界限，而是渐渐开始明确电影的本体性，客观地提示演员对角色的搬演职能，着墨于对电影艺术性表现手段的分析，揭示了电影影像不同于一般意义上现实新闻照片的本体性审美空间。如在1954年1月刊登的电影《丰收》的剧情介绍中[④]，虽然杂志编辑部选取剧照仍然贴近于当时的社会主义写实美学风格，试图在最大程度上消弭演员在画面中呈现的扮演式违和感，但此时在文字部分则发生了明确的转型，前一阶段未被提及的演员与电影出品机构被正式列出；文章在介绍电影剧情故事与宣传党的农业合作化政策，强调社会主义道德训谕之外，还饶有兴致地表示以电影艺术性视角分析本片的特色，"影片的作者和导演集中而概括地体现了主题，演员们的表演也朴实动人，摄影师用质朴、明朗而优美的画面成功地表现了今天农

[①] 韩炜、陈晓云：《新中国电影史话》，杭州：浙江大学出版社，2003年，第19页。"新中国初期的电影发展总体来说保持了蓬勃上升的良好局面，较好地完成了从旧中国电影事业向社会主义时期电影事业的过渡。但由于过分强调了电影的政治宣传和思想教育作用，在电影创作的指导思想上发生了严重的偏差。特别是对《武训传》的批判运动在电影界制造了压抑和紧张的政治空气，使广大电影创作人员的思想一时无所适从，而滋长了一种'只求政治无过，不求文艺有功劳'的情绪。"

[②] 陈荒煤：《当代中国电影》，北京：中国社会科学出版社，1989年，第36页。

[③] 注：在笔者所搜集的《人民画报》杂志文本存在部分的缺失，其中1951年缺1月号，1952年缺少7—12月号，1957年缺13—24号，虽然杂志样本数量有少部分缺失，但整体上《人民画报》中对电影新闻的报道频率与样本趋势还是明显可见的，故而暂且做出如上推论。

[④] 《丰收》，《人民画报》1954年第1期，第34—35页。

村新的生活面貌"①。这样立足于电影本体性角度来分析影片艺术特色的报道方式在《人民画报》四年多的办刊史上尚属首次，这样的新变化无疑与当时中国文艺界的风向标转向相匹配。

图 2 《人民画报》对丰收的介绍

在之后出现的电影介绍中，这种趋势得到了进一步强化，在介绍电影《草原上的人们》时，出现了明确的新演员推介："饰演萨仁格娃的乌日娜以及饰演桑布的恩和森也是蒙古族青年。恩和森曾参加《内蒙人民的胜利》《人民的战士》和《金银滩》等几部片子的演出。乌日娜虽是第一次上银幕，但也朴素而真实地变现了萨仁格娃的英雄形象。"②在介绍电影《鸡毛信》时则重点介绍了扮演片中主角海娃的小演员："扮演海娃的小演员蔡元元现在才十二岁，是北京东四区第一中心小学六年级的学生。当他只有七岁的时候，他曾经在影片《表》里扮演过流浪的儿童。"③这样的推介文字中透露出两大关键的信息，一是新中国电影正试图打造自己的影像艺术代言形象，意在与传统电影商业制度支撑下的明星体制加以区分，寄望于这些作为新社会道德伦理的规范样本的代言人将在社会舆论的助推下占领传统电影商业制度支撑下的明星之于电影文化受众的瞩目地位；二是在影片介绍中提到了《表》这部电影则意味着一种信号：存在于国有电影体制之外的私有电影公司之制片活动已经基本完成了与当时主流社会电影话语的拼接，优胜劣汰，各自获得了其相应的社会地位。在笔者选择的时间跨度内，私有电影公司的作品在《人民画报》的话语体系内处于长期缺位的状态，特别是在 1950 年至 1953 年之间，私营电影创作活动仍然活跃，但在《人民画报》这样的国家重要外宣窗口中则是隐形的，与之相对比的是同时期的《人民画报》中对于私有资本主义工商业的经营活动则仍有相当篇幅的报道。从历史的发展角度而论，电影业在 1953 年便已经完成了行业性的国家所有制改革，而全国范围内的"一化三改"则要到 1956 年底方才实现，电影行业意外长期领先于其他

① 《丰收》,《人民画报》1954 年第 1 期, 第 35 页。
② 《草原上的人们》,《人民画报》1954 年第 4 期, 第 38 页。
③ 《鸡毛信》,《人民画报》1954 年第 6 期, 第 38 页。

文艺领域而成为新中国文化社会变革的晴雨表。

　　电影以艺术化的人物形象、人物事迹来塑造人物性格，推动社会主义文化建设，影响全社会对社会主义道德进行模仿。《人民画报》以照片定格的方式强化了新中国培养的第一批新影人风貌，并通过宣传文字体现电影产业的体制改革，传达电影业接受社会主义革命的讯号。以影像（照片）的媒介力量塑造了"人民电影"的魅力。在 1954 年至 1955 年《人民画报》中的电影信息报道中，开始愈发关注电影的本体化特质，以人民电影的魅力特质而撬动新中国文化在传播视域下的持续性拓展，编辑、记者们在不断供给并丰富传播内容的同时，还曾通过加入过对传播效果的评估来反向推进传播半径的延伸，如在介绍故事片《渡江侦察记》时，特强调"今年（1955 年）二月，影片在北京初次上映时，观众达到五十六万九千多人次，打破了北京首轮片放映的纪录"[①]。这既是对前一轮传播效果的评估，更是对新一轮传播内容与手段的丰富增值。

三、多维度视角（1956—1959）：光彩夺目的文艺范本

　　1956 年 5 月国家主席毛泽东在最高国务会议上代表中共中央提出了"百花齐放、百家争鸣"这一"双百"方针，"促进了文艺工作者的思想解放，使文艺界和电影界出现了从未有过的生动活泼的新局面"[②]，电影人的创作空间得到了进一步拓展，创作热情被纷纷点燃，人民群众对电影界的新变化同样保持关注并积极参与。"两年中，共拍片八十五部，观众人次 1956 年十四亿，到 1957 年底时达到十七亿。发行利润由 1955 年的亏损十一万元扭亏为盈至二千三百八十四万元。"[③] 就这样，此时期的电影已然成为光彩夺目的新中国文艺范本，成为社会文化公共空间中的持续性热门话题。

　　立足于传播视野来分析这一时期《人民画报》杂志上电影类信息的传播特征时我们不难发现，这一时期的电影类信息终于开始以多元电影信息为根基，完成了意识形态指导下的文化型国家电影场域建构。在以社会主义艺术形态为导向的十七年电影文化场域中，艺术家、作品、艺术评论、大众选择等被集聚于此以交叉性网络化的方式彼此碰撞，从而全面提升新中国电影的传播效果。与此同时，多元碰撞欣欣向荣的电影场域在文化传播的过程中进一步强化了对于其所包含的社会意识形态宣传之融炼与加持，被丰富的意识形态宣传将散发出更强烈的文化归属感以吸引传播受众群体的认同心理。1956 年《人民画报》杂志的报道风格发生了巨大转型，不少曾经的报道对象叙事出现了从第三人称至第一人称的切换，这样的转变令报道文本平添许多亲切实感，对于提升传播内容的感染力大有裨益。如在 1956 年 2 月杂志中刊发了署名为梅兰芳的《让更多的观众看到我的

　　① 《渡江侦察记》，《人民画报》1955 年第 4 期，第 30—31 页。

　　② 陈荒煤：《当代中国电影》，北京：中国社会科学出版社，1989 年，第 129 页。

　　③ 沈芸：《中国电影产业史》，北京：中国电影出版社，2005 年，第 180 页。

戏》①一文中，京剧表演艺术家梅兰芳以第一人称为主体叙述者，介绍了他一年来拍摄戏曲电影的若干创作体验，夹叙夹议的叙事文本与亲笔题写的文章题目，都令传播文本显得更加亲切自然，语重心长的自白体营造出一种艺术家与读者面对面的坦诚信任感。"从筹备到拍摄完成，文化部动员了多方面的力量，北京电影制片厂投入了巨大的人力和物力。这一切都使我深深体会到党和政府对古典戏曲艺术的无比重视。1947 年我曾由私人集资拍摄京剧《生死恨》影片，当时我所遭遇到的艰苦，和今天的情况相比，真有隔世之感！"②在这一段简短的叙述中，梅兰芳的身份与形象被赋予多种或显或隐的定义标签，京剧艺术家—电影人—新中国人民中的一员，这三种身份参差交错，而在报道图片的选择时同样延续了上述三种身份标签（详见图 3），传播文本在不动声色中完成了从艺术表现到意识形态表达的系统性传播输出编码，这样的处理方式是相当巧妙的。

图 3　梅兰芳:《让更多的观众看到我的戏》

与此同时，在本阶段的《人民画报》中，对于电影的报道内容与类型都更为丰富，在介绍少量电影剧情之外，更不惜篇幅介绍中国电影发展动态、中国电影人风采、中国电影与世界电影圈的交流，甚至介绍有些晦涩的电影洗印工艺等等，关注的电影类型也在之前的以故事片与纪录片的基础上增加了对动画片、戏曲片等电影类型的关注。之所以在杂志的电影报道中呈现出多维度多视角的状态，与 1956 年开始"双百"方针的贯彻执行存在着较大关联。

从某种意义上讲，《人民画报》中对中国电影长期以来的动态报道方式是一种单向度的融媒体传播模式之雏形，电影类消息依托于新中国重要的对外宣传窗口杂志而推动其传播范围的扩局与传播影响力的增长，而在共同的社会主义意识形态与文艺观念的统合下，最终双方均实现了更为优化的传播效果与社会效益。

---

① 梅兰芳:《让更多的观众看到我的戏》,《人民画报》1956 年第 2 期，第 21—22 页。
② 《让更多的观众看到我的戏》,《人民画报》1956 年第 2 期，第 21 页。

空间理论视域下的女性身份与现代焦虑

——评网络博主李子柒及其短视频

刘丽芸　　王启华 *

（赣南师范大学新闻与传播学院，福建漳州，341000）

摘要：文本以网红博主李子柒及其短视频为研究对象，从空间理论入手，分析李子柒作为"乡村姑娘"与"现代姑娘"的双重身份，以及由此产生视频中可见的"乡土空间"和视频外不可见的"都市空间"。乡村与都市的二元对立关系以及屏内与屏外的镜像关系，喻示着现代人无法到达的理想之镜与现代焦虑。

关键词：李子柒；双重身份；乡村与都市；现代焦虑

以美食短视频节目走红的网络博主李子柒近年来备受关注，而近期荣登 2019 "年度影响力人物"榜单，获"年度文化传播人物"称号更是获得了媒体关注。这个来自四川绵阳农村的女孩，以清新脱俗的古雅外表、勤劳质朴的内在品质以及传播中华民族传统文化的形象符号而享誉国际，被评价为"不仅是奔波劳碌寻常人理想生活的代表，更是中华传统文化当之无愧的传承者"（环球网评）。而网络对其褒贬不一的评价也把李子柒推上了舆论的风口浪尖：李子柒是不是真的会劳动？李子柒是不是在作秀等等。但另一个不可否认的事实是 90 后李子柒与网络另一位直播网红李佳琦被认为是开启了中国直播电商元年，李子柒背后的商业版图或值 5 个亿。

在某种意义上，李子柒从国内到海外走红及其乡村美食的国际传播，建构了一张留存在中国乡土空间的美食地图，而李子柒全新的乡村姑娘形象打造，是美食地图中最具影响力的文化元素。李子柒作为乡土景观中的美丽善良且恪守古法生活又勤劳孝顺的乡村姑娘，与其八年前闯入都市的农村"打工妹"形成有趣观照与形象变奏，李子柒作为

---

* 作者简介：刘丽芸，（1979— ）女，汉，江西南康人，戏剧与影视学博士，赣南师范大学新闻与传播学院副教授。研究方向：影视文化。王启华，（1980— ）男，汉，江西大余人，汉语言文学本科，江西省大余中学教师，研究方向：影视文化。

乡土空间中兼具清新脱俗女神与吃苦耐劳的劳动妇女的双重品质，形成一个具有返归乡村的符号隐喻，田园牧歌的乡土空间的景观叙述，在某种意义上对应着当下现代城市的想象乌托邦，形成民族文化意义表征的同时，给予现代都市困境的想象性解决与双重抚慰。

一、乡村姑娘：乡土空间的历史与美食地图

关于空间的论述，法国经典马克思主义代表人物列斐伏尔认为空间是人的一种存在方式。在 1974 年出版的《空间的生产》中，他反对陈旧地把空间"表现为一种现在的空无，只被赋予了形式上的特征……是一个等待着填充内容的容器……即事物与身体"①，而认为从社会学的角度上看，"空间纳入了所生产的事物，包含了它们在共存和同在中的相互关系"②。空间性、历史性和社会性的三元辩证法使得列斐伏尔认为："个体始终是历史的—社会的—空间的存在，单个或整体地主动参与到历史、地理、社会的建构或生产—'形成'中去。"③ 由此可见，身份的生产不仅仅是在历史和社会的语境中产生，也在空间内进行，身份的生产始终是历史的、社会的、空间的生产。因此，空间对身份的构成以及身份对空间的建构具有了多重的意义，既定的乡土空间和美食地图建构了一个神话般存在的"乡村姑娘"，而"乡村姑娘"的身份确认赋予了乡土空间的多重含义，李子柒的"乡村姑娘"身份的生产与建构尤其值得讨论。

短视频中的李子柒出镜，与戴望舒《雨巷》中撑一把油纸伞的丁香姑娘有异曲同工之妙的是，李子柒也是这样一位身着红长裳蒙着红面纱的美丽而神秘的姑娘，又与沈从文《边城》笔下翠翠有着类似相同的遭遇，从小无父无母，由爷爷奶奶抚养长大，而后李子柒独守着年迈的奶奶在诗意乡间怡然自乐，亲密相伴。但李子柒又是例外的。雨巷中的丁香姑娘是"哀愁"的象征，生于斯长于斯的翠翠遭遇着亲人的离去与爱情的丢失，而李子柒绵阳乡村姑娘身份的前奏是都市，在百度百科上对李子柒的身世介绍是，李子柒 14 岁只身来到城市打工，开始了长达八年的漂泊生活。早在 20 世纪 90 年代，随着改革开放、全球化进程加剧，中国加入 WTO 等最突出的社会事实，作为城乡"二元对立"的乡村，更是面临农业生产无利可图、农村土地资源短缺、农村人口众多等现实问题而加入新中国新一轮都市化进程，以农民工为主体的"内部移民潮"成为城市化进程的一道瞩目且特别的景观。早在 20 世纪 90 年代大众文化中种种"打工妹"的故事，在某种意义上代表了移民潮中城市边缘身份卑微的群体，尽管有些打工妹的形象被用作改革开放进程的正面标识，如《外来妹》中的赵小云，但社会事实依旧是打工妹底层身份的不

① 阎嘉：《文学理论精粹读本》，北京：中国人民大学出版社，2006 年，第 38 页。
② 阎嘉：《文学理论精粹读本》，北京：中国人民大学出版社，2006 年，第 138 页。
③ [美] 爱德华·W.索杰：《第三空间——去往洛杉矶和其他真实和想象地方的旅程》，陆扬译，上海：上海教育出版社，2005 年，第 93 页。

可僭越，如范立欣执导的纪录片《归途列车》中母亲终究无法改变女儿成为打工妹第二代的身份命运。李子柒的身份变奏不同于赵小云等外来妹跻身都市白领阶层，而是完成了从一个都市打工妹到回归乡村的身份转变，从离开乡土到最终回归乡土，而与此前 14 岁来到都市打工的"乡村姑娘"所不同的是，李子柒最终以"乡村姑娘"的身份在乡土空间中再次找到自己的生活（身份）归属。

在历史的社会的空间生产中，李子柒的身份完成了从"乡村"到"都市"，再从"都市"到"乡村"的转变，勾勒了一个潜在移动的身份与地理空间。都市已然从影像中消失，而李子柒的"乡村姑娘"勤劳制作美食文化的身份使得四川绵阳的乡土空间重新获得了定义——世外桃源的乡土景观。相对于现代社会，世外桃源的乡土在某种意义上具有三层表征意味：一是对"采菊东篱下，悠然见南山"桃源式的村落景观的赞赏；二是世外桃源在现实生活中的无迹可寻而具有"怀旧"的惆怅情愫；三是相对于都市的喧嚣和拥挤，世外桃源的乡土是想象乌托邦。

不可否认的是，李子柒在美食视频里面建构的不仅仅是美食文化，同时也展示了一个具有争议性的虚幻而真实的乡土空间。真实的乡土更多指向的是李子柒所生长的故乡四川绵阳为美食故事发生地，同时镜头的实景拍摄也指向真实。而虚幻更多的是指美食制作过程及故事是否真的发生在四川乡村，还是乡土空间只是一个想象的能指。李子柒所属的"乡土空间"——乡村的地理空间通过现代影像技术获得多重拼接——一个以乡村小屋的内景对接不同乡村取景地。尽管视频是以呈现美食制作过程而使用了大量的近景特写镜头，但一般在表现大自然季节时间气候，以及享用美食的空间呈现当中，可以发现美食的产生均以四川绵阳一个乡村以及象征意义上的农家小屋为故事发生背景，形成了某种具有"表征性空间"，即"一个本质上属于被表征出来的'真实'世界的独一无二的空间"[1]。在这个乡土空间中李子柒日出而作，日落而息，一切美食均顺应四季，原生态无污染。更为重要的是这个乡土空间是封闭的，除了有部分外景展现四季气候美食美景之外，大量的近景特写指向的是不被外界干扰远离尘嚣的封闭内景。既开放又封闭的乡土空间里，李子柒美丽且勤劳的乡村姑娘形象，原生态的美食美景给予了乡土空间多重内涵，既赞赏又怀念，同时也寄予了想象乌托邦的情怀。

在这样一个具有象征性、在某种意义上又是"封闭"的乡土空间中，乡村姑娘李子柒顺应一年四季自然规律变化，分别制作不同的美食，产生一种回归自然怡然自得的桃源式的乡土象征，以乡间小屋为美食故事的生产空间，在短视频节目内容中，基本上可以分为"美食""生活"与"非遗"三类。非常有意思的是这个具有表征性的乡土空间却产生了具有流动意义上的美食地图，从南方的苏造酱油，到北方草原的马奶酒，从四川

---

① ［美］约翰·布林克霍夫·杰克逊:《发现乡土景观》，俞孔坚、陈义勇等译，北京：商务印书馆，2016年，第63—70页。

麻辣火锅到北京的铜锅涮肉，乡村姑娘与乡土空间被表征的意义在于，囊括了具有全国意义上的美食地图与各地文化特色。在某种意义上，这张流动的美食地图不仅仅是一种中国乡土文化的对外传播，同时也营造了一个美食之外的故事情节：乡村姑娘在现代都市漂泊，最终在回归故乡之后，凭借着勤劳的双手与质朴的土地情感，也只有在乡村世界才能获得劳动价值与身份归属。

二、现代姑娘：都市空间的流行拼接

在视觉意义上的"乡土空间"，因李子柒的"乡村姑娘"身份与美食地图获得了多重表征，然而在可见与不可见之间，"乡土空间"的生产既有着真实也有着想象的意味。与此相对应的是，在想象的"乡土空间"中，我们所质疑李子柒虚幻的"乡村姑娘"的身份，是指现实乡村生活中不可能身着长裳长裙的仙女下凡并劳动，在不可见的"乡土空间"之外，我们似乎可以发现都市流行文化元素建构了李子柒作为"乡村姑娘"的现代身份。

李子柒作为乡土空间的诗意营造者，乡村姑娘的重新定义者和乡土文化的传播者，都离不开李子柒的系列短视频的唯美呈现，在一切围绕乡土的空间叙事讨论中，依然可以发现那个具有表征意义的乡土空间所折射的都市流行文化元素。其中最突出的是李子柒的形象造型，这一点也被无数网友所质疑：李子柒的乡村生活离我们真实的乡村生活太遥远。同时也有人表示理解：李子柒向我们传达了一种精致的乡村生活。美食视频中李子柒身着汉服，劳作于乡间田野，有人评价"一袭白裙宛如小龙女"，但又不像小龙女不食人间烟火，田间麻利的劳作使得身着汉服的李子柒具有了"贤妻"的意味。

"汉服"作为21世纪初的一个新词，目前为止，可被理解为是对汉民族传统服饰的简约性简称。汉服热以2003年电力工人王乐天在郑州穿着自制汉服走向商场和街区为标志，汉服复兴活动开始由网络走向现实。2003年12月于北京举行的国贸房展会上，一家房地产公司组织了一场"汉装秀"，身着各类"汉装"的模特儿出现在房展会现场，吸引了媒体和观众的眼球。在接下来的十年间，在中国各主要城市，个人或汉服爱好者群体，身着汉服参与聚会、雅集等社会活动，尤其是在公共场所展示汉服，或在特别设定节日祭祀等以汉服作为礼服的行动日益频繁，汉服在都市现实生活中的展示和宣传形式开始了多样化以及普遍化。汉服的文艺化、"穿越"、优越感和场景转换等特点备受都市青年青睐并成为其日常街头游走的时尚与姿态。

服饰与女性的身体呈现及身份归属息息相关，它既是协助身体介入公共领域的重要手段，同时也能反映一个时代的审美趣味，女性服饰亦不例外。汉服热与汉服运动的文化意义在某种意义上正是21世纪女性身体的现代呈现，与20世纪二三十年代女性服饰中舍弃长袖长摆的改良旗袍有异曲同工之妙的是，它们均成为象征摩登女性的视觉符号。李子柒的短视频中身着不同风格的汉服的唯美意境，一方面体现了古装、古时的文艺范、

"穿越感"，同时也是其作为网红及吸粉无数的微博博主的形象打造。除此之外，美食视频通过李子柒召唤的慢生活、原生态以及精致生活等等，均为时下都市生活的流行标语，这些都市流行文化元素不仅昭示着"乡村姑娘"本质意义上的现代身份，也经由李子柒的视觉符号以及现代拼接的多重身份，建构出了另一个不可见的空间——现代都市。李子柒的形象及隐形的都市元素的拼接，让我们看到了一个"乡土空间"之外的"都市空间"，正是在这个空间里，李子柒的"乡村姑娘"形象被看，被展示并被消费。

三、可见与不可见：镜像身份与现代焦虑

自 20 世纪 80 年代所建构的"现代化"叙述中，城市与乡村形成了一种二元对立的空间，这其中包含着文明与愚昧、开放与封闭、自由与囚禁的二元对立。别有意味的是，这种二元对立关系经由现代化、城市化的生活，铲除了乡土生存的主体空间，乡土被卷入工业化之后，它们被一种浪漫主义的反现代性情怀沦为现代都市的"他者"之地，乡土的诗意空间被符号化，沦为被消费、被剥夺的"异化"空间。

经由"乡土空间"生产的"乡村姑娘"及由都市流行文化建构的"现代空间"，李子柒在其中均扮演着"乡村"与"都市"的双重身份。从十几岁在都市漂泊打拼到多年后回归乡土，李子柒游走于乡村与都市的二元对立空间的同时，在某种意义上形成了具有象征意义的自我寓言。在都市漂泊的失败与最终在乡土中重获身份归属，而其中象征意义上的乡土，已不再是此前真实的故乡，而是携带着大量都市流行元素与符号的都市"乡土"。二元对立的空间与李子柒乡村姑娘与现代姑娘的双重身份形成了一种具有拉康意味的镜与镜像关系，是一个在都市中绝望之后开启自己的返乡之旅，试图达到自己镜中理想自我的李子柒。别有意味的是，视频空间中作为具有多重身份的李子柒，始终是被摄影机凝视、被动地被看与被欲望投射的客体。劳拉·穆尔维所发现的银幕空间中观众（男性）与摄影机及银幕上的男主人公三合一的窥视，在李子柒的视频空间中转换为摄影机与屏外合二为一的窥视与欲望投射，而非常有意思的是屏内（视频空间）中男性身份的缺席（李子柒自幼丧母，离开父亲的家，跟爷爷奶奶生活在一起，最后，家庭里唯一的男性爷爷也去世离开，小屋中只剩下李子柒与年迈的奶奶），李子柒变为屏后世界的欲望客体，而屏内之像也许是极致的真实，也有可能全然是幻象，李子柒犹如镜中的田园牧歌与貌美才华，正是每一个人都无法到达的理想自我的镜中之像。当我们看见远离尘嚣的乡土，世外桃源的隐居生活以及信手拈来应有尽有的美食之时，我们被遮蔽的恰恰是自身生活的平凡、庸俗，现代城市生活的拥挤、压抑与焦虑，而这种幻象所营造的"异化"空间，正是对快节奏的现代化生活中存在残缺的有益补充。我们乐此不疲地在视频中借着一屏之隔所营造出来的乡村幻象，恰恰可以缓解现代都市生活的压抑与焦虑，之后可以继续回到现实过"正常"的现代都市生活。

结论

美食博主李子柒完成了自己从打工妹到"乡村姑娘"的身份转变的同时，也在桃源般的"乡土空间"找到了自己的身份归属。而诗意乡村生活的空间营造、李子柒的造型符号，却传达着一个网络流行文化的现代女性身体，集美貌、勤劳、智慧于一身的李子柒，不仅是一个打工妹在回归乡土中达到自己理想中的镜中之像，也是当下都市人隔着可见／不可见的屏幕，达到一个想象乌托邦的镜中之像。李子柒是一个真实而虚幻的空间存在，李子柒是欲望的客体，是现代都市生活压抑与焦虑的遮蔽。

身体·主体·镜像：新世纪中国动画电影女性形象传播美学新变

吴　颖　杨雪团 *

（广西艺术学院影视与传媒学院，广西南宁，530000）

摘要： 21世纪以来，中国动画电影中的女性形象伴随着传统文化的价值再造，呈现出美学新变。近年来，在中国动画影像中，女性身体不再是欲望符号书写的对象，而是转为价值载体；女性主体性由"缺席"转为"在场"；女性所表现的时代镜像由道德批判转向社会隐喻。中国动画电影中的女性形象经历了从身体、主体到镜像的多层次转变。

关键词： 中国动画；女性主义；主体性

中国动画离不开女性角色的塑造。20世纪中国动画学派的代表之作《铁扇公主》（1941）、《哪吒闹海》（1979）等一系列具有民族特色的动画影片鲜明地展现了时代特色。在早期中国动画影片中，女性形象大多是扁平化形象，女性在一些影片中甚至直接"缺席"。在历经女性形象的缺失后，随着21世纪以来全球文化多元化发展，男尊女卑的传统文化观念遭受冲击。中国动画电影不断呈现出女性意识，但仍然有着女性主体性建构意识不强的问题。近年来，自《李献计历险记》（2009）和《十万个冷笑话》（2014）开启了成人动画电影热潮，随后的《大圣归来》（2015）、《大鱼海棠》（2016）、《哪吒之魔童降世》（2019）、《白蛇：缘起》（2019）、《姜子牙》（2020）、《哪吒之重生》（2021）等现象级动画电影推动了中国动画电影产业的发展，其女性形象由刻板单调的视觉符号转变成深刻复杂的"人"。电影所展现的场景与情节往往能够与社会状况紧密相连，而动画电影以其天马行空的想象力、创造力以及魔幻属性更能映射当下社会症候。在新世纪的中国动画电影中，女性形象完成了从身体、主体到镜像的多层次转变，呈现出传播美学新变。

---

* 作者简介：吴颖（1998—），女，江苏镇江人，广西艺术学院影视与传媒学院研究生，研究方向：动画电影；杨雪团（1983—），女，云南大理人，广西艺术学院副教授，研究方向：影视文化传播。

一、女性身体书写：从想象符号到价值载体

女性身体是女性形象的重要组成部分，荧幕上的女性身体常常是男性幻想的投射，在消费文化语境下作为奇观被着重凸显。女性身体不仅仅是生物化的躯壳，更是社会与文化的身体，女性身体的"遮蔽"与"敞开"，与社会尤其是性的规范话语相勾连。"女性的身体，是亘古不变的男人想象的空间，男人的言语就像这空间的季候，一会儿潮湿，一会儿干燥。"①女性在长期的父权制社会引导与限制下，对于自身特质及存在价值产生了"异化"，女性逐渐认同"被凝视"的规范话语，并转化为自身价值。这导致了中国动画电影中的女性形象多为传统伦理中想象的女性——秀外慧中、贤惠内敛、勤俭持家。随着时代变迁、女性社会地位提高、女性主体性复归，女性身体书写从想象符号转向价值载体。

（一）女性身体的去媚俗化

男性为了消除"阉割恐惧"，于是恋物转移，以夸大女性的身体特征来获得抚慰感，而被夸大的女性形象常常被用来满足男性私欲。在男性的目光下，女性被"凝视"，被观看，被控制。新世纪初期的动画电影中，一些女性形象企图突破女性固有形象却无法逃离被看与被"凝视"的困境，于是形成了"花木兰式的境遇"。女性要想取得成就，就要成为"男性"。在电影《人·鬼·情》中，女主角的人生遭遇被解读为一种"花木兰式境遇"，即"女性要获得社会认同，必须将自己扮演成一个男性才能获得成功"，成功的代价是"作为一个女性生命的永远的缺失"②。这导致了中性化形象的频频出现。比如在《十万个冷笑话》（2014）中有着强壮的男性身体、萝莉的面容以及甜美嗓音的哪吒形象。这样的后现代主义式拼贴整合的奇观形象不仅给观众带来了性别矛盾下产生的笑料，也冲击着观众心中性别对立的观念。人们不再关注哪吒是男性还是女性，性别具有无限的可能性。"花木兰式境遇"的女性形象塑造虽然体现了女性反抗意识，却仍然处于对女性意识如何建构的思考中。

近年来，多部大热的中国动画电影体现了女性意识的初步觉醒。其形象塑造更着重于颠覆男性窥视女性身体的性别想象以及物化欲望。在《白蛇：缘起》（2019）中，小白吸取玉钗法力后一改先前的纤细柔美形象成为庞大骇人的巨蟒。面对如此惊悚的怪物，阿宣用实际行动证明了对小白义无反顾的爱——哪怕小白是一条巨蟒也一直对她不离不弃。巨蟒形象突破了人们心中对女性的性别想象，如怪兽般的巨蟒与曼妙少女形象形成了鲜明对比。而在《姜子牙》（2020）中，作为主要角色的小九重构了狐妖魅惑妖冶的视觉符号形象。小九身形娇小单薄，女性特征薄弱，服饰灰暗质朴，头顶上一只残缺的耳

① 刘小枫：《沉重的肉身——现代性理论的叙事纬语》，北京：华夏出版社，2004年，第74页。
② 戴锦华：《一个女人的困境》，王人殷：《东边光影独好——黄蜀芹研究文集》，北京：中国电影出版社，2002年，第123页。

朵使她有着叛逆少年感。在影片中，她一心奔赴幽冥山寻找父亲，即使路途艰险也不放弃。作为女性形象，她具有自主行动能力，有自我主张，勇敢聪颖，展现了女性从他者转向了自我，突破了人们对于女性的物化欲望。

（二）女性身体支配权复归

"人体是权力的对象和目标"，而"这种人体是被操纵、塑造、规训的。它服从，配合，变得灵巧、强壮"，即"驯顺的身体"①。女性身体一直以"驯顺的身体"出现来满足社会对于女性的政治期待。女性意识的觉醒不仅在于女性形象的颠覆性塑造，还在于女性形象突破了以往的无法自为，在近几年的动画电影中，女性身体的支配权得到了复归，实现了自我成长。

在《大鱼海棠》（2016）中，女主角椿是"去凝视化"与"去肉身化"的。椿实现了更大限度的对身体的支配权。首先，椿的服饰带着民国风格，简约干练，发型是民国风格清爽的短发。她的形象不再是迎合男性所凝视的妩媚动人的形象，而是透露出清冷与理性的气质。其次，在影片结尾，椿跟随重生的鲲来到了人间世界。两人在灿烂纯净的沙滩上赤裸着醒来，画面中两人无性征的身体似乎回归到了人的本质，回到了人类的诞生之初。在这样的场景中，我们不再看到两性间的情欲，也没有传统女性对坦露身体的羞耻，反而让人感受到生命的纯洁与宁静。在《白蛇：缘起》（2019）中，作为男性的阿宣完成了为爱的自我牺牲。对身体的牺牲与消弭原本是由女性来完成的。男性原始地对女性有着母亲般的精神性臣服，而女性于男性而言则是牺牲者和救赎者。影片以男性对女性的牺牲与救赎颠覆了长久以来形成的女性对于身体的自我牺牲状态，呈现出女性身体支配权的复归。

二、女性主体性呈现：从"缺席"到"在场"

西方理性主义哲学认为主体具有理性思维能力，具有道德性，并能做出自主判断。这是西方自柏拉图以来的将主体性建立在"罗格斯中心主义"之上的传统哲学。巴赫反对这种传统的理性主义哲学，认为主体并不是先在的，而是受规则统治的话语网络作用的结果——"我"为语言所造。基于此，巴赫提出了"性别操演理论"，认为主体被看作"一种语言的范畴，一个占位的符号，一个形成中的结构"②。个人要想成为主体，要想占据主体的位置，就必须先屈从，先被社会规范支配、征服。③简而言之，巴赫认为性别是

---

① ［法］米歇尔·福柯：《规训与惩罚》，刘北成、杨远婴译，北京：生活·读书·新知三联书店，2012年，第154页。

② ［美］朱迪斯·巴特勒：《权力的精神生活：服从的理论》，张生译，南京：江苏人民出版社，2009年，第10页。

③ 王玉珏：《主体的屈服与反抗——朱迪斯·巴特勒权力理论初探》，《安徽大学学报》（哲学社会科学版）2016年第6期。

一种养成的社会行为而非必然存在，性别身份的形成在于不断重复的性别话语规范过程。

20世纪，动画影片中的女性形象常常是处于男性形象之外的他者，恰如中国文化之于好莱坞的他者地位，女性被社会主流话语塑造，看似存在，却又一直"缺席"。21世纪以来，女性形象伴随着中国文化的崛起，完成了主体性呈现初探，走向了引人瞩目的世界光影舞台，实现了从"缺席"到"在场"。

（一）集体空间中沉默的"他者"

"定义和区分女人的参照物是男人，而定义和区分男人的参照物却不是女人，她是附属的人，是同主要者相对立的次要者。他是主题（the Subject），是绝对（the Absolute），而她则是他者（the Other）。"① "当代中国女性之历史遭遇呈现为一个悖论：她们因获得解放而隐没于历史的视域之外。"② 在新世纪以前的早期动画影片中，常常存在着女性角色过少甚至缺席的现象。女性在集体中沉默大多源自社会的规范与话语，这种现象是在巴赫所说的"性别操演理论"下形成的。"男女之性别固然是指一种先天的、生理上的差异，但更重要地表现为一种后天形成的'性属'上的差异。"③ 外界运用既定规则话语将女性框定为集体中沉默的"他者"，女性也在沉默中成为规则话语的传播者。

在中国动画影片中空间与男权社会规则话语有着不可分割的关系，空间也常常是塑造人物、描绘风景、彰显主旨的重要元素。中国传统文化中女性常常指涉土地与故乡，故乡与家族紧密相连，女性始终逃脱不了家庭与故乡的羁绊，将自我选择依附于夫权礼教。在众多影片中，女性通常以回归家庭、回归男权社会集体作为人生归宿，并从中实现人格想象性升华，最终泯然于他者的凝视与自我主体认知的虚妄中。然而，近年来的动画电影则对这一规则进行了重构。在《大鱼海棠》（2016）中，椿被家族遗弃，并没有继续将女性人生主体价值依附于家族，而是离开家族与故土，跟随重生的鲲来到了人间世界。家族象征男权社会对女性最大的束缚。椿作为"出走"的女性，不是在遭受了外界对于女性的极端不公与压迫下的被迫离开，而是基于女性自我主体情感目标，通过深思熟虑的自主选择。椿与故土分离，脱离了男权家族礼教规则的框定，完成了女性主体性建构。

（二）女性社会身份突破

女性主义孜孜不倦所追求的是建立女性主体性，不再是男性的从属物与附属品。中国第一部动画长篇《铁扇公主》（1941）中，铁扇公主作为片中的反派，虽然给孙悟空等一行人的借扇之行设置了重重困难，却是一个传统意义上不离不弃的好妻子。尽管处处

① [法]西蒙娜·德·波伏娃：《第二性》，陶铁柱译，北京：中国书籍出版社，2004年，第4—5页。
② 戴锦华：《不可见的女性：当代中国电影中的女性与女性的电影》，《当代电影》1994年第6期。
③ 盛宁：《人文困惑与反思：西方后现代主义思潮批判》，北京：生活·读书·新知三联书店，1997年，第134页。

受丈夫冷落，但她为了营救牛魔王，主动向孙悟空师徒献上了芭蕉扇。铁扇公主作为影片中的女性形象，虽然掌控着威力无穷的芭蕉扇，其社会身份仍然是传统意义上男性的附属物。21世纪以来，随着文化多元，动画中的女性形象突破了女性长久以来暧昧性与不确定性的身份，颠覆了男性视角塑造的女性形象，摒弃"二元对立"的两性关系，转而关注女性具有的差异与独立的个体形象，女性的社会身份开始有了突破。

首先，女性在无男性的干预下，独立地承担起一个群体的领袖人物。在传统民间传说《白蛇传》中所描述的故事是以白蛇为主角，讲述了人妖相恋突破神仙塑造的话语规范的故事。白蛇遵循礼教，贤惠顾家，美丽动人，毫无艳俗气质，是典型的东方女性形象。但因人妖殊途的规则话语束缚，白蛇被困雷峰塔却需要"儿子"取得社会政治权力许可的"状元"头衔后，方可被拯救。白蛇虽法力无边，却仍然处于男性的附庸地位。由此可见，民间传说中女性角色的主体性是由男性决定的。《白蛇：缘起》（2019）中的小白是具有主体性思维的女性形象，她摒弃了传统女性的话语规范，不再是至善至美的贤妻，而是视蛇族生死为己任，只身一人刺杀国师。《姜子牙》（2020）中亦正亦邪的妲己为狐族领导者，在被天尊背弃后，她利用自己的智慧换回拯救狐族的机会。两部影片中的反派形象都为女性，却没有依附于男性，更无从属或主仆关系。

其次，女性具有了天生神力，具有了与男性平等对立的"神性"主体力量，成了替代《大闹天宫》（1964）与《哪吒闹海》（1979）中反抗者与拯救者形象的新女性。在《大鱼海棠》（2016）中，椿是掌管海棠花的神，天生具有法力。她没有回归家庭束缚，回归约定俗成的规则话语，而是自愿付出一半寿命救鲲，并化作巨大的海棠树，实现了女性主体性的觉醒，这是椿对女性主体身份的认同与突破。在《大护法》（2017）中，反派角色彩是典型的独立女性，她虽然身处高度集权统治下的花生镇，却有着在花生镇上鲜有的人的情感，是有着主体性的人。她游离于朝廷与花生镇的统治圈层之外，拯救了被大护法射杀得支离破碎的杀手罗丹，是最不受规则话语束缚的角色。

三、女性时代镜像：从道德批判到社会隐喻

拉康的"镜像"理论来源于精神分析学，指主体在进行自我建构时对"镜中的他者"进行误认和异化的现象。电影所呈现的光影世界源于现实，更超越于现实。传统文本在进行现代化的改编同时，常常会暴露出文化症候与社会问题。过去众多影片常常用丑化女性的方式去进行道德教化以及规训女性，具有社会厌女体现。中国女性的成长常常和国族命运相连，国家的发展、社会的变迁，是女性社会地位与命运变化的主要推动因素。基于此，人们更加聚焦于女性镜像如何表征当下社会意识形态与价值导向。

（一）父权制话语：社会厌女表现

早期的动画电影中的女性形象有着符号性与功能性，一些形象更承担着道德批判的

功能。中国动画中的女性角色更加扁平化与标签化，还是处于一个制造麻烦并要依靠男人解决麻烦的状态中，这种现象似乎影射着男性对女性被赋予权力后的恐慌和焦虑。以求通过丑化女性的方式来消解。①社会厌女表现为男性将自身施害者的身份转化为受害者，并心安理得地物化女性，通过给予女性污名来减轻男性施害的负罪感。"在男人身上表现为'女性蔑视'，在女人身上则表现为'自我厌恶'。"②早期的动画电影中，往往以邪恶魅惑的女性来演绎反派形象。如《铁扇公主》（1941）中的玉面狐狸形象，作为牛魔王的二夫人以及早期典型的"狐狸精"形象，玉面狐狸外表美丽，实则红颜祸水，她是影片中"被凝视"与"被厌弃"的象征符号。这样的形象塑造维护了男尊女卑的秩序。在新世纪的动画电影中也隐约存在着厌女表现。如《白蛇：缘起》（2019）中的蛇母形象便是厌女症的集中体现。她在权力的诱惑下被异化，采用残忍而激进的方式获取权力，成了影片中脱离现实的极端形象。但相对而言，21世纪以来的动画电影中，有着社会厌女表现特征的女性形象越来越少。

（二）症候式解读：社会时代寓言

在经历了父权制话语下对女性进行道德批判的形象塑造后，现代电影中的女性形象塑造更能体现出时代症候。症候式阅读是"以文本的各种悖论、含混、反常、疑难现象作为突破口，在寻找原因的过程中，寻找这些现象的意义"③。中国女性的成长与国族命运紧密相连，如果说男性是国族命运的正面表达，那么女性形象在人类历史发展长河中，通常是社会发展的现实映照。"十七年"时期的动画，如《大闹天宫》（1964）、《哪吒闹海》（1979）中的男性角色呈现出符合时代气息的反抗精神，而女性角色处于传统女性约定俗成的框架内。如在《金色的海螺》（1963）中，海螺姑娘是标准的古典美女，温柔贤惠，常常默默地为男青年做家务。这样的传统女性形象恰好符合了男性眼中的"完美女性"，这也体现了女性在当时社会的刻板印象与从属地位。

近几年来的中国动画电影更像是21世纪的现代寓言，反映了现代人的精神世界。首先，《姜子牙》（2020）的主要女性角色为小九和妲己，小九无法改变自己命运，而妲己虽然努力抗争，想要拯救狐族，却也无力于外界的阴谋与狡诈。女性形象所反映的更像是现代社会所带来的伤痛与阵痛，如小九不畏艰险，执着地寻找自己的父亲却始终求而不得。男性则代表着经历伤痛后的成长，集人们对自身理想化的规范与期望于一身。身为男性形象的姜子牙睿智冷静，坚守内心不为外界所动。可以说，女性形象已经具有了女性意识觉醒，可外部的压迫总是使得女性无法达到心中所想。女性形象更贴近现实中的普通人，他们内心渴望与现实境遇总是不平衡，更需要面对人与人之间不可跨越的冷

①　姜晗之：《中、美、日动画片女性角色塑造对比浅析》，《大众文艺》2017年第20期。
②　[日]上野千鹤子：《厌女：日本的女性嫌恶》，王兰译，北京：生活·读书·新知三联书店，2015年，第1页。
③　蓝棣之：《现代文学经典：症候式分析》，北京：人民文学出版社，2006年，第3页。

漠与隔膜。其次，在《哪吒之魔童降世》（2020）中，哪吒的母亲颠覆了以往母性角色在受虐式自我牺牲中寻求自身价值的传统形象。作为母亲，她同哪吒一起踢球玩乐。作为妻子，她常年在外征战，工作忙碌。李靖作为父亲虽然不善言辞，然而父爱无言，他主动向太乙真人求得符咒，将哪吒需承受的天雷引向自身。哪吒母亲与父亲的换位牺牲是现代夫妻关系的镜像表现，更体现出主体担当的转移。

结语

21世纪以来，"田螺姑娘"与"铁扇公主"这类"探寻民族风格之路"的经典女性形象在当下多元化的国际市场已不再受到推崇。中国动画电影中的女性形象已经历了从身体到主体再到镜像的多层次转变，其传播美学不仅需要凸显民族传统，体现东方哲思与情感伦理，还应符合时代多元发展，深入探索女性的内心世界，契合现代女性的价值导向与情感共鸣。

消费美学的影像化传播：女性主义视域下的中美公路喜剧电影

任 顶 焦仕刚 *

（广西艺术学院影视与传媒学院，广西南宁，530000）

摘要： 后工业社会的到来使得消费这一概念逐渐嵌入人们日常生活的各个领域，并成为一种新的艺术特征关照当代电影和电影理论的发展。劳拉·穆尔维的《视觉快感和叙事电影》在消费时代得以延伸视角，探索大众文化消费到亚文化消费领域中更为隐秘的女性窥视。而在众多电影类型中，公路喜剧电影因其独特的审美特征成为消费美学影像化传播的典型代表，因此，本文结合穆尔维女性主义电影理论对公路喜剧电影《心花路放》和《杯酒人生》进行分析，为理解女性主义电影理论提供新的艺术视角。

关键词： 女性主义；消费；《心花路放》；《杯酒人生》

一、劳拉·穆尔维的《视觉快感和叙事电影》在消费时代的延伸

女性主义电影理论在 20 世纪 60 年代后期女性主义"第二次浪潮"裹挟下开始萌芽，它吸收和借鉴了女性主义理论在精神分析学领域的研究成果和分析框架，于 20 世纪 70 年代初期初步确立了自身的地位，英国学者克莱尔·约翰斯顿 1973 年发表的《作为对抗电影的女性电影》和劳拉·穆尔维 1975 年发表的《视觉快感和叙事电影》被认为是女性主义电影理论的开山之作。劳拉·穆尔维在文中联系弗洛伊德关于人的本能驱动力学说，认为看的欲望之一"窥视欲"是观众维持对银幕好奇和兴趣的动力[1]。她通过对好莱坞电影的批判得出传统电影工业中被限制的创作习惯，即在电影工业和银幕女性之间存在一种凝视和被凝视的关系，银幕中的女性被置于从属位置，结果使得女性角色局限为欲望的对象。这种观点构建了穆尔维最初的理论核心，并为后面新的女性电影语言的出现提供了现实的理论载体。

---

* 作者简介：任顶（1998—），男，山东菏泽人，广西艺术学院影视与传媒学院研究生，研究方向：电影理论；焦仕刚（1979—），男，山东人，博士，广西艺术学院副教授，研究方向：影视史论与文化传播。

[1] Mulvey L., Visual Pleasure and Narrative Cinema, *Screen*, vol.16, no.3(1975), pp.6-18.

　　20世纪中后期，大众消费方式的改变昭示着消费时代的到来，人们在消费时杂糅着个人审美意趣和文化体验，促使大众消费方式从使用价值消费转变为符号消费，以此在日常生活中表现个人意志。在这种割裂性的消费方式转变之下，电影工业生产也调转航向，从大众文化消费转向对亚文化中阶级、种族、性别、身份、空间等范畴的消费，使得消费时代的女性窥视变得更加多元和隐秘。穆尔维电影理论中的凝视关系不再只局限于女性形象与摄影机、电影剧本和电影观众之间，而是延伸到跨越国界和种族的社会凝视层面，以致女性本身失掉自我身份，在消费欺骗中开始无意识地认同他者。首先是女性社会身份的扭曲。1979年美国公民权利委员会在《女性媒介报告》中提出："如果一个外国人仅仅靠影视所呈现的形象来认识美国妇女的话，可以得出以下结论：'在美国，妇女人口占总人口27.7%，她们其中的一半是十几到二十几岁的青少年，穿着暴露，行为不端，无所事事。她们中的三分之一没有工作甚至没有任何可识别的追求和目的，其余则大多是学生、秘书、家庭主妇、保姆和护士。'"[1]女性作为被凝视的对象，她们的社会身份被影视媒介进行放大扭曲，从而满足男权社会对女性身份的心理期待，达到窥视的目的。然而事实上，当时妇女占美国全部人口的52%，45%的妇女拥有工作，并且有相当数量的女性处于高级管理层。其次，女性成为欲望表达的主体。长久以来电影生产的一种商业模式是将女性作为一种消费景观并把女性打发到配角的位置，而在近年来盛行的小姐电影多半以女性角色为核心，男性退居配角。电影大部分采用女性叙事主体，构建新型灰姑娘、欢喜冤家和闺蜜等情节模式，运用视听语言进行时尚化包装和喜剧化表达。[2]小姐电影虽然聚焦女性的个人欲望和生存状态，但影片往往以买衣服、皮包、美容等消费方式寻求女性的外在身份认同，以暴露女性身体局部将女性身体作为视觉消费内容，以轻喜剧的方式表现女性生活，将女性作为欲望主体，再以得到男性心仪的大团圆结局收尾，传统电影中对于女性的隐性消费被赤裸裸地提到核心位置，从而达到社会消费文化娱乐性的目的。最后，女性角色的多元塑造。女性电影发展到20世纪90年代出现了许多适应消费文化和后女性主义的电影类型，包裹着浓厚的女性气质外壳。[3]实质却将女性推入消费社会的巨大漩涡中。近年来，在美国科幻电影中产生了许多以女性为叙事主角的女战士形象，女性从传统的红颜祸水转变为强悍的女战士，成为科幻片中强势的主角。这不是科幻电影的独有现象，西部片、恐怖片、歌舞片等类型电影中都存在这样的女性角色。[4]《生化危机》系列中驰骋末日的艾利斯、《神奇女侠》中拯救人类的戴安

　　① 王臻真：《消费文化中的性别图景——近年中国电影中的女性形象》，《当代文坛》2015年第1期，第103页。
　　② 顾林：《消费视域下的女性欲望表达——美国小姐电影研究》，硕士学位论文，南京师范大学文学系，2014年。
　　③ 刘岩、马建军：《并不柔弱的话语：女性主义视角下的20世纪英语文学》，重庆：重庆大学出版社，2011年，第61页。
　　④ 王琳：《莱坞科幻电影中的女性形象研究》，硕士学位论文，重庆大学艺术系，2014年。

娜、《猛禽小队和哈莉·奎因》中寻求救赎的五女组等都在不同程度上加深了女性角色的主体性，但其最终目的是为了提升影片的观赏价值，产生粉丝效应，引导大众文化消费观念和价值取向，并没有真切地投身到对现实的关照上。甚至一些科幻电影当中的外星动物、植物、飞船也具有女性身体特征（《降临》酷似女性生殖器的外星飞船），这不仅满足了男性观众的窥视欲望，而且消解了女性作为独立个体存在的原有意义，即女性在身体、家庭和社会等层面所具有的独特性。

二、消费美学的影像化传播：人物景观消费、地理空间消费和"物"的符号消费

20 世纪 60 年代初，现代西方社会进入后工业时期，消费成为一种新的艺术特征，电影作为高度娱乐化和商品化的艺术形式，也被拓上了消费美学的印记。在众多电影类型中，公路喜剧电影因其独特的审美特征成为消费美学影像化传播的典型代表，因此，本文结合穆尔维女性主义电影理论对公路喜剧电影《心花路放》和《杯酒人生》进行分析，发掘社会消费审美背后的实质性内涵。由于女性主义电影理论的立场和方法直接来源于女性主义，女性主义电影理论往往聚焦于银幕上负面控诉造成这一现象的现存社会性权力结构，而在当代社会，这种复杂的资本权力结构被隐藏在轻松愉快的消费文化中。

（一）人物景观消费

人物景观消费主要集中在对女性形象的建构上。一是女性身份消费。《杯酒人生》中两名女主人公斯蒂芬妮和玛雅分别是红酒推销员和餐厅服务员，影片通过其他角色的对话简要介绍了两位女主人公的婚姻背景：因丈夫背叛而婚姻破裂的离异女性。宏观而言，美国社会离婚率虽然高达 53%，但在美国社会导致婚姻结构性变动的主要因素是法律、经济周期、性比例和性别角色等，婚外情并不作为婚姻结构变动的主要考量因素，两位女主人公的婚姻背景设定相对而言立意单薄。[①] 微观而言，在 20 世纪初，美国妇女经济独立性增大，女性自我意识显著增强，女性范例更多的是关切自我，但影片没有展现斯蒂芬妮和玛雅的日常生活图景，体现女性独立性，却是在高要求的基础上展现女性对男性的渴望。因此对于斯蒂芬妮和玛雅不合理的身份设定最终只能使其成为男主人公欲望消费的工具，从而满足当代美国社会文化消费的需要。二是女性形象的性消费。鲍德里亚在《消费社会》中批判"女性通过性解放被'消费'，性解放通过女性被'消费'"。《心花路放》对于女性性消费的方式有两种：一是以周丽娟、莎莎、东东等人为代表的直接性消费。杀马特女郎、性工作者、阿凡达演员这些特殊女性形象在银幕上被奇观化，通过"外遇""一夜情""车震"等元素满足剧中男性角色的身心需求及银幕外观众的观感体验。二是以康小雨、思晴等人为代表的间接性消费。康小雨是一名前往大理求爱的文

① 张敏杰，[美]A.C.基尔帕特里克：《八十年代以来美国的离婚研究》，《国外社会科学》1998 年第 1 期，第 36—39 页。

艺女青年，她在网上相亲却在夜色酒吧坚持自我，并且婚内出轨了高富帅，而思晴则成为女性同性恋的性消费代表。虽然主演黄渤在采访中强调《心花路放》只是一场救赎之旅，但由于对女性形象的扭曲，对性元素的强调使电影文本营造了低俗社会观念，误导了人们正确的社会价值取向。

（二）地理空间消费

《杯酒人生》和《心花路放》在故事框架十分相似，都是通过公路寻爱的方式完成人生的救赎。作为公路喜剧片的典型代表，《杯酒人生》通过葡萄酒文化展现了美国社会浓郁的后现代消费主义气息，极大地推动了当地葡萄酒产业的发展，使得圣巴巴拉县成为著名的葡萄酒旅游基地。过去人们对于加州葡萄酒的印象仅仅来源于纳帕山谷，《杯酒人生》的公映使得人们意识到在加州除了纳帕山谷，还有多处葡萄酒产区，包括圣塔阳兹山谷。[①]《杯酒人生》通过银幕第一次展现了圣巴巴拉地区的葡萄酒产业，改变了过去人们对于圣巴巴拉出产葡萄酒的品质印象，从而引导了大众消费观念。影片中所推介的黑皮诺销量在影片播出的前几个月便上升了16%，并且以每年9%的速度增长。《心花路放》也掀起了大理的旅游热潮，主要取景地的大理古城、漾濞石门关、龙龛码头等开发了多个旅游项目，并附带周边地区旅游业大兴。如大理市南涧县无量山樱花谷景区在《心花路放》公映后的11月22日至12月8日便接待了游客11.2万人次，实现旅游总收入7760万元。[②]《杯酒人生》和《心花路放》分别带动了圣巴巴拉和大理地区产业发展，引导了社会趋势性消费。

（三）"物"的符号消费

在消费时代，物的极大丰富使人们不再只满足占有物的使用价值，转而追求抽象的符号价值，贯穿《杯酒人生》和《心花路放》的"美酒"和"美人"的意向便带有强烈的符号消费色彩。《杯酒人生》以葡萄酒营造了后现代消费社会物的富足图景，从繁茂的葡萄种植园、堆积如山的成熟葡萄、随处可见的品酒会等，《杯酒人生》对名酒文化的介绍远超对故事本身的塑造，导演亚历山大·佩恩旨在将葡萄酒塑造成一种"精神符号"，就像电影中代表迈尔斯的黑皮诺。影片中除杰克外的三位主人公都对各类酒品如数家珍、津津乐道，酒似乎已经脱离其使用价值而上升到某种精神文化嵌入他们的生命中。[③]在尼采的《悲剧的诞生》中将酒神精神作为理解人生本质的原动力，表现为惊骇狂烈的情绪放纵力量。在此基础上，《杯酒人生》强化了酒神精神的立意，将不同品种的葡萄酒作为

① 杨吉华：《葡萄酒影视与葡萄酒旅游规划——以电影〈杯酒人生〉为例》，《浙江旅游职业学院学报》2016年第4期，第60—61页。
② 李兆敏：《宣传促销电影〈心花路放〉掀起大理旅游热潮》，《大理州年鉴》，2015年，第307页。
③ 陈心眉：《消费社会视域下的中美公路喜剧电影——基于〈杯酒人生〉〈心花路放〉分析》，《大众文艺》2019年第14期，第193—194页。

各个角色的代表，利用葡萄酒引导观众进行自我比喻，从而产生消费心理。其中，迈尔斯和玛雅在斯蒂芬妮家中的对话最为典型，郁郁不得志的麦尔斯自比黑皮诺"皮诺这种葡萄很难种植，它的皮很薄，很难伺候，成熟期早，而且需要细心的照料和关怀，它只能在世界上为数不多的特定的地方才能生长。而且，只有最有耐心呵护它的培育者，才能真的种好它，只有真正花时间去了解皮诺潜力的人才能让它枝繁叶茂，硕果累累。它的香味是最持久辉煌、最震撼微妙的，是这个星球上最古老的气味。"在《心花路放》中，女性成了更具代表性的符号，一种被当作争相追逐、互相攀比的"物"。① 郝义声称"一个女人绝不能睡两次"，将东东当作一次性用品，而东东却随着郝义和耿浩的旅行路线，一次次投怀送抱。影片没有过多讲述东东的心理动机，而是将东东塑造成一个典型的痴女角色，作为被物化的人物符号无止境消费。

结语

作为不同社会文化滋养下结出的果实，《杯酒人生》和《心花路放》从电影文本、商品生产、价值观念等多方面促进了消费美学的影像化传播，但它们对女性身份、女性意识上的建构存在许多缺失或扭曲。事实上，电影工作者应正视女性本身在社会生产生活中不可磨灭的作用，避免将女性作为银幕消费的工具，突破传统狭窄的叙事视野，关照当下新时代女性的精神困境和生活困境，谱写正确的女性主义序章。

---

① 陈心眉:《消费社会视域下的中美公路喜剧电影——基于〈杯酒人生〉〈心花路放〉分析》,《大众文艺》2019 年第 14 期, 第 19—194 页。

五、社交媒体传播研究

主持人语

人是社群动物，一方面大家在交流沟通中实现团结合作，另一方面却也总是面临着交流沟通导向更加分歧对立的困境。人们曾在电脑互联网出现之初对这个看上去可以联结全世界、沟通所有人类的新媒体技术抱有极为乐观的想法，但是过去三十年的发展表明，以电脑互联网为技术平台的各种社交媒体并不必然带来理想中的共识达成，有时甚至成为不文明表达可以堂而皇之地出现的场域，西方的相关研究尤其发现社交媒体上的羞辱性言论对女性作者的不友好以及对读者判断信息可信度带来的困扰。

浙江大学传媒与国际文化学院的陈默同学和刘于思老师的研究，运用实验方法探究微博的评论类型（无评论、理性反驳评论、辱骂性评论）对文章可信度的影响，以及作者性别、点赞量高低对可信度的调节作用。她们的研究发现女性在我国的互联网空间中有着比西方国家女性更可信的地位，为未来我国的性别与传播议题的研究提供了新的理论背景，同时也为我国制定对微博言论的监管政策提供了实证基础。

广州华商学院传播与传媒学院龚丽老师的研究则探讨了地方党报在纸媒衰落的时代态势下如何利用社交媒体平台扩大媒体的传播力，实现全社会团结合作、抗击疫情的案例。她用内容分析方法对《南方日报》微信公众号在广东省取得战胜新冠疫情的阶段性胜利这一时间段中的推送文章进行分析，发现地方媒体在公共健康危机发生期间，及时全面传递有关疫情发展的重大信息和健康信息，有助于消除公众焦虑、助力广东省取得抗疫胜利。

同为社交媒体平台，微博是更为开放的讨论空间，微博文章作者和评论者以及用点赞表达意见的网络用户往往因共同关心的话题而聚集在同一讨论场，陈默同学和刘于思老师的研究表明，不论是社会管理机构还是微博平台本身，让不同意见表达在我国的网络空间中并不会必然造成错误言论占上风的情形。微信相对微博平台则更可能吸引本身对地方党报的权威性信服的微信用户，因此《南方日报》微信公众号在疫情期间的推送文章起到较好的传播效果并不出人意料。虽然这两篇研究仍然是个案，但却揭示出我国社交媒体令人感到乐观的传播状况，看起来我国社交媒体上的传播更易达成共识而非社会对立和分歧。

（厦门大学新闻传播学院副教授 李展）

"羞辱"的力量：理性或辱骂网络评论及其社会线索对不同性别作者文章可信度的影响

陈　默　刘于思[*]

（浙江大学，浙江杭州，310058）

摘要：本研究以微博为传播场景，通过三因素析因实验，探究作者性别（男 VS 女）、文章评论类型（辱骂评论 VS 理性反驳评论 VS 无评论）及其社会线索（点赞量：高 VS 低）如何对文章可信度产生影响。研究发现，文章可信度受评论类型影响，而与评论的社会线索无关；相比于辱骂评论，理性反驳评论对文章可信度的削弱作用更大；当理性反驳评论存在时，女性作者的文章可信度更低。研究探讨了前述诸因素对文章可信度的交叉影响及其在中国社会语境下的新意义，为社交媒体评论的规范化提供了必要的实证依据。

关键词：文章可信度；作者性别；理性或辱骂性评论；社会线索

一、情感社会视角下的网络羞辱文化

随着互联网用户的爆炸式增长，网络成为人们的主要信息来源。互联网的存在和发展模糊了传统意义上传者和受者的严格界限，原创、转发和网友再生产内容鱼龙混杂地呈现于同一空间。[①] 社交媒体作为信息平台的重要性日益彰显。以微博为例，实时存在的评论栏设计促进了信息主体与客体的交互性。人们热衷于在评论区交流讨论，使社交媒体迅速成为广泛讨论时事的公共论坛。然而，自由讨论造就多元思想的同时，微博固有的草根特性使得用户对内容真实性和价值高低的判断存在困难，不仅容易产生信息误导，且这类误导还会出现累积效应。

---

* 作者简介：陈默，浙江大学传媒与国际文化学院毕业，新闻传播学学士，主要从事新媒体研究；刘于思，浙江大学传媒与国际文化学院副教授，新闻传播学博士，博士生导师，主要研究方向为传播技术与社会、社会网络分析等。

① 潘霁：《从反映真实到象征架构：网络环境的信息可信度评估》，《现代传播》（中国传媒大学报），2008 年第 11 期。

近年来，随着社交媒体的发展，羞辱（humiliation）被视为一种媒介文化，通过使人感到羞愧（ashamed）、愚蠢（foolish）和受伤（injured），来伤害个体对尊严、骄傲和自我价值的感知[①]，并作为一种社会的"强制力"和"情感结构"（structure of feeling）不断在赛博空间中扩散[②]，人们每天生活在害怕被严重损害声誉的焦虑中[③]，尤其是女性。既有研究表明，女性在使用互联网时的可信度和制作内容受到的关注度相较于男性均较低[④]；不文明的评论更多地针对女性，降低了女性参与在线讨论的可能性[⑤]，女性的公共话语权也因此受到影响。有学者甚至断言，羞辱的情感结构正在日益将女性工具化，对女性进行系统性贬低和非人化对待。[⑥]

在这一背景下，原本作为促进公众思考和增加读者参与方式的网络评论，可能被用来制造和延续互联网空间中的羞辱文化和社会排斥。关于辱骂性评论（abusive comments）的影响，国际传播学界已经开展了若干有意义的探究[⑦]，但缺乏对于社交媒体场景下社会线索和评论类型的研究；国内学界对社交媒体评论的研究更多关注于舆情监控[⑧]、指标建构[⑨]和情感分析[⑩]等，对辱骂性评论如何影响读者感知研究甚少。那么，在中国的社交媒体上，不文明评论的哪些因素可能影响读者对文章的可信度感知？面对存在范围广泛的不文明评论，应当如何减少其对公共话语所产生的负面影响？这是本文要探索的问题。

二、文献综述

（一）网络信息声誉的性别差异

西方学界在作者性别对网络信息可信感知的影响目前在学界尚无定论。尽管早期研究发现互联网空间中的作者可信感知并不存在稳定的性别差异，例如，读者在判断

---

① Cefai, S., "Humiliation' s media cultures: On the power of the social to oblige us," *New Media & Society*, vol. 22, no. 7 (2020), pp. 1287-1304.

② Williams R., "Structures of feeling", In Williams, R., (Eds.), *Marxism and Literature*, Oxford: Oxford University Press, 1977, pp. 128-135.

③ Ronson J., *So You've Been Publicly Shamed*, New York: Penguin Random House, 2015.

④ Herring, S. C., & Martinson, A., "Assessing gender authenticity in computer-mediated language Use," *Journal of Language and Social Psychology*, vol. 23, no. 4 (2004), pp. 424-446.

⑤ Warren J., Stoerger S., & Kelley, K., "Longitudinal gender and age bias in a prominent new media community," *New Media & Society*, vol. 14, no. 7 (2011), pp. 7-27.

⑥ Banet-Weiser S., *Empowered: Popular Feminism and Popular Misogyny*. London: Duke University Press, 2018.

⑦ Searles K., Spencer S. & Duru A., "Don't read the comments: the effects of abusive comments on perceptions of women authors' credibility," *Information, Communication & Society*, vol. 23, no. 7 (2020), pp. 947-962.

⑧ 高明霞、陈福荣:《基于信息融合的中文微博可信度评估方法》,《计算机应用》2016 年第 8 期。

⑨ 国佳、郭勇、沈旺、潘梦雅:《基于在线评论的网络社区信息可信度评价方法研究》,《图书情报工作》2019 年第 17 期。

⑩ 郑智斌、邓兰花:《网络个人信源及其可信度分析》,《情报理论与实践》2008 年第 6 期。

报纸文章[①]、博客文章[②]可信度时不存在性别偏见，甚至女性作家有时比男性专栏作家更可信，尤其是非裔美国女性[③]，但近年来的研究更多支持了相反的结论，即性别会给女性的感知可信度带来负面影响。例如，人们认为男性所撰写的博客文章比女性更具可信度。[④]在维基百科等在线社区，女性撰写的内容在数量和浏览量上都明显更少[⑤]；在各种话题下，女性作者收到不文明评论的比例普遍高于男性，甚至受到在线骚扰[⑥]。

西方学界对性别信誉差异及其在互联网空间中的影响的研究发现是否同样适用于中国的互联网社交媒体？虽然两性平等是我国宪法的规定，但在性别平等的社会现实上，毋庸讳言，女性往往处于不利地位。因此，本文提出第一个研究假设：

H1：在中国的互联网语境中，在其他因素相同的情况下，较之男性作者，女性作者文章的感知可信度更低。

（二）社交媒体环境下的可信度感知：社区线索与社会角色理论

人们在社交媒体上浏览文章时，通常不会进行全面的阅读，更多的是只对关键信息进行捕获，因此依据少量易于理解评估且明显的信息做出启发式判断，如用户评论。[⑦]在社交媒体上，特定的新闻框架可以影响用户的点击、评论、分享等在线行为。[⑧]同样，不同类型的社交媒体评论也会对读者的信息感知产生反向影响。[⑨]社交媒体用户围绕内容开展的互动、评论和分享等形式被统称为社区线索（Community Cue），能够影响用户与在线新闻之间的互动过程和结果。[⑩]

---

① Burkhart F. N., & Sigelman C. K., "Byline bias? Effects of gender on news article evaluations", *Journalism Quarterly*, vol. 67, no. 3(1990), pp. 492-500.

② Flanagin A. J., & Metzger, M. J., "The perceived credibility of personal Web page information as influenced by the sex of the source", *Computers in Human Behavior*, vol. 19, no. 6 (2003), pp. 683-701.

③ Andsager J. L., & Mastin T., "Racial and regional differences in readers' evaluations of the credibility of political columnists by race and sex" *Journalism & Mass Communication Quarterly*, vol. 80, no. 1 (2003), pp. 57-72.

④ Armstrong C. L., & McAdams M. J., "Blogs of information: How gender cues and individual motivations influence perceptions of credibility", *Journal of Computer-Mediated Communication*, vol. 14, no. 3 (2009), pp. 435-456.

⑤ Eckert S., & Steiner L., "(Re)triggering backlash: Responses to news about Wikipedia's gender gap", *Journal of Communication Inquiry*, vol. 37, no. 4 (2013), pp. 284-303.

⑥ Roderick K., "Gender and the female journalist who dares read the Internet", LA Observed. Retrieved from http://www.laobserved.com/archive/2014/01/the_next_civil_rights_iss.php, 2014.

⑦ Prochazka F., Weber P., & Schweiger W., "Effects of civility and reasoning in user comments on perceived journalistic quality", *Journalism Studies*, vol. 19, no. 1 (2016), pp. 62-78.

⑧ Stroud, N. J., & Muddiman A., "Social media engagement with strategy- and issue-framed political news," *Journal of Communication*, vol. 69, no. 5 (2019), pp. 443-466.

⑨ Walther J. B., DeAndrea D., Kim J., & Anthony, J. C., "The influence of online comments on perceptions of antimarijuana public service announcements on YouTube", *Human Communication Research*, vol. 36, no. 4 (2010), pp. 469-492.

⑩ Winter S., "Impression-motivated news consumption", *Journal of Media Psychology*, no. 31 (2018), pp. 203-213.

过往研究发现，比起互动或分享数量等数量线索，评论等质量线索更能提高帖子被选择的概率。[1] 对 Facebook 的研究发现，积极的评论带来更多的分享量，[2] 但消极的评论对读者的新闻选择、评价的影响更大。[3] 有分歧的评论会提高读者对评论区域的关注，降低文章被分享的可能性；[4] 辱骂评论会让读者对文章产生负面评价，削弱人们感知的文章可信度[5]、重要性与全面性。[6] 也就是说，相比于没有评论的情况，理性反驳评论与辱骂评论均提供了与文章本身有所分歧的内容，都可能削弱文章可信度；同时，理性反驳评论相比于辱骂评论，增加并提供了说理的过程，可能进一步削弱文章本身的可信度。因此，本文进一步提出如下研究假设：

H2a：在中国的互联网语境中，在其他因素相同的情况下，较之无评论的情况，理性反驳评论与辱骂评论均会削弱文章可信度；

H2b：在中国的互联网语境中，在其他因素相同的情况下，较之辱骂评论，理性反驳评论对文章可信度的削弱作用更强。

此外，在社交媒体上，存在冲突的新闻主题在分享数量上比一般新闻更少，用户希望避免在有分歧的情况下分享新闻，也就是说，Facebook 上的"赞"（likes）在新闻报道中起到了一种社会背书（Socialendorse）的作用，[7] 从社会角色理论上来看，这种社会背书为分享者投射权威的形象，最终提高一个人的社会地位。根据前文中的文献探讨，可以发现评论影响读者感知，评论类型可以分为无评论、理性反驳评论以及辱骂评论。本研究希望探讨呈现于文章评论的社会线索是否能影响文章可信度，社会线索将作为社会背书的具体形式呈现，可以推断，积极评论性社会线索即点赞量较高的评论会加强评论本身的可信度，因此提出研究假设：

---

① Dvir-Gvirsman S., "I like what I see: Studying the influence of popularity Cues on attention allocation and news selection", *Information, Communication & Society*, vol. 22, no. 2 (2019), pp. 286-305.

② Trilling D., Tolochko P., & Burscher B., "From newsworthiness to shareworthiness", *Journalism & Mass Communication Quarterly*, vol. 94, no. 1 (2017), pp. 38-60.

③ Pierce D. R., Redlawsk D. P., & Cohen W. W., "Social influences on online political information search and evaluation," *Political Behavior*, vol. 39, no. 3 (2017), pp. 651-673.

④ Sülflow M., Schäfer S., & Winter S., "Selective attention in the news feed: An eye-tracking study on the perception and selection of political news posts on Facebook", *New Media & Society*, vol. 21, no. 1 (2019), pp. 168-190.

⑤ Mutz D. C., & Reeves B., "The new Videomalaise: Effects of televised incivility on political trust", *American Political Science Review*, vol. 99, no. 1 (2005), pp. 1-15.

⑥ Brooks D. J., & Geer J. G., "Beyond negativity: The effects of incivility on the electorate", *American Journal of Political Science*, vol. 51, no.1 (2007), pp. 1-16.

⑦ Messing S., & Westwood S. J., "Selective exposure in the age of social media," *Communication Research*, vol. 41, no. 8 (2014), pp. 1042-1063.

H3：在中国的互联网语境中，在其他因素相同的情况下，较点赞量低的反驳性质文章评论，点赞量高的反驳性评论对文章可信度的削弱作用更大。

如前所述，除了社区线索理论之外，社会角色理论也有助于解释个人对自身社会角色形象的打造以及男女两性在新闻行业受到的歧视。社会角色理论认为，个体对群体的看法形塑了人与人之间的互动，典型的社会角色经验决定了个体对群体的看法，[①] 这些角色受到性别差异认知的制约。[②] 社会个体会参照性别社会角色的特征，针对目标身份进行能力判断，由于社会对性别行为期望的存在，当人们偏离了自己被社会所定义的性别角色路径时，就会存在遭到质疑的风险。[③] 而一旦新闻业被认为是男性主导的行业，女性在新闻业中就更有可能受到不公正待遇。由于存在多个变量，变量间亦可能存在相互调节关系，共同影响文章可信度，因此，本研究亦将观察不同变量间所产生的各种二阶（two-way）与三阶（three-way）交互作用，并提出如下研究问题：

RQ1：在中国的互联网语境中，作者性别、评论点赞量和评论类型如何互相调节彼此对作者可信度感知的影响？

三、研究方法

（一）研究设计与实验程序

本文主要通过实验法，通过操纵自变量的方式，观察因变量的变化以及变量之间的因果关系与交互作用，对前文提出的研究假设与研究问题进行检验与探究。具体而言，本研究以微博为传播场景，通过三因素析因实验，探究作者性别（男 VS 女）、文章评论类型（辱骂评论 VS 理性反驳评论 VS 无评论）及其社会线索（点赞量：高 VS 低）如何对文章可信度产生影响，其中，无评论组作为辱骂评论和理性反驳评论两个实验组的对照控制组。

研究于 2021 年 4 月开展，以中国东部省份某高校学生作为被试，通过网络途径进行招募，表 1 列出了实验各组别（共 10 组）被试的分配情况。问卷填写形式为网络问卷，以能够正确识别文章主题及作者性别为有效问卷的筛选标准，最终获得有效问卷 414 份，其中女性占比 57%，男性占比 43%。被试者平均年龄为 21.5 岁（SD = 1.87），其中，

---

① Dulin A. M., "A lesson on social role theory: An example of human behavior in the social environment theory," *Advances in Social Work*, vol. 8, no. 1 (2007), pp. 104-112.

② Acker J., "From sex roles to gendered institutions," *Contemporary Sociology*, vol. 21, no. 5 (1992), pp. 565-569.

③ Williams D., Consalvo M., Caplan S., & Yee N., "Looking for gender: Gender roles and behaviors among online gamers," *Journal of Communication*, vol. 59, no. 4 (2009), pp. 700-725.

81.9% 的被试为本科生，12.1% 的被试为研究生。

被试接受的实验刺激为随机分配。在问卷开头，被试首先看到呈现于微博页面下的文章材料，并被随机分配到不同的实验组中，即不同性别的作者署名、评论类型及评论点赞量的排列组合。阅读完文章材料后，被试需要通过填答问卷来对其感知的文章可信度进行评价。最后，被试提供与微信认证一致的信息用于后续实验报酬发放，实验结束。后台数据显示，被试填写完成花费的平均时间为 119 秒。

表 1　各实验组样本量分配情况（单位：个）

评论类型	作者性别	社会线索	
		高	低
无评论	男	41	
	女	31	
理性反驳评论	男	39	44
	女	49	45
辱骂评论	男	40	43
	女	43	39

（二）实验物设计

每个实验组的阅读材料通过合成嵌入微博页面，模拟真实使用微博阅读文章及评论的页面与体验，以提高其与真实阅读场景的相似性。在文章的体裁选择上，实验选用了一篇改编自性别议题相关的微博文章作为阅读材料。做出这一选择的考虑是，一方面，近年来性别问题成为在中国互联网空间中热度较高的议题，女权运动在中国发展迅猛但欠成熟，民众的了解程度普遍不高甚至存在误解，对性别议题相关的文章态度呈两极分化状态，容易受到影响；另一方面，东亚女性的社会地位相对较低，为了在这样的社会背景下扩大性别效应，性别议题本身将是适于本实验研究目的的。限于篇幅，正式实验的文章全文从略。

（三）变量操纵与测量

本研究的因变量为文章可信度。可信度是一种感知质量，通过测定多个维度的指标综合得出测评结果。本研究使用可信度量表对其进行评估，[①] 该量表要求被试者以李克特 7 分制量表对一系列题项进行评分（1 = 完全不同意，7 = 完全同意），评分项目包括文章是可信赖的、准确的、不公平的（反向编码）、有偏见的（反向编码）、全面的。经信度检验后，以上五题信度较高（Cronbach's α = 0.89），被予以合并并取其平均分数，用以构建对

---

① Meyer P. "Defining and measuring credibility of news-papers: Developing an index," *Journalism Quarterly*, vol. 65 (1988), pp. 567-574.

文章可信度指数，被试者的得分越高，表示感知的文章可信度越高（M = 4.37, SD = 0.95）。

研究操纵的自变量包括作者性别、评论类型和点赞量高低。其中，作者性别被操纵为男性与女性。通常来说，微博上文章作者的身份为博主本人，或是由平台发出并署名在文章末尾，而不会采用附加照片的形式来介绍作者。因此，本实验选用了性别线索较强的中文姓名（男性为"王伟威"，女性为"张紫馨"）。为了避免微博名称和平台认证对实验结果的影响，在实验中，微博名称与头像被模糊化处理。

实验中希望操纵的评论类型共分三类，其中无评论组操纵为不显示评论区，理性反驳评论将基于事实来反驳文章观点，辱骂评论则无论证逻辑，只是单纯对文章与作者进行辱骂。为了避免评论篇幅的潜在影响，作者将理性反驳与辱骂评论的总字数均控制在40 到 45 字之间。正式实验选用的理性反驳评论内容为"行业性别比例只是性别平等的体现，并不一定能倒推出性别平等。我认为文章说得没有道理"，辱骂评论内容为"对性别平等一无所知的人在夸夸其谈，一篇狗屁不如的文章，没营养还浪费时间，自己找个地洞钻吧"。

实验操纵的社会线索被操作化为评论的点赞量。由于微博评论带有的社会线索包括点赞与回复，其中点赞只表达积极情感，而回复可能存在反驳性质，无法统一标明社会线索的方向，因此，实验设计对社会线索进行简化，只对被试展示点赞数量而不呈现评论，这在真实情况下同样存在。此外，考虑到不同微博文章类型下评论的点赞量存在明显区别，在实验正式开展之前，作者对社会议题相关热搜博文下前 10 名热评的点赞量进行了统计。结果发现，在 2021 年 4 月 14 日至 4 月 16 日收集的共 70 组数据中，有 93%以上的热搜微博文章点赞量超过 1000，仅约 5% 的文章点赞量超过 10000，故而实验生成了 1000 至 10000 间的随机数 3886 作为高点赞量组的代表；在社会议题相关的一般非热搜文章下，评论点赞量较少超过 50，通过生成 0 至 50 间随机数的方式，实验最终选择了14 作为低点赞量组的代表。

四、研究发现

（一）随机化检验与操纵检验

在实验被试被随机分配到的 10 个实验条件组之间，性别比例（χ^2 = 6.29, df = 9, p>0.05）、学历（χ^2 = 26.91, df = 27, p>0.05）与年龄（F = 0.30, p>0.05）均无显著差异，可知实验对不同实验条件的随机分配有效。操纵检验方面，被试被要求分别对"评论受到他人认可"和"评论具有分析性"在 7 点李克特量表上进行评分，作为社会背书高低和评论类型的操纵检验标准。独立样本 T 检验显示，评论点赞量高组（M = 3.92, SD = 1.55）与点赞量低组（M = 3.09, SD = 1.35）在"评论受到他人认可"一题的得分上存在显著差异（F = 7.22, p<0.01），表明社会线索操纵有效；经单因素 ANOVA 检验，无评论组、理

性反驳评论组以及辱骂评论组在"评论具有分析性"的得分上同样存在显著差异（ $F =$ 20.01， $p<0.01$ ），说明实验对评论类型的操纵亦有效。

（二）实验结论

整体来看，被试者对文章的可信度感知为中等偏高（ M = 4.37, SD = 0.95 ）。使用 ANOVA 进行主体间效应分析，结果如表2所示。可以看到，首先，文章作者性别的主效应对解释文章的可信度感知而言具有显著的预测力（ $F = 31.930, p<0.001$ ）。具体来说，较女性作者而言，当文章作者性别为男时，文章可信度更高，该结果使假设 H1 得到支持。

表 2　主体间效应分析（ N = 414 ）

效应项	文章可信度
作者性别	F (1, 404) = 31.930***
评论类型	F (1, 404) = 8.200**
社会线索	F (1, 404) = 2.722
作者性别 * 评论类型	F (1, 404) = 12.881***
作者性别 * 社会线索	F (1, 404) = 5.186*
评论类型 * 社会线索	F (1, 404) = .888
作者性别 * 评论类型 * 社会线索	F (1, 404) = 3.825
R2	0.195

*p<0.05, ** p<0.01, *** p<0.001

除此之外，评论类型的主效应同样能够显著地影响文章的感知可信度（ $F = 8.200$ ， $p<0.01$ ）。使用 ANOVA 检验发现，不同评论类型组之间的文章可信度评分存在显著差异（ $p<0.05$ ）。LSD 事后检验显示，无评论组（ M = 4.70, SD = 0.98 ）、理性反驳评论组（ M = 3.89， SD = 1.01 ）与辱骂评论组（ M = 4.11, SD = 0.86 ）两两之间的可信度评分均存在显著差异，且无评论组、辱骂评论组和理性反驳评论组的感知文章可信度依次降低，其具体得分如图1所示。具体来说，理性反驳评论与辱骂评论均对文章可信度有削弱作用；同时，较之于辱骂评论，理性反驳评论对文章可信度的削弱作用更强，此结果支持了假设 H2a 与假设 H2b。对于研究假设 H3 而言，检验结果表明，社会线索的主效应在预测被试感知的文章可信度时不显著（ $F = 2.722, p>0.05$ ），因此假设 H3 不成立。

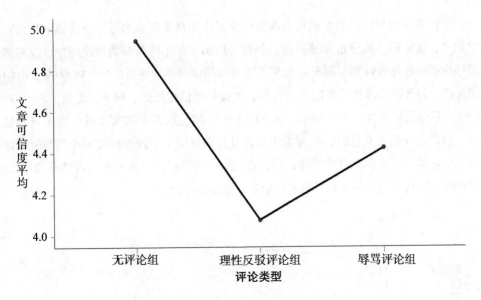

图 1　不同评论类型组间文章可信度均值

交互效应方面，作者性别与评论类型的二阶交互效应（$F = 12.881$，$p < 0.001$）、作者性别与社会线索的二阶交互效应（$F = 5.186$，$p < 0.05$）均对文章的可信度感知产生了显著影响，而评论类型与社会线索的交互作用（$F = 0.888$，$p > 0.05$）以及三者之间的三阶交互效应（$F = 3.825$，$p > 0.05$）对被试感知的文章可信度则没有影响。上述三个因素的主效应及其之间的二阶和三阶交互效应共解释了感知文章可信度差异的 19.5%，至此，研究问题 RQ1 得到回答。

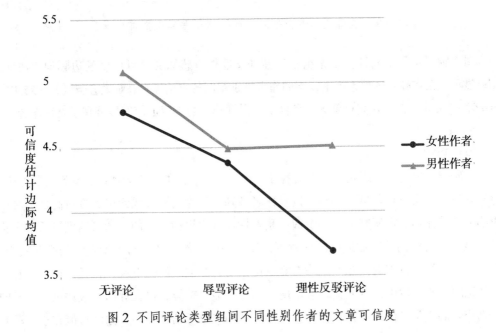

图 2　不同评论类型组间不同性别作者的文章可信度

　　由于作者性别与评论类型或社会线索的交互作用对文章感知可信度的影响均具有统计学意义，需要进一步分析单独效应。如图2所示，在不同类型的评论组中，仅有理性反驳评论组中在作者性别不同时，出现了文章可信度的差异显著（$F = 38.460$，$p<0.01$），也就是说，当评论为理性反驳时，女性作者的文章可信度更低，而无评论组（$F = 2.469$，$p>0.05$）和辱骂评论组（$F = 0.849$，$p>0.05$）中不同性别作者的文章可信度不具有显著差异。当作者性别为女性时，无评论组与理性反驳评论组、理性反驳评论组与辱骂评论组的文章可信度评论存在显著差异；当作者性别为男性时，无评论组与理性反驳评论组、无评论组与辱骂评论组的文章可信度评论存在显著性差异。

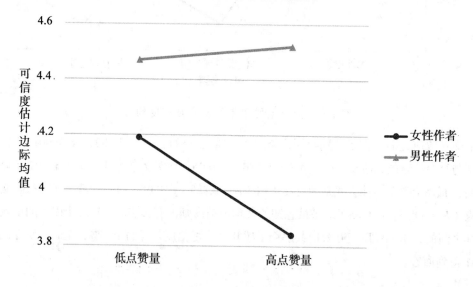

图3　不同社会线索组间不同性别作者的文章可信度

　　图3则展示了不同社会线索组中男性和女性作者感知文章可信度的边际均值估计。结果显示，仅在高点赞评论组中，不同作者性别组间的可信度存在显著差异（$F = 25.374$，$p<0.01$），具体而言，在高点赞评论条件下，男性作者的文章可信度显著高于女性作者。

五、讨论

　　本研究通过实验法研究了在中国的社交媒体中，评论类型（无评论、理性反驳评论、辱骂评论）对文章可信度的影响，以及作者性别、评论的社会线索（点赞量高低）对该影响的调节作用。本研究的第一个假设是女性作者比男性作者的文章可信度更低，实验结果显示作者性别的主效应影响文章可信度；同时，作者性别与评论类型的交互效应、作者性别与社会背书的交互效应均对文章可信度有影响。研究发现，在无评论组以及辱骂评论组，不同性别作者的文章可信度之间并无显著差异；仅在理性反驳评论组，不同性别作者的文章可信度存在差异，且男性作者的文章可信度更高。原因可能在于，没有评论时读者可能不会对文章之外的信息进行关注；而当文章存在辱骂评论时，虽然其反驳性质会削弱文章可信度，但读者可能对辱骂评论的可信度评价降低，因此作者性别更可能影响文章可信度。

作者性别仅在高点赞评论组中对文章可信度具有调节作用，其可能原因在于，当评论量较低时，读者不容易被社会背书影响，倾向于维持自己原有的判断；而当社会背书升高时，读者容易被社会背书影响，在意社会背书所支持的内容，倾向于比较自己原有判断与高社会背书所支持内容的一致性，具有寻找更多其他线索的动力，以使得自己的观点与高社会背书所支持内容达成一致。在这一过程中，作者性别可能就成了关键的线索，当作者性别为女性时，文章本身的可信度不高而读者被说服的可能性更高。

本研究的第二个假设为理性反驳评论与辱骂评论均会削弱文章可信度。研究结果表明，不同类型的评论会对文章可信度产生影响。其可能的原因在于，理性反驳评论与辱骂评论均与文章原本的内容有分歧，从而影响了文章的可信度。相较于辱骂评论，理性反驳评论能够基于文章的事实提出自己的观点，说服效果更好，即对文章可信度的削弱作用更强。

本研究的第三个假设为，较点赞量低的反驳评论而言，点赞量高的反驳评论对文章可信度的削弱作用更大。从主效应和调节效应来看，社会线索即点赞量高低与评论类型以及二者与作者性别的交互效应均不影响文章可信度。可能的原因在于，评论具有的分歧性质已经对文章可信度具有足够的削弱作用，使得社会线索即点赞量高低发挥的作用不大。

综上，本实验的结果表明，存在分歧的评论以及作者性别均可能对文章可信度构成影响。考虑到女性在社会中的相对弱势地位，作者性别对文章可信度的调节作用仅仅产生于理性反驳评论存在的条件下，而在其他评论类型中，不同性别作者的文章可信度不存在差异，这一结果表明女性在我国的互联网空间中有着比西方国家更高的地位。未来的性别议题研究应该以此为社会背景和文化因素比较中国和西方的女性状况。

本研究在研究方法上的贡献是将文章评论视为社会线索和社会背书的表现形式。研究发现具有反驳性质的评论若存在高社会背书的社会线索，则能够进一步削弱原文章的可信度，为社会线索的影响研究提供了新的思路。在实践意义上，本研究为中国信息平台规范不文明评论提供了必要的依据，同时为寻找"提高用户参与度"与"不损害文章可信度感知"之间的平衡点提供了出路。也就是说，在确保理性反驳评论能够充分阐述个人观点的前提下，平台或作者不能以规范性为由要求对评论进行删除以保证文章可信度不受影响，平台和作者需要提高内容本身的准确性，同时理性反驳评论的存在，使之对内容发布起到敦促效果，有利于社交媒体平台内容质量的全面提升。

本研究的局限来自实验设计的几个方面。首先，评论类型仅包括了具有反驳性质的评论，尚未对认可性质的评论进行研究；第二，作为实验刺激的阅读材料聚焦于性别议题有可能影响受众的反应，虽然是随机分组，但是因为实验设计没有前测，各组被试对性别平等问题的固有态度有可能不是同一水平；第三，由于"男性作为性别不平等的既得利益者"的观念普遍存在，男性作者赞同性别不平等、呼吁平权的行为可能成为加强读者对男性作者文章可信度感知的原因之一，造成该议题文章中的作者性别差异被过度放大；第四，本研究的大多数被试者为受过良好教育的大学生，媒介素养比真实网络环境中的受众更高，有可能不是诉诸启发式线索而是诉诸理性判断。未来研究可在上述方面进行改进。

地方党报在社交媒体平台上的新冠疫情报道

——以《南方日报》微信公众号为例

龚 丽[*]

（广州华商学院，广东广州，511300）

摘要： 本研究以中共广东省委机关报《南方日报》的微信公众号为研究对象，从健康传播视角出发，采用内容分析法，从报道主题、消息来源、报道类型、公众关注度等四个方面分析地方党报如何通过社交媒体平台为公众呈现权威而及时的新冠疫情相关的报道。研究发现媒体及时全面呈现疫情的重大信息，健康信息的传播占比最大，消息来源以官方机构和专家为主，科学权威性高，公众对报道的关注度达到中等程度，可以说较好地体现了党报在新媒体平台上引领舆论的作用。

关键词：《南方日报》微信公众号；新冠疫情报道；内容分析

一、问题陈述

2019年12月，新冠疫情暴发，很快成为全人类共同面临的"敌人"，此次疫情波及范围之广、新冠肺炎传染性之强，让新冠病毒成为人类历史上最难对付的病毒之一。[①] 新冠疫情不仅是新中国成立以来传播速度最快、感染范围最广、防控难度最大的一次重大突发公共卫生事件，也是世界范围的突发公共卫生事件。广东省作为我国的经济大省，流动人口总量达4000多万人，同时又是中国对外交流的前沿，每天都有大量过境人流，[②] 因此应对新冠疫情的任务尤为艰巨。广东是最早发现输入性病例的省份之一，也是最早启动突发公共卫生事件一级响应的省份之一。

广东省从2020年1月19日出现首例输入性新冠肺炎病例开始，经受了返工潮、开

---

* 作者简介：龚丽，广州华商学院，传播与传媒学院讲师，新闻学硕士，主要从事新闻采写实务研究及新闻叙事研究。

① 郭超凯：《为什么说新冠病毒是人类历史上最难对付的病毒之一》，2020年5月16日，http://www.chinanews.com/gn/2020/05-16/9186317.shtml，2022年2月23日。

② 广东年鉴编撰委员会编：《广东年鉴2019》，广州：广东年鉴社，2019年，第356页。

学潮、境外输入潮等考验。广东省的医务工作者和医疗水平在此次抗疫过程中表现出色。至 2020 年 5 月初，新冠肺炎患者的整体治愈率达 99.12%。[①] 广东省还先后派出了近三千名医务工作者驰援湖北。广州医科大学附属第一医院的钟南山院士担任了国家卫健委抗击新冠疫情的高级别专家组的组长，为全国抗击新冠疫情的战斗做出了重大贡献。自 2020 年 5 月 9 日零时起，广东省疫情防控进入常态化，局部地区先后多次暴发的零星疫情也很快得到控制。

广东在防控突发传染病疫情方面曾经有深刻的教训。2002 年底 SARS 病毒引发的"非典"疫情最早在广东爆发时，广东省地方政府要求"省内各级新闻单位一律不得采访报道"[②]，政府信息不公开、不透明，甚至传递误导性信息，导致"社会上谣言四起，不实信息满天飞，引发部分城市居民的恐慌情绪"[③]。而 2003 年 4 月中旬以后，政府转变态度，开始及时、准确、客观地公开非典信息，并有效地动员公众抗疫，很快就取得了抗击非典疫情的胜利。广东省政府有了第一次抗击非典疫情的教训和经验，此次面对新冠疫情这个更为艰巨的任务可以说已经取得了胜利，其中大众传媒可以说起到了重要的作用。

新冠疫情作为突发公共卫生事件，具有突发性、阶段性、不确定性、信息多边性、传播迅速、波及面广和具有公共健康属性等传播特征。[④] 大众传媒作为沟通政府与公众的桥梁，作为信息发布的重要平台，在突发公共事件中具有不可替代的作用，起到传递信息、建构认知、引导舆论、粉碎谣言等多重社会功能。大众传媒的表现甚至直接影响到突发公共事件中社会恐慌的强弱程度、危机蔓延期的持续时间，以及事态的最终结果和走向[⑤]。因此，本研究从后见之明的视角，探讨在新冠疫情期间，广东地方党报如何从健康传播的视角建构公众关于新冠疫情的认知及传播效果。

健康传播（Health Communication），从广义的角度看，凡是涉及健康的内容都属于健康传播[⑥]；从狭义角度看，则关注的焦点是将医学研究成果转化为大众的健康知识，通过态度和行为的改变降低患病率和死亡率的传播行为。[⑦] 具体到新冠疫情，本文认为我国的大众传媒应该权威而及时地为公众建构对新冠疫情的科学认知和提供采取正确抗疫行动的指南。因此，本研究以广东省委机关报《南方日报》的微信公众号对新冠疫情的报道

---

① 李秀婷、朱晓枫、姚瑶：《广东新冠肺炎整体治愈率 99.12%，救治有五大特点》，2020 年 5 月 8 日，https://mp.weixin.qq.com/s/hAEQ7OUcE0Zj5ANBsvRtEg，2022 年 2 月 23 日。

② 朱雯：《媒体对非典事件报道情况的调查报告》，2003 年 5 月 12 日，http://media.sohu.com/53/74/news209207453.shtml，2022 年 2 月 23 日。

③ 陈小申：《中国健康传播研究：基于政府卫生部门的考察与分析》，北京：中国传媒大学出版社，2009 年，第 29 页。

④ 张自力：《健康传播学：身与心的交融》，北京：北京大学出版社，2009 年，第 138 页。

⑤ 同上，第 139 页。

⑥ Rogers Everett M, "The Field of Health Communication Today: An Up-to-Date Report", *Journal of Health Communication*, Vol.1, 1996.

⑦ Rogers Everett M, "The Field of Health Communication Today: An Up-to-Date Report", *Journal of Health Communication*, Vol.1, 1996.

为分析对象，从报道主题、报道信源、报道形式和传播效果四个方面进行分析。

二、研究方法

（一）媒体选择和抽样时间段

《南方日报》是广东省委机关报，在广东省占有重要地位，是广东省重要政策的首发平台，具有权威性。《南方日报》的融媒体平台在广东省内拥有大量读者，影响力较大，读者面较广。在抗击新冠疫情的战役中，《南方日报》自我定位为抗疫参战机构，统筹南方＋客户端、南方日报"两微"和其在今日头条、抖音等商业平台官方账户，构建起快速、立体的融媒体传播格局。[①] 为了方便做内容分析，此次选取《南方日报》官方微信公众号上相关推文为分析对象。

本研究通过立意抽样，选取了《南方日报》微信公众号在 2019 年 12 月 31 日至 2020 年 2 月 24 日期间发布的 276 篇相关报道为样本。之所以选择这个时间段，原因是 2019 年 12 月 31 日，《南方日报》出现了第一篇关于疫情的报道；而 2020 年 2 月 24 日，广东省将重大突发公共卫生事件一级响应调为二级，疫情防控取得阶段性成果，大众对新冠肺炎及疫情认知逐渐清晰。276 篇样本的抽取过程是：本文作者手动逐一查看抽样时间段内所有推文，只选取标题和正文的前三段中出现"新冠肺炎"或"新冠"或"抗疫"或"疫情"等四个关键词的报道。

（二）分析类目

本文以篇为分析单位，对 276 篇报道进行内容分析。分析的类目是：报道主题、消息来源、报道类型和公众关注程度（即传播效果）。

报道主题是指每篇报道中出现的主要内容，分为健康知识和健康信息两个大的主题。其中健康信息的主题又分为 4 个子主题：（1）最新疫情通报，内容包括官方通报疫情发生地及范围、疫情的控制情况、疫情出现新变化；（2）防疫政策与措施，内容包括全国、广东及各地政府和各单位采取的疫情防控政策与措施、各类防疫及生活物资的保障情况等；（3）疫情分析和辟谣，内容包括最新疫情的解读和研判，对当前公众关注的疫情热点的回应，对各类谣言进行澄清，说明事实真相；（4）宣传广东抗疫经验，内容包括宣传广东抗击疫情期间的工作经验、全国和广东医疗队驰援湖北的工作等。

健康知识的主题又分为 3 个子主题：（1）医学研究，内容包括救治措施、诊疗方案、治疗药物、疫苗研发、检测试剂的研发等；（2）疾病认知，内容包括新冠病毒的特点、性质，新冠肺炎的性质、致病机理、临床表现、传播途径、病毒溯源等；（3）防护引导，内

---

①　谢思佳、洪奕宜:《当好防疫参战机构强化战时发布功能——以南方日报抗疫早期应急响应机制为例》，《中国报业》2020 年第 8 期。

容包括科普防护知识，提醒公众自我防护的方法。

消息来源是指每篇报道中引用信息的出处。分为三大类。第一类是组织机构类，包括全国和广东省的卫生系统和除卫生系统以外的其他政府部门机构、科研院校、医院、企业、媒体等组织机构。第二类是人物类，包括各级政府官员、医疗专家、患者。第三类是文件资料类，包括期刊论文、官方文件、公开资料、截图、大数据等。

报道的体裁类型是指所选的微信公众号报道的体裁，分为六个类型：消息、专题报道、人物专访和通讯、图片新闻、科普文章、官方文件。

公众关注程度是指报道的阅读量，以及网友的反馈信息，分为四个等级：（1）极高关注度：阅读量10万+，网友留言互动多；（2）较高关注度：阅读量5万至9万，网友留言互动较多；（3）中等关注度：阅读量1万至5万，网友留言互动适中；（4）低关注度：阅读量1万以下，少量网友留言。

（三）编码员间信度测试

为了保证分析的客观性，本文作者随机抽取了60篇报道，先后间隔两个月时间进行了编码员间信度测试，四个变量的测试结果都高于克丽芬多夫阿尔法0.8，达到内容分析方法的要求。[①]然后由本文作者自行完成所有编码工作。

三、研究发现

（一）媒体及时全面呈现疫情的重大信息，总体以正面报道为主

统计选取的276篇样本发现，2019年12月31日开始第一篇报道，2020年1月份报道量为85篇，2月份报道达到190篇，报道量呈急剧增长的态势。尤其突出的是，从1月20日开始，报道量大幅增加，这显然是由于1月20日钟南山院士公开判断新冠病毒"人传人"。权威医学专家对新冠病毒传染性的确切论断，成了公众对新冠病毒和新冠肺炎认知的一个转折点。

《南方日报》的微信公众号文章及时全面呈现疫情的重大信息，根据其2019年12月31日至2020年2月24日的报道，可以梳理出这两个月期间新冠疫情发展的重大事件，如表1所示。可以看出，《南方日报》微信公众号的文章在疫情尚"不明原因"的阶段就开始及时报道出现的疫情，并及时报道世界卫生组织对疫情的判断和我国政府采取的抗疫行动，公开透明的报道有助于减少公众的恐慌感，是抗疫成功不可或缺的前提。

---

① Klaus Krippendorff, Content Analysis, Sage Publications, 2003.

表1　疫情初期，新冠疫情发展重大事件表

2019 年 12 月 31	武汉突发不明原因的肺炎
2020 年 1 月 9 日	专家初步判定肺炎的病原体为新型冠状病毒
1 月 12 日	世界卫生组织正式将其命名为 2019-nCoV
1 月 19 日	确定首例输入性新型冠状病毒感染的肺炎确诊病例
1 月 20 日	呼吸病学专家钟南山院士公开证实新冠病毒"人传人"
1 月 22 日	中国政府将疫情防控上升到国家层面
1 月 23 日	武汉宣布"封城"
1 月 23 日	广东省启动突发公共卫生事件一级响应
1 月 23—29 日	中国内地 31 个省级行政区均已启动突发公共卫生事件一级响应
1 月 30 日	世界卫生组织（WHO）宣布新冠肺炎疫情为国际关注的突发公共卫生事件（PHEIC）
2 月 24 日	广东省突发公共卫生事件一级响应调整为二级

276 篇报道总体偏向正面报道，即向公众发布相关健康信息的解释和应该采取的行动，针对政府组织抗疫工作的批评报道很少。批评报道主要是针对部分民众瞒报疫情、对抗隔离，以瞒报引发巨大危害的个案为报道重点，引导公众配合政府的防疫措施。例如《一个人干停医院门急诊，一家人干趴一栋楼，请严惩瞒报者！》一文，站在个人对疫情防控的责任的视角，指出每个人的行为都关系到整体的抗疫成果，该报道阅读量达 10 万以上。

（二）在报道主题上侧重报道健康信息，及时全面满足公众的信息需求

因报道中不少是专题报道和组合报道，一篇报道中涉及多个报道主题。276 篇报道中，具有单一主题报道 212 篇，其中涉及多个主题的报道 64 篇。疫情通报、疫情分析、医疗救治、疾病认知、防护引导往往交叉出现在一篇报道中。本研究按照每篇报道中出现的内容主题编码，因此编码结果的总数比分析单位的总数要高，表 2 报告主题的分布。

在 276 篇报道中出现健康信息和健康知识两大主题共 362 次（100%），其中涉及健康信息主题 238 次，占比 66%；涉及健康知识主题 124 次，占比 34%。也就是说，《南方日报》微信公众号在这一时间段内的报道更注重向公众传达与疫情有关的健康信息，有助于公众及时了解疫情发展情况，政府的防控政策和抗疫措施，特别是针对疫情的谣言及时辟谣，这些都是抗疫成功必不可少的条件。

表2　健康信息与健康知识主题分布

健康信息子主题	次数（百分比）	健康知识子主题	次数（百分比）
最新疫情通报	91（38.2%）	防护引导	55（44.4%）
防控政策与措施	80（33.6%）	医学研究	36（29.0%）
广东抗疫经验宣传	35（14.7%）	疾病认知	33（26.6%）

续表

疫情分析与辟谣	32（13.4%）	/	/
总数	238（100%）	总数	124（100%）

从表2可以看出，在276篇报道中，健康信息主题共出现238次（100%）。其中，最新疫情通报子主题出现91次（约占总数的38%），防控政策与措施出现80次（约占总数的34%），广东抗疫经验宣传出现35次（约占总数的15%），疫情分析与辟谣出现32次（约占总数的13%）。健康信息这些子主题的分布显示出《南方日报》微信公众号的文章特别注重及时向公众报道疫情的动态，同时又及时告知公众广东省政府采取的防疫政策和措施，这两个子主题出现的次数超过了总数的70%，可以说是及时全面地满足了公众的信息需求。广东抗疫经验宣传和疫情分析与辟谣这两个子主题出现的次数和占健康信息主题总数的比例非常接近，在向公众及时报告疫情发展动态和政府措施的同时，《南方日报》微信公众号的文章也积极正面宣传广东省在抗疫方面的成果，包括对湖北省的支援，给公众以战胜疫情的信心；同时，及时辟谣大大缓解了公众对新传染病的恐慌，增强了公众战胜疫情的信心。

在276篇报道中，健康知识这个主题共出现124次（100%）。其中，防护引导子主题出现55次（约占总数的44%）；医学研究子主题出现36次（占总数的29%）；疾病认知子主题出现33次（约占总数的27%）。从健康传播的视角来看，《南方日报》微信公众号在所选时间段（疫情初起到抗疫取得阶段性成功）的报道以健康信息为主，及时全面地满足公众对公共健康危机发生期间对事态发展的信息需求，与此同时，还进行了医学相关知识的传播，有助于公众整体上提升科学素养。例如，有关防护引导的主题报道的是戴口罩、勤洗手、多通风、吃熟食、不吃野味、及时就医等内容，这些防护知识简化为简洁重复的词语，在不同的报道中反复出现，形成强化效果。这些类似宣传语的防护知识，清晰明确地引导公众养成良好的健康习惯。

在健康知识的传递方面，《南方日报》微信公众号的报道还运用了大量的微海报和科普日历等形式，它采用了适应手机屏幕的竖排、字大意简、要点突出、生动美观，把繁杂深奥的病毒和疾病知识凝练成几句简单的话，用单幅或组图等形式呈现给读者。这种传递健康知识的形式较好地满足了当下公众的阅读习惯。

（三）消息来源以官方信息和权威专家为主

因本研究从健康传播的视角出发，考察《南方日报》微信公众号从疫情初起取得阶段性抗疫胜利这个时间段内如何为公众建构有关疫情的信息，因此在分析报道的消息来源时重点分析了疫情通报、防护救治、疾病认知、医学研究这四类特别需要权威信息源的报道的消息来源。在这四类主题的报道中共有92篇报道提到了消息来源共212次。消息来源总体分为三大类，引用最多的是人物类，117次，占消息来源总数的55%，组织机构类，引用 89 次，占消息来源总数的 42%，文件资料类，引用 6 次，占消息来源总数的 3%。也就是说，《南方日报》微信公众号的抗疫报道的消息来源主要以权威人物和权威机构为主。本文又对人物类消息来源和组织机构类消息来源进行了进一步分析，表 3 和表 4 分别为分布情况。

表 3　人物类消息来源的分布

消息来源	数量（百分比）
医疗专家	65（55.6%）
政府官员	40（34.2%）
患者	12（10.3%）
总数	117（100%）

从表 3 可以看出，《南方日报》微信公众号的疫情报道中，引用最多的人物消息来源是医疗专家，包括医院的呼吸科、肺病科、ICU 专家、钟南山院士、科研人员等，引用 65 次，占人物消息来源的近 56%；其次是政府官员，包括广东省疾控中心、国家卫健委的领导、广东省的各级党政领导等，引用 40 次，占人物消息来源的约 34%；再次是患者，引用 12 次，占人物消息来源的约 10%。从这三类主要人物消息来源的分布可以看出，《南方日报》微信公众号的疫情相关报道有超过一半的人物消息来源是医学专家，有超过 30% 的人物消息来源是政府官员，这两类人物占人物类消息来源的近 90%。

也就是说，《南方日报》微信公众号的疫情相关报道，从疫情初起到取得阶段性抗疫胜利，为公众建构的公共话语图景是医学专家和政府各级官员从医学科学的角度和社会管理的角度一直在为保护公众健康行动着，非常有助于公众安心，减少焦虑，这些都在全社会层面上有助于取得抗疫成功。同时，《南方日报》微信公众号的抗疫报道中还有 10% 的人物消息来源是新冠肺炎患者，这些受到及时的医疗救治并最终恢复健康的患者在新闻报道中作为消息来源出现，有助于从普通公众的视角了解万一染疫的后果，有助于公众减少焦虑和对万一染疫的恐惧感。

表 4　组织机构类消息来源的分布

消息来源	数量（百分比）
国家和地方卫生系统和其他政府部门	46（51.7%）
媒体	24（27%）
医院	11（12.4%）
科研院校	7（7.8%）
企业	1（1.1%）
总数	89（100%）

从表4可以看出，《南方日报》微信公众号的抗疫报道中，引用最多的组织机构是国家和地方的卫生系统和其他政府部门，引用46次，占组织机构类消息来源的52%；其次是媒体机构，即《南方日报》自己制作的科普资料和转自《人民日报》和央视新闻等其他媒体的科普信息，引用24次，占组织机构类消息来源的27%；再次是医院，引用11次，约占组织机构类消息来源的12%；再次是科研院校，引用7次，占组织机构类消息来源的近8%；最后是企业，引用1次，约占组织机构类消息来源的1%。

从这五类组织机构类消息来源的分布可以看出，《南方日报》微信公众号的疫情相关报道有超过一半的组织机构类消息来源是国家和地方的卫生系统和其他政府部门，有接近30%的组织机构类消息来源是媒体，这两类组织占组织机构类消息来源的近80%。也就是说，无论是引用人物作为消息来源，还是引用组织机构作为消息来源，《南方日报》微信公众号的抗疫报道最为倚重的消息来源都是官方信息和权威专家，为公众正确了解疫情动态和采取正确的抗疫行动、减轻公众焦虑起到了积极的作用。

（四）报道类型以文字消息为主，篇幅与传播效果成反比

在276篇样本中，《南方日报》微信公众号的疫情相关报道的体裁类型的分布如表5所示。

表5　报道体裁分布

报道体裁类型	数量（百分比）
消息	135（48.9%）
专题报道	65（23.6%）
通讯特写	39（14.1%）
图片新闻	20（7.2%）
官方文件	13（4.7%）
科普文章	4（1.4%）
总数	276（100%）

从表5可以看出，在276篇样本中，有135篇是消息，占报道总数的近49%；专题报道65篇，占报道总数的近24%；通讯特写39篇，约占报道总数的14%；图片新闻20篇，约占报道总数的7%；官方文件13篇，占报道总数的近5%；科普文章4篇，约占报道总数的1%。

在这场突发公共卫生事件中，《南方日报》微信公众号发布的相关报道接近一半是以时效性为主要标志的消息，即本源意义上的对最新变动的事实的报道，充分发挥了"传递信息、沟通情况"这一最主要的大众传媒功能，满足公众对最新信息的需求，取得了较好的传播效果。从公众关注度来看，消息类报道关注度最高，在13篇传播量超过10

万 + 的报道中，有 8 篇是消息。

专题报道和通讯特写这两类体裁在报道总数中占比加起来也较高，接近 38%，这两类报道篇幅通常较长。专题报道主要是以文图形式对广东省政府每一场新闻发布会进行实录报道，另外还有部分是辟谣专题。通讯特写主要是对抗疫一线的医务工作者、特殊岗位的工作人员、治愈患者、逃避隔离者等人物经历的报道。整体来看，报道篇幅越长，阅读量越低；篇幅越短，阅读量反而高；自采本省的原创新闻阅读量高于转载的新闻。

本文以阅读量和公众留言活跃度为标准对《南方日报》微信公众号的疫情报道的传播效果进行了四个等级的区分，图 1 是编码结果。

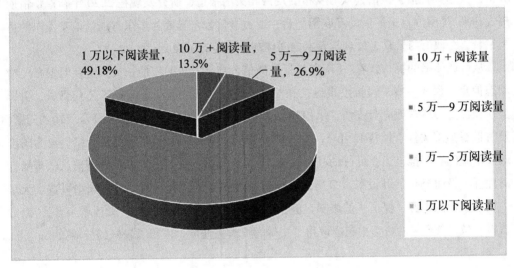

图 1　报道阅读量的分布

从图 1 可以看出，在 276 篇报道中，188 篇的阅读量在 1—5 万之间，也就是中等关注度的报道占报道总数的 68%；49 篇报道的阅读量在 1 万以下，也就是低关注度的报道占报道总数的 18%；26 篇报道的阅读量在 5—9 万，也就是高关注度的报道占报道总数的 9%；13 篇报道的阅读量达到 10 万以上，也就是极高阅读量的报道占报道总数的 5%。也就是说，《南方日报》微信公众号的疫情相关报道超过 80% 在关注者中的阅读量达到中等程度以上，取得了较好的传播效果。

四、结语

2020 年初发生的新冠疫情是全国性甚至全球性的重大突发性公共卫生事件，迄今在全球范围内仍在传播，在我国也未彻底解除危机。值得庆幸的是，我国政府及时采取正确的应对措施，与世界其他国家相比，可以说已经取得了对疫情的决定性胜利，目前只是应对零星发生的疫情。关于新冠疫情的报道，国家级官方媒体在影响全国的重大信息的传递上，具有地方媒体无法比拟的时效性、专业性和权威性。但新冠病毒的传播具有较强的地域性，不同地域又各具特点，因此本文认为有必要研究地方媒体如何为地方读者建构有关新冠疫情的认知，正确引导舆论，为抗击疫情提供重要的助力。

在新冠疫情这样的特殊时期，政府、媒体、公众相互依存，地方政府主导和推动地方防疫、抗疫的全面工作，地方媒体成为地方政府信息发布和传播的重要渠道。地方政府高效、负责和政府信息的公开、透明，这是民众建立对政府信任的基础，也是突发公共卫生事件中健康传播的重要起点。广东省在不到一个月的时间里迅速取得了抗疫的阶段性胜利，广东的地方媒体，特别是党报，起到了重要的作用。本文从后见之明的角度，分析了《南方日报》微信公众号发布的疫情相关的报道，研究发现在2020年新冠疫情期爆发初期，《南方日报》借助互联网平台，通过微信公众号成为广东省疫情信息发布的重要平台，为政府与公众、公众与专家之间建起了沟通的桥梁。

从健康传播的视角来看，《南方日报》微信公众号发布的疫情相关报道及时发布疫情动态信息、深入一线采写抗疫报道，并对谣言进行粉碎和澄清，缓解了公众恐慌，引导公众积极冷静科学地应对疫情，承担起了主流媒体应有的社会责任。对公众反馈的问题，及时进行追踪关注、回应和引导，有效地缓解了公众的恐慌和其他负面情绪，也为防疫政策措施的有序推进建立良好的社会基础。《南方日报》对健康知识、健康信息的传播针对性强、及时到位。开设科普日历、用微海报等新形式，简洁明了进行知识科普。大量采用权威消息来源，保证了健康知识健康信息的权威性和科学性。从阅读量来看，《南方日报》微信公众号的疫情报道也取得了中等程度的关注度，取得了较好的传播效果。

六、广告区域史研究

主持人语

自 20 世纪 80 年代以来，区域史研究在我国开始兴起，逐渐成为史学研究中的热门领域。广告与区域历史有千丝万缕的联系，广告区域史是传媒挖掘不尽的文化财富，既可丰富传播内容，又能夯实广告的学科建设。

信息化时代的到来为广告区域史的腾飞提供了良好的基础和广阔的发展空间，也为广告史研究提供了很好的舞台。目前，广告史研究也面临一些新问题，自身需要深化发展。其中一个主要问题就是同质化现象严重，多数以编年史形式展开，对共通的一些广告史料进行整理。这种研究取向造就了广告史"上不及传播史之深刻，下不如新闻史之实用"的尴尬境地。我们有必要对广告史研究进行一点矫正：从对普适性知识的诉求更多地转向对特定性知识的探索，从"放之四海而皆准"的宏大叙事转向更富信息量的小型叙事，从对传统的"主流—中心"研究走向天地更广的"边缘"研究（蔡尚伟、何晶，2005）。

引入区域分析的方法，发展广告区域史，是实现广告史研究的"后现代化"转向、深化中国广告史研究、建构中国特色广告学体系的一条重要路径。广告区域史的研究，在特定区域条件下对各个区域各种广告关系做集中的考察，避免了大范围、粗线条的资料搜索和概括，有利于获得翔实丰富、细微特色的局部资料，在局部研究上取得质的突破，从而为在更大区域范围内进行历史比较研究做了基础准备。没有对广告区域史的深刻认识，任何对整体意义上的广告史认识都是不全面的。

基于此，本期栏目收集了三篇相关论文。《新中国成立波折期（1949—1978）广州广告的传播特色》一文，探讨了广州地区在 1949—1978 年期间，广告的地域特色。文章认为，"文革"前的广州广告（1949—1965）主要有三个特点：建设新中国广告激动人心、商业广告围绕发展生产主题、抗美援朝广告提供精神食粮。"文革"中的广州广告（1966—1976）主要有四个特点：报纸政治广告盛行、户外政治广告繁荣、影视广告仍存、广交会未中断。"文革"后的广州广告（1977—1978）主要有三个特点："文革"余毒仍在、批判"四人帮"广告众多、真理标准大讨论。这些结论与地域史料的挖掘改变了我们传统认为的"文革"期间无商业广告的认知，丰富了新中国成立波折期的广告社会镜像。

《记录与想象：上海〈妇女杂志〉广告中"新女性形象"》一文，研究上海《妇女杂志》作为商务印书馆着力打造的一本女性期刊，近代上海女性的社会角色和性别认同也通过期刊广告画面传递给读者，这些期刊广告为近代上海女性提供了新女性的"形象"标准。为其消费和社会行为提供了理想化的想象和追求。文章认为，《妇女杂志》女性广告通过展示时尚而充满现代感的商品，传播西式生活理念和消费方式，营造了"新女性"对先进生活图景的欲望和想象，诱导了女性奉行"新贤妻良母""新知识女性""新健康女性"的女性形象，通过消费引领了近代上海社会风尚和潮流，同时促进了近代商业经济的繁荣。同时，广告也促进了女性及其家庭成员日常生活的现代化。

《粤港澳湾区的历史回望——基于晚清十三行商业传播中的粤港澳角色而论》一文，认为晚清十三行的出现是基于全球跨国商业传播的繁荣，呈现了以广州为中心、粤港澳三地进出口商业传播的兴盛。粤港澳三地的商业传播发展既依存其河海交汇的地理优势，更取决于当时的历史大事件所推动的政策和体制，三地的商业传播角色与地位随着历史的变迁而不断交替与变化，三地商业传播历史呈现了粤港澳经贸往来的依存共生关系。粤港澳三地的经贸发展既依存其河海交汇的地理优势，更取决于当时的历史大事件所推动的政策和体制，三地的贸易角色与贸易地位随着时局的动荡、政策的更替、历史的变迁而不断交替与变化。

上述三篇论文分别从广州、上海以及以广州十三行为主题的粤港澳三地的商业互动，剖析了区域广告史的内在机理，权当抛砖引玉。中国是一个具有 5000 多年悠久历史的国家，许多城市在历史发展过程中形成独具特色的区域文化，广告应该深根于区域文化当中，不仅要调适，还要引导区域文化的发展。广告区域史的研究有助于形成百花齐放的广告学研究格局，这种格局是中国国情所决定的，是其他国家不会发生的现象。只有深入研究广告区域史，各个区域才能形成自己独特的广告定位，提出适合本区域的广告理论，从而为建构起完整的中国特色广告学体系贡献力量。

（暨南大学新闻与传播学院教授 林升梁）

新中国成立波折期（1949—1978）广州广告的传播特色

林升梁　叶莉君[*]

（暨南大学新闻与传播学院，广东广州，510632）

摘要："文革"前的广州广告（1949—1965）主要有三个特点：建设新中国广告激动人心、商业广告围绕发展生产主题、抗美援朝广告提供精神食粮。"文革"中的广州广告（1966—1976）主要有四个特点：报纸政治广告盛行、户外政治广告繁荣、影视广告仍存、广交会未中断。"文革"后的广州广告（1977—1978）主要有三个特点："文革"余毒仍在、批判"四人帮"广告众多、真理标准大讨论。

关键词：新中国；波折期；广州；广告

新中国成立后不久，全民的社会主义改造如期而至。1951年年底开始，"三反""五反"运动展开，企业家失去了独立的身份，彻底成为国家机器齿轮上的一颗螺丝钉。当差异化的市场竞争被统购统销的计划经济所取代，列宁装、中山装、军鞋取代了旗袍、西装、皮鞋，资本家退出企业经营，将企业交给国家，广告不再需要很多技巧，不再五光十色，不再有靓女帅哥，而是充斥着农田、厂房、电网、水坝、烟囱、锅炉等国家建设的元素。"文革"前的广告还能围绕经济建设来运作，但"文革"开始后，民国时期知名品牌都改名为"建设""红旗""解放"等革命色彩强烈的名称。报纸上的广告数量锐减，广告的产品类别均是实用性很强的日常用品，广告诉求方式均为写实性的功能诉求，或者干脆换上毛主席语录。经济领域的"政治挂帅"使老百姓生活十分拮据，衣食住行面临很大困难。在国家意志下，中国社会确实实现了"不患寡而患不均"的平均主义，人和人之间的生活差距确实不大，生活水平普遍低下，生活资料被牢牢掌握在国家手中，并通过"馈赠"的方式配额给人民。一切商业活动均被视为"资本主义复辟"的政治问题，工商业又一次被"抑制"了。这一切直到1976年粉碎"四人帮"以后才得到改善。

---

　　* 作者简介：林升梁（1977—），男，暨南大学新闻与传播学院教授，研究方向：广告；叶莉君（2002—），女，暨南大学新闻与传播学院学生，研究方向：广告。

一、"文革"前的广州广告（1949–1965）

1949 年 10 月 1 号，中华人民共和国在北京正式成立，标志着中国进入了一个新的历史时期。同年 10 月 28 日，广州市人民政府正式成立，叶剑英主政广东。广州是国民党军撤退的最后一个大城市，解放之初，情况十分复杂。广州市市长叶剑英和上海市市长陈毅成为国民党特务机关千方百计想除掉的南北两颗"眼中钉"。同年 11 月 11 日，广州军民举行庆祝解放大游行和人民解放军入城的盛大仪式，军队进城后，敌特收敛了很多，政治的稳定带来社会的发展。广州市政府十分重视广告业的管理，对广告公司进行了改造，并着重建设社会主义广告事业。广州广告业在新中国成立前和成立后，就一直以各种内容形式适应着时局的发展变化，在广州经济发展中扮演重要作用。

1.建设新中国广告激动人心

广告，顾名思义"广而告之"，便是将信息传达给大众，商家要推送产品达到售卖的效果，政府要发布政令达到传播治国方略的目的，还有学习"老大哥"、歌颂主旋律、建设新中国的公益广告。不同的广告主题，从不同的角度反映着时代的变迁和广州的演变。

1949 年，新中国成立。成立初期，政府显然需要工商业的资产阶级力量运转国家经济。1949—1951 年，政府采取了"团结"和"包容"的政策——通过赎买将私人企业变成国营企业。新中国成立以后广州也一样进入经济恢复工作和社会改革，进行大规模、有计划的经济改造和建设。广州人民扫除老文盲、学习新知识、掌握新技能的热情空前高涨。（图 1[①]、图 2[②]、图 3[③]、图 4[④]、图 5[⑤]、图 6[⑥]、图 7[⑦]）这个时期，国家领导也十分重视经济建设，毛主席曾到广州造纸厂视察工人生产状况。

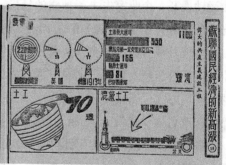

图 1　中苏友好万万年　　　　图 2　苏联国民经济的新高涨

① 劳丹:《中苏友好万万年》,《广州日报》1952 年 12 月 14 日, 第 3 版。
② 未名:《苏联国民经济的新高涨》,《广州日报》1953 年 1 月 4 日, 第 4 版。
③ 未名:《新中国的新气象》,《广州日报》1952 年 12 月 26 日, 第 3 版。
④ 未名:《迎接建设高潮》,《广州日报》1952 年 12 月 3 日, 第 3 版。
⑤ 李泽生:《学好功课, 准备建设祖国》,《广州日报》1953 年 6 月 10 日, 第 3 版。
⑥ 未名:《大力推行速成识字法, 扫除文盲》,《广州日报》1952 年 12 月 21 日, 第 3 版。
⑦ 段理宝:《为超额完成国家生产计划而努力!》,《广州日报》1953 年 10 月 3 日, 第 3 版。

图 3　新中国的新气象　　　　　　图 4　迎接建设高潮

图 5　学好功课，准备建设祖国　　图 6　大力推行速成识字法，扫除文盲

图 7　为超额完成国家生产计划而努力！

2. 商业广告围绕发展生产主题

新中国建立初期，全国的经济情况都十分萎靡不振，广州工商业萧条，同样影响到广州广告业的发展。广州市人民政府通过没收官僚资本、鼓励发展民族工商业、稳定金融秩序等各种措施，经济得到了恢复，社会生产和人民生活都变好了。许多民需用品广告和企业广告出现在广州报纸上，产品广告多数宣传加快生产、繁荣经济（图8①、图9②、图10③、图11④），企业广告则多数宣传增加供应、改进工艺技术（图12⑤、图13⑥、图14⑦、图15⑧）。

图 8　飞马牌蓝黑墨水

图 9　联合出品各款胶鞋

图 10　五羊牌电池

图 11　航空牌电池

① 未名：《飞马牌蓝黑墨水》，《广州日报》，1953 年 5 月 10 日，第 4 版。
② 未名：《联合出品各款胶鞋》，《广州日报》，1953 年 5 月 29 日，第 3 版。
③ 未名：《五羊牌电池》，《广州日报》，1953 年 5 月 27 日，第 3 版。
④ 未名：《航空牌电池》，《广州日报》，1953 年 2 月 2 日，第 3 版。
⑤ 未名：《中国五金机械公司广州市分公司》，《广州日报》，1953 年 2 月 21 日，第 3 版。
⑥ 未名：《中国化工原料公司广州分公司》，《广州日报》，1953 年 10 月 1 日，第 3 版。
⑦ 胡卓、李敏：《实行新工作法，提高工作效率》，《广州日报》，1953 年 10 月 12 日，第 3 版。
⑧ 未名：《广兴布厂纺织女工使用多位操作法的情形》，《广州日报》，1952 年 12 月 19 日，第 3 版。

图 12　中国五金机械公司广州市分公司　图 13　中国化工原料公司广州分公司

图 14　实行新工作法，提高工作效率　图 15　广兴布厂使用多位操作法的情形

　　这段时间，广州市政府颁布了不少广告法令和法规来规范广告业的发展，这对于刚经过战争洗礼和经济萧条的广州广告业来说，是必不可少的。1951 年 5 月，为了增强对广告的引导和管理，广州市人民政府颁布《广州市广告管理暂行办法》，出台地方管理法规条例，深化了政府对广告传媒行业的管理，也说明广州对于广告业的重视。在这段广州经济恢复时期的广告管理条例中，对于广告内容、广告经营单位、广告审批制度都有比较明确的规定。广告内容以"纯正为主"，"凡工厂、商店推销商品的广告宣传必须以品质、效能、使用方法做纯正的介绍，不得虚伪夸大。不得发布违反政府政策，滥用国徽、国旗、革命领袖肖像、迷信、有伤风化，妨碍交通、消防、市容的广告"。就这样，在广州市人民政府的正确管理下和广告行业自身的努力下，广告业逐渐恢复并成长起来。

　　3. 抗美援朝广告提供精神食粮

　　1950 年 7 月 10 日，中国人民反对美国侵略台湾朝鲜运动委员会成立，抗美援朝运动就从此开始了。同年 10 月，中国人民志愿军奔赴朝作战，拉开了抗美援朝战争的序幕。在抗美援朝战争中，志愿军队得到解放军全军和全国人民的大力支持，得到了当时以苏联为首的社会主义阵营的帮助与配合。1953 年 7 月，双方签订《朝鲜停战协定》，自此抗美援朝胜利结束。1958 年，志愿军全部撤回中国。抗美援朝期间，各种各样的广告宣传为中国人民的后勤生产、安定民心、鼓舞士气等方面起到了很大作用。

在广告《侵朝美军前途悲惨》中（图 16）[1]，美军双手捧着骨灰盒和军火订单文书以及武器等，领头的是当时美国总体艾森豪威尔。广告强有力地揭示了美国侵略朝鲜给自己带来的悲惨前景："骨灰盒"送给仆从国、左手抱着税单、右手拿着伤亡通知单，从而大大鼓舞了中国人民的士气。在另一幅广告"纺二厂细纱间"（图 17）中，表面上只是在描绘为了增产的生产车间，细看生产车间的墙上，会发现贴有"抗美援朝"这四个字。[2]这表明抗美援朝成为一场爱党、爱国的社会运动，人民无私地捐出他们的一片劳动赤诚，搞好后勤生产。在发动全民生产背景下，人人参与，有钱出钱，有力出力，超额完成任务，为抗美援朝的胜利打下了夯实的群众基础，正如广告宣传画（图 18）中所言："这胜利，这光荣，我们都有份！"[3]1953 年 1 月，《广州日报》刊登了一则广告（图 19）：左边的中国人，夹带着抗美援朝和基本建设计划文件，身着 1953 年标识的服装，与一位头戴 1952 年标识，身上贴有"三反五反""土地改革""抗美援朝"等标识的时间老人握手，窗外天安门礼花盛开，祝贺新年的到来。[4]这个广告寓意着辞旧迎新，对新一年的美好期待。

图 16　侵朝美军前途悲惨

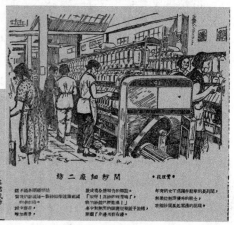
图 17　纺二厂细纱间

① 华君武：《侵朝美军前途悲惨》，《广州日报》1953 年 1 月 6 日，第 4 版。
② 段理宝：《纺二厂细纱间》，《广州日报》1953 年 8 月 2 日，第 3 版。
③ 廖冰：《这胜利，这光荣，我们都有份！》，《广州日报》1952 年 8 月 2 日，第 3 版。
④ 寿松：《一九五二年："祝福你，一九五三年！"》，《广州日报》1953 年 1 月 7 日，第 3 版。

图 18 这胜利，这光荣，我们都有份!　　　　图 19 "祝福你，一九五三年! "

二、"文革"中的广州广告（1966—1976）

1966 年到 1976 年，是我国"无产阶级文化大革命"时期，这段时期新中国的广告受到了巨大的冲击。首先，十年的"文化大革命"让整个国家的经济处于崩溃的边缘，商业广告失去了它的生存土壤。其次，在高度集中统一的计划经济体制下，企业失去了经营自主权，更因为国内动乱十分严重，运输交通长期不通，商品往来受阻，广告失去了促进销售的作用。最后，由于社会商品的紧缺，长期采用凭票定量供应的方法，人民生活水平下降，消费能力大打折扣，广告也暂时失去了它存在的意义。

1. 报纸政治广告盛行

"文革"时期一切商业广告被当作资本主义的产物，是崇洋媚外的舶来品，广告公司被解散，广告从业人员下岗转行，媒体上几乎很少出现广告，因此有人说这段时间是商业广告的空白期。但是从广而告之的角度看广告，这个时期仍然存在许多政治广告。广州报纸上刊登了诸多毛主席万岁广告、语录广告、肖像广告和毛泽东思想广告。

"文革"时期政治广告的最大特点就是创造出一大批朗朗上口的语录广告，成为一个时代的印记。翻阅大量"文革"时期的广州报纸，发现每篇报纸的开头都会附上一则毛泽东语录，这些语录简短精悍、朗朗上口，很容易达到传播信息的效果。"文革"时期的政治广告口号一喊就是十年，深深留在那个年代人们的心中。

2. 户外政治广告繁荣

在广州市中心，有一条路是广州市越秀区一条集文化、娱乐、商业于一体的街道，是广州城建之始所在地，也是广州历史上最繁华的商业集散地。1966 年"文化大革命"期间这条路从之前的"双门底""永清路""永汉路"被改名为"北京路"，寓意广州人民拥护党中央、向往首都北京之意，因路名形象反映了广州古城发展的中轴线之地位，故至今路名未变。广州北京路的名字，与北京的王府井、上海的南京路、武汉的汉正街一样，是本地最繁华商业区的代名词，来广州的商旅没有不到北京路的，它被称为"岭南第一街"。"文革"时期在北京路边，张贴大量的政治宣传画、宣传标语，当时广州的大字报、宣传画、张贴画均汇集于此。

3. 影视广告仍存

"文革"时期报纸虽然充斥着各种各样的政治广告，但作为文化产品的影视剧，这一时期仍顽强地生存在报纸的空间里（图20[①]、图21[②]）。作为"文化大革命"的"重要文艺成果"，"样板戏电影"是在江青的直接过问下拍摄的。"样板戏电影"能够为人们提供的耳目之娱毕竟有限，于是，故事片的创作又被提上议事日程。"文革"中的故事影片创作，始于1973年。早在1972年7月毛泽东就对当时的文艺界状况提出严厉的批评，指出"现在电影、戏剧作品太少了。"1973年元旦，周恩来在接见电影、戏剧、音乐工作者时，做了语重心长的指示："电影的教育作用大，男女老少都需要它，这是大有作为的。"正因为如此，影视广告才有了生存的空间。

图20　影视广告

图21　影视广告

4. 广交会未间断

早在1954年和1955年，广州就连续举办了两届"华南物资交流会"，增加了出口货源，扩大了外销。1956年，广东省外贸局向中央建议，在广州举办一次全国性的中国出口商品展览会。当年11月10日，中国出口商品展览会隆重开幕，会期长达2个月，汇集了当年中国主要出口商品近万种，各个交易团与数十个国家和地区的5千多名客商达成5千万美元的交易。[③]中国出口商品展览会成功举办的试水之旅，为广交会的诞生积累了丰富的经验，1957年春天，第一届广交会应运而生。

"文革"时期，中国大门关上的时候，却留下了一扇窗，这扇窗就是广交会。得全国改革开放之先的广东是幸运的，就算是"文革"期间，一年两度的广交会从未中断。当然广交会也跟随着政治的风向标，处处体现特定时代的特色。当时的广交会展馆，各种

---

① 未名:《影视广告》,《南方日报》1975年10月31日，第5版。
② 未名:《影视广告》,《南方日报》1975年10月8日，第4版。
③ 孟红:《"中国第一展"——广交会的沧桑巨变》,《文史春秋》2010年第2期。

语录、标语满天飞，宣传工作上要求时时处处事事体现毛泽东思想，突出毛主席的光辉形象。在 1966 年的秋交会闭幕后，工作人员从广交会展馆内收回了两千六百多幅大大小小的语录牌和四百多幅领袖的画像、照片。1974 年广交会乔迁新馆，流花路新馆楼顶放置了一块长达 50 米的标牌，上面写着"沿着毛主席革命路线胜利前进，全世界人民大团结万岁"。"文革"期间，西方来中国参加广交会的人手里流行一本模仿《毛主席语录》的"红宝书"，书名是《与中国人做生意的秘密》。书中详细介绍了参加广交会的"诀窍"：你在广州下飞机前，要检查一下胸前是否佩戴了毛主席像章以及公文包中是否装上了《毛主席语录》。你去旅馆后争取尽快约见广交会负责人或你的贸易伙伴，但不要马上谈生意，也不必约他吃饭，而是最好表示你想要观看一次样板戏，说你对《红灯记》等戏仰慕已久……这一时期尽管国内工农业生产遭受严重破坏，广交会出口成交每届有增有降，但仍保持了总体增长的趋势，撑起外贸出口的"半壁江山"。

　　"文革"时期，偌大个中国只广州一个出口，只广州能见到外国人。每逢"广交会"开幕，海珠广场、交易会门前便人山人海，挤满围观的人群。广州的工厂、农村、学校、饭店都设开放点，接待外宾，而市区为最大的开放点。既然开放，便要对外宣传，除了唱歌跳舞便是宣传画了。广交会需要绘制大量巨型的政治宣传画，因此，部分下放到干校的广州老艺术家得以"回城"搞"创作"，年轻一点的画家得以在广州画宣传画、创作配合政治形势的作品。试想在那个时期，能有绘画的机会是多么不容易。所以，当时广州的美术创作是领先于全国的，年轻画家迸发出来的力量是惊人的。在全国美术一片"红光亮""高大全"的样板模式中，广州的画家思维活跃、独辟蹊径、技巧细腻，大胆讴歌人性，用充满生活气息、清新自然的艺术语言来反映时代主题，留下了一批"红色经典"的佳作，从而得到全国瞩目，产生强烈反响。比如 1970 年春交会前夕在广州东校场门口悬挂的巨幅宣传画（图 22）。而张绍城画的《广阔天地新苗壮》（图 23）在 1973 年悬挂在广交会大楼东北侧起义路与大新路交接处，后被《人民日报》彩色版发表。

图 22　1970 年春交会前夕在广东东校场门口

图 23 广阔天地新苗壮

三、"文革"后的广州广告（1977—1978）

1976 年 9 月 9 日 0 时 10 分，毛主席逝世。1976 年 10 月 6 日，以华国锋、叶剑英、李先念等为核心的中共中央政治局，履行党和人民的意志，采取措施果断地逮捕了江青、张春桥、姚文元、王洪文等人。"文化大革命"的十年内乱自此结束。全国亿万军民立即举行盛大的集会、游行仪式，大力庆祝粉碎"四人帮"的历史性胜利。

1."文革"余毒仍在[①]

1974 年 11 月 10 日，广州美院的李正天、陈一阳、王希哲和郭鸿志等青年教师（图 24）以"李一哲"为署名，在广州北京路张贴了一张标题为《关于社会主义的民主与法制——献给毛主席和四届人大》的大字报广告（图 25），该广告长达 2.6 万字，用了 67 张报纸来抄写。这张大字报广告大力批评当时不完整的民主与法制，针对林彪反党集团猖狂破坏社会主义民主与法制、大搞封建法西斯专政的罪行，指出林彪反党集团赖以产生的社会历史条件，是持续两千多年的中国封建社会的意识形态，林彪反革命路线的表现形式是"极左"。大字报还不指名道姓地提出江青一伙搞所谓"反复辟""反回潮"等一系列的反革命罪行，并且联系这些反常的现象，分析得出我们国家的上层建筑领域存在的严重不足和缺陷，对全国人大提出了要求与"期盼"。

① 中国共产党新闻网：《习仲勋主政广东的历史功绩：改革开放天下先》，2012 年 12 月 10 日，http://news.cntv.cn/china/20121210/106046_1.shtml，2021 年 6 月 30 日。

图 24 李正天和陈一阳、王希哲、郭鸿志等人

图 25 《关于社会主义的民主与法制——献给毛主席和四届人大》

这张大字报贴出之后，一时整个广州为之震撼，观看大字报的人从早到晚川流不息。不久后，这张大字报流传到大陆内地、台湾、澳门、香港以及海外其他的地区，引起了国内外强烈反应和争论。"四人帮"的头面人物江青说它是"解放后最反动的文章"，在"四人帮"横行猖狂的背景下，广东省不得不采取迅速的反击，再加上海外另有企图的人也乘机插手，1974 年 12 月初，中共广东省委认为这是一张"反动大字报"，决定在组织内部批判。1975 年 1 月，省、市有关部门按照上级指令，在许多机关、工厂、学校等地大张旗鼓展开批判这张大字报广告的活动。这就是曾经轰动一时的"李一哲事件"①。

1977 年 12 月中旬举办的广东省第五届人民代表大会公布"李一哲"是"反革命集

① 嘉路:《习仲勋与"李一哲"案件平反的前前后后》,《广东党史》2008 年第 2 期。

团",其罪名为"四人帮大乱广东的社会基础"。后来,李正天、陈一阳、王希哲、郭鸿志等人被分别判处有期徒刑。一批与"李一哲"相关的青年和干部们也都受到隔离与内部批判。1978年4月,一到广东的习仲勋同志就亲自处理这个问题,曾多次接见李正天等人。通过和杨尚昆、吴南生等人的共同努力,终于弄明白事件的本质真相,为"李一哲事件"彻底平反(图26)。

图26 平反"李一哲"案

2. 批判"四人帮"广告众多

粉碎以江青为首的"四人帮"反革命集团后,1976年11月,中共中央在北京召开全国宣传工作座谈会,提出要揭发批判"四人帮"的罪行。同年12月,中共中央将《王洪文、张春桥、江青、姚文元反党集团罪证》批转全党,系统地公布了"四人帮"篡党夺取的阴谋和罪行,全国迅速形成群众性的批判高潮。该时期广州报纸上也出现许多批判"四人帮"的广告画(图27[1]、图28[2])。

---

① 徐永智、丁未平:《深入揭批四人帮》,《南方日报》1977年6月12日,第4版。
② 陈世顺、何树联:《"四人帮"的康乐棋》,《南方日报》1977年6月12日,第4版。

图 27　批判"四人帮"广告画　　　　图 28　批判"四人帮"广告

3.真理标准大讨论

真理标准问题大讨论是"文革"结束以后，以反对个人崇拜、纠正"左"的错误而开展的一次全国性思想解放的大讨论。1976 年 10 月，为害 10 年的"文化大革命"结束了。但是党内仍有人继续坚持"左"的方针，阻挠对过去的"左"的错误所进行的拨乱反正。"文化大革命"结束后，党面临着思想、政治、组织等多领域全面拨乱反正的任务。但在涉及指导思想方面的根本问题时，几乎都与"两个凡是"发生尖锐冲突。当时有人认为，凡是毛主席作出的决定，我们都要坚决地拥护，凡是毛主席的指示，我们都始终不渝地遵循。[①]于是，历史的发展出现了在徘徊中迂回的局面。要澄清思想混乱，纠正"文化大革命"的错误，首先必须解决应当"如何正确对待毛泽东同志以及毛泽东的思想""判定真理的标准到底是什么"等根本问题。

1978 年 6 月 2 日，邓小平在全军政治工作会议上讲话提到"实事求是，一切从实际出发，理论同实践相结合，这是毛泽东思想的出发点"，再一次对"两个凡是"提出批评。[②]1978 年 5 月 10 日，在胡耀邦带领下，中共中央党校内部刊物第 60 期《理论动态》发表了《实践是检验真理的唯一标准》的文章。[③]1978 年 5 月 11 日，《光明日报》以特约

---

① 韩钢：《"两个凡是"的由来及其终结》，《中共党史研究》2009 年第 11 期。
② 邸乘光：《邓小平对实事求是思想路线的贡献》，《中国延安干部学院学报》2014 年第 4 期。
③ 钟康模：《论胡耀邦在真理标准问题讨论中的智慧和贡献》，《广东教育学院学报》2008 年第 6 期。

评论员的署名转发了这篇文章（图 29）①。文章认为，检验真理的标准只能是社会实践，理论与实践的统一是马克思主义的一个最根本的原则，从而否定了"两个凡是"的错误观点。这篇文章在全国引起强烈反响，引发一场关于真理标准的大讨论，从此半年多的时间里，全国各地主要报刊都转载和刊登了这方面的大量文章。"实践是检验真理的唯一标准"的思想广为中国人民接受和认同。这场大讨论为党的十一届三中全会打下理论基础，对于端正思想路线，纠正长期存在的个人崇拜和教条主义具有重要和长远的历史意义。②

图 29 《实践是检验真理的唯一标准》

1978 年 9 月上旬，中共广东省委持续举办关于真理标准问题的讨论会。《人民日报》在 9 月 20 日对广东省委关于真理标准问题的讨论进行了报道，习仲勋是公开赞成支持实践是检验真理标准的第三位省级领导人。在真理标准问题大讨论的深入进行中，广东省平反冤假错案也安排上了日程。以实事求是、有错必纠为指导性原则，习仲勋让一大批冤假错案尽快得到平反，恢复了党的优良传统，在非常短的时间内就开创了广东省工作的崭新局面。中共广东省委原副书记王全国等人对习仲勋当年领导广东开展关于真理标准问题的讨论给予高度的评价："以习仲勋为班长的广东省委积极参与了'实践是检验真理的唯一标准'的大讨论，促进了正在困惑、反思的广东干部群众解放思想，实事求是地思考中国的问题、广东的问题。"③

---

① 本报特约评论员：《实践是检验真理的唯一标准》，《光明日报》1978 年 5 月 11 日，第 1 版。
② 甘惜分：《新闻大辞典》，郑州：河南人民出版社，1993 年，第 662—663 页。
③ 孙贝贝：《再议真理标准问题的讨论》，《广东党史与文献研究》2019 年第 1 期。

记录与想象：上海《妇女杂志》广告中"新女性形象"

杜艳艳　崔苗苗*

（浙江工业大学人文学院，浙江杭州，310023）

摘要： 报纸杂志是上海近代新闻传播业最重要的媒介，记录着近代政治、文化、经济生活的方方面面。上海《妇女杂志》作为商务印书馆着力打造的一本女性期刊，在宣扬男女平等、妇女解放方面发挥着知识传授、教化和舆论引导功能。为了生存，期刊也关注广告与商业文化。近代上海女性的社会角色和性别认同也通过广告画面传递给读者，这些广告为近代上海女性提供了新女性的"形象"标准，为其消费行为提供了理想化的想象与指引。

关键词： 新女性；《妇女杂志》；新贤妻；新良母

在传统封建社会，中国女性一直恪守"在家从父、既嫁从夫、夫死从子"的贤妻良母形象，活动范围仅限于家庭内部，负责辅佐丈夫，教育子女。随着新文化运动、五四运动的发展，国人的思想得到空前的解放，猛烈冲击了传统的封建专制思想。觉醒的知识分子开始为妇女的解放奔走努力。《妇女杂志》（1915年1月5日在上海创刊）作为中国近代发行时间最长、发行量最大、读者最广、社会影响较大的杂志，其也参与了"女性解放"运动，在宣扬女性自由和妇女解放过程中发挥着重要的教化和舆论功能。同时，其上的女性广告内容丰富，引人注目，它就像一扇探索上海民国历史的窗口，以独特的形式记录着当时上海女性的生活方式和消费水平。

《妇女杂志》刊登了大量的商品和图书广告，包括家政知识、育儿知识、女子修身、西医西药、体育健身等方面，还刊登了一些学校招女学生、工厂招女工的招生、招聘广告，在一定程度上引导当时上海女性成为符合社会期待的女性形象：新贤妻良母、新知识女性和新健康女性等。广告重塑了女性的内在观念，既规训女性成为家庭中的新贤妻良母，又鼓励女性参与社会事务。传统伦理要求女子除了照顾孩子、料理家务等家庭事

---

* 作者简介：杜艳艳（1982—），女，浙江工业大学人文学院副教授，研究方向：广告史；崔苗苗（1994—），女，浙江工业大学人文学院硕士研究生，研究方向：广告史。

务外，便不做别的事。落后的男权思想认为这是一个男人的世界，男人是世界的主人，女人是男人的附属品。因此，女人就应该安分地做一个像玩物一样、奴隶似的贤妻，做一架生育机器似的良母。①20世纪初，西方女权主义思想传入中国，先进知识分子开始向社会公众传播天赋人权、男女平等、精神独立、经济独立、婚恋自由等先进理念。但长期封建思想的压迫，这一先进思想很难被大众广泛接受。《妇女杂志》在办刊理念上，选择了一种较为温和的方式来推进"新女性"形象。她们属于拥有一定独立思想和人格、具有现代科学观念与知识，或从事社会事务并拥有一定的家庭地位、和丈夫共同抚育孩童、共同对家庭负责的新女性。

一、家务能手"新贤妻"

"新贤妻"是《妇女杂志》上众多烹饪调味品、洗涤用品和食品广告的代言人。这些广告描绘了社会对女性"新贤妻"角色的期待，她"摩登又时尚，不仅能关爱丈夫，还能料理家务，辅佐丈夫的事业"，是称职的贤内助。

《妇女杂志》刊登了许多烹饪调味品广告，图文并茂的广告不仅吸引了广大妇女的关注，促进了产品的热销，更推动了民国女性及其家庭日常餐饮的变化。例如《妇女杂志》中天厨味精广告（图1）中就有"食物加味精，鲜美异常，用味精调味，所费极微，善烹饪者必用味精"这样的描述。调味品广告中，虽没有直接说饭菜由女性烹饪，但其产品名称和广告插图均赋予了产品以性别意涵。"味母广告"商家将该调味珍品命名为"味母"，与平时家庭中掌厨的是"新贤妻"保持一致。味母广告由手绘图精心制作而成，渲染了温馨的家庭氛围：一位家庭主妇正在为家人端上可口的食物，而丈夫和孩子们则围坐在桌前准备吃饭，这样的生活场景既沿袭了中国传统女性为家庭准备一日三餐的日常，又突出了"新贤妻"在制作食物时因选用新型科学调味品而使食物更加可口，彰显了产品的价值和诱惑力。

图1 1931年第9期内页广告　　图2 1931年第11期内页广告

---

① 方晨：《20世纪30年代都市女性问题研究》，硕士学位论文，上海师范大学，2013年，第80页。

还有直接在广告语中呈现性别的，如佛光牌味晶广告（图2）："若厨房里常备佛光牌鲜味晶、鲜味汁，则主妇就可少费心思，使所制的小菜样样鲜美适口"，直接强调制作餐食的是"主妇"。广告配图是一位身着旗袍，穿高跟鞋的摩登时尚主妇，手里托着一瓶"佛光牌味晶"，图文并茂地展现了社会或男性对一个"标准新女性"的预设，她摩登又美丽，会使用新材料和科学手法制作美味佳肴供全家人享用，甘于为家庭奉献。

除了厨房用品广告外，《妇女杂志》还上刊载了许多洗涤用品广告，向民国女性宣传科学、健康的洗涤方法和产品，向当时社会的广大妇女传达了"新贤妻"的想象。上海棕榄公司生产的羊牌白晶肥皂广告，介绍了该肥皂"可保无损物质，价廉物美家庭必需"。又如FAB皂粉广告，广告商巧妙地将其中文名翻译为"反白皂粉"，暗含了使用该皂粉可使衣物从污黑变白净。广告语为"反白皂粉质净效大，易去污垢不伤衣料，不损色泽，衣服经反白皂粉洗之，不但洁净，又可耐久经穿、色泽如新"，表明民国时期广告经常通过突出商品的功效，来吸引读者的注意或购买。

作为家庭必需品的洗涤用品，其广告的形象代言人均为女性，不仅仅表明女性是这些日用品的使用对象，在操持家务中承担更多责任，也彰显出女性在购买日用品方面的决策权，是民国时期女性地位提升的重要表现。然而，这些广告插图中的"新贤妻"形象，从外在形象上看，她们穿着时尚、打扮俏丽，从内在品质上说，她们在家中从事着各种家务活动，如洗、晾衣服等，是贤良淑德的"贤内助"。这无不传达了男性长期以来对女性的愿望和要求。

对一个家庭而言，健康、营养的食品和科学、卫生的饮食习惯同样必不可少。《妇女杂志》上的一则可可粉广告强调"女娃杯中物，适口味芬芳，补血复提神，痰消胃亦强"，以母亲关心孩子的健康成长为诉求点，巧妙地传达了可可粉的品质和功效。此外，广告中的这位女性不仅端着一杯刚冲调好的热可可粉，还打扮靓丽，由此可见，她是一位既关注子女的合理膳食、又注意保持自身仪表的好母亲，这恰好符合男性对"新贤妻"的期待，也为民国社会的女性带来日常生活的新想象。

二、科学育儿"新良母"

《妇女杂志》中有婴幼儿用品广告较多，其中大部分为奶粉广告。在当时，社会提倡妇女解放，将广大妇女从柴米油盐酱醋茶的琐碎家庭事务中解放出来。然而，女性在养育孩子方面有着天然的优势和本能：她们怀孕并诞下孩子，并以母乳喂养孩子，使之健康成长。女性和子女之间有着割舍不断的情感依赖，她们在养育孩子上往往需要尽更多的责任。近代以来，中国人被外国人称为"东亚病夫"，社会各界高度重视儿童健康，主张"强国强种"，而女性作为"国民之母"，女性健康自然受到了更多的关注。女性不仅是在为个人抚养后代，更是在为国家培养健康、强壮、聪明的下一代。

在当时，许多洋奶粉以"科学"和"现代"的话语向我国广大妇女宣传西方科学，也带来了健康、营养的奶粉产品。《妇女杂志》第 9 卷 5 期的葛兰素奶粉广告，其生产商即为药品生产商葛兰素史克的前身。"葛兰素奶粉，为人母者之天职！哺乳是做娘应尽的责任，然而往往有的不能哺而极想哺。我们劝他吃葛兰素奶粉，那乳汁便涓涓不绝的来了"①等话语，非常巧妙地肯定了人们根深蒂固的观念——即由母亲亲自哺乳，同时，强调身体虚弱的妇女可通过饮用此奶粉，以增加营养和增强体质，最终使国人逐渐接受这类奶粉商品。广告手绘图描绘了人们向往的生活场景：一位母亲饮用此奶粉后，身体看上去十分强壮，而经过科学的母乳喂养，宝宝看起来结实可爱。值得注意的是，广告附栏上有"奉送样品，不取分文"等字样，表明当时的洋商广告已经开始以奉送赠品的方式诱惑、催促受众采取行动。民国时期，大众媒体不断发展，其广告宣传也不断增多，西方营养学逐步得到了国人的认可。"新良母"根据西方医学指导，科学、卫生地育儿，不仅能改变旧中国"病夫"模样，也能为国家的未来培养更多健康、强壮的接班人，从而进一步助力国家的振兴。

除了外国厂商外，《妇女杂志》上刊登有华商惠民奶粉的广告，共计 12 次，与葛兰素奶粉相同。华商惠民奶粉广告称其奶粉是"最安全、最上等、最廉省"的，且"质细品高，极易消化，完全可代母乳，能使婴儿非常健全"，这虽有些夸张，却也符合人们对奶粉产品安全、物美价廉等方面的要求。用今日广告法的解读，我们称其为"广告要真实、合法"，但是允许"适当的艺术夸张"。②在《妇女杂志》中，众多奶粉广告的代言人均是女性，这是"新良母"形象的绝佳呈现。

三、修身齐家的"新知识女性"

在封建宗法社会，女性是男性的附庸。家庭是女性生活的全部，妇女的受教育水平和社会地位都比较低。由于长期无法接受教育，妇女们往往没有自己独立的职业与人生。随着西方启蒙运动的开展，女性主义思潮涌入国内。西方传教士来到中国，在我国建立大量的学校和教会，女子教育逐渐繁荣起来。现代天赋人权观告诉人们，女性生来和男性一样，具有独立意识与学习潜能，可以通过系统的教育成为和男子一样有用的人才，她们也可以成为一名独立自主的"人"。③受到"国民之母"思想的影响，在维新运动时期，梁启超、康同薇等人主张建立女子学校，开办女子高等教育。这些措施对传统的教育观念产生了强烈的冲击，对促进近代社会教育公平起到了十分重要的作用。

随着报纸、杂志等媒体的发展，图书广告的传播范围越来越广。《妇女杂志》上刊登的图书广告向读者宣传和传播了最新的出版信息，这在很大程度上决定了女性会读什么书，成为什么样的人。《妇女杂志》上有一些妇女读物广告，传播了女子必备的新知识，

① 未名：《葛兰素奶粉"为人母者之天职" 伦敦男生公司制造》，《妇女杂志》1923 年第 5 期。
② 杜艳艳：《中国近代广告史研究》，厦门：厦门大学出版社，2013 年，第 101 页。
③ 季瑾：《家庭教育现代化的启动与发展》，博士学位论文，南京师范大学，2013 年，第 37—41 页。

帮助她们成为修身的"青年闺秀"。这些图书广告的传播不仅在推动女子教育、女子职业和参政权的进步、发展上起到了推介和桥梁的作用，而且有助于提高我国人民的文化水平和整体素质。然而，近代中国的女权运动是由男性发起和推动的，虽然妇女解放运动的先驱者们已经注意站在男女平等的立场上思考，注重维护妇女利益，但在许多妇女解放主张中，都自觉或不自觉地融入了男权意识。1923年《妇女杂志》举行了一次"我之理想的配偶"的征文活动，时代青年对理想女性要求有许多新变化："理想的妻子既要有善治家事、教育子女的才能，又要有知识、文化和独立生存的能力。"总体而言，男性希望女性是拥有"新知识旧道德"、德才兼备、品貌双全的"新贤妻良母"。这一时期的《妇女杂志》刊登了大量商务印书馆的家政教科书广告也是如此，广告通过传播新型家政和育儿知识，帮助女性成为拥有科学新知识的"新贤妻良母"，即符合社会或男性期待的能干的妻子和母亲。

1. 修身——"青年闺秀"的女学知识

在古老的中国，"女子无才便是德"是社会共识。女子接受教育似乎是遥不可及的事。清末西方传教士进入我国，建立教会和学校，女子教育开始兴起。民国时期，新兴知识分子传播"国民之母"理念，提出建立女子学校，提高女性受教育水平是"强国强种"的重要措施。《妇女杂志》上也出现了一些女子修身的图书广告，这些图书重点是培育"青年闺秀"，她们是和男子一样有用的人才，能为国家和社会做贡献，这在民国时期成为普遍且流行的事。

《妇女杂志》经常刊登函授学社的广告，函授学社设有国文、国语、英语、商业、算学等五门学科，并明确提出招收女学生，鼓励广大妇女接受通识教育。《妇女杂志》第13卷第1期刊登了"上海南洋高级商业学校"招生广告，明确提出招男、女生。这些学校的招生广告在受教育中平等对待女性，"引导女性走出旧观念，接触新社会，学习全新的知识"[1]，有利于男女平等观念在中国的传播，促进了当时女子教育的发展。此外，刊登商务印书馆的新智识丛书、女子国文教科书、女子修身教科书、中国妇女生活史、歌谣与妇女以及闺秀词选集评等书籍广告，这些图书不仅是教育部审定的师范学校教科书，也可以自行购买。一些家庭妇女或在上海等工业城市已经参加工作的女性，只要她们渴望学习、渴望拥有知识，就能在业余时间自学，以丰富个人的知识范围。《妇女杂志》及其登载的招生广告、图书广告等，不仅宣传了让女性接受教育的理念，更切实促进了当时社会女性受教育水平的提高，引导民国女性成为修身的"青年闺秀"。

此外，我们还能在《妇女杂志》上看到一些女子最适用之习字范本广告，向女性介绍临摹该字帖能"进步又极神速，盖女子所临之帖，忌雄健古茂，及信笔挥洒，须用清超拔俗遒劲秀美之本。日日临摹之，自臻化境"。广告突出了该习字范本专为女性设计，

---

[1] 李莉、张文喜：《读〈申报〉女性广告，享文化传播之精华》，《出版广角》2016年第4期。

是适合于女子力气和握笔姿势的字帖。还有大量的文具广告，派克牌、和平牌、统一牌的自来水笔、活动铅笔、钢笔等，以及墨水等各式各样的文具广告，也以女性为目标消费者。广告在宣传女子受教育所用商品的同时，也传播了男女平等的先进思想，即新女子应该同男子一样，读书、习字、接受教育，拥有个人技能，谋得一份职业，通过个人的才干为国家和民族做贡献。广告对女性有一定的教育功能，随着当时人们对女子教育观念的接纳，我国社会上出现了越来越多的知识女性，这极大地促进了妇女解放，使女性的思想观念、生活方式和社会地位逐步提高。

2. 齐家——"贤妻良母"的必备阅读

在民国时期，受当时社会政治、经济、文化等各方面条件的限制，我国仍处于男权社会，新思潮不是当时社会的主流思想，即使是受到新教育的知识妇女，仍然无法摆脱传统社会对于女性"贤妻良母"的要求。在男性视角下，社会的主流是倡导女性做一个拥有"新知识"的贤妻良母，这一"新知识"指的是丰富的家政知识与家庭管理经验，同时拥有科学的育儿知识，能独立承担起照顾婴孩的责任，这样男性则能更好地在外工作，而无后顾之忧。这便是当时社会对女性的期待和最高标准。

懂学习、有知识是女性成为齐家的"贤妻良母"的基础。《妇女杂志》中的图书广告介绍了众多与家政相关的女子必读书，并引导女性通过选购这些书籍，获取关于家庭生活的新知识，成为优秀的妻子和母亲。这些图书广告内容主要包括：缝纫方法、树艺、日常饮食烹饪技法、养鸡法、养蚕制丝法、家庭卫生、育儿法等，为女性成为齐家的"新贤妻良母"提供指导，培养了女性在照顾家庭成员的衣食住行等各方面的能力，包括理财能力与家庭医学等，规训了女性的共同思维和价值观。由此可以看出，《妇女杂志》关于女性的各类图书广告仍偏向于对家庭型女性的塑造。①

对于家庭来说，"新贤妻良母"不仅需要丰富的家政新知识，而且要有科学育儿的观念和能力。俗语有云："生而不养，父母之罪；养而不教，父母之祸；教而无方，父母之过。"因此，"新知识女性"要从精神世界培养孩子，使他们对世界有一定的认识，形成初步的世界观、人生观与是非观，是为家庭教育。作为这样的母亲才说得上合格，进一步说才能完成对国家、社会的责任。童话能适合儿童心理，各国教育家都提倡用童话来教育幼童，利用童话中的故事，来教会孩子知道基本的是非对错。《妇女杂志》商务印书馆"教育儿童之良书、各种童话"之图书广告，"以浅明之文字，叙奇诡之情节，多附图书，以助兴趣。虽语多滑稽，然寓意所在比轨于正，使略识文字之童子，时时观览，足以增长德智，妇女之识字者，亦可借为谈助，讲说事迹，指点图画，兴趣无穷"。广告倡导女性培养个人读书识字的能力，不是为了个人，而是为培养下一代。"新贤妻良母"们

---

① 王鑫:《试论〈妇女杂志〉的传播机制与女性话语空间构建》,《辽宁大学学报》(哲学社会科学版)2014年第4期。

只有拥有"新知识"，才能更好地负责孩童幼年时的启蒙教育。除此外，商务印书馆还在《妇女杂志》上刊登了大量儿童丛书广告，内容涵盖文学、史地、理科、工艺、音乐、游戏、卫生等领域，来拓展和培养儿童各方面的能力，推行素质教育。总的来说，这一时期大多数的女子教育，并非为国家培养良好的公民，仍然是培养良好的母亲。[①]

古代哲人认为，发展孩童本能和兴趣的方式就是游戏和玩具，幼时游戏关乎成人时的生活本能，类似于自然界的动物，幼时的游戏模拟了成年时摄取食物的方法。因此，游戏对于启蒙教育有很重要的意义。在《妇女杂志》中，一些儿童玩具广告正是对应于此。玩具能让孩童锻炼脑力还有体力，如冠生园的玩具食品广告"寓教于玩食，为儿童之恩物"，有"手枪糖果、铜鼓饼干、旅行箱糖等，可食可玩，颇有意识"。女性是《妇女杂志》的主要受众，也是替孩子选购这些教育玩具的主要人群。广告不断向女性强调，购买教育玩具能培养孩子的本能和兴趣，有助于从小提高孩子各方面的能力。广告鼓励女性重视孩童在幼儿时期科学启蒙教育，展现了当时社会对"新知识女性"的要求。

四、注意卫生的"新健康女性"

"卫生"和"健康"是两个息息相关的词汇，如果人们不注意卫生，他们就无法拥有健康。民国年间，社会卫生状况差、国人营养水平低，容易生多种疾病。《妇女杂志》各类医疗卫生广告打着"预防和治疗疾病以达到个人健康"的标签，走进了民国大众的视野。图文并茂的广告不仅促进了当时社会经济的发展，更增进了整个社会的文明与进步。其中，大量的女性护理用品和妇科用药的广告宣传，在增强女性的健康意识和医学知识的同时，也提高了民国女性的生活质量。《妇女杂志》为当时社会各阶层女性提供了大量的医学知识和疾病疗法，她们通过学习这些知识和疗法，提高了个人医学常识和技能，进一步促进了个人及家庭成员的健康。此外，民国时期倡导女性加强体育锻炼、提高身体素质，形塑"健康美"的新女性形象。

1. 女性护理用品开始出现

女性的生理结构有其特殊性，当女性进入青春期，子宫成熟时，她开始排卵和来月经。随着卵巢的周期性变化，子宫内膜周期性脱落出血，月经也随之流出。在旧时代，大众的卫生和健康知识非常贫乏。女性特有的生理现象——月经，被当时的人们认为是不卫生、不吉利的污血。在原始社会，妇女用树叶、干草等材料来清洁经血。在封建社会，月经来潮时，妇女用草木灰、草纸、白纸、棉花等原料制作卫生带。由于当时的生活条件艰苦，人们的卫生知识匮乏，所以女性只用最简单的方式承接经血。多数民国女性不注重个人卫生，长久以来，很多妇女们患上了妇科疾病。旧有的思想认为，生殖系统的疾病是可耻的，因此，当时很多女性会拒绝治疗，秘不作声。

① 王儒年：《欲望的想象：1920—1930年代〈申报〉广告的文化史研究》，上海：上海人民出版社，2007年，第260页。

随着西医东渐，中国的文明进入了一个新的阶段。为了"强国强种"，妇女们的健康和卫生受到大众的重视。随着科学技术的发展，医学也不断进步。民国女性被冠以"女国民"的称号，医药卫生广告传播了女性生理健康的新文明与新生活，卫生带开始商业运营，大众突破了传统思想的禁忌，开始注重女性生理健康，中国妇女也从中获益匪浅。女性也走出传统言行，吸收西方月经知识，科学对待自己的身体。在民国时期，西方先进的卫生带传入中国，女性开始使用一条白色的长布带，月经来潮时放在身体下面吸收血液，更换后用清水和明矾进行清洗。1931年《妇女杂志》就出现了康福卫生棉、卫生带的广告（图3），广告声称可以保全妇女生命安全、增加健康幸福。又如慕黛史卫生带广告，介绍卫生带是"对于时髦女子卫生清洁舒服的贡献"。这些广告以安全、卫生、时髦等话语，构建了能为女性带来健康、幸福的好产品。随着广告宣传的增多与人们思想观念的开放，我国女性逐渐摒弃旧有观念和不良行为，接纳西方医学观念、使用先进产品，有效地促进了个人卫生和健康。

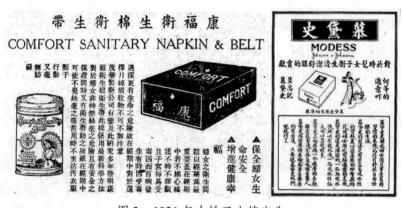

图3 1931年女性卫生棉广告

2.妇科药物驱除病痛

清末民初，我国经济文化环境相对落后，人们比较贫穷。许多妇女因为达不到营养条件，身体比较虚弱，加之不注意自身的经期卫生、孕产卫生等，各类妇科疾病十分常见，主要包括月经不调、痛经、闭经、白带、不孕不育等。

妇女是社会的半边天，妇女健康是不仅是美满婚姻的重要条件，也是关系国计民生的重大问题。因此，当时社会的知识分子开始以"欲强国，必先强国之母"为口号，倡导女性重视个人身体健康。随着西学东渐，国家开始提倡设立女子学校，知识女性逐渐增多，妇女的社会地位逐步提高，女性对自身卫生也越来越关注。《妇女杂志》刊登了大量的妇科药物广告，如通经活血妇科良药月月红、阿葛满新"汽巴"，西斯多满新"汽巴"等，对月经不调、月经量短、经期提前或退后、长期不受孕等，有很好的疗效。广告中大量妇科药品的不断出现，为民国女性带来了驱除病痛的良药和健康卫生的新生活。同时，广告还具有宣传文化、教育公众的功能。妇科药品广告通过宣传各类妇科知识，号召民国女性改善不良行为，了解并呵护自己的身体，以预防妇科疾病的发生。

3.孕产与节育观念开始普及

女性的生殖健康既关系到她们个人，也关系到整个人类的繁衍。孕产是大多数女性一生中必须经历的过程。在当时社会，医疗卫生事业还比较落后，女性的营养条件达不到，卫生习惯相对较差，导致孕妇容易发生早产、流产和难产等问题，每年产妇和新生儿的死亡率居高不下。即使是能够安全分娩的孕妇，生产的过程也耗损了她们的元气，导致女性身体虚弱，亟须加强营养。《妇女杂志》刊登的"平海氏胎产神水"广告正是对应于此，广告声称"内有补养外有美颜之功"，介绍服用该药品可保证孕妇安全分娩。广告语还抓住了女性的爱美心理，许多女子担心怀孕、分娩和哺乳等一系列过程会使自己的身材、容颜等大打折扣，本药品广告则强调可使女性的美丽不易逝去。"平海氏胎产神水"广告插图呈现出一派西式的景象，分为青春之歌、母亲之言两个板块，寓意无论是未结婚、仍处于热恋中的少女，还是已步入婚姻殿堂的妇女，平海式胎产神水对她们都十分有益。姆斯巨洛新牛肉汁是《妇女杂志》广告刊载的另一则女性孕产保健药品。广告内绘画了美女的图像，并以简单的文字介绍药品可治疗产后调理、产后虚弱等。文图并饰的广告传播了"新健康女性形象"，一些女性被广告内容吸引，选购了该产品，这在一定程度上改变了当时女性的实际健康状况。

在封建社会，大众认为多子多福。但由于当时医疗条件落后，新生儿的死亡率较高。同时，众多的孩子也会给家庭带来较大的精神和经济痛苦，尤其是女性，她们在怀孕、分娩、哺乳等环节独自承担了诸多苦难和风险，在照顾孩子上责任也更大。民国时期，随着西方先进思想的引入，一些知识分子开始提倡节育。他们认为国人应该优生优育，把有限的财富和时间投入到较少的孩子身上，才能培养更健康、聪明的孩子，从而实现国家的良好发展。《妇女杂志》上有专门讨论节育问题的专号，在民国时期，晚婚和节育逐渐被人们理解与接纳。随着我国节育知识的不断普及，节育药物及其广告也层出不穷。"她的友"广告文案介绍，"她的友"是一种外用女性避孕药，亦强调其能有效避孕。此外，还有制育良药"史斑通"的广告："史斑通"是消费者信赖的安全可靠的避孕药，经西药权威验证其片剂具有安全性和有效性。节育药物的出现，使妇女有了更加科学有效的避孕方式，也意味着妇女生育权利的自由。她们可以自由地控制生孩子的时间和数量，选择在家庭妇女和职业女性之间自由切换。可以说，节育药物是推动妇女社会地位转变的有力武器，也是民国时期社会文明进步的重要体现。

4.照料家庭健康卫生

男主外、女主内的分工在当时的医药广告中体现得比较鲜明。男性主要负责赚钱养家，女性则主要负责照顾家庭成员及其健康。《妇女杂志》中有很多广告体现了女性对丈夫的照顾。如在"福美明达保喉圣片"广告中，一位贤惠的妻子正在耐心地劝她生病的丈夫服用"福美明达保喉圣片"。她一手拿着水杯，一手拿着药丸，站在丈夫躺着的床边，身体微微地倾斜着。①她的表情充满爱与关怀。从外在形象上看，这个女人发型时尚，衣服新颖，布料精致。她是个时髦的妻子，她不仅关心和服务丈夫，而且还考虑丈夫的事业，因为丈夫是演说家和歌手，她特别要求丈夫多加注意，保护自己的声音。此外，广告也是当时社会现状的反映，《妇女杂志》刊登了一些灭蚊、杀虫剂等药品广告，其配图也是妇女使用该产品在家中做家务，以保持家里的卫生、整洁，这表明当时社会女性关心、照顾家庭卫生的现象较为普遍。

除了照顾丈夫和管理家庭卫生外，妇女也主要负责照顾家中子女的健康。由于饮食不洁，儿童容易患腹泻。《妇女杂志》有很多儿童药品广告，如温士罗夫人糖汁："为善育健全孩童者所必需之品，凡婴孩肠胃柔弱，易患积食泻痢等病，该糖汁系清纯植产，最为有效。"广告介绍了该药品的效用，在插图中描绘了一位妇女抱着婴儿的形象，她用手轻拍着孩子，看上去很关心孩子的健康。又如，53岁的绍兴陈先生老来得子，但是独生子"未及俩月，即已病症百出，形神憔悴，骨瘦如柴，身热胃呆，百药莫效"后服用婴孩药片而得康强。一家三口，妻子怀抱孩子，和丈夫相视而立，丈夫喃喃地说："我子现已，康强茁壮。"广告中的这对夫妻对家庭负责，关注孩子的健康，这标志着当时人们对个人及家庭成员生命健康的关注，也标志着我国普通家庭的现代医学观念和知识逐渐丰富。

同时，新良母注重从小培养孩子的卫生习惯，使他们健康成长。《妇女杂志》上的棕榄香皂广告，广告语称棕榄香皂为："最适孩童应用之香皂，欲孩童发育之健全，必先清洁其皮肤，欲皮肤之清洁，必须选择适当之香皂，择其清洁之力大，而又无伤嫩肤者，棕榄香皂为最适孩童应用。"广告图上显示着一位时髦的"新良母"，她牵着孩子的手，准备给孩子洗手、洗脚和洁面。在整幅广告的左上角是棕榄香皂的实物包装图，寓意棕榄香皂是最适合给宝宝清洁的香皂，可使孩子的皮肤更娇嫩和健康。

5. 女性运动的健康美

在近代中国，受西方影响后，国家如何救亡图存一直是有志之士关注的焦点。他们认为，中国人体质虚弱与女性运动较少有关。他们希望培养身体健康的妇女，以生育出健康的孩子，使国人摆脱受西方人轻视的"东亚病夫"形象，进一步确保国家和民族未来的繁荣。通过改革女性的身体健康状况来改革国家社会的思想受到越来越多国人的支持和重视，于是出现了"天足运动"和"天乳运动"。同时，当时的知识分子发文提倡女子体育运动，认为女性需要定量的体育运动来塑造自然、健康、强健的体魄，慢慢改变了大众对女性的审美观。由此，传统社会中柔弱、病态的美人形象渐渐式微，健康美得

① 刘伟娜：《1920年代广告中的"摩登贤妻良母"形象——以〈妇女杂志〉为例》，《青年记者》2019年第20期。

到大家公认，妇女体育运动也日益增多。

国民对体育锻炼和自身健康的重视，是女性体育发展的基石。在《妇女杂志》第3卷第7期中，刊载了商务印书馆的体育书籍广告，如拳术书和体育书等，运用"欲先强国，必先强种。欲强种，必一般国民皆注重体育"等话语，将"强国强种"与体育运动联系起来，宣传了国民强身健体的重要意义。在中国，拳术是一项传统体育运动。广告表明商务印书馆十分爱国，在弘扬我国传统体育事业、培养全民健身能力等方面做出了努力。第2卷4期体育运动用品广告中，谈及"本馆近与上海青年会体育部联络，进行代售美国拉德狄曾公司所出各项运动用品。现已运到网球、户内棒球、户外棒球、篮球、蹴鞠球、网球、球拍。尚有大宗游戏、运动用品以及运动员所用各项衣服等，业已由美首途不日即可到沪"。广告宣传了西方企业生产的体育用品，其产品齐全，种类丰富，这说明当时西方体育企业已经能够生产人们体育锻炼所需的大多数体育用品。与此同时，西方的运动方式也开始在我国广泛传播。广告插图描绘了一位正在运动的男性，他双手抱球，身体强壮，肌肉发达，看起来十分健康。体育运动用品广告在吸引消费者购买、扩大产品市场的同时，也潜移默化地增强了国人对体育锻炼的热情。

在国人纷纷投入体育锻炼中的社会大环境下，女子体育也得到了较好的发展。从《妇女杂志》上的体育运动用品广告来看，在民国时期，网球和体操是最受女性欢迎的两项运动。网球用品广告中就谈及："网球为一项春夏两季户外运动最良之品，其有益于卫生。近日新由美国运到大宗用具，如球拍、球网及一切零件。并有1917年所制之球，为上海市上所绝无仅有者，远近诸运动家尚祈惠顾为幸。"从《妇女杂志》上的一些食品、医药广告中，我们也能领略近代女性对网球运动的热衷。1931年的开洛玉米片广告，展示了一位正挥舞着网球拍的女性，看上去动感十足，并配以简单的文字介绍该玉米片。虽然是食品广告，却运用健康、活泼、充满青春活力的运动女性作为形象代言人，可看出商家之精明，以及当时社会对女性"健康美"的推崇，广告巧妙地将食用该产品与"身体健康"相联系，以促进产品的销售。

女性进行体育锻炼不仅能展示她们性感、放松的"健康美"，还能增强她们的体质，生育出更健康的下一代。《妇女杂志》刊载了许多体操用书广告，该书"按最新流行之学说，编译成书。举凡普通体操之动作及器械练习方法等，均采选新颖适用者列入。是书由徒手至用器，循序渐进条理清晰，每一法式附以生理关系，深合体操原理，取材亦至为丰富"①。表明该体操用书具有流行性、实用性、新颖性和科学性等优点，为女性形塑自身"健康美"提供了一种简单易行的方式。在整个社会"强国保种"的时代背景下，20世纪二三十年代的中国女性开始参与到各种体育运动、比赛或锻炼中，并将个人健康与国家兴衰结合起来，女子体育渐渐繁荣起来。

---

① 未名：《教科书〈普通体操〉商务印书馆发行》，《妇女杂志》1920年第5期。

广告折射了上海都市女性生活文化的精粹，是当时社会大背景下多元文化的生动写照。《妇女杂志》女性广告通过展示时尚而充满现代感的商品，传播西式生活理念和消费方式，营造了"新女性"对先进生活图景的欲望和想象，诱导了女性奉行"新贤妻良母""新知识女性""新健康女性"的女性形象，通过消费引领了上海社会风尚和潮流，同时促进了近代商业经济的繁荣。同时，广告也促进了女性及其家庭成员日常生活的现代化。时至今日，我们仍然能够在上海的街头嗅到生动鲜明的时尚文化气息。①

---

① 查灿长，李静：《试论广告的健康传播功能及其异化》，《新闻界》2007 年第 6 期。

粤港澳湾区的历史回望

——基于晚清十三行商业传播中的粤港澳角色而论

韩红星　陈　锦[*]

（华南理工大学新闻与传播学院，广东广州，510006）

摘要：晚清十三行的出现是基于全球跨国商业传播的繁荣，呈现了以广州为中心、粤港澳三地进出口商业传播的兴盛。粤港澳三地的商业传播发展既依存其河海交汇的地理优势，更取决于当时的历史大事件所推动的政策和体制，三地的商业传播角色与地位随着历史的变迁而不断交替与变化，三地商业传播历史呈现了粤港澳经贸往来的依存共生关系。

关键词：粤港澳；晚清；十三行；贸易

基金项目：本文系广东省哲学社会科学规划项目"粤港澳大湾区背景下'广东智造'的形象升级与建构研究"（GD18XXW03）阶段性成果；系国家社科基金项目"基于日常生活史视角的'十三行'跨文化传播研究"（19BXW05）阶段性成果。

一、背景

2019 年 2 月 18 日，中共中央、国务院印发了《粤港澳大湾区发展规划纲要》，提出了通过推进粤港澳"科技创新走廊建设，探索有利于人才、资本、信息、技术等创新要素跨境流动和区域融通的政策举措"，发挥粤港澳强强联合的引领带动作用，提升粤港澳湾区整体实力和全球影响力。有史以来，粤港澳一直是我国开放程度最高、经济活力最强的区域之一。各城市地缘相近，文化同源，有着广袤的合作基础，从 200 多年前的明清时期，该区域各城市联系已经十分密切，区域间各城市之间的商业传播业已存在。

"十三行"的出现基于全球跨国商业传播的繁荣，16 世纪末至 19 世纪中叶，人类成功开辟新航线开展海外贸易，工业化产品得以进入全球流通。"十三行"作为明清应对全

---

* 作者简介：韩红星（1971—），女，华南理工大学新闻与传播学院教授，研究方向：传播学、传播史；陈锦（1995—），女，华南理工大学新闻与传播学院硕士研究生，研究方向：传播史。

球商业传播的对外开放政策，是中国对外商业传播的先行者，是明清时期的中国"经济特区"，也是广州"千年商都"和海上丝绸之路巅峰的见证，对中国和全球经济发展有促进作用。清初沿袭明末海禁政策，直至康熙二十三年（1684），才对外开放广州、漳州、宁波、云台山四个口岸，乾隆二十二年（1757）又只准广州一口贸易，并指定特许的行商管理经营对外贸易，这些行商被称为"十三行"。《澳门记略》记载"康熙二十四年（1685），设粤海关监督。……岁以二十舵为率。至则劳以牛酒，牙行主之，曰'十三行'，皆为重楼崇台。"[①] 牙行是封建社会商品交易中间人，商人向官府领有"牙帖"而特许经营，同时兼有货栈和旅舍，"通有无，常歇客"。《广东十三行考》记载："令牙行主之，沿明之习，命曰十三行。"[②] 可见明代的外贸已由牙行负责，而清代沿用了明代牙行制度并命名为"十三行"。发展至今，"十三行"不仅指代理清朝对外商业传播的行商们，也指清朝外贸制度、外贸体系，还泛指与"十三行"相关的历史事件和系列地名，当然也特指大清帝国开海设关一口通商的一个特殊历史时期。[③] 广州是当时中国官方认可的唯一经济特区，中外商业传播全都汇聚此地，在此地的十三行也成为国际性的贸易港口。十三行的历史反映了粤港澳三地的经济往来的事实，是粤港澳湾区经济的历史写照，为湾区发展提供了历史经验。

二、粤港澳的历史区位

自秦伊始，秦始皇在今广东地区设立南海郡，下设番禺、四会、龙川、博罗四县，香港、澳门隶属于番禺县；东晋时，香港、澳门划归东官(莞)郡宝安县；唐至德二年（757），港澳隶属于岭南道广州都督府东莞县；宋绍兴二十二年（1152），澳门划归新设立的香山县；"大清一统志康熙五年省新安入东莞，康熙八年复置新安县，新安县属广州府"，"今深圳、香港之地多隶新安"[④]。自此到近代为止，除短暂一段时期外，香港基本上隶属于广东省新安县（民国时恢复古名宝安），澳门则隶属于广东省香山县。

广州城位处珠江三角洲最北端，俯瞰整个珠三角，《中国丛报》的《广州介绍》中提及，"广州城建在珠江的北岸，距大海六十英里"[⑤]。清人云："粤海背山面洋，内河外海，左乳虎门，右臂香山，蹲踞雄奇，噬吞各岛，天生险堑，莫过于此"[⑥]。广州通过内河与外海相连，香山和虎门成为东西两侧的屏障，易守难攻（图1）。

---

① （清）印光任、（清）张汝霖：《澳门记略》，赵春晨校，广州：广东高等教育出版社，1988年，第43页。

② 梁嘉彬：《广东十三行考》，广州：广东人民出版社，2009年，第73页。

③ 杨宏烈：《广州"十三行"地名文化的考究与利用》，《热带地理》2013年第6期。

④ 章文钦：《明清广州对外交通的主要航道》，《广州文博》2015年第0期。

⑤ Anonymity，"Description of the City of Canton," *Chinese Repository*, 1833（8）.

⑥ 卫杰：《广东海口形势论》，《（光绪）海口图说》（中册），清光绪刻本，1891年，转引自鲁延召：《明清时期广东中路海防地理研究》，博士学位论文，暨南大学历史系，2010年，第13页。

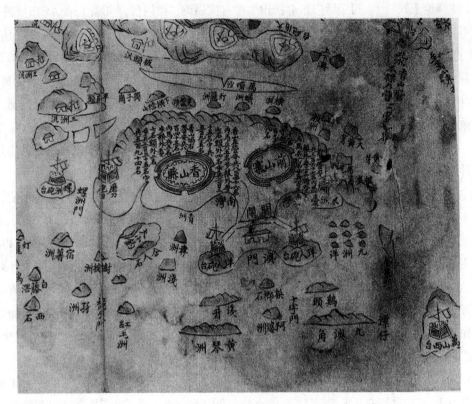

图 1 《广东水师营兵驻防图》（局部）①

澳门古称"蚝镜"，万历四十二年（1613）总督张鸣冈言"壕镜在香山"②。早在嘉靖元年（1522），澳门就已作为夷船停泊的海湾。有布政司按语："……各国夷船，或湾泊新宁广海、望峒，或新会奇潭、香山浪白、蚝镜、十字门……湾泊不一。"③明嘉靖三十三年（1554），葡萄牙人与广东海道副使签订协约，允许其前往广州贸易，澳门由此开埠。④租住在澳门的葡萄牙人开通了澳门到欧洲、拉丁美洲、日本长崎、帝汶等地的航线⑤，但仍以广州为依托。而广州放洋皆需经过澳门，"闽由海澄开洋，广由香山澳"⑥，澳门成为广州对外贸易的重要一环。此外，明代总督张鸣冈认为澳门被"官兵环海而守，彼曰食所

① 吴宏岐：《时空交织的视野：澳门地区历史地理研究》，北京：社会科学文献出版社，2014年，第55页，转引自中国第一历史档案馆、澳门"一国两制"研究中心选编：《澳门历史地图精选》，北京：华文出版社，2001年，第84页。
② 张廷玉等：《明史·列传》卷213，https://www.gushiwen.com/dianjiv/82363.html，2019年4月26日。
③ 阮元：《广东通志》卷13《舆地》，转引自王元林：《明代初期广东沿海贡舶贸易港考》，《中国历史地理论丛》2003年第1期。
④ 汤开建：《澳门开埠时间考》，《暨南学报》（人文科学与社会科学版）1998年第2期。
⑤ 司徒尚纪、许桂灵：《中国海上丝绸之路的历史演变》，《热带地理》2015年第5期。
⑥ 宋应星：《舟车》，《天工开物：卷下》，南昌：江西科学技术出版社，2018年，第210页。

需,咸仰给于我"①。四年后广东巡抚田生金再次强调:"澳内仅弹丸黑子地,无田可耕,无险可持。日用饮食全仰给于内地。"②这说明了澳门生活资料全仰赖于广州供给。到了清代,"千古壮藩篱""异族何必非藩篱""以此为天朝守海门而固外围,洵有道之隆也"等诗文记载无不体现出澳门在广东西路海防中的重要位置,澳门之于广州,是一道天然的屏障,"香山海洋,得澳门为屏卫"③。广州海域南端的老万山和十字门是明清广州对外交通的主要航道,老万山与澳门隔海相望,"自澳门望之,隐隐一发"④,十字门则"特近澳也"⑤,东莞、香山等珠江流域的出海口均"合濠镜澳出十字门,此外大海无际"⑥。澳门处在广州通向外洋航道的重要关口上。

香港古制属番禺管制,"自番禺盐官论之,九龙一带,汉时可属番禺","晋以前,其地实属番禺所辖"⑦。"番禺作为南海治所……当时港九深圳同属番禺辖境,为士赐、士燮父子势力膨胀的时期,或当燮弟武为南海太守时候……是番禺的全盛时期。"⑧香港之得名,源于其当时是运香贩香的港口。屈大均《广东新语》卷二中相关记载,指出明代粤东在东莞的寥步有药市、花市、珠市和香市等四市,东莞主要输出香料,"每年贸易额值银锭数万两以上",被称为"莞香"。香港的名字,"由于其村为运香贩香之港口"⑨。正如饶宗颐先生所言:"香港是古代百越地区滨海一港口,英国人未来之前自有经济价值,盐业、采珠、香市、陶瓷业都有重要地位……"⑩清代香港隶属新安县,归九龙司管辖。道光二十一年(1841)的《筹办夷务始末》中提到香港岛,"北通海面",西边是尖沙咀,往东则为九龙山,"均属新安县地界"⑪,香港地处东西南北交通要道,有天然良港以利航运。虎门为珠江门户,香港则为虎门之屏障,因此香港也是南海上的海防要塞。屈大均在《广

---

① 张廷玉等:《明史·列传》卷213,https://www.gushiwen.com/dianjiv/82363.html,2019年4月26日。
② 田生金:《抚粤疏稿》卷3,《明神宗显皇帝实录》卷557,http://www.wenxue100.com/book_ZhuanTiMingShiLu/11_501.thtml,2019年4月27日。
③ 霍与瑕:《呈揭》,《霍勉斋集·四》卷19,桂林:广西师范大学出版社,2014年,第1503页。
④ (清)印光任、(清)张汝霖:《澳门记略》,赵春晨校,广州:广东高等教育出版社,1988年,第13页。
⑤ (清)印光任、(清)张汝霖:《澳门记略》,赵春晨校,广州:广东高等教育出版社,1988年,第3页。
⑥ 阮元:《山川略》,《广东通志》卷110,https://max.book118.com/html/2019/0605/5113102341002042.shtm,2019年4月26日。
⑦ 饶宗颐:《选堂集林·史林》下册,香港:香港中华书局,1982年,第1067—1073页。
⑧ 饶宗颐二十世纪学术文集编委会:《饶宗颐二十世纪学术文集:史学(下)》,台北:新文丰出版股份有限公司,2003年,第1314、1277页。
⑨ 饶宗颐二十世纪学术文集编委会:《饶宗颐二十世纪学术文集:史学(下)》,台北:新文丰出版股份有限公司,2003年,第1279页。
⑩ 郑炜明、罗慧:《饶宗颐香港史研究略论》,《华南师范大学学报》(社会科学版)2018年第6期。
⑪ 马金科:《早期香港史研究资料选辑》,香港:三联书店(香港)有限公司,1998年,转引自肖文帅、罗德理希·普塔克:《试论宋元明清时期天后信仰在香港地区的传播》,《江西农业大学学报》(社会科学版)2011年第4期。

东新语》中记载广州府"南海之门最多",屯门和南北佛堂都是出海口门。[①]《广东通志》卷六六《外志·夷情》中记载:"查得递年暹罗并该国管下甘蒲泩、六坤州与满剌加、顺塔、占城各国夷船"停泊于"或东莞鸡栖、屯门、虎头门等处海澳"[②]。屯门在明朝已成为夷船湾泊之地。康熙年间在屯门寨增设新安县东路海防区,在佛堂门的东龙洲增设炮台守卫,"康熙二十四年于该处设置粤海关"[③],香港地理区位的重要性不言而喻。

可见,自古以来,粤港澳三地毗邻,均处于中国的东南沿海,港澳分别位于珠江口东西两侧,珠江成为两地与广州水上交通的主航道,都具有河口海港的自然地理性质,是明清时期对外贸易的海上航道,借助于天然的地理优势,依托三地的经济往来,开启了中国海上丝绸之路的繁盛时代。

三、晚清粤港澳三地的外贸管理

广州的港口贸易可以追溯至秦大一统时期,官方对广州外贸的管理始于唐朝。"唐始置市舶使,以岭南帅臣监领之,设市区,令蛮夷来贡者为市,稍收利入官。"[④]马礼逊(Robert Morrison)也在日记中记叙,唐朝时期率先在广州开设通商口岸,并委派官员专管贸易事务。[⑤]迫于沿海倭寇的袭扰,明洪武四年(1371)颁布诏令,实行禁海政策,并记入《大明律》[⑥]。清初沿袭明朝海禁政策,康熙二十四年(1685),清廷"恤商裕课",认为"向令开海贸易谓于闽粤边海民生有益",如果这两省经济发展起来,"财货流通,各省俱有裨益"。并且只有家境殷实之人有能力经营贸易,如此一来,"懋迁有无,薄征其税,不致累民",所得税收还"可充闽粤兵饷,以免腹里省份转输协济之劳",内地省份不至受兵饷的负担,平民能够获得安养,"故令开海贸易"[⑦],设粤、闽、浙、江四海关"四口通商",其中在广州设立粤海关。至乾隆年间,乾隆帝认为"天朝物产丰盈,无所不有",并不需要和"夷人"互通有无,只是因"天朝"的茶叶、丝巾是西洋各国的必需品,从"怀柔"的角度,"以加恩体恤"。但外国商船蜂拥而至,"民俗甚嚣,洋商错处,必致滋事","浙省海防,亦得肃清"[⑧]。乾隆二十三年(1758)规定"外洋不准赴浙贸易定

① 屈大均:《广东新语:上》,上海:中华书局,1985年,转引自章文钦:《明清广州对外交通的主要航道》,《广州文博》2015年第00期。

② 阮元:《列传六十三·岭蛮》,《广东通志》卷330,同治三年据道光版重刊,1990年,第167页。

③ 肖文帅、罗德理希·普塔克:《试论宋元明清时期天后信仰在香港地区的传播》,《江西农业大学学报》(社会科学版)2011年第4期。

④ 顾炎武:《天下郡国利病书》卷120,转引自宁志新:《唐代市舶制度若干问题研究》,《中国经济史研究》1997年第1期。

⑤ Anonymity, "Intercourse of the Chinese with Foreign Nations", *Chinese Repository*, Jan.1833.

⑥ 胡端:《明代海禁政策与普陀道场的兴废》,《历史档案》2018年第2期。

⑦ 《清圣祖实录》卷116,北京:中华书局,1985年,第18页。

⑧ 王宏斌:《乾隆皇帝从未下令关闭江、浙、闽三海关》,《史学月刊》2011年第6期。

制，归并粤东一港"①，实行"一口通商"，至此，广州十三行成为国际性的贸易港口。

清朝统治者在开放海外贸易的同时也积极想方设法对外商进行管制。设立粤海关专门管理进出口贸易和关税征缴，但以"天朝上国"自居的当权者认为中外贸易是"天国"的怀柔，因此并不允许政府官员和夷商直接接触，作为官僚体系的一部分，粤海关并不参与贸易，具体贸易之事由十三行商负责。《粤海关志》《行商》一卷中记载外商来到广州，所载货物"各投各行贸易"，带回国的货物则需要"令各行商公司照时定价代买"②。外商需要在广州的行商中为自己选择"保商"，以供给住所、仓库等基础设施，并代为雇佣仆役，负责货物运输和税收，替政府监管外商一切行为，达到清政府"以官制商，以商制夷"的目的。作为清政府的"外交部门"，十三行实现了政府的对外经济职能，这种曾被当时西方人视作为世界最为先进的外贸管理体系，使得十三行融入世界大市场中，成为庞大的中外商品集散与周转地。

外商在广州并没有自由贸易的权利。各国商船到粤贸易，"每年春、夏皆寓居澳门"，到了秋冬，因为中外贸易都在省城广州进行，所以外商"即移驻省中夷馆"③。而互市贸易一结束，洋人都得离开广州，"不许久留内地"④。随船而来的妇女"向只准居住夷船"⑤，乾隆十六年（1752）开始准许居住在澳门，仍然不允许进广州。所以1832年的《中国丛报》写道："广州贸易期结束，东印度公司的商人离开广州返回澳门。"⑥此外，外国商船来华贸易并不能直接驶往广州，需要首先在澳门的海关申领许可证和引水员，"至夷船到口，即令先报澳门同知，给予印照……如无印照，不准进口"⑦，进出口手续办妥后进入虎门丈量，尔后"必须直接驶入黄埔。夷人不得随意在海湾游玩，不得将交税货物卖于民人"⑧。如1834年卢坤总督在给行商的通告中就夷商未在澳门取得许可证直接到达广州进行了严厉斥责。⑨黄埔与澳门有着明确的分工，黄埔为外商湾泊之地，澳门则是外商的居住地。雍正十年（1732），因夷船早晚在黄埔演习大炮惊扰了省城居民有过一次争论，一类观点支持夷船移泊澳门，因其地阔浪平，外国商船都停泊于此，"安稳无虞"；但又有人认为黄埔一地，虽然说距省城只有二十里，实际上有四十里的距离，在此停泊的外商船只，"自康熙二十四年间经前监督宜尔格图等议定奏准，迄今四十余年遵行罔替，相安

---

① 王云五主编：《清续文献通考·卷五十七·市籴考二》，《万有文库》第2集，上海：商务印书馆，1936年，第8127页。

② 梁廷枏：《行商》，《粤海关志》，广州：广东人民出版社，2014年，第504页。

③ 梁廷枏：《夷商二》，《粤海关志》，广州：广东人民出版社，2014年，第522页。

④ 梁廷枏：《禁令一》，《粤海关志》，广州：广东人民出版社，2014年，第345页。

⑤ 梁廷枏：《夷商二》，《粤海关志》，广州：广东人民出版社，2014年，第522页。

⑥ Anonymity, "Postscript," *Chinese Repository*, 1833（2）.

⑦ 梁廷枏：《禁令一》，《粤海关志》，广州：广东人民出版社，2014年，第342页。

⑧ [美]亨特、冯树铁：《广州番鬼录》，沈正邦译，广州：广东人民出版社，2009年，第40页。

⑨ Anonymity, "Journal of Occurrences", *Chinese Repository*, 1834（8）.

无事"①。最终,外商湾泊黄埔并居住于澳门成为清朝在广州实施的外贸体制的重要环节。②

1517年葡萄牙人抵达澳门,通过交纳租金的方式获得了在澳门的居住权③,"香山澳陆路相通,原为内地,久为西洋人寓居。在某时夷人承佃,岁纳租银五百两,设岭南道香山副将海防官专管稽查。本朝(清朝)初年,亦因旧例,仿而行之"④。康熙元年(1662)广东禁海迁界以后,清政府禁止航海贸易,澳门方面的商务便无形停顿。康熙十七年(1678)葡萄牙派遣本多白勒拉为贡使到北京,"见粤夷禁海困苦,赴部呈控",清廷才许以在海禁未开之前暂准广东和澳门陆路通商。⑤澳门贸易时代自此开启。清初,还未设立粤海关,就在澳门开启了清政府的外贸管理,使"香山澳税隶于市舶司,而稽查盘验责于香山县"⑥。粤海关设立之后,澳门被纳入以广州为中心的对外贸易管理体系之中。考虑到澳门是夷人主要聚集之地,盘查夷船进澳的贸易往来,"盘诘奸宄出没,均关紧要"⑦,在澳门设立粤海关澳门正税总口。相比于粤海关下设的"稽查之口""挂号之口",正税之口的权力更大,地位更重要。同时,清廷"设立旗员、防御两员,一驻大关总口,一驻澳门总口"⑧。澳门海关被纳入粤海关的管理体系,对进出澳门海关的外国商船也有更为具体的管理规定。乾隆九年(1744),澳门同知针对"内地熟识海道之人,贪利出口接引""番舶","番舶"进出情况散漫无法彻查的情况⑨,制定了《管理番舶及澳夷章程》,从外国商船的进出口管理、内地引水员的管理等方面进行整治。严格外国商船进出口流程:夷船到达澳门,由海防衙门指派引水员,"引入虎门,湾泊黄埔";外商货物投入贸易后,要通过行商和通事向官府报明;"至货齐回船时",也要将回船日期加以禀明,"听候盘验出口",不允许有任何私带。⑩要求充当引水员之人"需具保发给腰牌执照始准承充"⑪,以杜绝私自引水。清政府还专设香山县丞、澳门同知行使对澳门夷民、夷船的管理权。雍正九年(1731)朝廷允准香山县丞驻扎前山寨,"就近点查澳内居民保甲,稽查奸

①　中国第一历史档案馆、澳门基金会、暨南大学古籍研究所合编:《广州左翼副都统毛克明奏请洋船不必移泊澳门外洋十字门以免贻误税课折》,《明清时期澳门问题档案文献汇编1档案卷》,北京:人民出版社,1999年,第177页。

②　罗国雄:《简记黄埔古港的兴衰》,《广东史志》1994年第4期。

③　Anonymity, "Review: Portuguese in China", *Chinese Repository*, 1833(2).

④　李士桢:《抚粤政略》,台北:文海出版社,1987年,转引自关汉华:《李士桢〈抚〉粤政略 > 文献价值初探》,《图书馆论坛》2010年第6期。

⑤　彭泽益:《清代广东洋行制度的起源》,《历史研究》1957年第1期。

⑥　李侍问:《采珠池盐铁澳税疏》,《乾隆广州府志》卷53,清乾隆刊本,转引自李龙潜:《明代广东三十六行考释——兼论明代广州、澳门的对外贸易和牙行制度》,《中国史研究》1982年第3期。

⑦　梁廷枬:《设官》,《粤海关志》,广州:广东人民出版社,2014年,第121页。

⑧　梁廷枬:《设官》,《粤海关志》,广州:广东人民出版社,2014年,第121页。

⑨　(清)印光任、(清)张汝霖:《澳门记略》,赵春晨校,广州:广东高等教育出版社,1988年,第28页。

⑩　(清)印光任、(清)张汝霖:《澳门记略》,赵春晨校,广州:广东高等教育出版社,1988年,第28页。

⑪　万明:《鸦片战争前清朝政府对澳门的管理述略》,《黑龙江社会科学》1999年第5期。

匪，盘验船只"①。后为加强对澳门管理，乾隆八年（1743）八月，两广总督策楞奏请朝廷设澳门海防军民同知，专门负责澳门海防事务，盘查进出口船只，管理居澳居民。乾隆十三年（1748）其奏请得以允准，"嗣后澳内地方，以同知、县丞为专管，广州府香山县为兼辖"②。但1849年葡萄牙女王宣布澳门为葡辖自由贸易港，各国商船均能平等地来澳贸易，清廷丧失对澳门的管辖权。

　　香港开埠前一直是重要的海防汛地，朝廷派汛兵加以驻守。虎门为珠江要塞，而香港又为虎门之屏障，香港自然是南海上的海防重地。1637年，一英国武装商船到达广州，想直接进行贸易，然而不得，却在离开广州时为以后寻找了一小岛作中转地。1683年，香港驶来第一支英国船只，其为英国东印度公司的"卡罗利那"号，后来该公司的"防卫"号又在香港停泊。1793年，英国遣使马嘎尔尼（George Macartney）进京谒见乾隆皇帝，恳求珠山附近一小岛作为仓库，以及在粤取得一块供英商居住的地方，被拒绝。1833年，东印度公司驻华代表斯当东（George Thomas Staunton）在英国下议院演说，他提到香港是港阔水深的良港，十八世纪末到十九世纪初，英国的船队常常前往此地停泊。③1834年，英国令律劳卑（William John Napier）在华寻找一个港口，以作备战之用，他抵达澳门后，经过一番了解勘察，认为"用一点武力……占据珠江口东面的香港，那是很有用的"④，主张以武力征服。此时，英方已虎视眈眈香港的战略地位。1837年时，英国商船因广州禁烟，私自聚集港岛附近，并在岛上建"居留地"，以继续走私鸦片；1839年，林则徐虎门销烟，尔后英商提出为了通商的便利，"应将一岛割让予英国"，鸦片战争随之发生，于是英国借机攫取了香港。1841年2月英军占领港岛后，即发布布告："凡属华商与中国船舶来港贸易，一律特许免纳任何费用赋税"⑤，宣布香港为自由贸易港，并逐渐取代十三行成为中外贸易的转运港。19世纪50年代中叶，香港殖民政府鼓励来往船只在香港注册登记，悬挂英国旗帜在中国沿海进行贸易，从而享受最惠国待遇，冲击其他港口的进出口贸易。此时清政府仍把香港看作中国的一个通商口岸，使其享受中国转运贸易港的优待⑥，许诺中国土货产品在港出口均能享受国内通商口岸的利益。⑦英国统治香港后，着手香港的转口贸易港建设。首先是港口仓库的修建。1841年6月14日起港岛进行土地拍卖，以此吸引商人来港修建房屋。怡和商行和林赛洋行最先修建了简易

　　① 中国第一历史档案馆编：《雍正朝汉文朱批奏折汇编》第18册，南京：江苏古籍出版社，1991年，第307页。

　　② 《清高宗实录》卷317，北京：中华书局，1986年，转引自王宏斌：《简论广州府海防同知职能之演变》，《广东社会科学》2012年第2期。

　　③ 罗澍伟、陈运泽、吴宏明：《香港概观》，《求知》1997年第6期。

　　④ F.O.17/12，Napier to Grey，21th Aug. 1834.

　　⑤ Anonymity，"Journal of Occurrences"，*Chinese Repository*，Jun. 1841.

　　⑥ 曹英：《两难的抉择：晚清中英关于香港在中国沿海贸易中的地位之争》，《近代史研究》2007年第4期。

　　⑦ [英]莱特：《中国关税沿革史》，姚曾廙译，北京：生活·读书·新知三联书店，1958年，第298页。

仓库。其次是码头的建立，1841 年起港英政府已开始在香港建立码头，"另片奏夷匪在香港对面之裙带路建盖寮棚，修筑码头等"①。1860 年日本人的游记为我们描绘了当时的香港码头情况，码头的造型是"石坛模样"，高度为三层。陆地左上方还有块空地，"用作货物起卸场。"②"海港四面皆山"，在此停泊的外国船只有五十余艘，英国船只占多数，至于码头的数量，则有五个③。英国在香港实行的系列管理措施和基础设施建设，刺激了香港转口贸易的发展，为其成为远东转口贸易中心奠定了基础。

四、晚清粤港澳三地的商业传播活动

爬梳清晚期十三行的相关文献可知，粤港澳三地商业传播往来频繁，这得益于三地唇齿相依的地理区位和其时特殊的贸易政策。三地交通互联共通，水运发达，内河航线成熟，造船技术在工业革命的推动下也有了长足发展。以交通为中心的基础设施保障下，三地商业传播互动频繁，商船来往数量多，人员流动规模大。密切的贸易往来使三地经济相互联系，彼此影响，既有共同发展也有互相竞争。总的来说，三地作为国内贸易、国外贸易的转口贸易港，在晚清商业传播中扮演重要角色。

1. 互联互通的商业传播基础

三地贸易往来的基础首先是陆路交通。澳门北面与香山陆地相连，连接处称作莲花矶，是一条东北西南走向的细长沙堤④，明代广东巡按田生金提到"陆路则谨塘基环一线之关，夷商入广，验明给票，方许停泊"⑤。他在《条陈海防疏》也说："其上通香山，只有一路如臂，名曰塘基环，原设关一所。"⑥此处提到的塘基环是莲花矶的别称。清朝王植在《崇德堂稿》中称："澳之南与东若西通海洋，惟北行陆路五里许，有关闸为界。"⑦可见，澳门与广州的陆路交通是通过香山县大陆完成，但清朝为防止夷人叨扰，直到康熙十八年（1679）才"准在旱路界口贸易"。

明清以来的对外贸易实际上主要是海上贸易，自明以来，澳门到广州就有内河水路。1582 年《利玛窦中国札记》记载："所以便被获允乘船赴香山市……然而在他们香山的住宅里。他们却决定干一桩颇为冒险的事。有一艘不太大的客船，每天从该村驶往省城，

① 《清实录·宣宗成皇帝实录》卷 352，北京：中华书局，1987 年，第 363 页。
② ［日］玉虫左太夫：《航美日录·日本人与香港——十九世纪见闻录》，香港：香港教育图书公司，1995 年，第 54 页。
③ ［日］柳川兼三郎：《航海日记·日本人与香港——十九世纪见闻录》，香港：香港教育图书公司，1995 年，第 75 页。
④ 吴宏岐：《澳门关闸的历史变迁》，《中国历史地理论丛》2013 年第 1 期。
⑤ 《明神宗显皇帝实录》卷 527，http://www.wenxue100.com/book_ZhuanTiMingShiLu/11_501.thtml，2019 年 4 月 27 日。
⑥ 佚名：《田生金〈按粤疏稿〉中的澳门史料》，2007 年 3 月 10 日，http://www.lsqn.cn/ChinaHistory/qing/200703/110472_5.html，2019 年 4 月 26 日。
⑦ 王植：《香山险要说——复抚都堂王》，《崇德堂稿》卷 2，转引自赵利峰、郑爽：《明清时期澳门人口问题札记三则》，《华南师范大学学报》（社会科学版）2009 年第 6 期。

船上经常搭乘有大量旅客和许多行李……"利玛窦（Matteo Ricci）和罗明坚（Michael Ruggieri S. J.）先从澳门乘船至香山，再继续由水路到达广州。到清代，由于外商需要往返广州澳门，其水道交通更为发达。《中国丛报》中记载了广州与澳门间的两条水道路线，一条为多数商船行驶的虎门水道，"由零丁洋入虎门"，另一条则是内河水道，"由澳门入香山"①。西方文献中的"澳门航道"（Macao Passage）即是说广州白鹅潭以南的珠江后航道，是内河水道的一段。②亨特（Hunter）在《广州"番鬼"录》专辟《来往澳门》一节介绍"澳门航道"："这是珠江的一条宽阔的支流，离商馆西面约半海里，流向正南……到澳门的距离，如果把河道的弯弯曲曲也算进去约120英里，一般要走三至四天。"③《东印度公司对华贸易编年史》中记载，广州与澳门间已经被许可行驶快艇，两地间的交通更为便利。④

除了成熟的交通路线外，交通工具的进步也使这一区域的联系更加紧密。大航海贸易时代叩开了"天朝上国"的大门，也为中国带来了工业化成果。木帆船曾经是中国传统水运的主力，但随着西方新式轮船的引进，逐渐衰落。新式轮船以蒸汽机为动力，运输速度更快，受气候影响更小，运输成本更低。⑤1844年外国轮船开设省港定期航线，在广州香港间装运邮件、货物、旅客。1848年英国创办小轮公司，在省、港、澳间定期航行，逐渐取代帆船。⑥根据粤海关的报告，1867年，广州与澳门间有12艘注册小船往来，广州与香港有28艘注册小船往返；1881年，省澳之间的进口轮船共约航行289次，省港之间定期航行460航次。⑦粤港澳间的往返时间更短，轮船班次更多，人员、货物流通更为便利。

2. 互动频繁的贸易往来

有了交通作为基础，政策作为保障，粤港澳三地在晚清的经贸往来十分频繁。鸦片战争前，港澳两地都在清政府以广州为中心的外贸管理体系之中，服务于"一口通商"的广州口岸贸易。澳门更是被清政府定位为外商的休闲之地，正如马士（Hosea Ballou Morse）所说澳门"在中国人的监督下，变成各国下广州贸易的基地"，其贸易业逐渐让位于娱乐业和服务业。加之其地理空间相对狭小，自然资源有限，因而经贸往来主要是生

---

① 林福祥：《论扶绥澳门西洋夷人》，《平海心筹》卷下，参见中国第一历史档案馆、澳门基金会、暨南大学古籍研究所合编：《明清时期澳门问题档案文献汇编（六）》，北京：人民出版社，1999年，第436页。

② 吴宏岐：《时空交织的视野：澳门地区历史地理研究》，北京：社会科学文献出版社，2014年，第62页。

③ [美]亨特：《广州番鬼录：旧中国杂记》，广州：广东人民出版社，2009年，第84页。

④ Morse H. B., *Chronicles of East India Company trading to China, 1635 to 1835,Vol. II.*, Clarendon Press, Oxford, 1926, pp.116-117.

⑤ 夏巨富：《浅析晚清香港轮船航运业肇兴缘由》，《历史档案》2016年第2期。

⑥ 王军、邹晓玲、陈娉婷：《粤海关赴港澳轮船相关章程释析》，《海交史研究》2018年第1期。

⑦ 毛立坤：《晚清时期香港对中国内地的转口贸易（1869—1911）》，博士学位论文，复旦大学历史系，2006年，第23—31页。

活资料的供给和进出口业务的转运港。

以广州为主的珠三角腹地向澳门输入生活资料一直是粤澳贸易往来的活跃因素，康熙五十六年两广总督杨琳裁言，据西洋人回忆，他们在澳门居住多年，男女老少、牲口仆人，"俱仰借天朝衣食"[①]。咸丰五年（1855）清人刘珩写就《岐海竹枝词》："野芋山薯聚各村，东西小艇似逢屯。担箩更遣街头唤，鸡卵同收落澳门。"[②]诗歌描绘了内地丰富的生活消费品输入澳门。

人口的流动必定推动地区间的贸易往来。由于清政府将外商的活动基本限制在澳门，所以每年互市开始与结束，澳门与广州间的商人流动都蔚为壮观。亨特在《广州"番鬼"录》中记载了外国商人从广州返回澳门的情形："驳艇鱼贯驶经商馆时，浩浩荡荡，很是壮观。"除外商外，十三行商人也常来往于粤澳之间。乾隆十五年香山知县张甄陶指出"至十三行商人赴澳承买，然后赴关上税，是所科乃商人之税，与澳夷无与……"[③]1812年，广利行商人卢观恒在给粤海关监督的一封禀帖中称澳门的进口货物"向系各官自行赴澳买运，在澳门口报输，给单来省"。向澳门出口的货物，大宗商品"由商等各行自报验输，请给大牌下澳"；如果是零星小商品，"不能候给大牌者，始准随时自行报输，请给便单运往"。这都是办理澳门商船进出口贸易的惯例。[④]由此可见，十三行商人需要自行前往澳门采买货物。

五口通商后，广州"全国贸易中心"的辉煌虽已不复存在，但其贸易依托港澳两地仍充满活力；香港开埠后，在港英政府的推动下，逐渐发展为远东转口贸易中心；澳门在脱离"广州体制"后，作为粤西重要中转港口仍有较重要的作用，转为粤西海岸及西江沿岸进出口贸易的首要中转港。

《中国丛报》第十二卷统计了1841年8月至1843年12月往返于香港和澳门的商船数量及吨位（图2）。

值得注意的是，此时澳门还未正式实行自由贸易，香港也只是处于开埠初期，两地的经济互动俨然已蓄势待发。《澳门宪报》中的数据表明了香港在澳门进出口贸易中占据的地位，1846年的9个月时间往返澳门香港的商船占澳门港进出口商船的20%，1849年的8个月此比重上升至28%，反映出澳门与香港之间的贸易提升。广州则从一口通商的贸易口岸逐渐转为香港土货出口和洋货分销的集散地，根据《中国旧海关史料》的相关数据，广州口岸进出口贸易额统计如表1所示。

① 中国第一历史档案馆编：《澳门问题明清珍档荟萃》，澳门：澳门基金会，2000年，转引自陈伟明，兰静：《清代澳门生活资料的来源与特点1644—1911》，《暨南学报》（哲学社会科学版）2010年第5期。
② 章文钦：《澳门诗词笺注》（晚清卷），珠海：珠海出版社，2003年，转引自陈伟明，兰静：清代澳门生活资料的来源与特点1644—1911》，《暨南学报》（哲学社会科学版）2010年第5期。
③ [美]亨特：《广州番鬼录：旧中国杂记》，广州：广东人民出版社，2009年，第84页。
④ 刘芳：《葡萄牙东波塔档案馆藏清代澳门中文档案汇编》，澳门：澳门基金会，1999年，第423页。

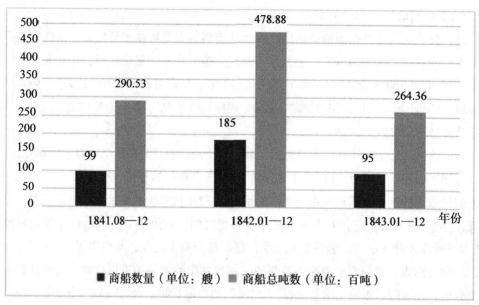

图2　1841年8月至1843年12月往返澳门香港船数统计图①

表1　广州口岸进出口贸易额统计表②单位：海关两（1869年为两）

年份	土货出口总额	出口香港额	百分比	洋货进口总额	香港来货额	百分比
1869	20048975	10900669	54%	8050252	7987867	99%
1874	16287633	9921410	61%	3178859	3145032	99%
1885	13027199	10425292	80%	5710923	5668489	99%
1896	18031721	15324745	85%	13785328	13671853	99%

　　可见，香港在广州口岸出口土货的地区结构中占比很大，并且呈上升趋势，而广州进口洋货的来源地也几乎由香港包揽，凸显出香港的转口贸易的中心地位，也反映了省港之间的经贸往来和依存关系。根据《近代广州口岸经济社会概况》1867年、1880年、1881年的记载③，从广州转口香港的土货主要是荔枝、龙眼、蜜饯等食品，竹器、陶瓷器、扇子、漆器、烟草等日用品，进口的洋货主要是棉花、丝织品、棉毛织品等生活用品和一些手工业原料。澳门实行自由贸易港政策后，关税与广州口岸相比拥有绝对的吸引力，因此粤澳之间在这一阶段盛行走私贸易，"由于澳门出口经常能卖出好价钱"，广州"大

　　① 张廷茂：《晚清澳门海上贸易研究》，北京：社会科学文献出版社，2015年，第35页。
　　② 毛立坤：《晚清时期香港对中国内地的转口贸易（1869—1911）》，博士学位论文，复旦大学历史系，2006年，第23页。
　　③ 毛立坤：《晚清时期香港对中国内地的转口贸易（1869—1911）》，博士学位论文，复旦大学历史系，2006年，第24页。

量生丝取道澳门出口"，茶叶也"从广州运往澳门出口"[①]。粤海关税务司曾评价澳门"是中国领土内的一个自治的自由港"，贸易相对自由，同时其非法贸易猖獗，"影响皇家的海关税收和其他税收"。可见，粤澳的民间走私贸易已经影响到了广州口岸的正常贸易。

3. 互依共生的商业传播地位

清初沿袭明朝的海禁政策，并在顺治十二年（1655）至康熙十一年（1672）间颁布5次"南洋之禁"和3次"迁海令"，虽然澳门因葡萄牙人久居和不善耕种幸免于难，但广东沿海居民全部内迁50里，沿海一带贸易十分萧条。自1542年经营的澳门—日本黄金航线，因由澳葡传入的天主教在日本影响力过甚，17世纪20年代德川幕府宣布禁教，同时也将葡商和传教士赶回澳门，进而禁止与澳门通商，澳门的贸易陷入内忧外困的局面[②]。康熙十九年（1680）时人陆希言描绘澳门"见城无百堵，众无一族，家无积粟，凄凉满襟"[③]，十分困顿。1684年广州设立粤海关后，"壕镜一澳"，外商杂居，"百货流通"，是仅次于虎门的关税之口。澳门的区位优势凸显，因广州贸易兴盛而崛起。[④]广州"一口通商"后，澳门发展为外商来华的居住地，中外商人都聚于此，"国际设海关监督行台及税馆，其商侩、翻译、买办诸杂色，人多闽产；若工匠、若贩夫、店户，则多粤人。凭夷屋以居，烟火簇簇"[⑤]。澳门显得生机勃勃，与广州成为中国南海商业传播的最佳拍档。

1841年英军强占香港后，宣布实行自由贸易，这对澳门而言无异于致命一击。《南京条约》签订后中国实行五口通商，广州的贸易地位也受到强烈冲击。大量的人力、资本从广州、澳门流向香港。18世纪末，法国、荷兰、丹麦、瑞典、英国、美国、西班牙的商行先后在澳门立足，在香港开埠后，这些商行纷纷转到港岛开展生意，"原在广州、澳门以至印度、缅甸等地的英资公司纷纷迁到港岛或在港岛开设分支机构"[⑥]。在华活跃的传教士也陆续从澳门迁居香港，如美部会（The American Board）的裨治文（Elijah Coleman Bridgman）、伯驾（Peter Parker）、卫三畏（Samuel Wells Williams）、波乃耶（Dyer Ball），浸礼会（Baptist Churches）的叔未士（Rev.J.L.Shuck）、罗孝全（Issachar Jacob Roberts）。[⑦]《中国丛报》1845年1月刊登了一封叔未士夫人病逝的讣告，讣告中提到叔未士夫妇1836年9月到达中国，定居澳门，一直到1842年3月迁居香港。[⑧] 以1858年为

① 卜奇文：《清代澳门与广州经济互动问题研究》，博士学位论文，暨南大学历史系，2003年，第78页。
② 卜奇文：《清代澳门与广州经济互动问题研究》，博士学位论文，暨南大学历史系，2003年，第61页。
③ 中国第一历史档案馆：《明清时期澳门问题档案文献汇编：第六编》，北京：人民出版社，1999年，第595页。
④ 梁廷枬：《粤海关志》，广州：广东人民出版社，2014年，第63页。
⑤ 祝淮：《新修香山县志》，道光七年刻本，转引自陈伟明：《明清澳门内地移民的发展类型与人口构成》，《暨南史学》2002年第1期。
⑥ 卢受采、卢冬青：《香港经济史：约公元前4000年至公元2000年》，北京：人民出版社，2004年，第73页。
⑦ 吴义雄：《基督教传教士在澳门的早期文化活动略论》，《学术研究》2002年第6期。
⑧ Anonymity, "Obituary Notice of Mrs Shuck", *Chinese Repository*, 1845（1）.

例，香港仅有居民七万五千人，但华人开办的店铺已有两千余家，这些店铺中包括杂货铺、洋货店、行商、买办、钱币兑换商、米商、造船工匠、印刷所和金、银、铜、铁匠铺、木匠等①。根据香港 1886 年的人口普查统计资料，香港华人居民中，从广东来的占了最大比例，总人数 199875 人中广东人口达到 197526 人；1887 年的人口普查数据中，总居民 197604 人，而广州府的人数高达 156603 人，是香港华人的主要构成部分。② 外商来华贸易也主要通过香港转口，由于当时的统计工作并不完善，并没有完整的进出口贸易额，因此使用商船数量来粗略估计三地的进出口贸易规模。根据张廷茂统计《澳门的曙光》《澳门土生葡人代言人》《澳门宪报》等刊物上关于澳门港口进出口商船的资料，得出 1846 年（9 个月）进出澳门港口的远洋商船总数为 228 艘③；而根据港英政府代理船政司米切尔（W.H.Mitchell）1852 年 1 月 30 日在《英国议会文书》（*British Parliamentary Instruments*）上发表的报告显示，1846 年进出香港的外国商船总数为 675 艘④，已是澳门进出口商船数量的近三倍；《上海开埠初期对外贸易研究》统计的同期进出广州的外国商船总数为 601 艘⑤。短短几年，进出香港的外国商船数量已经超过广州和澳门，广州、澳门的贸易港口地位受到香港影响。与香港转口贸易逐年兴盛相伴随的是，转口贸易服务部门包括航运、服务、港口、码头、货仓、保险、银行、邮电通讯等应运兴起，香港的贸易神话因此造就，而广东作为香港转口贸易的主要市场，其贸易地位的确定也离不开广州的依托。粤港澳三地依存共生的贸易地位既存在一荣俱荣一损俱损的捆绑现象，也存在此消彼长的竞争特点，反映出三地商业传播休戚与共的区域特色。

晚清十三行的出现是基于全球跨国商业传播的繁荣，其兴盛则是区域性港口、商人的集群优势、开放的经营之道和务实的商业作风共同作用。在清政府的封建集权统治下其衰败似乎是一种必然，英美自由商人大量涌现冲击行商制度；封建制度过分支配经济，严重破坏商品经济的发展。粤港澳三地的经贸发展既依存其河海交汇的地理优势，更取决于当时的历史大事件所推动的政策和体制，三地的贸易角色与贸易地位随着时局的动荡、政策的更替、历史的变迁而不断交替与变化：香港开埠前，澳门作为广州的外港，处于无可比拟的优势地位，不仅是进出口货物集散地，更是远东国际贸易的重要中转站；香港开埠后，香港贸易地位因深水海港的地理优势及英国激进的政策不断得到加强，澳门也因澳葡政府推行自由贸易政策与香港一道成为广州进出口贸易的竞争者。此外，突显出来的还有粤港澳三地在经贸往来的依存共生关系，三地作为中国进出口贸易港口，

---

① 刘蜀永：《从香港史看西方对近代中国社会的影响》，《史学集刊》1991 年第 2 期。
② 兰静：《近代香港外来移民与香港城市社会发展（1841—1941）》，博士学位论文，暨南大学历史系，2011 年，第 52、54—55 页。
③ 张廷茂：《19 世纪四五十年代澳门海上贸易的挫折与恢复》，《暨南史学》2014 年第九辑。
④ 卢受采、卢冬青：《香港经济史：公元前约 4000 年至公元 2000 年》，北京：人民出版社，2004 年，第 76 页。
⑤ 黄苇：《上海开埠初期对外贸易研究》，上海：人民出版社，1979 年，第 177—178 页。

都需要有与内地和海外畅通的联系，需要强大的运输网络和贸易网络，同时更因为地域相近、经济同脉、文化同源才造就了三地的商业辉煌。回望历史，总结经验，"前世之不忘，后事之师"，如此，可以预见新时期粤港澳湾区的规划发展将会带来新时代湾区发展的新成就。

七、盐文化传播研究

主持人语

本栏目的三篇文章来自不同的研究领域。

四川轻化工大学石振峰博士的《民国报刊对南京市民食盐中毒案的报道研究》着眼于民国报刊，通过多个报刊对同一事件——"食盐中毒"的连续性报道，分析民国公共机构处理"突发公共卫生事件"的应对机制。

拙作《历史、叙事与符号："新滩盐场"在江苏盐业志书中的呈现》从江苏省多本盐业志书中记载的抗战时期的"新滩盐场"出发，发现作为"新滩盐场"的整体叙事，及在历史与叙事双重表述下形成的盐业红色符号。

《"长三角一体化"背景下中盐金坛高质量发展的方向》一文是企业个案研究。通过论述在长三角一体化背景下中盐金坛公司的个性化发展，探讨中国盐业向高质量发展前进的实践与路径。

从盐文化角度而言，上述三篇文章的研究都是分散的、孤立的。但对于充实中国盐文化而言，又都在一个整体之内。笔者一直觉得盐文化研究：一要有根基，也就是立足盐业历史（史料）、实践，是可以触摸的，可以按照我们的理解去参与、去推进、去创造。二要有清醒的视野，不是简单挪用新理论去解说，而是提升到一种自己看得见的相对真实的世界。三是研究文本可以提供一个进入我们的现实，进入我们的社会文化当中的一种路径。

（《中盐人》执行主编、助理研究员 郑明阳）

民国报刊对南京市民食盐中毒案的报道研究

石振峰 *

（四川轻化工大学，四川自贡，643002）

摘要： 食盐关乎国计民生，食盐含毒更是千古未闻。民国二十三年（1934年），南京市民因误食含有毒质的食盐而中毒，舆论哗然。当时主流报刊对此案件进行了详细报道，通过报道可知民国政府各相关部门对食盐中毒案件的处理程序，其中尤以卫生机构对毒盐案处理最为恰当，而盐务管理机构财政部盐务署处理严重失当。同时报道也对当时盐政出现的问题及应当采取的措施进行了深刻的剖析。

关键词： 民国报刊；南京市民；食盐；中毒

基金项目： 四川省社科规划办基地重点项目"民国时期四川盐区盐务缉私武装研究"（项目编号SC19EZD048）及四川轻化工大学人文社科重点研究基地中国盐文化研究中心一般项目"清代四川官运局文约凭票研究"（YWHY18-08）阶段性成果。

1934年，南京市民误食毒盐而中毒。因食盐关乎国计民生，且发生于国都，一时之间，此案影响全国。当时主流报刊对此案进行了详细的报道，报道对案件发生的经过、政府相关部门在案件发生过程中所采取的措施、处置程序以及当时民众对案件的评论均有所论述，本文通过对报刊报道的分析，对以上问题均可进行一定的分析研究。[①]

一、南京市民食盐中毒案报道纪实

1934年5月9日下午一时许，卫生事务所接汉西门警局电话，被告知汉西门凤凰街一带，梁建刚、梁纪明等四十余人因食茼蒿菜及菜花菜而中毒，其症状大多头痛头晕，嘴唇发紫，心跳加速，面色青白，瞳孔放大，间有恶心欲吐。卫生事务所随即派救护车

---

* 作者简介：（1985—），河南开封人，博士，四川轻化工大学马克思主义学院讲师，研究方向：宋史、盐文化。

① 朱英：《1934年南京市民食盐中毒事件述论》，《史学月刊》2021年第1期；陈泽明：《"毒盐案"前后南京食品卫生管理的嬗变（1927—1937）》，硕士学位论文，湖北省社会科学院，2016年。此二文对南京市民食盐中毒案均有所论述，但对政府对毒盐案的处置的程序性问题未做详细分析。

前往救治，并将中毒之人分别送往戒烟医院及本所救治。但因其中毒甚重，不能确定是否有生命危险，且因何中毒亦尚未验明。南京市政府闻讯后，立即派人赴卫生事务所查看，为尽快确定中毒的原因，卫生事务所将食剩之菜及呕吐之饭菜送往中央卫生试验所进行化验。①

10 日下午石城桥一带发生第二批市民中毒事件，其症状与 9 日相同，卫生事务所派员到出事地点调查，并将中毒市民送卫生事务所救治。虽未确定是何种毒质，但根据事务所调查，初步得到线索，无外乎饭米、饮水、食盐三种，以食盐为最可疑。事务所工作人员将中毒人家食品及盐铺之食盐分别化验，为防止事情进一步扩大，建议政府采取断然措施将中毒地附近德兴（福）隆及泰茂恒两家盐铺暂停营业。②

11 日，续有 7 人中毒，因尚未得到化验报告，未能确定中毒原因，政府发布禁令，在案件未查明之前，该地的食盐果蔬等，一概暂停售卖。③

12 日，石城桥一带发现中毒二人，惠民河一带船夫二人中毒，经卫生署化验，确定中毒原因在于所服之盐包括亚硝酸盐，其中尚有两种不同元素，需经化验室用动物试验，方能真相大白。④

13 日，下关惠民桥发现二人食物中毒，汉西门外发现一人中毒，经救治已无恙。卫生事务所查得汉西门外河边，最近停有盐船两艘，满载劣质食盐发卖。财政部盐务署闻讯，以此事不仅妨害公共卫生，且于盐务上亦有关系，遂派员至汉西门、水西门、上新河、下关一带河边查访。⑤

14 日，当日中毒之人数因不同报刊报道其记载有两种：1. 下关发现三人中毒，因其住在船上。且其船停靠在汉西门，所食之盐亦从此处购得⑥；2. 石城桥下理发馆内发现中毒者二人，因当日食用九日所购之食盐。⑦ 两种报道虽在中毒人数的记载方面有所不同，但都确定了是因为误食毒盐而中毒。同日，动物试验结果出来，其采取的方法为以一公斤以上兔子三只，分别注射零点六公分毒盐，二十分钟后兔子即死。通过试验结果可知普通人若吃一公分毒盐，势将无幸，以此可证明毒盐为人食用的严重危害，卫生事务所请警局将出售毒盐之商店予以停售，并请市府查究处罚。⑧

---

① 《京市凤凰街一带居民四十余人中毒》，《民生报》1934 年 5 月 10 日；《京市民四十余人食菜中毒，有无生命危险尚难断定》，《申报》1934 年 5 月 10 日。

② 《南京续有十七人食盐中毒》，《时报》1934 年 5 月 11 日；《京汉西门居民续有中毒，中毒者均经治愈，化验尚无结论，疑系食盐有毒》，《申报》1934 年 5 月 11 日。

③ 《京汉西门一带市民续有中毒，迄未查明原因》，《申报》1934 年 5 月 12 日。

④ 《南京事物中毒之不绝》，《新闻报》1934 年 5 月 13 日；《居民中毒原因卫生署化验与食盐有关》，《民生报》1934 年 5 月 13 日。

⑤ 《食盐中毒居民昨续有三人发现》，《民生报》1934 年 5 月 14 日。

⑥ 《中毒案卫生事务所呈报市政府》，《中央日报》1934 年 5 月 15 日。

⑦ 《卫生署化验结果证明食盐有毒质》，《救国日报》1934 年 5 月 15 日。

⑧ 《南市民中毒试验结果》，《新闻报》1934 年 5 月 15 日。

14 日后不再有食盐中毒之人发现，此次毒盐案件暂告一段落，虽然此次事件导致先后八十余人因误食食盐中毒，但由于各部门处置得当，经诊疗后无一人死亡，但对此次毒盐案的讨论仍未结束。①

二、报道所见食盐中毒案的处理程序

通过对南京市民食盐中毒案件报道纪实的分析，可以发现，在食盐中毒案件发生后，相关政府部门迅速地介入其中，为案件的处理出谋划策，且采取了恰当的措施，最终此案在不足一周时间内得以解决，避免了因其案而导致的全国性恐慌发生。

警局为最先出现的政府机构。根据 1933 年 11 月 14 日南京市政府颁布《修正南京市卫生事务所组织规则》的规定，卫生事务所"掌理本市防疫、保健、诊疗、化验、取缔等公共卫生行政之实行事项"。故在其行使职权的过程中，需要公安局、社会局等市政相关机构的配合。9 日，汉西门警局接到群众报案，警局派员前往事发地进行调查，怀疑市民是因为误食茼蒿菜及菜花菜而导致中毒，根据政府机构职能划分，也为迅速救治市民计，乃电话通知卫生事务所要求其派出救护车前往事发地救治中毒群众。警局对市民中毒案件采取的行动可谓迅速，其处置恰如其分。同理卫生事务所得到卫生署化验结果确定为盐中含有亚硝酸后，告知警局，令其配合查封当地盐铺所售食盐，并通告居民，如有在当地已购之盐，勿再食用，以断毒源，防止中毒案件的再次发生。

卫生事务所接到警局通知，迅速派救护车前往事发地，将中毒群众送往医院救治，同时将食剩之菜及群众吐出饭菜送往中央卫生试验所进行化验，以确定群众因何种毒质而中毒，而后公布，并派员到出事地点进行密查以调查中毒原因。因救治得当，轻症患者已可返家，经一晚休息，"已恢复健全常态"②，重症患者恢复清醒，尚在留院观察。10 日再次发现中毒情形，卫生事务所经救治后初步怀疑中毒原因无外乎为饭米、饮水、食盐三种，其中以食盐最为可疑，并将当地中毒市民家的食品及盐铺售卖的食盐分别送往卫生署予以化验，并请警局通令附近盐铺德兴（福）隆及泰茂恒暂停营业。经过卫生事务所调查，得知当地最近有一艘盐船满载劣质食盐进行售卖，卫生事务所遂将其售卖之盐送中央卫生试验处进行化验。12 日，经卫生署化验结果证实，卫生事务所确定中毒原因为群众误食之食盐为亚硝酸盐，由此最终确定毒源在于食盐，但亚硝酸盐所含有的两种不同元素，须由卫生署化验所进行动物试验后，方能确定并公布。卫生事务所将化验结果呈报市政府并提出两点建议：1. 将售卖毒盐商店存盐悉于查封，并予以查究；2. 举办食盐商店总登记，随时化验，并转请盐务机关，取缔商人贩运私盐，以免其混合不洁之物，含蓄毒素③。22 日，经记者采访，卫生事务所所长王祖祥登报发表亚硝酸盐之成

---

① 《京市府咨请盐署饬盐商注意食盐含毒》，《申报》1934 年 5 月 21 日。

② 《汉西门外居民续有十七人中毒》，《朝报》1934 年 5 月 11 日。

③ 《中毒案卫生事务所呈报市政府》，《中央日报》1934 年 5 月 15 日。

分毒质等内容①，以通俗的语言向民众阐述了亚硝酸盐化学成分、来源以及误食对民众的危害。

卫生署负责饮食之化验、检定及研究事项，在收到卫生事务所送来之疑为含毒物质后，迅速对送来之食剩饭菜、吐出饭菜、饮水、食盐等进行化验，三日后即确定毒源乃食盐中含有亚硝酸盐，并以兔子进行动物试验，以确定毒盐所含之两种元素。同时公布对兔子注射微量毒盐造成死亡的情形，向民众证明一旦误服过量含有毒质之食盐，势必造成生命危险。

财政部盐务署负责全国盐务，在得知中毒案案发地附近有盐船满载劣质食盐进行售卖后，以此事危害公共卫生且有碍盐务为由，派员前往当地进行调查，经其调查，竟否认食盐中含有毒质。②针对盐务署之报告，卫生事务所再次派员和凤凰街分驻所警察一起，将以前查封福德隆［一说德兴（福）隆，疑因记载失误所致］和泰茂恒两家之食盐，分别加以检验，并将毒盐和市面所售官盐，一同带回化验所，分别进行化验，其结果是"官盐溶化后，颜色极形洁白，内中纯无毒素，而封查之毒盐，经化验后，浑浊不清，色如市面所售卖之酱油，且确含有亚硝酸钠毒质"。卫生事务所所长王祖祥认为盐务署之调查与真相严重不符，认为盐中有无毒质当以化验为准，否则不当轻易向外界宣布，并声称如果民众因相信盐务署盐中无毒质报告而再次购买使用毒盐，一旦发生意外，卫生事务所对其不负责任。③

经过分析，可以得知政府对南京市民食盐中毒案的处理程序为：市民向案发地警局报警，警局初步调查为卫生事件，遂通知卫生事务所派员前往案发地救治；卫生事务所迅速展开行动，救治中毒群众，调查中毒原因，提取可疑物质送交卫生署进行化验，得知毒源为市民误食之亚硝酸盐，马上通知警局令附近盐铺停业，向政府提出整改建议；在卫生事务所救治调查之际，卫生署对卫生事务所提交之可疑物品进行化验，确定毒源，并进行动物试验。在毒盐案处理的整个流程中，卫生部门始终都表现出认真负责的态度。反观财政部盐务署，仅在得知有毒盐出现时，派员调查，但事后否认盐中含有毒质，并辩驳推卸责任，对毒盐案并无过多性干预行为。鉴于卫生事务所和盐务当局对盐案处理态度之不同，当时之人以至于有"若盐务当局，放弃职守，助商害民，应请市政府卫生事务所，自此以后，负责取缔毒盐劣盐，登记所有盐店"④，以卫生事务所取代盐务当局的想法。

① 《亚硝酸盐之毒性》，《中央日报》1934 年 5 月 22 日。
② 《盐署否认严重有毒》，《救国日报》1934 年 5 月 29 日。
③ 《南京卫生事务所所长王祖祥负责之谈话》，《中国日报》1934 年 5 月 29 日。
④ 《盐务当局公然轻视民命》，《人民晚报》1934 年 6 月 1 日。

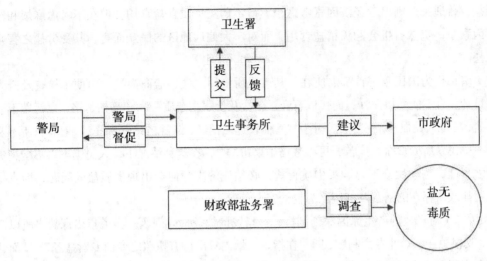

图 1　盐中毒案件处理流程图

从对毒盐案的处理过程进行分析（图1），卫生事务所对案件的解决起到了主导性的作用，在其主导下迅速解决了此项涉及市民卫生健康之毒盐案，此处理程序也可视为政府在处理卫生案件的标准处理程序。毒盐的出现在另一种程度上来讲属于盐务署的工作范畴，作为盐业管理部门的财政部盐务署，只是在得知有毒盐销售的时候，派人前去调查，在卫生署化验结果确认且卫生事务所已经通告市民确系毒盐的情况下，做出了食盐中并无毒质的结论，疑为为盐商做掩饰之语，同时对食盐中毒问题未提出明确的解决方案，对毒盐案有种置若罔闻的态度，由此可知民国盐政存在的严重问题亟待改变。

三、报道对南京市民食盐中毒案的评论

各相关报刊对市民食盐中毒案在案件结束后，并没有像以前那样，对盐务问题噤若寒蝉，反而是进行了一系列的后续报道，此时的评论不仅仅是针对毒盐，更重要的是对民国时期的私盐问题及盐政问题进行了深刻探讨。

（一）对毒盐的危害进行深刻的剖析，对民众不得不购食劣盐表示了极大的同情。报道指出："盐为人人每日必需之食品，若果其中含毒素，或其他杂质，事关全国国民之健康，诚有不可思议之危险，而其急性或慢性之毒杀人，实较枪炮炸弹为残忍而普遍。"[1]报道从全体国民健康的角度分析了毒盐对人民的危害，但国内统治阶级对其则不以为然，因其"素来购食精盐"，而对占国民大多数的普通民众来说，因"生活艰难，既因精盐较贵，而往来下关，车资已属不赀，何有余力买盐"，在这种情况下，普通民众不得不"被迫购食专商恶劣污毒之盐，任其生命横遭戕害"[2]。可知南京市仅部分统治阶级可以购买

---

① 《食盐中毒之责任问题，当局应亟待谋改革盐务》，《人民晚报》1934年5月19日。

② 《食盐中毒谁负其咎》，《救国日报》1934年5月19日。

精盐，普通民众则出于经济因素考虑，不得不购买劣质食盐食用，但在不考虑麻烦和经济因素下，仍然有机会购买精盐食用，而对广大偏远地区的民众而言，其受劣盐之害则更甚。

南京作为国民政府首都之所在，其市民所食用之盐，盐商尚且"为便于检查及避人耳目计，自不能多掺泥沙，而代以石膏、硝盐及价贱之杂质"①，"高抬价格，以污秽不洁之盐，榨取人民血汗金钱"②。对于"其他较远之销区，偏僻之县市乡镇，政府耳目所不及者……民众所受食盐之痛苦，更必数倍于京市"③，在这种情况下，人民则不得不购买劣质之食盐，为使民众不再购买劣质食盐，必须先解决为何会出现劣质盐的问题，即直指民国盐政所存在的问题及其应当为食盐安全负责。

（二）对毒盐的产生原因深刻剖析，直指民国盐务盐政问题。报道指出毒盐之所以产生，其根源在于盐业专商制度，即"在指定区域内只准持有执照之专商专营盐务"④，而这种专商制度"皆是帮助盐商逞凶作恶的"⑤。在这种专帮盐商的制度下，盐商为了获利，在其专售区域内往往"掺水和泥，及其他杂质，抬价短秤，恣意剥削"⑥。

民国期间，政府为保证人民可以食得卫生之食盐，1930 年 6 月 7 日颁布了《检查食盐章程》，规定食盐在产地、销地及商售地，均应按照章程的规定对食盐品质进行检验，并制定了具体的检查标准。《章程》规定"在产地者，由该管盐运使、运副委派之食盐检定员执行之。在转运或行销之囤盐汇集地点者，由盐务署委派之食盐复查员执行之。"⑦但在具体的实际操作过程中，往往因为盐务当局的维护纵容和办事人员疏忽懈怠，导致含有毒质之食盐走向市场。

以南京区域食盐检验为例，官盐在抵达南京下关前后，要经过四道检查，第一次是出场时的检查，第二次是在泰州加以掣验，第三次是在仪征十二圩盐浦捆运上船时接受检查，第四次是在抵达南京下关后接受检查。⑧在严格且具体的食盐检验章程下，仍有劣质食盐流入市场，可知应为盐务当局与商人相互勾结而导致。"官视民为利数，商以官为护符"⑨，"盐务当局真不愧是专商之忠臣"⑩，可谓官商勾结的最恰当之表述。

盐务稽核所在南京所属机关，"有下官掣验局，专司掣查验放到京之盐；及食盐覆查

---

① 《由南京毒盐想到食盐根本问题》，《救国日报》1937 年 6 月 7 日。
② 《精盐输入城内行销应毋庸议案》，《首都市政公报》1929 年第 41 期，第 147 页。
③ 《食盐中毒谁负其咎》，《救国日报》1934 年 5 月 19 日。
④ 盐务署盐务稽核总所编：《中国盐政实录（民国二十二年）》（一），台北：文海出版社，1999 年，第 42 页。
⑤ 《为食盐含毒敬告当局，根本改革在实行新盐法》，《民生报》1934 年 5 月 25 日。
⑥ 《食盐中毒谁负其咎》，《救国日报》1934 年 5 月 19 日。
⑦ 《检查食盐章程》，《财政公报》1930 年第 35 期，第 16 页。
⑧ 盐务署盐务稽核总所编：《中国盐政实录（民国二十二年）》，台北：文海出版社，1999 年，第 154 页。
⑨ 《食盐中毒谁负其咎》，《救国日报》1934 年 5 月 19 日。
⑩ 《盐署否认盐中有毒，一手岂能掩盖天下目耶》，《救国日报》1934 年 5 月 29 日。

所，专司采取盐样，以化学方法，化验盐质，是否合格及是否含毒，并随时稽查京市所有盐店，取缔禁止销劣盐"①。南京有相关盐务稽核机构，有具体的检查流程，在此情况下，毒盐仍能流入南京市场，除官商勾结外，无其他方法。以南京市民误食毒盐为例，盐务署人员所取样化验之盐并非案发地之食盐，而且是案发之后其他地区的食盐，兼之盐务署技术人员工作疏忽懈怠，其种种行为，均为维护盐商利益。同时在其发表的报告中有"所谓盐中无毒，即指混合物无疑，阅者不察，误会本署根本否认盐中有毒""此种病症，是否因盐发生，尚属疑问""如果确为含有亚硝酸钠物品所混入，是否别有来源"②等语，无疑为官商勾结做了官方的书面证明。由此可见，"盐务署之否认严重有毒，完全系欺人之谈，谓之为保护专商之饭碗则可，谓之谓注重人民生命则绝对不可"③。

（三）对当时盐务问题提出解决办法。食盐含有毒质与否关乎国计民生，评论指出若"人民日日食用是项列劣盐，必与身体之发育，肠胃心脏之功用，大有阻损，与将来整个民族健全强硕,亦有密切之关系"④,毒盐的产生在于专商制度下的盐商和盐务机构的勾结，"是盐商之罪恶大矣，盐务当局之咎戾深矣，事关全国民食，最高政府当局，对于此项盐务重大问题，应亟谋根本整革之道"⑤。对盐务整革的根本方法在于废除盐商引岸专卖之特权，改革盐务，实行新盐法，引入就场征税的自由买卖机制。

评论指出一旦新盐法得以实施，则"所有全国销地无用之盐务机关，及徒耗国帑，甚而作弊营私之人员兵佐，皆可一律裁撤，每年所省之经费，即有千万元"⑥。实施就场征税自由买卖，食盐可在自由竞争的经济原理下参与市场竞争，为保证自由竞争的实现，政府需要"开放精盐，准其行销内地……使与粗盐竞争，而促成其自动之改进"⑦，而盐商则"不得不以洁白之盐，公平之价，招揽生意，吸引顾客，则毒盐劣盐，何能容其插足"⑧。通过政府开放精盐以及盐商自由买卖，则一方面促进了盐质的提升，减少了毒盐劣盐的存在，另一方面也可促进政府财政税收的明显提高，"多销一担粗盐，国家多收百分之二十或十五之盐税"⑨。

因此，为国民健康计，为增加税收计，对盐务问题，政府应当"从速改革盐务，实行新盐法，罢除'专商''引界'之恶劣制度，而还予国民以食盐自由与健康幸福"⑩。

---

① 《食盐中毒之责任问题，当局应亟待谋改革盐务》，《人民晚报》1934 年 5 月 19 日。
② 《盐务当局公然轻视民命》，《人民晚报》1937 年 6 月 1 日。
③ 《盐署否认盐中有毒，一手岂能掩盖天下目耶》，《救国日报》1934 年 5 月 29 日。
④ 《食盐中毒谁负其咎》，《救国日报》1934 年 5 月 19 日。
⑤ 《食盐中毒之责任问题，当局应亟待谋改革盐务》，《人民晚报》1934 年 5 月 19 日。
⑥ 《食盐中毒之责任问题，当局应亟待谋改革盐务》，《人民晚报》1934 年 5 月 19 日。
⑦ 《由南京毒盐想到食盐根本问题》，《救国日报》1934 年 6 月 7 日。
⑧ 《食盐中毒之责任问题，当局应亟待谋改革盐务》，《人民晚报》1934 年 5 月 19 日。
⑨ 《由南京毒盐想到食盐根本问题》，《救国日报》1934 年 6 月 7 日。
⑩ 《盐务当局公然轻视民命》，《人民晚报》1937 年 6 月 1 日。

综上所述，民国各主要报刊在南京市民食盐中毒案爆发之后，积极主动地对案件进行了详细报道，通过报刊的报道可以看出在案件处理过程中，各相关部门对案件的处理所采取的措施，及政府对涉及国民卫生健康案件的处理程序。尽管此案为卫生健康案件，并非盐务机构之所掌，但因盐务机构内部官商勾结和工作人员的不作为，导致了毒盐案的发生。故报刊在报道过程中发挥了积极的舆论引导作用，直指民国盐务问题，并对当时盐务问题提出了改革盐务，实行新盐法，在盐业销售中引入就场征税自由买卖机制的观点，这种观点在未来得到了实现，民国的盐政问题在一定程度上得到了好转。

历史、叙事与符号："新滩盐场"在江苏盐业志书中的呈现

郑明阳　吴丽萍*

（中盐金坛盐化有限责任公司，江苏常州，213200）

摘要：抗战期间，新四军在江苏盐城建立的"新滩盐场"在江苏多个盐业志书中被记载。多本志书的记录，详略配合中对选滩、建设方式到修建挡潮海堤等进行整体叙述，同时，多维的叙事，还着重讲述了共产党带领盐民与资本家、敌人进行斗争的过程，更体现新四军与百姓"有盐同咸、无盐同淡"的鱼水情。此外，经过岁月的洗礼，"新滩盐场"的建设、斗争史也成了盐业奉献国家的红色"符号"，为后人所追忆和敬仰。

关键词：新滩盐场；盐业志；历史；叙事；符号

江苏境内的"新滩盐场"，地处盐城市滨海县东北部的黄海之滨。新滩盐场名字来源有二：一是新四军创办的，二是新铺的盐滩。作为新四军开辟盐阜抗日根据地后由当地人民政府率先铺建的一个盐场，这里自建滩以来，日伪和国民党反动派从未涉足过，是淮北盐场唯一的红色根据地，因此，人们称新滩为"淮北盐场的小延安"，并以此为依托多次向敌占区盐场开展游击斗争①。

笔者发现，在江苏省级和各地编修的盐业志书，很容易看到"新滩盐场"的身影，如《新滩盐场志》《江苏省志·盐业志》②《青口盐场志》和盐城的地方志中，甚至在《南通盐业志》《淮安盐业志》中对此也有记载。多本志书对此的记录，使"新滩盐场"的历史更加丰富，多维的叙事也更能体现新四军与百姓"有盐同咸、无盐同淡"的鱼水情，同时，经过岁月的洗礼，"新滩盐场"的建设、斗争史也成了盐业奉献国家的红色"符

---

* 作者简介：郑明阳（1987- ），安徽阜阳人，助理研究员，《中盐人》执行主编，研究方向：盐文化传播。吴丽萍（1978—），江苏金坛人，政工师，研究方向：企业党建与文化建设。

① 王国富：《战争时期的新滩盐场》，《中国盐业》2016年第8期。

② 《江苏省志·盐业志》共两种，分别是1997年江苏科学技术出版社版，时间跨度为公元前150年到1987年；2014年江苏凤凰科学技术出版社版，时间跨度为1978年—2008年。本文引用时简称为"1997版《江苏盐业志》和2014版《江苏盐业志》"。

号"，为后人所追忆和敬仰。

一、历史记忆：新滩盐场的建设

1997 年版《江苏盐业志》有如下记述：

1940 年新四军开辟盐阜抗日根据地，为安置流离失所的盐民、农民和解决根据地的民食军需，充裕财源，利用大片海滩，号召社会上各阶层人士集资铺设盐滩，并保证他们的合法利润。[①]

开出新的盐滩，并非易事。学者王志坚将新开盐滩比喻成"开垦南泥湾"。据张爱萍将军回忆说："我记得三师刚进入苏北盐区的时候，就碰到 1939 年大海啸留下的社会惨状，百里盐滩，沟平滩淤，墙倒屋塌，疮痍满目。广大盐民被迫离乡背井，苦不堪言。"[②]

面对当时的社会现实，新四军要尽快建立和巩固根据地，就必须解决实际问题。第一要务就是安置盐民、灾民，同时迅速恢复生产。于是，1941 年春提出了"开发生产富源，支援前线战斗"的口号。[③]

（一）盐滩选址

建设盐田，需要具备建滩条件。"铺滩地址选定在阜宁县（今滨海县）东三区的后滩。此地原是大地主的草滩，民国 28 年（1939 年）大潮后，地势平坦，纵横数十里，东起大淤尖老黄河入海口，西临中山河入海口，50 多华里的宋公堤横贯其间，具备了建盐田的条件"。[④]

《新滩盐场志》记载："新滩盐场位于东经 120º07'，北纬 34º20'，地处滨海县北端，北濒黄海，南以宋公堤为界与滨海县滨淮镇接壤，东临二洪口，西傍中山河，与灌东盐场、响水盐场相望。"[⑤]

从记载看，这里并非"无主地"。查阅《江苏盐业史》发现，在经过 1939 年的大潮后，这里的房屋田园全部被冲平，而且碱性太重，已经寸草不生，是被撂荒的地方。新四军号召在此建滩，制盐许可证件由三师师部和盐阜区行政公署颁发。[⑥]

---

① 江苏省地方志编纂委员会:《江苏省志·盐业志》，南京：江苏科学技术出版社，1997 年，第 48 页。
② 王志坚:《盐花盛开"南泥湾"》，转自黄健、程龙刚、周劲编著:《抗战时期的中国盐业》，成都：四川出版集团、巴蜀书社，2011 年，第 82 页。
③ 于海根:《江苏抗日根据地的盐区开发及其贡献》，《淮阴师专学报》1995 年第 2 期。
④ 江苏省地方志编纂委员会:《江苏省志·盐业志》，南京：江苏科学技术出版社，1997 年，第 48 页。
⑤ 江苏省银宝盐业有限公司新滩盐场志编纂委员会:《新滩盐场志》，2004 年，第 1 页。
⑥ 江苏省银宝盐业有限公司新滩盐场志编纂委员会:《新滩盐场志》，2004 年，第 20 页。

（二）建设方式

有了可以建设新滩的地方，那么该采取何种方式进行建设？党中央制定了"发展生产、繁荣经济、公私兼顾、劳资两利"的工商业政策。①民主政府采用民办公助的方法在场区拓建晒盐池滩，初时建滩，以八大私营制盐公司为显，后名曰"新滩"，是为与敌占区盐滩相异而名，亦有新生之意，又因在淮北济南盐场（今灌东盐场）之东且晒滩面积较小，故又称"东小滩"。②

这里最重要的关键词是"民办公助"。新四军刚开辟根据地，建立了人民民主政府，但是还处于"一穷二白"的阶段，采取"劳资两利"的政策，更有利于生产的恢复。所以，"民办公助"可以理解为，在综合力量不足的条件约束下，中国共产党在新滩盐场建设中探索实施的政策，这种政策本着实事求是原则和群众路线方针，将盐田建设和社会动员相结合，通过牢牢掌握领导权和引导权，充分发挥资本家和农民主体的自主性作用形成的兴办盐场的方式。这种方式不仅在新滩，而且在当时的陕甘宁边区也有实行。

1942年12月，毛泽东主席在《经济问题与财政问题》的报告中指出："盐是边区的很大富源，是平衡出入口，稳定金融、调节物价的骨干，很大一部分人民赖盐以交换外货，相当大的一部分军队工作人员赖盐以维持生活或补助生活，盐又是政府财政收入的重要来源，故对于边区有着非常重大的作用。"③毛泽东亲自指导陕甘宁边区的盐业生产。新滩盐场的建设与此思想相一致。

1941年2月由济南场逃荒过来的老盐工顾开金、乔玉生率先铺了二份八卦滩，5月正式产盐，取名裕农制盐公司。④

当年产盐2000担……从此，新滩第一粒滩晒大籽海盐就这样问世了。⑤

由于这两份滩试产成功，有利可图，随后就有很多人相继开办盐场。1942年以后场区盐田不仅有私营的，民主政府也在此建滩。主要有：苏皖边区五地委的恒源、两淮盐务局的裕华、华中财委的裕中、阜东县优抗会的新生、新四军三师的大升、阜东县独立团等单位。

时至1945年底……其中公营池滩83分，年产大籽盐100万担（5万吨），是当时华

① 江苏盐业史编写组：《江苏盐业史》（修订版），南京：江苏人民出版社，1992年，第94页。
② 江苏省银宝盐业有限公司新滩盐场志编纂委员会：《新滩盐场志》，2004年，第1页。
③ 转引自黄健、程龙刚、周劲编著：《抗战时期的中国盐业》，成都：四川出版集团、巴蜀书社，2011年，第3页。
④ 江苏省地方志编纂委员会：《江苏省志·盐业志》，南京：江苏科学技术出版社，1997年，第48页。
⑤ 江苏省银宝盐业有限公司新滩盐场志编纂委员会：《新滩盐场志》，2004年，第19页。

中根据地大籽盐生产的主要基地之一。①

按 1945 年 1 月苏皖边区政府《关于盐税征收》通令沲定每担盐税额为华中币 50 元计算，民主政府每年征得盐税 4000 万元，有力地支援了解放事业。②

显然，新四军和新成立的政府采用了适于当时现实情况的建滩方式。此外，新四军自己也开发盐滩，同时又发动了群众，取得了建设盐场的初步成效。

（三）建设挡潮海堤

新滩的建成并不是没有风险挑战，面临的最大问题就是海潮的侵蚀。因此需要建立挡潮海堤。这就是盐业志中记载的"宋公堤"（《新滩盐场志》记录为"宋公堆"）。

一九四一年，新四军开辟盐阜抗日根据地，设立民主政府。阜宁县长（本境属于阜宁）宋乃德体恤民情，目睹海水泛游，祸害民众，决定兴建拦海大堤以护民生。③

当时，阜东区形势比较紧张，有日伪的封锁骚扰，沿海一带的海盗、土匪也非常猖獗。关键还在于新生的民主政府并没有足够的资金——最终以盐税作抵，形成了修堤方案。

志书中这样记载：

一九四一年五月十五日，修堤大军陆续开赴工地破土动工，参加筑堤的民工达两万余人。施工的日子里，天气炎热或淫雨连绵，日军飞机多次袭扰，土匪武装经常窜至工地蛮横刁难，甚至绑架杀害施工总指挥陈振东，坏人又乘机造谣惑众，动摇人心，施工形势十分艰难。在这极端险恶的环境下，朱乃德意志毫不动摇，带病深入工地宣传形势，鼓舞士气，并抱病参加劳动，以自己无私无畏精神激励大家。④

最终，经过 70 多天的艰辛苦战，到 7 月 30 日，长 45 千米，底宽 21 米，高 7.8 米的拦海大堤宛如一条巨龙横伏在黄海之滨。宋公堤修建完成，为新滩盐场的正常生产加了一份"保险"。

显然，新四军在当地民主政府的配合下，一是安置了百姓；二是开发了新盐滩，促进了经济发展，支持了解放事业；第三，解决了水患，给新滩盐场的稳定生产提供了基础。

但是，也应看到，处于抗战时期的新滩盐场，并不是太平之地，淮南、淮北盐场时

① 江苏省银宝盐业有限公司新滩盐场志编纂委员会：《新滩盐场志》，2004 年，第 19 页。
② 江苏省地方志编纂委员会：《江苏省志·盐业志》，南京：江苏科学技术出版社，1997 年，第 48 页。
③ 江苏省银宝盐业有限公司新滩盐场志编纂委员会：《新滩盐场志》，2004 年，第 228 页。
④ 江苏省银宝盐业有限公司新滩盐场志编纂委员会：《新滩盐场志》，2004 年，第 228 页。

常遭受到日本侵略者的侵袭。此外，民办公助的新滩盐场，也存在资本家的盘剥，需要新四军为此做出努力。

二、多角度叙事：共产党领导下的斗争

《抗战时期的中国盐业》一书介绍，当时江苏地区的食盐生产与销售，是华中抗日根据地军民必需的生活物资和主要的军用物资，因此，各抗日民主政府都非常重视食盐的生产与运销工作，对食盐实行全面管理，以确保抗日根据地的食盐供应和盐税收入，并用过剩食盐统一换回根据地重要军需民用物资。

据不完全统计，1940—1945 年盐阜抗日根据地共产原盐 750 万担，1941—1945 年苏中抗日根据地共产盐 550 万担，有效地支援了华中抗日根据地的建设，对夺取抗日战争的胜利起了很大作用。[1]

需要特别指出，几本志书都关注了 1944 年淮北盐场在裕华所诞生的第一个党支部。党组织在新滩盐场的设立，意义重大。第一，新四军开始培养革命人才，为继续革命做好准备。第二，有了党组织的领导，发动各项运动都有了组织性和纪律性，有利于事业的成功。第三，共产党坚持为人民做实事，赢得了较好的群众基础。至此，新滩在党组织的领导下各项工作蓬勃开展，原盐产量逐年提高，是当时华中根据地大籽盐生产的重要基地之一。盐阜抗日政府的财源，多赖于盐区盐款收入，盐税亦成为"华中边币"价值的重要保证。因之，新滩盐场被誉为"华中金库"。[2]

然而，要想稳定生产，就要斗争。一是和资本家斗争，二是和敌人斗争。盐志中记录下了多个生动的故事。

（一）组织和资本家斗争

新滩虽然是民主政府组建，但采取的办法是民办公助，所建公司起初大多为私营。资本家地主为谋取高额利润，不顾民主政府关于灶民灶粮标准的有关规定，无视灶民疾苦，任意克扣、拖欠灶民的灶粮，榨取灶民的血汗钱。

1944 年 4 月，新滩灶民在党的领导下，高呼"增加灶粮、改善生活"口号，向资本家发起了算账斗争。

1944 年初，阜东县委决定派龚士杰到新滩地区开展革命工作。临行前，阜东县委政委薛尚实给龚士杰三条指示，一要把盐区的灶民斗争组织起来；二要把广大灶民的生活改善提高起来；三要把盐区的党组织建立起来。[3]

---

① 程龙刚：《抗日根据地盐业论述》，转自黄健、程龙刚、周劲编著：《抗战时期的中国盐业》，成都：四川出版集团、巴蜀书社，2011 年，第 97 页。

② 江苏省银宝盐业有限公司新滩盐场志编纂委员会：《新滩盐场志》，2004 年，第 1 页。

③ 王国富：《战争时期的新滩盐场》，《中国盐业》2016 年第 8 期。

灶民们首先向资本家发起了算账斗争，并发动了罢工。而资本家采用拖、按、压等手段，企图分解工人队伍，新滩共产党员深入灶民家中引导启发，使参加斗争的灶民由30多人发展到100多名人。历时二十多天的算账斗争，最终让盐民取得了最后胜利。

此次之外，"斗公司运动"也多有记载：

1946年至1947年间，新滩灶民向资本家展开了"斗公司运动"。因"司"与"鸡"谐音，故灶民们把这次斗争称为"斗公鸡"运动。另一种说法是：灶民们把地主资本家靠剥削灶民为生，形同只吃食不下蛋的大公鸡。盐民们在党组织的领导下，自觉地组织起来，同资本家算压迫账、剥削账。斗争开始时，灶民们首先将裕隆公司经理王效周押上台。1947年10月，公司斗争进一步深入，薛立人领导盐民揪斗汪小白，封其盐廪，解除其私人武装，使"斗公司运动"取得了最后胜利。①

（二）与敌人斗争

1947年5月，新四军撤出陈家港，根据形势的变化，特委在军事斗争上及时提出"坚持新滩，游击灌东"的方针，并坚持新滩和灌东游击区的生产和运销。②

1947年6月，驻扎在陈家港的敌人，在匪首徐继泰的纠集下，大举侵入新滩地区。新滩盐民保卫大队队长朱崇伦、教导员刘玉隆决定：在头罾歼灭来犯之敌。一场保卫解放区的战斗在头罾拉开了战幕。

位于废黄河入海口（中山河）之东的头罾，是个水陆交通便利的所在，也是新滩地区对外经济、贸易的门户，特别是延伸百十公里长的中山河大堤，不仅是保卫解放区的天然防线，而且战略地位十分重要。为了有效地打击敌人，保卫解放区。新滩青年盐民踊跃参加盐民大队，平时只有一百多人的盐民保卫大队，一下子扩充到三百多人。头罾保卫战共进行了两天一夜，打退敌人三次进攻，歼敌六十余名，缴械一百余枝，新滩民兵立下了大功。

1948年8月28日，解放陈家港时，新滩解放区有5个乡的基干民兵250余人参加。他们连夜炒麦面打烙饼，组织担架队奋勇支前。

陈家港解放后，新滩民兵中队跟随我军主力部队横渡大潮河，解放收复大咀、堆沟、燕尾港、灌西盐场、洋桥镇、徐圩盐场、张圩坨等地。1946年至1949年期间，新滩区民兵中队配合主力部队经历了大小数十次战斗，有力地支援了淮北盐场的全面解放。③

---

① 江苏省银宝盐业有限公司新滩盐场志编纂委员会：《新滩盐场志》，2004年，第208页。
② 《江苏盐业史》编写组：江苏盐业史（修订版），南京：江苏人民出版社，1992年，第139页。
③ 江苏省银宝盐业有限公司新滩盐场志编纂委员会：《新滩盐场志》，2004年，第209页。

除此之外，志书中还记载了"生擒海匪""保卫根据地""打击海匪"等生动的故事。

显然，新四军在新滩不仅壮大了组织，宣传了革命思想，也聚集起了一批革命人才。可以看出，新滩盐场在中国共产党领导下，逐步成长为能够战斗、能够生产并不断壮大的队伍。

三、盐业红色符号：革命精神的传承

国务院国资委联合中央广播电视总台共同推出百集微纪录片《信物百年》，以"红色信物"为切入点，讲述党史故事。中盐集团公司党委书记、董事长李耀强讲述"陕甘宁边区的盐场秤砣"的故事，引起了盐业人广泛的共鸣。

而"新滩盐场"，也是盐业的红色记忆之一，已然成了盐业抗战的红色文化符号。红色文化符号作为政治符号系统的重要组成部分，是红色历史和红色革命精神的高度再现。既是抽象概念，又是现实表达，从而达到"沟通情节记忆以构建共同体红色往事认同，最终以打造记忆之场的方式达致内化价值记忆的目标"①。

（一）红色人物及故事的流传

2014 年版《江苏盐业志》记录了黄克诚将军的事迹：

黄克诚（1902—1986 年），开国十大将领之一，曾任中共中央书记处书记、中央军委秘书长、中国人民解放军总参谋长等职。1940 年黄克诚任八路军第五纵队司令员，率部南下解放盐阜，次年任新四军第 3 师（第五纵队改编）师长兼政委和苏北军区司令员兼政委、苏北区党委书记。盐阜抗日根据地开辟后，黄克诚所部接收国民政府盐务机构，成立苏北行政公署盐务管理局，下设盐警队。不仅向裕隆、裕民、裕生等八大私营盐业公司颁发制盐许可证，而且命令部队与当地民众在阜宁县东三区海边的后滩（今滨海县境内）共同修筑盐田……所产原盐不仅满足解放区军需民用，而且大部分运至敌占区销售，获取抗战资金以及"洋火"、"洋油"、"洋碱"、"洋布"、医药、枪支弹药等抗战物资，成为华中地区新四军抗击日寇的重要财源。

黄克诚注重完善解放区盐税征收机制，适时颁布征税法令。1944 年苏皖边区、苏中、苏北区盐税收入为 15.40 亿元（盐阜币）；到 1948 年华中一、五、六、九行政区盐税收入达 322.30 亿元（华中币），成为华中部队军饷的主要来源。1943 年 5 月 3 日，黄克诚命令时任新四军三师副师长张爱萍亲率 24 团，攻打陈家港，全歼日寇和伪盐警团守敌 425 人，缴获大批武器弹药和物资，其中食盐 48 万担。为此，张爱萍将军填《南乡子·解放陈家港河一首："乌云掩疏星，狂涛怒号鬼神惊，滨海林立敌碉堡，阴森，渴望亲人新四军。远程急行军，瓮中捉得鬼子兵，红旗风展陈家港，威凛，食盐千堆分人民。"接着又相继

---

① 龙柏林、潘丽文：《文化整合的红色记忆维度》，《南京社会科学》2018 年第 4 期。

解放了陈家港地区大源、裕通、庆日新等制盐公司以及淮北盐场全境。①

从中我们看出革命将领在盐场建设、盐业税收、抗击敌人等方面的丰功伟绩。同时从张爱萍将军所填的词中能感受到革命浪漫主义的情怀。

在志书中，我们看到了阜宁县县长带病坚持修堤如钢铁般坚强的意志，也看到了杨芷江倾尽爱国之心、数次在危难中保护我党政军革命同志的情怀，还有担任新滩盐场玉华所党支部书记的龚士杰组织与敌匪斗争、与资本家"算账"的决心。②

（二）红色歌谣的传唱

在盐业志书中，留下了许多关于新滩记忆的歌谣。

如赞美歌颂宋公堤："范公已往宋公继，拜罢前贤拜后贤。""从东到西一条龙，挡住成潮浸阜东。""从此没有冲家患，每闻潮声思宋公。""刮起东北风，想起陈振东。"

如歌颂"斗公司运动"：

能把良心评，才算好灶民；
要想不受苦，拥护新政府；
有了共产党，生活有保障；
要想得太平，依靠新四军。③

还有歌曲：

共产党来了真好

共产党来了真好，人民脱下破棉袄，
男女平等讲民主，团结互助斗志高。
上冬学呀进夜校，打球演戏真热闹，
共产党来了真好，大米白面吃得饱。
工作虽苦却觉甜，年景一年胜一年，
推翻封建恶势力，翻身灶民作主人。④

这些盐民创作并口头流传的歌谣，来源于他们的真实生活，传达了他们最直接的思

---

① 江苏省地方志编纂委员会：《〈江苏省志〉丛书·盐业志》，南京：江苏凤凰科技出版社，2014年，第365页。

② 江苏省银宝盐业有限公司新滩盐场志编纂委员会：《新滩盐场志》，2004年，第231—232页。

③ 江苏省银宝盐业有限公司新滩盐场志编纂委员会：《新滩盐场志》，2004年，第227页。

④ 江苏省银宝盐业有限公司新滩盐场志编纂委员会：《新滩盐场志》，2004年，第227页。

想感情和意志愿望，饱含了新滩盐民对党、新四军的深情厚谊。这些歌谣的流传是对红色历史最抒情的表达。

（三）红色空间的塑造

1997年，新四军新滩盐场雕塑落成，很快吸引了很多人前往寻根和开展红色文化教育。为此，2014年，新滩盐场党委决定将新四军盐业生产塑像搬到宋公堤脚下，并围绕塑像新建了公园。如今，这里已经成了爱国主义教育基地，每年都吸引了众多民众前往学习。

而盐城新四军纪念馆，"新滩盐场"也成了一段重要的革命历史。讲解员会在一件件文物面前向游客讲解那里曾经发生的故事。

所以，关于新滩盐场，不仅是一段历史、一个地方，还是一个有着红色符号化的空间所在。空间内部有物质形态的物品，还有非物质形态的精神，从而形成中国盐业的"红色符号"之一。

"长三角一体化"背景下中盐金坛高质量发展的方向

丁建平　金　柳　马建军*

（中盐金坛盐化有责任公司，江苏常州，213200）

摘要：中盐金坛的成长与长三角快速发展几乎保持同步，并开启了中国盐业发展的多个第一；落实"盐改"措施，保障了华东地区食盐安全稳定供应；推动全卤制碱，助力氯碱行业节能减排。融入长三角过程中，中盐金坛公司大力加强科技投入，加快盐穴综合利用，为"碳达峰""碳中和"开拓新路径。

关键词：中盐金坛；长三角一体化；高质量发展

2020年8月20日，习近平总书记在合肥主持召开"扎实推进长三角一体化"发展座谈会并发表重要讲话。习近平强调，面对严峻复杂的形势，要更好推动长三角一体化发展，必须深刻认识长三角区域在国家经济社会发展中的地位和作用。在当前全球市场萎缩的外部环境下，长三角盐行业以及上下游行业必须集中力量办好自己的事，发挥国内超大规模市场优势，加快形成以国内大循环为主体、国内国际双循环相互促进的新发展格局。

长三角区域一直是改革开放前沿，长三角盐行业要发挥人才富集、科技水平高、制造业发达、产业链供应链相对完备和市场潜力大等诸多优势，积极探索形成新发展格局的路径，努力成为连通国际市场和国内市场的重要桥梁。

三十多年来，中盐金坛的成长与长三角快速发展几乎保持同步，从1988年打下第一口采卤井，到向周边化工企业供应原卤；从精制卤水厂，到上马全国最大的单套60万吨和100万吨制盐项目；从高端食用盐产品出口占全国比例的近45%，到服务华东华南主要食品生产企业；从中国盐穴储气第一库，到国家盐穴压气储能示范项目。中盐金坛一直秉承着发展是第一要务、人才是第一资源、创新是第一动力的发展理念，引领着当代

---

* 作者简介：丁建平（1968—），江苏常州人，工程师，研究方向：盐业政策、市场开发；金柳（1983—），江苏泰州人，工程师，研究方向：特种盐市场开发；马建军（1988—），江苏南通人，工程师，研究方向：盐产品品牌建设。

中国盐行业的发展，培养出一批又一批优秀的综合型人才，创新地将井矿盐行业向清洁能源行业发展。

一、落实"盐改"措施，保障食盐安全稳定供应

我国食盐专营制度，最早可以追溯到 2600 多年前春秋战国时期的齐国。到了现代社会，食盐专营制度在一定时期对中国碘缺乏病的消除起到了积极作用，但从市场经济角度看也一定程度降低了盐行业的发展活力，因此从 2001 年至 2011 年，国家层面共提出过六次盐改方案，但终因各种原因而搁浅。2016 年 4 月 22 日国务院印发《关于盐业体制改革方案的通知》，在突出食盐安全、释放市场活力、注重统筹兼顾和坚持依法治盐等基本原则指导下，提出了盐改方案。

中盐金坛现有食用盐生产能力 80 万吨，其中小包装食用盐生产能力 10 万吨，多年来，中盐金坛担当着保障上海地区食品加工和百姓家庭食用盐稳定、安全供应的责任。近三年，中盐金坛向上海市场供应食品加工用盐共计 19.63 万吨，小包装食盐共计 14.38 万吨。

盐改之后，在保障上海市场食用盐的稳定、安全供应的基础上，中盐金坛也努力开拓东部沿海省市的食品加工用盐市场，向诸如海天、李锦记、美味鲜、康师傅、统一等大型食品工厂供应食用盐，让更多的中国人能够吃到优质的金坛盐。同样，在国外，金坛盐品牌也已享誉多年，从 2005 年起，金坛盐出口日本、新加坡、澳大利亚、新西兰等 30 多个国家和地区，中盐金坛是联合利华、恒天然、雀巢、凯瑞、亿滋等跨国食品公司的全球供应商。

二、实施"减盐"行动，食盐生产"零添加"

2019 年 7 月 18 日，"健康中国·我行动"《健康中国行动（2019—2030 年）规划》启动仪式在北京举行。中盐集团董事长李耀强受邀参加会议并发表主旨演讲，李耀强代表全国盐业，向全社会郑重倡议：科学健康用盐，维护自身健康，以实际行动开展减盐公益行动计划。至此，"减盐"成为社会各界关注的热门话题，各类低钠盐产品也受到百姓的关注。

根据国外机构研究统计，2010 年，全球人均食盐摄入量为 10.06 克 / 天。其中，亚洲食盐摄入量最高，特别是中亚和东亚地区。东亚地区人均食盐摄入量达约 12.21 克 / 天，中国人均食用盐摄入量，达到 11.70 克 / 每天。这与健康中国行动提出的每人每天摄入"5 克"食盐有较大差距。

提到减盐、低钠，国内外盐企多数推荐"添加氯化钾的低钠盐"，来实现人体减少摄入"氯化钠"的目标。但高温作业者、重体力劳动强度工作者、肾功能障碍者及服用降压药物的高血压患者等都不适宜摄入氯化钾。因此中盐金坛从拒绝添加对人体可能造成

负面影响物质的角度出发，研发出"增咸盐"，实现减盐不减咸的探索。实验数据显示，中盐金坛"增咸盐"的咸度能在普通食用盐的基础上提高30%，也就是说，在相同的咸度下，使用"增咸盐"可以减少30%氯化钠的摄盐量，这让国人在不改变口味的前提下，离每天摄入"5克"氯化钠的目标又近了一步。

同样，在开发氯化钠天然的康养功能、消毒杀菌功能、融雪除冰功能等方面的应用，中盐金坛也在不遗余力投入研发力量。

三、提高"一次盐水"品质，助力氯碱行业节能减排

盐是化工之母，是两碱产业界的最主要的原料。早在2002年，中盐金坛就提出了"让卤水直接进入离子膜电解槽"的设想。但由于种种原因，一时还未变成现实。自2004年起，随着国家实施节能减排政策力度的加大，中国氯碱行业面临着设备的更新换代——离子膜电解槽逐步替代隔膜电解槽，中盐金坛敏锐地感到，粗卤的市场已经饱和，必须对它进行革命，以应对市场变化。

在此背景下，卤水如何在品质上做到绿色环保并顺利进入离子膜电解槽？中盐金坛巧抓中盐常化搬迁至金坛的机遇，合作攻克卤水进入离子膜电解槽的技术难题，如钙、镁、硫酸根、微量元素及不溶物等，在一次盐水的研发上取得初步成功，试验效果良好。

2006年，在第一届全国氯碱行业盐水技术专题论文交流会上，中盐金坛第一次正式提出了"一次盐水"的概念，并将中盐常化的成功经验向氯碱行业宣传推广。

2013年3月，中盐金坛和双狮（张家港）精细化工有限公司MVR淡盐水浓缩合作项目签约，旨在探索和推广MVR淡盐水浓缩技术，实现从使用一次盐水到全卤制碱的节能环保目标，为全国制盐和氯碱行业走出一条新的绿色低碳发展之路。2014年4月，双狮化工MVR淡盐水浓缩项目进入试车阶段，成为"全卤制碱"在中国氯碱化工的首个运营装置。根据实际运营数据显示，MVR淡盐水浓缩技术使氯碱企业提高用卤从20%提高到80%乃至100%。据初步测算，用户每使用1吨液体盐，就可为社会节约100公斤标煤，社会效益显著。中国工程院院士高从堦在中盐金坛公司"年产100万吨真空盐项目"及"双膜法液体盐制备技术的研发与应用"鉴定会上提出：中盐金坛制盐项目技术可靠，经济社会效益明显，建议加大该项目的推广力度，促进我国盐业的发展。

作为全程参与公司60万吨ME盐硝联产装置，100万吨MVR热泵母液回收盐硝联产装置和双膜法液体盐制备装置的关键技术人员，公司总工程师、技术部部长陈留平于2018年入选"国务院政府特殊津贴"人才名单。

四、推动盐穴综合利用，开拓"碳达峰""碳中和"新路径

我国盐穴资源丰富，其中大部分经过造腔后密封性良好，适宜于储存压缩空气。但是目前已利用的盐穴仅有40多个，仅占总量的0.2%。绝大多数的盐穴资源处于闲置状

态，可利用的空间巨大。

地下盐穴是一种优良的储能场所，具有建设成本低、使用寿命长、储量大、安全、环保等明显优势。金坛盐矿经过十多年的开采，地下盐腔已初具规模。中盐金坛现有三大储气库，一是"中国盐穴储气第一库"中石油西气东输储气库，现为国家管网金坛储气库，共设计 68 口井，目前 29 口已实现储气，库容量约 12 亿方，工作气量约 8 亿方，建设目标库容 26.4 亿方，工作气量 17.1 亿方，按照每户每天 1.5 立方米用气量计算，可满足上海 800 多万户家庭调峰期燃气使用近 5 个月。二是中石化川气东送储气库，共规划 36 口井，其中 6 口已储气，库容量约 1.8 亿方，工作气量约 1.1 亿方，建设目标库容 11.8 亿方，工作气量 7.2 亿方。三是港华燃气商用储气库，已有 4 口储气，港华储气库 2023 年全部完成后总储气量将达到 4.6 亿立方米，其中有效工作气量约 2.6 亿立方米，最大供气能力为 500 万立方米/日。按一个三口之家日均用气 0.5 立方米计算，可以保障周边地区 100 万户家庭、连续 50 天的用气量。

除了储存天然气，盐穴的综合利用也在向着储能发展。随着光伏和风电的大力发展，目前全球光伏和风电的弃电比例居高不下。同样，在我国，电网容量不断增大，部分电网峰谷差已达 30% 左右。主要是因为中国的光伏、风力的主要发电位置处于大西北地区，与中国的用电负荷中心中东部地区距离较远；另外光伏和风力发电的发电峰值期较短，比如光伏主要是正午和下午为发电峰值期，风力深夜为发电峰值期。综合以上原因，目前全球的光伏和风电的弃电比例依旧较高。

盐穴储能技术的发展，能够广泛应用于智能电网发电、输电、配电、用电环节，为光伏和风电行业的发展解决后顾之忧。目前金坛盐穴压缩空气储能国家试验示范项目正在紧锣密鼓地施工建设，该项目是江苏省 2020 年重点工程，由中盐集团、华能集团、清华大学共同出资，华能集团负责建设运行，一期项目容量规模 6 万千瓦，远期规模 100 万千瓦。项目运行方式为低谷阶段从电网购电，压缩空气进行储能运行 8 小时，高峰阶段释放压缩空气发电运行 5 小时，兼具调频、调相和黑启动功能，设计电换电效率达 60%。

2021 年 4 月 17 日，随着重达近百吨的发夹式换热器顺利起吊装车，哈尔滨汽轮机厂生产的金坛盐穴压缩空气储能国家示范项目核心设备——油气换热器顺利发货，哈尔滨汽轮机厂举行了隆重的发货仪式。发夹式换热器作为压缩空气储能发电系统核心设备，其换热性能及可靠性等因素决定了整个发电系统的运行性能、效率和安全稳定，具有极高的技术要求。哈电汽轮机在发夹式换热器的设计开发过程中取得了多项技术突破，建立了完善的计算程序和体系，开创性地开发了具有自主知识产权的高效纯逆流发夹式换热器结构，有效控制系统压损，提升系统经济性。

面对"碳达峰""碳中和"目标，我国电力系统任务十分艰巨，亟须引入大容量峰谷调节和可再生能源波动优化技术，盐穴压缩空气储能为中国实现 2030 年前达到二氧化碳排放峰值，努力争取 2060 年前实现"碳中和"的目标，提供了新的思路，也为长三角地区更清洁、更环保的能源体系提供了新思路。

中盐金坛经过 30 多年的艰苦创业，依靠科技与人文双轮驱动，秉持有限资源、无限循环发展理论，成为盐行业发展的标杆企业。中盐金坛用自身的发展，很好地诠释了发展是第一要务，人才是第一资源，创新是第一动力。

八、华莱坞研究新动向

主持人语

　　本专栏的三篇文章从不同角度体现了华莱坞电影研究的发展。倪子荃的论文从跨文化流动和女侠欲望主体两个维度重新审视《卧虎藏龙》这一经典电影文本，进而讨论"侠艺片"所具有的女性主义和文化批判的潜能等。海鸥的论文利用上海档案馆的原始资料，从劳资纠纷这一电影史研究极少涉及的领域出发，考察上海私营影院业社会主义改造的过程。王瑶的论文对程树仁的电影制片活动进行了研究性的梳理。程树仁作为《中华电影年鉴》的编纂者被学界所熟知，但他的电影制片活动却缺乏系统整理和分析。作为中国电影第一代海归，程树仁的电影制片也体现了这一群体的整体理念和历史局限，在早期中国电影研究上有重要意义。

（浙大宁波理工学院传媒与法学院副教授 付永春）

流动的欲望与跨文化的媒介

——再探跨国"侠艺片"《卧虎藏龙》（2000）的性别政治

倪子荃 *

（浙大宁波理工学院，浙江宁波，315100）

摘要《卧虎藏龙》是跨国"侠艺片"的典型文本。这种新类型以女侠为核心，使其以欲望主体的姿态成为跨文化流通的媒介。本文立足于跨国语境，围绕作为时代症候的"流动性"隐喻来重新审视《卧虎藏龙》的女侠欲望主体性，从时空维度来探究欲望的传递、传承和转化如何构成"中国性"的媒介符号的意义生产与流通，进而探讨"侠艺片"所具有的女性主义和文化批判潜能、局限性及历史性。

关键词 侠艺片；跨文化媒介；性别政治；流动性；卧虎藏龙

自千禧年以来，华语电影被进一步卷入全球资本主义市场。华语作者导演李安凭借武侠片《卧虎藏龙》（2000）在跨国银幕上取得了空前成功——在跨国资本的流通过程中也同时实现了"中国性"（Chineseness）表述的跨文化流动。这部影片因而显示出华语作者导演回应全球化时代语境的艺术转向，并且在很大程度上开启了跨国"侠艺片"（Martial Arthouse）模式。在跨国流通的过程中，《卧虎藏龙》在空间维度上串联泛华语区域的文化主体、并联结华语主体与全球银幕，同时在历史维度上融汇华语武侠类型电影和艺术电影的双线文化脉络，因而在时空意义上都可被视为跨文化的多重媒介。女侠又在这个媒介中占据关键的功能位置。作为影片中心角色的女侠，一反女性此前在华语艺术电影中被束缚在土地或深宅大院的被动客体形象，在"江湖"中以欲望主体的姿态推动叙事、跨越疆界。因此，《卧虎藏龙》的女侠形象及其性别政治便成为我们深入探究跨国华语银幕的"媒介"，尤其是检视女性欲望的流动性如何形成跨文化的多重媒介符号，使"中国性"得以在多种维度上实现流动。这个问题有助于揭示在全球化进程的关键历史时刻，

---

　* 作者简介：倪子荃（1985—），女，香港籍，浙大宁波理工学院传媒与法学院讲师，研究方向：华语电影文化研究、女性主义电影批评理论。

华语电影的性别再现与类型媒介之间出现了何种深刻交织的变化。

《卧虎藏龙》的性别政治已经引起了跨国华语电影研究和女性主义电影批评的广泛讨论。学者从不同维度指出了女侠——作为女性形象与武侠类型元素的结合——在跨文化流通的过程中发挥的重要媒介功能。跨国华语电影研究表明，为了使民族类型进入全球视野，并且使其能够在不同文化族群之间被转译而流通，李安有意识地重新调用武侠类型元素来搭构《卧虎藏龙》的跨文化"可译性"（translatability）。^①而女侠正是这一"可译性"的肉身具现（embodiment）。弗兰·马丁（Fran Martin）认为，李安通过在中西方文化脉络下采用"平行引用"（parallel citation）的方式建构女侠形象，从而使之成为有效的跨文化媒介：一方面，女侠作为女性主体"引用"西方流行的女性主义潮流及女英雄动作片；另一方面，女侠作为武侠类型的经典元素"引用"华语电影文化传统。^②也就是说，女侠是联结东西方文化、实现意义的流动的媒介符号。

尽管现有研究已经注意到女侠被建构为全球银幕上跨文化流通的重要媒介符号，但是，现有研究大多倾向于从"西方当代"与"东方传统"的二元分立框架展开，女侠的意义构成形式也因而较为机械地对应为西方与东方文化元素的简单拼接。然而，这样的静态框架未能处理女侠在跨文化媒介符号意义生产过程中的另一个核心特征——具有文化主体性意义的"流动性"。《卧虎藏龙》的女侠本身正是一个欲望及意义的"流动性"的隐喻：她渴求自己行走江湖的自由，也即渴求自身作为主体的"可流动性"；而她作为"中国性"符号的载体，她追寻欲望的过程，伴随着她的欲望本身、她与欲望客体之间的关系不断发生变化，也演绎着"中国性"符号的意义建构过程。因此，女侠的欲望"流动性"隐喻与跨文化媒介符号的意义生产方式之间的复杂关联，值得我们回到电影文本及文化脉络中详加追溯。女侠的这种欲望"流动性"是在何种历史语境脉络下产生的？女性/文化主体的欲望在何种方向、以何种方式进行流动？欲望及意义流动的界限又在何处？为了探索这些问题，本文接下来将围绕女性欲望再现，沿着华语艺术电影与武侠电影的文化脉络，结合语境和文本分析对"侠艺片"《卧虎藏龙》的性别政治展开探讨。

一、"侠艺片"与流动性

作为"侠艺片"的《卧虎藏龙》产生于千禧年初的全球银幕，并非巧合。全球银幕呼唤"流动性"——无论是资本或是文化符号的跨国流动，而"流动性"正是"侠艺片"的核心特征之一。这个特征在文本中直接体现在性别政治上，尤其是女性形象的建构。

---

① Kenneth Chan, "The Global Return of the Wu Xia Pian (Chinese Sword-Fighting Movie): Ang Lee's Crouching Tiger, Hidden Dragon", *Cinema Journal*, vol. 43, no. 4 (2004), pp.3-17.

② Fran Martin, "The China Simulacrum: Genre, Feminism, and Pan-Chinese Cultural Politics in *Crouching Tiger, Hidden Dragon*", in Chris Berry and Feii Lu (ed.), *Island on the Edge: Taiwan New Cinema and After*, Hong Kong: Hong Kong University Press, 2005.

"侠艺片"中的女侠作为流动的欲望主体,这样的性别再现方式需要首先置于华语艺术电影和武侠电影的文化脉络下检视,才能进一步讨论其在跨国语境下的历史文化批判潜能或局限。

"侠艺片",也即武侠片与艺术片的融合,是跨国银幕时代的文化效应之一。武侠片在华语电影史上作为一种通俗类型,长久以来被视作格调不高、批量生产的"低级"大众文化产品。然而,千禧年之初的跨国银幕却见证了武侠类型的艺术转向,或作者导演的武侠类型转向;李安的《卧虎藏龙》、张艺谋的《英雄》(2002)和《十面埋伏》(2004)接踵而来,在全球银幕上备受瞩目。这些电影的武侠标签与艺术标志同样鲜明,显示出华语作者导演"以艺术电影的方式对武侠电影类型充满感情的致敬"。[1]里昂·亨特(Leon Hunt)使用"侠艺片"来指称这些由华语作者导演拍摄的跨国武侠片,将这些电影与之前的武侠片区分开来。亨特指出"侠艺片"的几个重要特征,包括跨国和跨文化流通的背景语境、跨国资金、作者导演、电影艺术性和美学上的"设计强度"(design intensity),以及塑造女侠作为主角的性别特征。尤其是,亨特强调了女侠在跨国"侠艺片"的文本内外占据着核心位置;他认为,这些女英雄具现着"跨国性(transnationality)",在跨国文化对话的过程中"作为华语电影的现代性代言",成为实现跨国流动的重要载体。[2]

随着跨国、跨文化流动愈发剧烈,"流动隐喻"(metaphor of flow)成为全球化时代的广泛概念;[3]"侠艺片"的诸般特征也从不同方面折射着"流动性"这一核心。《卧虎藏龙》的"流动性"不仅体现在全球经济资本的流通,在跨国商业电影及艺术电影市场都获得华语电影史上的空前成功;[4]更重要的是,"流动性"也铭刻在影片的文化符码的建构方式中。自二十世纪七十年代起,西方发行商曾一度认为,武侠类型片作为民族文化

① Lindsay Steenberg, "A Dream of China: Translation and Hybridisation in *Crouching Tiger, Hidden Dragon*", Enter Text 6, vol. 1 (2006), p.159.

② Leon Hunt, "Zhang Ziyi, 'Martial Arthouse' and the Transnational Nuxia", in Silke Andris and Ursula Frederick (ed.), *Women Willing to Fight: The Fighting Woman in Film*, Newcastle, U.K.: Cambridge Scholars, 2007.

③ 史书美:《视觉与认同:跨太平洋华语语系表述呈现》,台北市:联经出版事业股份有限公司,2013年,第72页。

④ 《卧虎藏龙》和《十面埋伏》都接受了来自两岸暨香港和美国等地的资金,是全球范围内跨区域制作的产品。香港的安乐影片公司是《卧虎藏龙》的积极投资方,其后又与北京新画面影业公司合作投资制作了《十面埋伏》。同时,日本的索尼、美国的哥伦比亚等跨国公司也参与制作了这两部影片。《卧虎藏龙》在美国的票房超过一亿美元,是当时美国电影史上收入最高的外语片;这部影片全球票房总收入超过两亿美元。此外,《卧虎藏龙》横扫各大西方和华语国际影展,在奥斯卡得到十项提名、四项大奖。而《十面埋伏》尚未上映,已经售出超过一亿人民币的北美发行权,八千万人民币的日本发行权;影片上映后在中国大陆的票房突破一亿人民币,上映首周在香港和台湾创造当地华语电影的最高票房纪录,全球票房超过九千万美元。并且,《十面埋伏》在法国康城电影节作为参展影片首映,在欧美国际影展也频频亮相。相关资料参见彭丽君:《黄昏未晚:后九七香港电影》,香港:中文大学出版社,2010年,第145页。Kenneth Chan, "The Contemporary *Wuxia* Revival: Genre Remaking and the Hollywood Transnational Factor," in Song Hwee Lim and Julian Ward (ed.), The Chinese Cinema Book, Houndmills, Basingstoke, Hampshire: London: Palgrave Macmillan; British Film Institute, 2011, p. 152;尹鸿:《全球化背景下中国电影的国际化策略》,《文艺理论与批评》2005年第5期。

符码"对于非亚洲观众而言过于晦涩",难以被西方流行文化接受。① 然而，全球银幕上跨文化流动的内在驱力促使华语导演重新想象与串联个体、政治、文化以及电影的历史；华语导演"创作一部武侠电影的欲望正是来自这些相互联结的历史"②。于是，武侠电影也就在"镶嵌于跨国流动的网络中——人、资本、文本和理念的流动，这流动搅浑了全球与在地之间的分野"③。

华语导演要建构一个可以联结多重历史、跨国流动的意义网络；这一文化主体欲望进而深刻改变了跨国华语银幕上再现女性欲望的方式。早在 20 世纪八九十年代，张艺谋和李安的艺术电影已经是跨文化交流/交锋过程的产物。许多研究已经指出，在跨国银幕上，这些作者导演的早期作品惯用的跨文化策略是采用"国族寓言"，特别是以被压迫的女性或弱势的女性特质来承载"中国性"：知识分子导演通过重新想象中国的乡村、过去和女性，以此来表达自己的文化主体性；并且，他们将"本质的匮乏"投射到农民、妇女等的"文化身体"上，令其成为"沉重的国族意识"的象征载体，以此来化解自身受到的跨文化的现代性冲击。④ 于是，20 世纪末的跨国华语电影的性别政治通常呈现为"模式化的'铁屋子里的女人'的叙述"，通过被囚禁、欲望遭压抑的女人的故事，来迎合西方对中国文化的想象与凝视。⑤ 或是女性雌伏而父权重生，同时又以弱势的、女性化的暧昧主体位置在跨国银幕上表述"中国性"。⑥ 当时在西方艺术电影界最流行的华语女明星巩俐，她的明星形象建立在"疼痛与感官的强烈结合"，以及"在她自己的文化之外，意指中国性、女性特质和神秘性的能力"。⑦

沿着这个文化脉络来看，千禧年之初的跨国女侠耀眼地呈现出华语电影性别再现的深刻新变：女性不再以被动、沉重的方式承载国族寓言的重担，而是以一种更为复杂的方式成为可流动的"中国性"符号。"跨界"与"流动"铭刻在女侠及其欲望模式之中；女侠对欲望的追逐往往构成影片的主要线索与核心驱力。李安自述《卧虎藏龙》的核心

① ［英］里昂·亨特：《功夫偶像：从李小龙到〈卧虎藏龙〉》，北京：北京大学出版社，2010 年，第 9 页。

② Kenneth Chan, "The Contemporary Wuxia Revival: Genre Remaking and the Hollywood Transnational Factor", p. 150.

③ Christina Klein, "Crouching Tiger, Hidden Dragon: A Diasporic Reading", *Cinema Journal*, vol. 43, no. 4 (2004), p.21.

④ Yi Zheng, "Narrative Images of the Historical Passion: Those Other Women On the Alterity in the New Wave of Chinese Cinema", in Sheldon Hsiao-Peng Lu (ed.), *Transnational Chinese Cinemas: Identity, Nationhood, Gender*, Honolulu, HI: University of Hawaii Press, 1997.

⑤ 戴锦华：《性别中国》，台北：麦田出版，2006 年，第 120—123 页。

⑥ Cynthia W. Liu, "'To Love, Honor, and Dismay': Subverting the Feminine in Ang Lee's Trilogy of Resuscitated Patriarchs", *Hitting Critical Mass: A Journal of Asian American Cultural Criticism*, vol. 3, no. 1 (1995), pp.1-60.

⑦ Bérénice Reynaud, "Gong Li and the Glamour of the Chinese Star", *Sight & Sound*, vol. 3, no. 8 (1993), p. 12, 15.

之一在于"一种激情的、浪漫的驱力"①。而这部影片也的确是女主角玉娇龙充满激情地追寻一个"江湖梦"的故事；她对青冥剑的执着、对情欲与自由的欲望引发并推动叙事、并贯穿全片。相似地，张艺谋也表示，《十面埋伏》"实在是一部武侠包装下的爱情片"②。女主角小妹在这部影片中反叛、反抗"江湖"规则，最终为了爱与自由而舍生忘死。在这些跨国"侠艺片"中，女侠的个体欲望被显著地置于电影叙事和视觉性的中心。

也就是说，"侠艺片"的作者导演以将女侠建构为欲望主体的方式来生成可供跨国交换的、可跨文化流通的符号媒介。正如《卧虎藏龙》的编剧兼电影学者詹姆斯·斯堪莫斯（James Schamus）精辟地指出的，这部影片"将文化'落实'在一个移动的、女性化的主体身上"③。那么，具体来说，在这个复杂的符号媒介中，欲望是如何流动的？这个流动的过程又如何重新建构可流动的"中国性"以及文化主体认同位置？这需要我们进入文本展开进一步分析。

二、盗剑的故事：欲望的跨界与跨代流动

李安的《卧虎藏龙》改编自民国时期王度庐的长篇武侠小说，"铁鹤银瓶"系列第四部《卧虎藏龙》。这部洋洋百万言的长篇原著被导演有意识地浓缩改写为一个女侠盗剑的故事。在影片故事的开端，武当侠士李慕白决意退隐江湖，于是将他的佩剑青冥剑赠给好友。这柄青冥剑乃是不世奇兵，也是江湖正宗武学武当派的信物。女侠玉娇龙自负武艺绝伦，盗走了青冥剑，由此引发了一系列追逐与被追逐的故事。玉娇龙与青冥剑之间的复杂张力因而构成了影片叙事的关键驱力；在这个盗剑的故事中，玉娇龙对青冥剑的欲望，也构成了她的主体性的基石。然而，这个欲望绝非仅仅是由玉娇龙个体发源的欲望，而是在跨界与跨代流动中不断传递与变化的过程与结果：玉娇龙力图借由青冥剑跨越琐碎的官宦日常而进入广阔自由的江湖世界；而她手持青冥剑、追逐"江湖梦"的能力与欲望又来自她对上一代的欲望的传承。

影片开头，李慕白的知己俞秀莲将青冥剑送交到京城的贝勒府；在那里，俞秀莲遇到了官宦人家的贵族小姐玉娇龙。在这个主角出场的重要时刻，影片通过二人对青冥剑的谈论来引介出"江湖"的两种秩序。俞秀莲在青冥剑上看到的是束缚个体自由的儒家伦理规则；而玉娇龙在青冥剑上看到了她所向往的自由自在的"江湖梦"。在二人的对话中，这两种看似相悖的秩序在青冥剑上共存，显示出青冥剑作为欲望的对象从一开始就是一个意义不稳定的、可被话语竞争的文化能指。然而，尽管二人对青冥剑所代言的秩

① 李安自述，转引自 Kwai-Cheung Lo, *Chinese Face/Off: The Transnational Popular Culture of Hong Kong*, Urbana; Chicago: University of Illinois Press, 2005, p.187.
② 电影双周刊出版有限公司：《张艺谋作品：十面埋伏制作全纪录》，香港：电影双周刊出版社有限公司，2004年，第29页。
③ James Schamus, "Aesthetic Identities: A Response to Kenneth Chan and Christina Klein", *Cinema Journal*, vol. 43, no. 4 (2004), p.47.

序的认知不同，但是对二人而言，青冥剑都是视线聚焦之处，是秩序本身的象征，也即是秩序的"定海神针"。俞秀莲向玉娇龙展示青冥剑，声称只有正宗的武当"玄牝剑法"配得上这柄宝剑，二人的视线在宝剑上汇聚。这是一个欲望被触发、主体性浮现的时刻：俞秀莲的凝视确认她在"正宗的"儒家秩序的臣服位置；玉娇龙的视线跨越她与江湖人士俞秀莲之间的界限，指向一个她能够获取"正宗的"武学象征、名正言顺地驰骋于江湖的可能性。

在上述对话之后，当天深夜，玉娇龙便施展高超武艺，从贝勒府盗走了青冥剑。她盗走青冥剑的能力，以及她对于这个同时象征着"正宗"武学和自由"江湖梦"的符号的欲望，在很大程度上来自她的老师——碧眼狐狸。碧眼狐狸为了学习"正宗"武学，不惜以女色侍奉李慕白的老师江南鹤；但是江南鹤"瞧不起女人"而不肯传授武艺，所以她将之毒杀，并且盗走了武当派的武学秘籍。其后，碧眼狐狸隐匿在玉娇龙家中，充当玉娇龙的乳娘，并收她为徒。但是，碧眼狐狸因为不识字的缘故，看不懂武当秘籍，必须求助于徒弟玉娇龙；这个契机使玉娇龙在"邪门歪道"的指点下修成了"正宗的"武当派武学。

许多研究和评论都注意到了碧眼狐狸的形象与"上一代"华语女性文化地位之间的暗喻关系：女性受到儒家父权规范的歧视，无法实现自身的发展，而沦为男性欲望的牺牲品。[①]然而，较少研究注意到，碧眼狐狸与玉娇龙之间也构成从"上一代"到新一代的欲望传承关系。碧眼狐狸本身的武艺及其盗来的武学秘籍成就了玉娇龙跨入"江湖梦"、追逐欲望的入门资格。而玉娇龙继承的不仅是碧眼狐狸的武艺，同时还继承了她对于"正宗"武学地位或文化资格的欲望；玉娇龙对"正宗"武学信物——青冥剑的欲望，正是欲望的跨代传递的结果。

也就是说，"上一代"的欲望是玉娇龙的欲望主体性的构成性（constitutive）部分；而通过玉娇龙，碧眼狐狸的欲望也获得了在场。这种互主体性的关系，在影片呈现二人之间的相互凝视一幕得到了具象的表现。镜头正对镜面，展示碧眼狐狸通过镜子对玉娇龙意味深长的凝视，以及玉娇龙反过来在镜面上对碧眼狐狸的不驯的回望。由于这个刻意设计的镜像折射关系，两人在通过镜面凝视彼此的同时，她们的视线事实上汇聚在观众的视点上——她们同时也在充满威胁地直接凝视着观众。两代女性欲望主体同时在场，两者之间的继承同构关系在这个视线交汇之处得到强烈凸显。

碧眼狐狸的饰演者是郑佩佩，她是 20 世纪 60 年代的港台武侠片皇后。郑佩佩由武侠电影大师胡金铨发掘，主演了胡金铨的成名作《大醉侠》（1966）；然而郑佩佩的武侠片生涯也见证了银幕内外"看不起女人"的文化潮流。[②]选择郑佩佩来饰演"上一代恩怨"

① Kenneth Chan, "The Global Return of the Wu Xia Pian (Chinese Sword-Fighting Movie): Ang Lee's *Crouching Tiger, Hidden Dragon*", p. 7.

② 郑佩佩：《忆恩师》，《传记文学》2000 年第 4 期。

的碧眼狐狸，这大概可以视作李安向胡金铨及 60 年代的港台女侠传统致敬，使其在千禧年的跨国银幕上延续在场。值得注意的是，郑佩佩在 1969 年主演过一部邵氏武侠片《毒龙潭》，这部电影同样也是一个"盗剑"的故事，与《卧虎藏龙》在欲望叙事上刚好构成一个意义深刻的反差对照。《毒龙潭》中也有一柄可以号令江湖的玉龙剑，被镇压在纯阳道观。邪恶的男性角色通过引诱女主角而盗走了玉龙剑，危及秩序；女主角为了匡扶正义而追寻玉龙剑，最终惩罚恶人，使宝剑重新归位。在这个故事中，郑佩佩饰演的女主角与宝剑之间只构成简单的主体与客体关系。然而，30 年之后的《卧虎藏龙》却围绕着追逐宝剑的女侠，建构出更为复杂的欲望关系。

　　李安自述说道，"在《卧虎藏龙》中，'藏龙'才是关键。玉娇龙就是这条龙，藏在我们每个人的心中。……因此，李慕白和俞秀莲才会去追逐玉娇龙。"[①] 追逐宝剑的玉娇龙在叙事中也是各方追逐的对象，从李慕白、俞秀莲甚至碧眼狐狸，他们都从各自的立场出发，对玉娇龙有着欲望。更重要的是，玉娇龙也的确藏在导演的心中——这个女侠主体承载着导演的（跨）文化表述欲望，也即借由女侠来建构一个可流动的"中国性"符号。因此，同样作为被追逐的"中国性"能指符号，玉娇龙与青冥剑之间具有何种交织关联，便需要进一步分析展开。

三、剑与身：被客体化的欲望主体

　　青冥剑作为武当派"正统"武学的象征，影片却以一种阴性化的方式来呈现它。例如，影片借由俞秀莲之口表示，只有武当派的"玄牝剑法"（"牝"字的本义是雌性的鸟或兽，与"牡"字相对）才能够发挥青冥剑的威力。而李慕白则以剑法指导玉娇龙如何"以静制动""以柔克刚"。这柄宝剑柔韧的"身体"亦在影片中具有显著的在场；通过贝勒之口，以及镜头特写，向观众巨细无遗地展开这柄宝剑的长、宽、重，以及剑身纹路构造、制作方法、历史意义等一切细节。并且，这柄宝剑还具现着"剑要人用才能活，所谓剑法即人法"的（泛）中国传统人文意义。此外，在几场重要的动作场面设计中，镜头在展示宝剑切金断铁的锋利的同时，也通过对剑身的特写放大剑身颤动的幅度，以强调宝剑"身体"的柔韧。

　　影片以这种阴性化的方式来呈现青冥剑并非巧合，而是通过这种方式在玉娇龙与青冥剑与之间建立一种暧昧互喻的关系。与展示青冥剑的柔韧类似，玉娇龙身体运动的舞蹈般的柔韧，也是影片在重要动作场面中的重点展示对象。[②] 并且，影片也在难以驾驭的、令人难以抗拒的青冥剑和无法无天、追逐欲望的玉娇龙之间进行相互比照。这一点突出地表现在玉娇龙客栈剑挑群雄的一场戏里。玉娇龙一边仗剑打斗一边自述道："我乃潇洒

---

① Ang Lee et al., *Crouching Tiger, Hidden Dragon: A Portrait of the Ang Lee Film*, New York: Newmarket Press, 2000, p.76.

② [英] 里昂·亨特：《功夫偶像：从李小龙到〈卧虎藏龙〉》，第 155 页。

人间一剑仙，青冥宝剑胜龙泉；……沙漠飞来一条龙，神来无影去无踪；今朝踏破峨眉顶，明日拔去武当峰。"这一段自述不但同时将玉娇龙自己与青冥剑并置，而且战斗画面同时突出了人和剑的威力，两者交映难分。

在影片中，渴望着青冥剑的玉娇龙也是他人的欲望对象。在玉娇龙跨入的江湖世界中，碧眼狐狸、俞秀莲和李慕白无不深刻认识到玉娇龙的"锋利"，想要得到她、驯服她。其中，李慕白对玉娇龙的欲望方式颇有典型性，他的暧昧欲望也显示着玉娇龙与青冥剑之间的暧昧互喻关系。正如学者已经指出的，贯穿全片，李慕白想要驯服玉娇龙，他表现出的欲望暧昧难明，徘徊在"想要一个弟子，或是，想要那个弟子"之间。① 一方面，如果李慕白仅仅是"想要一个弟子"，也就意味着他想要的是一个合法继承人：他承认玉娇龙的欲望主体位置，他要引导玉娇龙，使她能够获得欲望（青冥剑）的合法性。另一方面，如果李慕白是"想要那个弟子"，那么他想要的是玉娇龙——玉娇龙是他的欲望客体。换而言之，在欲望的意指链上，如果说欲望主体是看似"拥有阳具"（having Phallus）（青冥剑的合法持有者），欲望客体"就是阳具"（being Phallus）；那么，玉娇龙究竟是与青冥剑一样的、被视作欲望的客体，还是能够合法占有青冥剑的主体，这个暧昧关系在李慕白对玉娇龙的追逐过程尤为凸显。在影片最后高潮部分的一幕，玉娇龙在中毒后神志不清，衣衫尽湿，曲线毕露，她抱着宝剑问李慕白："你是要剑，还是要我？"这情欲化的一幕揭示出女侠徘徊在主体与客体之间：一方面，玉娇龙仍然不肯放弃自己对宝剑的欲望；另一方面，宝剑的阴性化，以及玉娇龙与宝剑并置，自比为"物"的客体化也十分明显。

玉娇龙与青冥剑之间关系的变化张力，揭示出了女侠欲望流动的可能性，以及这流动的终止之处。围绕青冥剑，影片以颇为对称的方式呈现了玉娇龙在"江湖"世界的出场与退场。出场正如我们上述分析过的图1，彼时的青冥剑，对玉娇龙而言是自由的"江湖梦"，对俞秀莲而言则是"李慕白的佩剑"，是道家武学的信物、儒家伦理规范的符号。类似的，玉娇龙从"江湖"世界的退场，也是在玉娇龙、俞秀莲与青冥剑之间。

只是，与出场形成对照，退场时两人一剑的相似位置关系，凸显的却是青冥剑的意义瓦解：这时，李慕白已经与碧眼狐狸同归于尽，玉娇龙的自由"江湖"梦碎，俞秀莲在青冥剑上也失去了原有的意义寄托。换而言之，影片进一步将作为文化符号的青冥剑"解放"成为一个无主的、意义不稳定的空洞能指。

与影片对宝剑的这种处理方式相对应的，是玉娇龙最终的开放式结局：女侠最后在悬崖纵身一跃，似坠似飞，莫知所终。这种暧昧的结局，如研究者指出的，既可以理解为玉娇龙为了李慕白而负疚自尽、重新确认儒家传统伦理规范，也可以理解为女侠投身

---

① James Schamus, "Aesthetic Identities: A Response to Kenneth Chan and Christina Klein", p. 46.

迷雾后，重获新生。① 换而言之，与宝剑的结局类似，这个暧昧的开放式结局也同样将女侠进一步从文化意义中"解放"出来，将女侠再建构为一个可以"自由"飞跃的、空洞的能指符号。然而，女侠的主体性也便因而徘徊在消亡（以死谢罪）与延续（重获新生）之间。也就是说，女侠的主体性和欲望流动性虽然是影片叙事的核心驱力，但是，当女侠最终要被建构为一个能够容纳矛盾的多种"中国性"的空洞能指，她的主体性也势必在这个暧昧的能指符号面前摇摇欲坠——这也就是女侠欲望的流动与这流动的终止之处。

四、结语

从欲望及意义的流动性角度检视《卧虎藏龙》中作为跨文化媒介符号的女侠，我们跳出东西方二元框架，更细致地检视了在跨国"侠艺片"银幕对女性主体形象的意义建构方式。女侠作为欲望主体，她对自身行走江湖的"可流动性"的追求，寄托着导演对自身作为华语电影文化主体在全球银幕上进行跨文化表述的欲望。这一跨文化表述并不是将静态的"东方传统"跨越地域空间展示到"西方当代"，而是在武侠电影和艺术电影的文化脉络下重构了一个意义可流动的"中国性"媒介符号。因此，女侠的欲望流动不仅仅是在"江湖"中跨越空间疆界的行动，更是一种历史维度的跨代传递和传承的结果，她的欲望主体性因而也就在全球银幕上体现着不可化约的历史性及文化异质性。

然而，这种女性主体性、欲望流动性本身也是跨文化流通策略的产物，其最终目的仍是生产出可被跨文化交换的媒介符号。在跨文化的意义生产过程中，华语电影人介于被交换的客体对象与具有能动性的文化主体之间的这种对"中国性"的焦虑，始终铭刻在女侠形象的建构过程中。于是，女侠的欲望主体性永远不可能真正被实现——她的本质必须与欲望客体（例如青冥剑）之间保持无限接近的动态张力关系，往返徘徊在既能够寄托文化主体的主体欲望，又能够化身为被交换的文化符号的矛盾位置之间。女侠介于欲望主体与欲望客体之间的这种吊诡的矛盾性，也揭示出全球银幕对华语电影的女性形象再现所产生的既积极又局限的复杂文化效应。

---

① Kenneth Chan, "The Global Return of the Wu Xia Pian (Chinese Sword-Fighting Movie): Ang Lee's *Crouching Tiger, Hidden Dragon*", p. 14.

新中国成立初期上海永安大戏院劳资纠纷探析

海 鸥[*]

（洛阳师范学院，河南洛阳，471934）

摘要：1950 年 8 月前后，因职工擅取票款，上海永安大戏院劳资双方展开了一场人事任免权之争，影院职工、资方、政府人员以及公营影院管理者纷纷参与其中，在"公私兼顾、劳资两利"政策的指导下，表达了各自的观点与立场。上海永安大戏院劳资纠纷是新中国成立初期上海私营影院业劳资纠纷的一个缩影，其间，工人以及工会的力量逐步凸显，为 1956 年上海私营影院业的公私合营提供了支撑。

关键词：新中国成立初期；上海永安大戏院；劳资纠纷

基金项目：教育部人文社会科学研究青年基金项目"'十七年'时期上海放映史研究"（编号：19YJC760027）的阶段性成果。

民国时期的上海之于中国电影的重要性有目共睹。新中国成立后，上海私营电影业依旧对新中国电影事业具有举足轻重的意义。上海解放前夕，国民党政府在败逃之际进行大肆掠夺破坏，上海经济陷入严重衰败混乱的境地。1950 年的"二六"轰炸更使上海资本主义工商业雪上加霜。严重的经营困境，加上不少资本家对新生政权心存疑虑，有些资方选择抽逃资金，弃厂（院）出走。[①] 经营困境导致劳资争议案件居高不下。从 1950 年 6 月 8 日上海影院业召开第一次劳资协商会议开始到 1951 年年底，上海影院业劳资纠纷会议次数共计 116 次，平均每月 6.4 次，另有多院因调解次数过多无法计算。

1950 年 8 月，上海永安大戏院因职工擅取票款引发的人事任免之争即是该时期劳资纠纷的缩影。本文将系统分析永安大戏院劳资纠纷始末，厘清纠纷中的参与者——影院职工、资方、政府人员以及公营影院管理者的立场及其背后成因，还原新中国成立初期，

---

* 作者简介：海鸥（1982—），女，回族，河南郑州人，洛阳师范学院文学院讲师，博士，研究方向：中国电影史。

① 1950 年 4 月，上海多家影院资方弃院出走，改由影院职工组成临时维持小组主持影院事务。《上海市电影院商业同业公会与电影业职工会达成《关于调整工资发放年奖等协议书 部分会员企业组织临时维持会报备书》，上海档案馆藏，S319-4-15。

在尚未完成全行业公私合营之前上海私营影院业的经营状况。本文发现，工人以及工会力量在私营电影院逐步凸显，为 1956 年上海影院业的公私合营积聚了力量。

一、永安大戏院劳资纠纷背景

新中国成立伊始，上海国民经济处于严重衰败混乱的境地，劳资纠纷异常频繁。1950 年 4 月 17 日，上海电影院商业同业公会设立劳资业务改进会，专门处理本行业劳资纠纷。4 月 30 日，上海市军管会正式颁布《上海市私营企业劳资协商会议组织通则》，明确规定劳资协商会议是劳资双方平等协商的机关。根据该法令，影院公会将劳资业务改进会改组为劳资协商会议。从第一次劳资协商会召开之日（1950 年 6 月 8 日）起至该年年底，共召开会议 31 次，远高于会员大会（15 次）、筹备委员会（13 次）、业务委员会（11 次）以及会员学习会（6 次）的召开次数。

到了 1951 年，上海影院业劳资纠纷案件不减反增，全年超过 85 次（包括 3 次下院调解），由劳方提请的有 39 次，工会小组 4 次，资方 30 次，劳资双方共同提请的 4 次，另有第三方如电影院业劳资协商会议提请 5 次，除此之外，多起纠纷因案情过于复杂，耗时较长，协商次数多至无法统计。以此推算，从 1950 年 6 月 8 日上海影院业召开第一次劳资协商会议开始到 1951 年年底，上海影院业劳资纠纷会议次数超过 116 次，平均每月不少于 6.4 次。[①] 劳资纠纷不仅频繁，覆盖范围亦非常广泛，几乎所有的上海私营电影院都在这一时期发生了劳资争议。[②] 从协商的案由来看，绝大多数纠纷源于经济问题。以 1951 年调节次数最多的 2 月为例，该月共召开协商会议 14 次（含 3 次下院调解），除新新外，其他戏院的案由均为经济纠纷。另外，该月恰逢中国新年，故有两家影院（沪光、亚蒙）因年终奖问题引发劳资纠纷。[③]

面对频发的劳资纠纷，中国共产党提出"公私兼顾、劳资两利"的政策。事实上，"公私兼顾、劳资两利"的思想是新民主主义经济理论的重要内容，早在抗战时期就已形成。1949 年 9 月召开的中国人民政治协商会议第一次会议，正式把"公私兼顾、劳资两利"政策作为新中国经济政策主要内容，用法律的形式规定下来。[④] 然而，由于认识上的偏差，该政策在实施过程中并不那么顺利。

1949 年 8 月 3 日下午，电影院工会召开筹备委员会成立会，临时主席朱锡元在会上

---

① 档案材料缺 1951 年 1 月数据。《电影院业劳资争议案件调解或协商情况报表》，上海档案馆藏，S319-4-16。

② 据统计，有劳资纠纷的影院，1950 年有皇后、永安、长城、浦南，1951 年有沪光、嘉兴、亚蒙、新新、大沪、辣斐、卡尔登、永安、东海、北京、银都、大都会、杜美、联怡、国光（大光明和国泰）、汇山、华德、光陆、金都、荣金等。《上海市劳动局电影院劳资协商会议》，上海档案馆藏，B128-2-251；《电影院业劳资争议案件调解或协商情况报表》，S319-4-16。

③ 《电影院业劳资争议案件调解或协商情况（二）月份月报表（1951 年 2 月 28 日）》，S319-4-16。

④ 吕舟洋：《建国初期的"公私兼顾、劳资两利"政策及其实践》，《天府新论》1988 年第 6 期。

宣布了筹委会的任务——由过去国统期的抗议、斗争工作转为建设工作，并且要"帮助资本家发展影业使资本者得合理利润"①。该任务符合"公私兼顾、劳资两利"的指导思想，但是，一经提出即受到影院工人的强烈反对。

从业员组代表凌旭说道："过去我们是帮会员做事，不顾吴国桢那坏蛋如何厉害，我们也要同他斗一斗，资方在国统时发国难财，发胜利财，并不顾到职工生活，一味压迫。现在解放了，资方又戴了假面具说，我们解放了，劳资应在两利原则下互相帮助，目下为历年来的淡月，不□生意资才就提出向劳方减扣工资，更不顾到劳方生活，这是真正的劳资两利吗？"②

凌旭的发言主要有两点：一是对资方的认识，即解放前的资方是"发国难财、发胜利财"，解放后的资方虽然戴了劳资两利的"假面具"，实质仍是利字当头；第二点是对当下生活的担忧。针对上述发言，总工会代表杨学镰是这样解释的："凌同志说现在资方对劳方种种不合理还谈不到劳资两利，这一点我们要向资方斗争，不是罢工怠工，而是用合理的谈判来克服他们。"③

客观上讲，凌旭的发言代表了大多数工人的意见。解放后，工人阶级的地位较之前有了翻天覆地的变化，但是，这种变化并没有在解放后立即体现出来。工人不仅不能对资方展开斗争，还要与之团结共渡难关，普遍实行减薪政策。这种政治地位的提升与实际情况之间的矛盾令广大工人阶级无法接受。总工会代表虽然在最后的发言中矫正了凌旭关于"劳资两利"的看法，但其矫正的关键在"斗争方式"而非"阶级认识"。在随后的阐释中他未对资产阶级的性质进行区分，甚至将资产阶级与国民党反动派划为一类。④

1950年三四月间，中共中央委托统战部专门召开全国统战会议："毛泽东着重检查了与会负责工商界统战和管理工作的干部的发言。从发言中，可以清楚地看出，在中共中央阶级观点和统战策略两方面都强调的情况下，多数干部基于本能的意识，并没有理解七届二中全会以后中共中央对资产阶级的新政策。"⑤ 例如有的人说："今天斗争对象，主要是资产阶级。"毛泽东批示道："今天的斗争对象主要是帝国主义、封建主义及其走狗国民党反动派残余，而不是民族资产阶级。"有人认为：对私营要限制，而国营经济应无限制地发展。毛泽东批示道："在目前阶段不可能无限制地发展，必须同时利用私人资本。"⑥由此可见，上海总工会代表杨学廉的情况并非个案。那么，这种认识上的偏差具体到私营电影院劳资纠纷过程中，会有怎样的体现？对案件的发展又起到怎样的作用？

---

① 《电影院工会会议记录（1949年8月3日）》，上海档案馆藏，C8-1-191。
② 《电影院工会会议记录》，C8-1-191。
③ 《电影院工会会议记录》，C8-1-191。
④ "……在过去，工人绝对不向国民党反动派投降的，资产阶级是向他投降，国民党反动派是资产阶级的主人。"《电影院工会会议记录》，C8-1-191。
⑤ 杨奎松：《中华人民共和国建国史研究1》，南昌：江西人民出版社，2010年，第477—478页。
⑥ 杨奎松：《中华人民共和国建国史研究1》，第477—478页。

二、永安大戏院劳资纠纷始末

永安大戏院又名永安电影院，位于四川北路 1800 号。影院土地原为英商产业公司浸信会所有。1929 年永安公司将该院地皮（包括永乐坊在内）向英商产业浸信会购进。抗战胜利后，永安公司以巨资（12 亿元）约金条 100 余根重建，并于 1947 年 12 月 27 日开幕，以公司名字命名为永安大戏院，派专人经营。起初，永安大戏院主要放映首轮国产片，继而放映米高梅、华纳等西方八大影片公司的外国首轮影片，影院同时装有译意风，进行同声翻译。[①]

上海解放后，包括影院业在内的资本主义工商业营业惨淡。据统计，1950 年上海市 34 家电影院中，盈利的仅有 6 家，且多为公营影院。1951 年有 13 家影院盈利，1952 年为 10 家，1953 年全国经济形势逐步好转，仅有 3 家影院出现亏损。1950—1953 年，永安大戏院盈亏情况分别是：–331,671,981 元、–48,801,231 元、–92,093,365 元、77,000,608元，与上海其他影院情况基本一致。[②]

（一）资方的申述

永安大戏院劳资纠纷的起因是"该院工会小组组（长）毕鹤峯迭次违反纪律，犯了严重错误"，尤其是 1950 年 8 月 3 日毕鹤峯"攫取票款收入擅自摊派薪资"一事，破坏了"资方管理（影院）行政系统"。为此，1950 年 8 月 19 日晚 9 时，永安大戏院召开全体职工座谈会。为郑重起见，资方刘协勖还邀请了同业公会代表郭守基、电影业职工会代表宋伟明、国营电影院代表蒋柯夫，以及永安有限公司代表朱念祖同时参加。会议主席由刘协勖担任。

刘协勖首先说明此次集会的原因是"本院发生了严重的违犯纪律事件"，为了把该事件搞清楚，会议将围绕"几个重要问题"展开，提议在场的 20 多位永安大戏院职工踊跃发言，"将自己理解得到的是非定论，坦坦白白直说出来"[③]。

现将"九个问题"摘录如下：

（1）本院于"二六"后，即首先提倡转业生产，各位是否每个人都知道了，有未知道的吧？

（2）当时有几个同事响应了转业的号召，领了解雇费离去，你们大概都知道了吧？

（3）天韵戏院减薪，你们都知道了否？同时梁经理、郭总务都曾先后向你们的协商代表提出减薪问题，你们知道否？

（4）你们的协商代表是谁？梁经理离职前曾向你们提出"营业清淡，要减低工资"。据报告：职工表示："永安公司未减薪，我们同一组职（工），不得减薪。"这个报告准

① 蔡士君（供稿）：《永安电影院》，《上海电影史料》编辑组：《上海电影史料（第 5 辑）》，上海：上海市电影局史志办公室，1994 年，第 282—283 页。
② 《影院盈亏状况表》，上海档案馆藏，B172-4-210。另，此处人民币 10000 元等于新币 1 元。
③ 《永安戏院劳资座谈会（1950 年 8 月 19 日下午 9 时半）》，上海档案馆藏，S319-4-16。

确否？

（5）三月份欠薪是因为"二六"大轰炸，六月份下半月欠薪是因为营业清淡，都因为你们了解本院经济情况，同意本院暂时拖欠的，所以在五月十一日梁成创借米一石五斗，七月八日史根发借米一石，八月十二日张慕洁借米二石，都是由小组决□借给他们而不是本院支付欠薪，这是你们都知道的；欠薪部分是要等营业好转后发还的，这也是你们的一个默契呀。

（6）梁经理离院后，在七月间郭先生由小组毕组长通知减欠薪事，是你们都同意的，怎么后来又不肯签字，是否你们仍未取得协议？

（7）为何七月末期部分同事提出反对减收余欠办法？有十一人领得全薪，这就证明内部未得一致，究竟有多少人赞成，有多少人是反对的？

（8）七月三十一日那天，你们让借给十一个人的全部工资乃借影片公司片拆移用，毕组长有否向你们说过实情，你们都知道否？

（9）八月三日是否你们要求毕组长来强索工资的？你们愿意共同负担犯纪的责任吗？①

刘协勋先从影院一般事实问起，逐渐引入减薪、欠薪细节，最后两个问题直指工会组长毕鹤峯。为了明确 8 月 3 日毕鹤峯"强索工资一事"究竟属个人行为还是集体行为，刘协勋开始向在场的职工逐一进行询问，具体包括事发当天毕鹤峯接电话时的神态、如何回答刘协勋的问话、毕鹤峯是否将刘协勋的意见转达给职工、毕鹤峯"抢过钞票"时的讲话职工是否听到等。与此同时，为进一步证明毕鹤峯存在"严重违犯纪律的过失"，刘协勋列举了毕鹤峯的历次违规行为。②

随后，刘协勋要求永安职工对其陈述内容做出判断，即是否正确、是否存在虚构成分。如果所言属实，刘协勋提出："应立刻重整并确立本院的良好风纪，以利事业发展，达成劳资两利。为使顺利执行这个任务，我（刘协勋）坚决要求解雇毕鹤峯。"③总之，资方刘协勋的所有发言只有一个目的——解雇毕鹤峯。那么，毕鹤峯对此做何反应？

（二）毕鹤峯以及永安大戏院职工的回应

上海解放后不久，影院业即开始着手新工会的筹备工作。1949 年 12 月 29 日，在上海市电影业工会筹备委员会的基础上，上海市影剧业工会电影院分会临时工作委员会成

---

① 《永安戏院劳资座谈会》，S319-4-16。

② "（1）毕鹤峯于元月间为年赏问题，在同业公会打什役；（2）因为攻击郭雄总务先生，要调离他去，我到院讲话，甫毕，该毕组长不作有规则的评判，反而领头大喊'打倒郭雄'口号，一哄而散，翌日由司徒领到我处道歉，这事有司徒可以证明。（3）因购公债争执，拳打郭总务先生，有前梁经理证明，并监督道歉；（4）即此次抢截票款。"《永安戏院劳资座谈会》，S319-4-16。

③ 《永安戏院劳资座谈会》，S319-4-16。

立，会员人数1304人。^①几乎所有的上海影院职工都加入了电影院分会。具体到上海永安大戏院，该院共有职工20余人，工会小组组长是毕鹤峯。作为此次事件核心人物的毕鹤峯，究竟是何许人？

《上海影剧业工会电影院分会成立特刊》（1950年2月2日）显示，毕鹤峯生于1911年，浙江宁波人，小学学历，任永安大戏院放映员，有16年的放映经验。不仅如此，毕鹤峯还是上海市影剧业工会电影院分会临时工作委员会的执行委员。1950年1月30日上午9时，沪光大戏院召开影剧业工会电影院分会临时工作委员会执行委员选举大会，与会会员900余人，上海总工会代表杨国潘亦莅临参加。经过层层筛选，最终选出21名执行委员，毕鹤峯位列其中，另有10名候补执行委员。^②毕鹤峯在上海影院业的地位可见一斑。

回到该事件，毕鹤峯对刘协勋报告的真实性表示怀疑。他提出刘协勋本人很少到影院，其报告的内容"大部分是根据下级上报中得来"，存在片面性。例如，关于职工坚决要求发薪一事，除被生活所迫外，多数原因应归结为"资方对于发工资有失公平，引起群众情绪急躁"^③。由于发薪问题影院职工与郭经理时常发生争执，久而久之形成了对立的地位。因此，郭经理的报告是否可以完全信任是非常值得怀疑的。^④关于8月3日的"发薪事件"，毕鹤峯是这样解释的：

> 至于八月三日的发薪事件，资方说我抢钞票，那是不成立的。请查看当天发薪的账目记载，八月三日为了数目不足，（一百二十多万元）而在八月四日补发出来的，有每个同事的签收，"抢"是从何说起？方才刘经理所说的电话中的对白：说是他叫我去向群众问问看："明天到他处去商量（是否）可以？"我以为刘经理是没有这样说的。^⑤

在毕鹤峯看来，8月3日的发薪事件不能称之为"抢"。原因是当天发薪以及第二天补发薪水都有会计账目记载，且有职工签收证明。换言之，毕鹤峯认为只要按照会计流程将薪水发给影院职工，不管该薪金的本来用途究竟为何，且不用征得资方的同意，该

---

① 《上海影剧业工会电影院分会成立会特刊（1950年2月2日）》，上海图书馆藏，第21页。另，1950年12月25日，上海影剧业工会电影院分会被新成立的上海文化艺术工作者工会电影院分会取代。

② 《上海影剧业工会电影院分会成立会特刊》，第21页。

③ 例如，该院职工李孔儒除在永安供职外，还在天韵戏院有兼职。这样看来，李孔儒的生活来源并非完全依靠永安，但是，该职工的工资反而全额发放。永安其他职工自然对此表示不满，要求与李孔儒看齐。《永安戏院劳资座谈会》，S319-4-16。

④ 例如，由于8月1日要参加游行，前一天影院职工即向郭经理提出发薪的要求。但是，郭经理却说："戏票的印刷费急于要付，因此没有钱发薪。"职工解释道，一则戏票尚未印好，二则发薪究竟比戏票重要，且当日院中还有戏票可用。但是郭经理"一味顾住了他的经理地位的面子，始终不肯替我们职工的困难着想"，最终也未答应职工的请求。《永安戏院劳资座谈会》，S319-4-16。

⑤ 《永安戏院劳资座谈会》，S319-4-16。

种"发薪"都属于正常发薪。至于毕鹤峯否认刘协勋曾在电话中要求其向群众转达"明天到他（刘协勋）处商量"之语，由于当事人只涉及刘协勋、毕鹤峯两人，是否有此对话无从得知。

之后，影院职工张洁、冯玉文、刘桂动、潘寄等相继发言。多数职工承认知道并赞成影院减薪一事，并非如刘协勋所言有十一人反对减薪。[①] 但是，职工张洁也说："关于毕组长向院方进行工资问题的交涉或催发，我们往往是不知道的。"[②] 比较而言，职工潘寄的讲话更全面。他首先提出："刘经理对于本事件，未免失之过分强调：事件有它的根源和一切远因近因都要联系起来研究，单独地专论劳动纪律，是太主观了。"[③] 接着他举例说明资方在减薪、建立劳动纪律方面都存在过失。[④] 至于 8 月 3 日事件的发生，"本质上是为了生活问题，但态度上的不好，我们应该深刻检讨，同时接受检讨。至于领导上的不够正确，我们亦深愿接受批评"。他同时承认，解放初期职工对"形势的认识和觉悟程度还不够"，毕鹤峯在过去所犯的四次错误，"不同形式地违犯了纪律事件"，这是由职工的情绪和态度造成的，所有这些都可以在学习中克服。因此，潘寄希望刘协勋"不要太强调每一件事的错误"，同时承认"行政权当然属于资方"，并建议劳资双方相互体谅，共同搞好业务。

（三）调解

职工讲话结束后，永安公司代表朱念祖首先做了发言。他提出刘经理向群众征询意见的做法是十分民主的，"如果大家能够替毕组长分担责任的话就可以证明工会没有垄断"。于是，朱念祖提议职工举手表决，"如果大家当日没有叫毕组长去拿工钿者，不作表示，如果是叫毕组长去拿的，大家举手表示"，[⑤] 并提出给职工一分钟的时间做决定。

朱念祖的提议立刻遭到蒋柯夫、宋伟明的反对。[⑥] 蒋柯夫认为毕鹤峯是群众自己选出来的，因此毕鹤峯就有着"组织群众、教育群众和（为）群众（谋）福利等等的责任"[⑦]。

① 据职工张洁所言，刘协勋在第（7）、（8）个问题中提到的7月底有11位职工反对影院减薪一事并非事实。首先，是12人而非11人。其次，所谓"领得全薪"并非实情，而是"（十二个人）要求小组每人借米九斗，但结果院方借下九石米来，每人只分到八斗二升米。这个十二个人借的米，是为了生活确实困难，所以借米，但不是反对减薪"《永安戏院劳资座谈会》，S319-4-16。
② 《永安戏院劳资座谈会》，S319-4-16。
③ 《永安戏院劳资座谈会》，S319-4-16。
④ 例如，梁经理提出减薪后，职工也提出希望梁经理发表影院的亏蚀数字，使职工知道应该减到何种程度。但是，梁经理始终没有答复。至于建立劳动纪律，梁经理只是将过去的《服务规则》抄写了一张，张贴在卖票房中，既没有通过同业公会，也没有和职工们商谈，所以职工没有实行。《永安戏院劳资座谈会》，S319-4-16。
⑤ 《永安戏院劳资座谈会》，S319-4-16。
⑥ 宋伟明认为，朱念祖给群众一分钟的时间做出表决，意味着如果一分钟内群众缄默，那么毕鹤峯就应负起全部责任。但事实上，"当日的钞票是由各职工经过发薪的正常手续签名收款的"。因此，宋伟明不赞成朱念祖提出的表决方法。《永安戏院劳资座谈会》，S319-4-16。
⑦ 《永安戏院劳资座谈会》，S319-4-16。

由于发薪问题与资方发生争执是他的责任，潘寄已经承认是毕鹤峯过分急躁的错误，既然"已经明确地知道毕同志当日确属已犯了错误"，那么"不要继续用表决方式来确定毕同志的责任轻重了"。

宋伟明站在工会的立场上认为，朱念祖的表决办法并不合适，甚至有些"压制的意味存在，好像解放前的资方手段……"这种直指资方的讲话立刻引起朱念祖的不满，他说："宋同志指摘资方仍然运用解放以前的一种压制工人作风，我认为这未见不合实际了。（工会）小组是群众中产生出来。现在把事件的症结向群众去找寻，当然是最合理的了。刘经理如果对一件事情不向群众报告，当众处理，那才是不民主和反动作风。"①接着，朱念祖将事件上升至政治层面："现在我们工人阶级是国旗四颗小星之一，民族资产阶级也是四颗小星之一，我们在政治上是有平等地位的，同时并不是对立的。"②"如果宋同志认为这样的表决方式不民主的话，则请指示我们一个民主的方式。"③

面对劳资双方各执一词，加之天色已晚，公私合营北京大戏院代表蒋柯夫提出："大家不要走许多弯路了……还是请资方正面提出毕同志所犯的错误程度，或者是认为毕同志操纵群众意旨，或是毕同志假借工会职权向资方无故取闹等等，直率的提出，使会节省时间。"④

于是，朱念祖以永安资方代表的身份做了最后总结。他一面解释道，影院经理刘协勋之所以提出解雇毕鹤峯是基于毕鹤峯"违犯政策、违犯纪律"的事实；另一方面，永安戏院乃刘协勋负责管理，永安公司已经授予刘协勋直接行使行政权的权力，是否解雇毕鹤峯，永安公司不便提出意见。因此，资方最后的决定仍由刘协勋做出，即"八月三日毕鹤峯违犯纪律事件，资方坚持解雇处分"⑤。

宋伟明、蒋柯夫的意见基本一致，他们都认为"教育重于惩罚"。同业公会代表郭守基也认为："即使职工有不好，也不致如此严重。对于惩罚问题，是一个行政权，应当由资方提出，但最好要顾到不超过过高的要求，要有挽回的余地，更不要因八月三日的事件，影响到整个同业中去。"⑥朱念祖在最后的讲话中也提到，他个人认为"教育有各种不同轻重的方式"，关键在于如何选择。总之，除永安经理刘协勋之外的所有与会人员都认同了"教育重于惩罚"，只是未商定具体的教育方式。

8月29日，永安经理刘协勋将此次会议记录呈缴电影院同业公会，经公会递交上海市工商业联合会筹备会，依旧要求解雇毕鹤峯，但并未得到应允。1953年的《上海文艺工会电影院分会干部情况表》显示，毕鹤峯的身份是中国共产党党员，同时担任上海文

---

① 《永安戏院劳资座谈会》，S319-4-16。
② 《永安戏院劳资座谈会》，S319-4-16。
③ 《永安戏院劳资座谈会》，S319-4-16。
④ 《永安戏院劳资座谈会》，S319-4-16。
⑤ 《永安戏院劳资座谈会》，S319-4-16。
⑥ 《永安戏院劳资座谈会》，S319-4-16。

艺工会电影院分会纠察科科长和电影院分会第 6 小组组长，工作地点仍在永安大戏院。①

三、结语

1950 年 8 月 3 日"抢薪"事件之前，毕鹤峯与永安大戏院资方至少有过 3 次冲突。可以想象，刘协勋对毕鹤峯的忍耐已经到了极限。在刘协勋看来，8 月 3 日"抢薪"一事是永安资方解雇毕鹤峯的最好时机。于是，刘协勋集合各方人员，在 8 月 19 日晚间召开座谈会。会上，包括工会代表在内的所有人员都认可影院行政权属于资方，即刘协勋拥有聘用、解雇影院职工的权力，但是，真正执行起来难度颇大。且不说从法律上讲解雇职工的程序非常复杂，②仅从座谈会当天来看，包括朱念祖在内的所有人员都持反对意见，认为"教育重于惩罚"。

本文发现，新中国成立初期，劳资双方的政治地位虽然发生了变化，但这种变化具有一定的"模糊性"。一方面社会主义政权建立的前提是消灭资本主义，另一方面，对于解放初期的中国经济来讲，纯粹依赖公有制经济实现国家的工业化殊非易事。因此，中共提出"公私兼顾、劳资两利"的经济政策。只是，这一政策对于刚刚翻身做主的工人阶级来说并不那么容易理解和接受，加之部分工作人员对资产阶级政策的理解偏差，直接导致劳（工人工会）、资（资方）以及政府工作人员在处理上海永安大戏院劳资纠纷时采取的不同立场。

本文同时注意到，新中国成立初期，上海影院业在工会建设方面颇有成效，影院工人地位突出。具体到永安大戏院，毕鹤峯不仅是工会小组组长、电影院分会干部，同时还是中国共产党党员，这一点对于党团员相对匮乏的影院工会甚至上海文艺工会来说都是相当珍贵的。1953 年，中国共产党公布了"一化三改造"为内容的过渡时期总路线，由此，对资本主义工商业的改造工作进入一个新阶段，即从节制资本主义转为消灭资本主义。上海市公营、公私合营影院的数量也在这一年首次超过私营电影院。在此期间，以及随后的全行业公私合营阶段，上海电影院工会尤其是工会骨干人员的贡献不容小觑。

---

① 《上海文艺工会电影院分会干部情况表》，上海档案馆藏，C1-2-5684。
② 蒋柯夫："解雇的程序非常麻烦，资方要经过工商局、劳动局甚至法院；劳方也要经过总工会、劳动局甚至法院。"《永安戏院劳资座谈会》，S319-4-16。

程树仁电影制片活动研究初探

王 瑶*

（重庆工程学院，重庆，400056）

摘要：程树仁是我国最早归国的电影专业留学生之一，他的电影制片活动相较于他的电影年鉴编纂、首创片上中文说明、经营影院等成就被较少提及。这种认知现状既不利于把握程树仁其人的电影活动，更是对体察20世纪20年代上海影坛留美归国专业导演珍贵样本的一种损失。因此本文将对程树仁的制片活动进行梳理，并期望由此为还原程树仁的"导演"身份做基础性工作。

关键词：程树仁；民国电影；孔雀公司；制片

基金项目："21世纪以来中国主流电影海外跨文化生产与传播"(2019RBYJ16)项目成果

程树仁是我国最早归国的电影专业留学生之一。他于1923年至1935年活跃在上海影坛，抗战时改从事交通。相较于他的一生，程树仁的电影生涯相对短暂，但是其从事领域涉及影业年鉴编修、首创片上中文说明、经营影院等方面，且被后人所乐道：他创立的东海戏院与西海戏院，一度成为上海近代史上重要的次轮影院；他率先为外片译制的片上中文说明，至今仍被广泛采用；他主编的《中华影业年鉴》，至今仍被认为是了解当时影业情况的必备史料。

但他最重要的身份：接受过留美教育的导演，却一度被后人忽略；甚至只是在民国电影"双胞案"之《红楼梦》中被一笔带过。这可能受到尚未发现其影片续存的影响，但忽视程树仁的电影制片活动，既影响对程树仁影业贡献的全面认识，又损失了一个关于"赴美留学归国、专业电影导演在20世纪20年代上海影坛进行电影制片实践"的珍贵样本。因此，本文将梳理程树仁制片机缘、筹备与实践状况，并希望由此对程树仁的"导演"身份进行基础性的补足。

---

* 王瑶（1993—），女，河北唐山人，重庆工程学院数字艺术学院动画系助教，研究方向：电影史论。

一、程树仁的电影制片活动始末

1.“电影梦”的萌芽与灌溉（1922—1923）

程树仁，别号杏邨，福建闽侯人，近代著名法学家程树德之弟。1911 年，程树仁考入清华学堂。程树仁在清华期间，学校大礼堂在每周六晚上放映电影，程树仁由此“醉心电影之魔力”[①]。1919 年，程树仁从清华高等科毕业前往美国留学攻读教育学学士与硕士。在芝加哥攻读硕士时，程树仁“决意放弃教育，从事电影”[②]。1922 年 5 月，他获得哥伦比亚大学教育学硕士后，向清华申请将电影作为副科，学费和实验材料费由学校报销。如他所说，“经费益形充足。胆敢勇于试验矣。是年所学成各种奇异幻景摄影术”[③]，于是10 月顺利从纽约电影专门学校毕业，获得摄影师执照。毕业后，他曾前往名伶影片公司长岛摄影场实地实习。随后，周自齐决意创立孔雀电影公司，赴美考察事业。在此期间，特别关注留美电影专业学生。“惟我国学子，现在美国研究影戏学者已有八人。余在美时，曾与彼等讨论吾国影戏业之进行方法、并征求若辈对美国现有影片之评判、此辈将来学成归国皆可为我国电影业生色。”[④]程树仁便是其中之一。他受周自齐的赏识，于 1923 年2 月从美国返沪参与筹备孔雀公司的创立，由此开始了他在上海影业的生涯。[⑤]

2.“电影梦”的阶段实现与波折（1924—1926）

孔雀电影公司由中美合资，从属于中国营业合资公司。在初创时期，孔雀电影公司的核心业务为影片销售。程树仁在此时期，担任公司协理并主持进口影片的添加中文片上说明工作[⑥]。但是，创始人周自齐对孔雀公司的期许不止于此，他希望孔雀公司能够在进口美国影片的同时出口自制国产影片，以促进两国文化交流，改良中国民风，树立良好的国际形象。所以，在孔雀公司创立伊始便有制片计划，“目下先拟发行美国良好之影片，下半年再当建筑一玻璃摄影场”，但因为“惜吾国演影戏之人才尚付缺如，故一时尚不能如愿”[⑦]。

1923 年下半年，孔雀公司中文片上说明大获成功。据程树仁所述，当时周自齐认为孔雀公司可以着手制片：“更为促进吾国自行摄制国产影片之一最大原动力者。是种中英合璧说明之洋片开映于上海、天津、北京、香港、广州、汉口、哈尔滨、苏州、宁波、长沙、成都、澳门各处，备受各界人士之称誉。周先生至为满意，认为摄制国产影片之时期已至。”[⑧]

---

① 程树仁：《导演红楼梦之一番用心》，《孔雀特刊·红楼梦专号》1927 年 12 月。
② 程树仁：《导演红楼梦之一番用心》。
③ 程树仁：《导演红楼梦之一番用心》。
④ 《周自齐之谈话》，《申报》1923 年 2 月 2 日，第 13 版。
⑤ 程树仁生平经历可参考张伟：《民国影坛的第一代“专业海归”——程树仁其人其事》，《电影艺术》2009 年第 3 期；王瑶：《程树仁之影业事迹考》，硕士学位论文，中国电影艺术研究中心，2018 年。
⑥ 程树仁：《导演红楼梦之一番用心》。
⑦ 《周自齐之谈话》，《申报》1923 年 2 月 2 日，第 13 版。
⑧ 程树仁：《导演红楼梦之一番用心》。

除事业打开局面外，程树仁同年还步入了婚姻。10 月 10 日，他与陈定秀赴苏州结婚，随即往杭州西湖度蜜月，[①]可谓爱情事业双丰收。但是，在他蜜月旅行期间，周自齐突然病逝[②]。这导致了孔雀公司的境况与人事发生震荡，程树仁的影业生涯由此也遭遇了挫折。程树仁由此心存去意，并计划离开孔雀另谋发展。[③]

之后，程树仁广泛参加社会活动，如清华的校友活动、大夏大学的教育科教授工作[④]。同时，他仍然不放弃制片的梦想。据《清华周刊》文章，在 1925 年 9 月"程树仁组织天汉影剧公司（*Alestial*[⑤] *Photodrama Co.*）明春即将开始摄制影剧"[⑥]。

正当程树仁打算另立门户，着手制片之时。孔雀电影公司，再次向他伸出橄榄枝。1925 年末至 1926 年初，孔雀公司人事调整。朱锡年担任总经理，设立制片部，并由程树仁担任主任。[⑦]程树仁的制片才华终于得以施展。

表 1　孔雀电影公司职员表[⑧]

总经理	朱锡年
制片部	（主任）程树仁 徐欣夫 甘亚子
租片部	（主任）刘明 曾竹铭 吴茂宝
机器部	（主任）艾德 顾兆南
驻京代表	邝荣钟

3."制片梦"的实践与终止（1926—1927）

孔雀电影公司制片部自 1926 年初设立[⑧]，程树仁担任孔雀公司制片主任并导演了短片《人尽可夫》《逃将军》与长片《孔雀东南飞》《红楼梦》。此外，程树仁在 1926 年还参与了明星电影公司《恋爱与黄金》的摄影和副导演工作。

---

① 参见《双十节之程陈婚礼》，《申报》1923 年 10 月 10 日，第 19 版。

② 注：周自齐于 1923 年 10 月 21 日去世，12 月 8 日举行葬礼，恩派亚大戏院曾于 1924 年 1 月 28 日至 31 日放映《周自齐出殡》，拍摄者不详。

③ 程树仁：《导演红楼梦之一番用心》。

④ 《大夏大学聘定各教授》，《申报》（本埠增刊）1924 年 9 月 16 日，第 16 版。

⑤ Alestial 为 Celestial 误印，保留原样。参见《（3）国人所经营之影片公司》，程树仁、甘亚子、陈定秀编：《中华影业年鉴》，上海：中华影业年鉴社，1927 年 1 月 30 日，第 5 页。所载英文名为：Celestial Photodrama Co. 地址为：康脑脱路康乐里六七七号。亦是程树仁创立的天汉游艺有限公司中"天汉"的译法。

⑥ 《电影新事业》，《清华周刊》1925 年 9 月第 351 期。

⑦ 《（34）各公司职员表》，程树仁、甘亚子、陈定秀编：《中华影业年鉴》，上海：中华影业年鉴社，1927 年，第 3 页。

⑧ 实际制片活动可追溯至 1925 年的两部短片《全国运动会》（导演不详）和《人尽可夫》（摄影、导演：程树仁）。《人尽可夫》曾于 1926 年 4 月 24 日与《热血鸳鸯》一同在中华大戏院上映。

表2　孔雀电影公司出品一览①

种类	教育片	滑稽片	滑稽片	悲剧	悲剧
时间	/	1925	1926	1926	1927
片名	全国运动会	人尽可夫	逃将军	孔雀东南飞	红楼梦
本数	三本	二本	二本	八本	十本
主义	提倡体育	非官僚	非战	提倡婚姻自主	提倡婚姻主权

　　程树仁的制片实践如火如荼地进行着，他不仅重视电影的艺术性、教育性，甚至还发行了两种电影特刊，即《孔雀特刊·红楼梦专号》和《孔雀特刊·孔雀东南飞专号》。此外，他对上海影业抱有极大的热情，在他的《民国十六年·中华影业年鉴》可以管窥。但好景不长，程树仁因对复旦公司拍摄时装《红楼梦》并几乎与孔雀版同时上映的做法深感不满，在1927年12月发行的《孔雀特刊·红楼梦专号》中，程树仁宣布停止制片与影业年鉴的编纂。

　　之后，程树仁依然任职于孔雀电影公司②，但不再制片转而经营影院；同时他还为《申报》撰写《剧场消息》专栏文章。程树仁在担任孔雀东华戏院最后一任经理③的过程中，也在酝酿属于自己的影院：东海戏院和西海戏院④。1929年1月和1932年9月，东海戏院与西海戏院分别开张，程树仁走向了人生的下一段旅途：自立门户的影院经营之路。

二、程树仁的主要作品及编导思路

1.《孔雀东南飞》（导演）

　　《孔雀东南飞》（*Love's Sacrifice*）是孔雀电影公司摄制的首部长片。据程树仁称，《孔雀东南飞》的摄制是为《红楼梦》的拍摄做试验。⑤其剧本由孔雀公司有偿向外界征求而来，由王里万编剧，取材于同名汉乐府诗。⑥

　　程树仁拿到剧本后，面对着如何将古诗改编成电影的问题，而当务之急便是决定古装拍摄还是时装拍摄，即确定故事发生的时代。程树仁认为理应古装，但时间紧张、缺乏对汉末历史的严密考据，容易造成错误，故舍之；若仿照时人用戏装代替古装，程树

---

　　①　参见《孔雀特刊·红楼梦专号》"版权页"；《（14）导演家及其作品》，第7页。
　　②　在"North China Desk Hong List"，Shanghai: Offices of the North-China Daily News & Herald, Limited 17 The Bund, Jan 1929, pp. 228 中孔雀公司条目中仍有程树仁的名字。
　　③　参见《剧场消息》，《申报》（本埠增刊），1929年1月7日，第2版。
　　④　参见《立信会计事务所关于天汉游艺股份有限公司账目审查、代办企业注册、商标注册》，起止时间：1932年12月至1933年4月，档号：Q90-1-829(5)，上海市档案馆。
　　⑤　参见程树仁：《导演红楼梦之一番用心》。
　　⑥　参见《自由谈·游艺消息》，《申报》1926年5月10日，第17版。原文："孔雀电影公司前次现金征求影戏剧本，苏州王里万君当选第一名，上海中西女塾裴毓芬女士当选第二名。王君剧本系取材于汉古诗孔雀东南飞。"

仁认为："此古装也，此乃外国人自欺欺人之古装，非吾华人自信之古装也，吾不敏，不敢以戏装装《孔雀东南飞》。"

最终，程树仁选择了拍摄时装版《孔雀东南飞》。他认为虽然故事原本发生在建安时期，但是它的情节却是时下所常见的。另外选择以时装拍摄为主还有其他用意，即可以达到刻画人物与区分戏中戏的效果："如蕉仲卿之老母，迫媳大归，其顽固可知，是故作旧式装束。蕉仲卿之妹季卿及其情人陈继善，吾人描写其为新派人物，故作当今之最新装束。其余七月七夕作牛郎织女之戏于后花园中，乃着戏衣，以其为戏中戏也。"①

仲卿 / 兰芝 时装

季卿 / 继善 最新时装

蕉老太太与媒婆 旧装

季卿扮织女 戏服

图 1 《孔雀东南飞》剧照

程树仁面对的第二个问题是，诗与电影的体裁不同。诗注重写意而电影却需要情节推动，故而诗中有许多"留白"之处。程树仁以此为良机，遂发挥他的"导演心理"②。譬如，古诗中多次提到蕉仲卿之母要驱赶刘兰芝，但却没有给出理由。程树仁认为理由虽小，却是整个故事的推动力，更能代表剧旨。他通过对原诗的推敲，为蕉母驱逐兰芝找到了合情的理由：即刘兰芝多年不育，而蕉母急于含饴弄孙。他还在赋诗中语焉不详给仲卿之妹取名季卿，并添加其情人陈继善。这两处"借题发挥"为影片添加了合情理又富有教化色彩的剧旨："使老母干涉儿女婚姻，驱媳责子，演出一番掀天动地的恶作剧。然后媳亡子丧，追悔莫及。如是方转过年头来，不敢再干涉爱女婚事，而奉还其婚姻自主之权。此导演利用诗中微意，而为《孔雀东南飞》，立一剧旨：陈义高尚，仰不愧天，

---

① 程树仁：《导演孔雀东南飞之一番用心》，《孔雀特刊·孔雀东南飞专号》1926年9月26日。
② 程树仁：《导演孔雀东南飞之一番用心》。

俯不愧地，既有益于后世，复无负于古人。"①

程树仁在改编剧本的过程，尤为重视原作。在玩味古诗的基础上，为影片添加细节、深化人物个性。大量使用衬托手法，形成两组人物的新旧对比（仲卿／兰芝；季卿／继善），以乐衬哀，凸显爱情与社会悲剧。

此外，程树仁认为："剧名虽为《孔雀东南飞》，而此五字实不能笼罩全诗之情节"②，故引用"孔雀""东南枝"等意象以陪衬、烘托、反照、譬喻的方式呼应影片题名，"使此五字与全剧发生密切之关系"③。

2.《红楼梦》（导演）

程树仁在《孔雀东南飞》完成后，便开始了拍摄《红楼梦》的筹划。据《导演红楼梦之一番用心》所述，孔雀公司拍摄《红楼梦》酝酿已久。

在片上说明的成功后，周自齐开始与程树仁详细讨论制片事宜时，特别注意剧本的取材问题。他认为中国与欧美在此方面存在差距："良以欧美各国凡一影片之摄制，比取材于正史之一段，或野史之一节，或名贵说部之一集，或由各种杂志中之有名小说改编而来，或取诸有成绩之舞台剧而重编之，绝非近来各影片公司所出之影片。其剧本系东拼西凑、遇难拍难、遇狗拍狗者可比。"由此，他嘱托程树仁摄制需从中国名贵小说入手，并"尤三致意于《红楼梦》一书"。据程树仁称，他对摄制《红楼梦》亦深感欣喜。因为他在学生时代就对该书产生了浓厚的兴趣，并曾一度有拍摄《红楼梦》的意图，二人一拍即合④。据程树仁回忆："次日，周先生特购一部胡适博士考证之《红楼梦》赠我，我遂动手研究《红楼梦》之剧本问题。"⑤

那为什么程树仁对《红楼梦》改编情有独钟呢？据他自述，这个想法由来已久，甚至可追溯到他在清华求学期间。程树仁自1925年夏天起，就被电影深深打动，立志学习电影。"除每星期必看电影外。在校中无时无刻不考虑、计划、搜寻剧本之材料。举凡吾国有名之诗词歌赋以至笔记小说无不涉及。"⑥从那时起他便中意《红楼梦》《西厢记》。赴美留学尤其是学习电影后，他对改编《红楼梦》更是情有独钟："余行箧中惟有红楼梦一部。课余之眼辄流览焉。"⑦"一面自费入纽约电影学校，研究电影之摄影术。居恒手《红楼梦》一册，研究以其改编为电影专门之种种办法。每与蓝君春池（现任本埠大夏大学化学教授）共饭于纽约之扬州楼，辄指天画地，津津有味的讨论《红楼梦》之电影化。"⑧

---

① 程树仁:《导演孔雀东南飞之一番用心》。
② 程树仁:《导演孔雀东南飞之一番用心》。
③ 程树仁:《导演孔雀东南飞之一番用心》。
④ 程树仁:《导演红楼梦之一番用心》。
⑤ 程树仁:《导演红楼梦之一番用心》。
⑥ 程树仁:《导演红楼梦之一番用心》。
⑦ 程树仁:《导演红楼梦之一番用心》。
⑧ 程树仁:《导演红楼梦之一番用心》。

正是因为这份热爱，程树仁围绕着《红楼梦》改编展开得思考严谨而细致。具体表现在剧旨确立、影片命名、演员选择、服饰选择等方面。

（1）剧旨确立

他以胡适的《红楼梦考证》作为立脚点，指出胡适的"曹雪芹自述身世说"可以作为全剧最高尚、最有价值的剧旨。他否定了各种影射之说，认为它们"牵强附会，捕风捉影，影此影彼"，既容易"致使看客堕入五里雾中而无直接发生爽快之了解者"，又造成"怪诞不经之神怪迷信"，不利于国民教育，还违背"曹雪芹于困苦艰难之中费尽心血著此《红楼梦》，以述己警世之一番苦心孤诣也"。①

明确以"曹雪芹自述身世说"为剧旨后，程树仁开始着手《红楼梦》的改编。因为《红楼梦》体量巨大，他便与夫人陈定秀归国后一同着手撷采其中的主要情节，之后胡韵琴及甘亚子也加入其中。他们的改编以元妃省亲起至黛玉去世终，力求情节符合胡适的"实证精神"，又要具备戏剧成功的三要素即"起得清楚、复杂得有理、了结得痛快"②。这部《红楼梦》经历了五年的改编，前后易稿七十余次。在开拍前将剧本送给不下十位红学家指正，直到他们承认剧本与小说主要情节相符合，才开始正式开机拍摄。

（2）影片命名

此外，程树仁还特别注重影片的命名。他认为电影的命名应该体现剧旨③，而《红楼梦》的化名繁多，故选择剧名时需要斟酌。他先将剧名分为小说化派《红楼梦》《风月宝鉴》《十二金钗记》和迷信化派《石头记》《金玉缘》《情僧录》，并认为应该远离迷信化；又在小说化派中选择《红楼梦》（ *The Red Chamber Dream* ）为题。他认为"红楼梦"三字既包含小说的意味又显得超然，而且为人所知、易于号召。

在选择"红楼梦"为片名后，程树仁认为美中不足在于电影的内容并不是一场梦。故而将计就计："即以'以前种种譬如红尘一梦'之思想纳诸此红楼梦三字之中。于红楼梦正剧之前。增加曾友笛（即真有的三字之谐音）在红楼梦上做了一个梦。此梦既是红楼梦之正文也。及曾友笛醒。于是始觉得对于婚姻问题家长是不应该干涉的。这样一来。《红楼》正文方面既可顾到，而于《红楼》之梦又有了社会教育的价值了。"④

（3）演员选择

程树仁认为在《红楼梦》中宝、黛、钗及凤姐，是最需要个性表演的重要角色，其他的人皆为陪衬。而且《红楼梦》的人物形象塑造深入人心、演员选择并非易事。他"曾一度想这高尚的《红楼梦》应当用高尚的男女来表演"，并在《孔雀特刊·孔雀东南飞专

---

① 程树仁：《导演红楼梦之一番用心》。
② 程树仁：《导演红楼梦之一番用心》。
③ 程树仁：《导演红楼梦之一番用心》。
④ 程树仁：《导演红楼梦之一番用心》。

号》①、1927年3月19日《申报》头版、20日在新闻报2版刊登广告征求女演员："'孔雀电影公司聘请基本女演员'：本公司现拟添聘女演员多名，如有身家清白、品貌秀丽、年在十六岁左右者请于每日上午九时起至下午五时止（星期六下午及星期日除外）亲自携带半身照片移玉至新闸路一百十六号（戈登路西首）本公司制片部接洽。"②

据记载，当时各校女生前来接洽者甚众，但是结果并不理想："终以深居简出、未经忧患，加以深中喜怒不形于色学说之毒，知易行难，表演缺乏才干，心有余而力不足。"③无奈之下，程树仁只得在电影演员中"择其玉洁冰清者任之"④。经历一番波折后，由陈一棠饰宝玉，陆美玲饰黛玉，严月娴饰宝钗，卢冰怜饰王熙凤，周空空饰贾政。

（4）服饰选择

在选择服装时，程树仁虽然认为，根据胡适考证，理应使用清朝装扮。但是，当时清装被各屋顶花园粗制滥造的新剧表演广泛运用；且若使用清装"必不受吾华侨之欢迎，这是一定为爱国热诚所不允许的"⑤。程树仁在查阅了各个版本的小说及画作，发现插画人物多使用古装，"由此可见吾国上下古今之美术家，都是主张《红楼梦》应当古装的。《红楼梦》之古装，虽与事实不符，然吾国民众心目中无一不有《红楼》人物古装之想象。这就是我导演《红楼梦》所以必用古装之立脚点"⑥。但程树仁认为真正的古装在当时不可考证，倒不如使用已经受国人广泛认同的舞台装。

图2 "演员身着古装"，孔雀版《红楼梦》剧照⑦

---

① 程树仁:《导演孔雀东南飞之一番用心》。
② 《导演红楼梦之一番用心》原文为征求女学生，但广告并未出现学生字眼。可参见《孔雀电影公司聘请基本女演员》，《申报》1927年3月19日，第1版。《孔雀电影公司聘请基本女演员》，《新闻报》1927年3月20日，第2版。
③ 程树仁:《导演红楼梦之一番用心》。
④ 程树仁:《导演红楼梦之一番用心》。
⑤ 程树仁:《导演红楼梦之一番用心》。
⑥ 程树仁:《导演红楼梦之一番用心》。
⑦ 《孔雀特刊·红楼梦专号》，插图。

图 3　秦罗敷家宅大门（孔雀图案）①

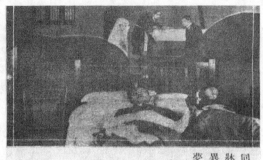

图 4　《爱情与黄金》"同床异梦"一幕②

3.《爱情与黄金》（摄影、副导演）

程树仁在 1926 年 10 月参与了明星公司《爱情与黄金》的摄制。开拍前媒体一度报道《爱情与黄金》拟聘请摄影师为董克毅③，在开拍后才明确程树仁担任内景摄影和副导演，董克毅为外景摄影④。在拍摄过程中，树仁的摄影技术得到多次赞赏，如"内景摄影兼副导演程树仁利用灯光确有专门研究"⑤"摄影者为程树仁先生、程君系留美电影专家，对于摄影有精深之研究，利用灯光亦其专门之特长，明星公司以前所购各种水银炭精灯，式样种类极多，因乏专门人才，故多搁置未用。现摄是剧，程君俱将尽量配用，日来摄演剧中大会客厅一场，光线之优美，诚国产影片前此所罕见有云"⑥，以及"现在摄制已过四分之三，闻其中尚有一幕，因《爱情与黄金》而一床人变成两样心肠。电影中的做梦素来只用老法子，但是此片摄影师系美国摄影专家程树仁君所担任，故竭尽智虑，想出特别摄法，将来不但使观众拍案称奇，并开摄影界摄梦之新纪念云"⑦。

程树仁与明星公司的此次合作，可谓相当愉快。据 12 月 8 日消息称，程树仁和徐欣夫互相欣赏，程树仁请徐欣夫担任《红楼梦》的摄影；待到拍摄完成后，程树仁与徐欣夫将联袂加入明星公司。因为他们与张石川、周剑云结下了深刻的友谊。⑧但事实上，程树仁并没有加入明星公司。

---

①《孔雀特刊·孔雀东南飞专号》，插图。
②《明星特刊》1926 年 12 月第 19 期，插图。
③《自由谈·游艺消息》，《申报》1926 年 10 月 21 日，第 17 版。
④《自由谈·游艺消息》，《申报》1926 年 10 月 25 日，第 13 版。
⑤《自由谈·游艺消息》，《申报》1926 年 10 月 25 日，第 13 版。
⑥《自由谈·游艺消息》，《申报》1926 年 10 月 28 日，第 17 版。
⑦《剧场消息》，《申报》（本埠增刊），1927 年 11 月 9 日，第 20 版。
⑧《自由谈·游艺消息》，1926 年 12 月 8 日，第 13 版。原文为："电影界闻人徐欣夫观程树仁导演之《孔雀东南飞》后，叹为观止。程在明星所摄之《爱情与黄金》，系徐所冲洗，程一见即深以徐为影界不可多得之人才，遂一见可旧。《孔雀东南飞》之摄制，费尽程君九牛二虎之力，始有今日之成功。程遂约徐合作，为《孔雀》摄《红楼梦》一剧，明年剧成，程徐即将联袂重入明星，盖彼与张石川、周剑云友感素深云。"

三、程树仁主要作品的拍摄、上映及评价

1.《孔雀东南飞》

《孔雀东南飞》拍摄时间大概在1926年5至6月间[①]，外景拍摄遍及上海市内及周边[②]，更远及苏州[③]。程树仁为拍片中孔雀开屏一幕，不惜在苏州留园等待十多天，才得以成功。[④]

程树仁担任该片的分幕、导演、摄影、洗印，夫人陈定秀[⑤]撰写说明书，甘亚子作本事、题绘，并邀严素贞、周空空等十二大明星合演。同时，影片还配有英文说明[⑥]，英文本事由朱锡年写作。[⑦]

图5 《孔雀特刊·红楼梦专号》封面

影片于9月11日举行试片会，邀请沈浩、戈公振、潘毅华、周世勋等人参与[⑧]；9月26日出版《孔雀特刊·孔雀东南飞特刊》；12月5日作为北京大戏院的国片开幕纪念影片开映[⑨]，连映七日，获得了不俗的票房成绩，甚至还有北上放映的计划：

---

① 《自由谈·游艺消息》，《申报》1926年5月10日，第17版；1926年6月21日，第17版。
② 《自由谈·游艺消息》，《申报》1926年5月21日，第17版。
③ 《自由谈·游艺消息》，《申报》1926年6月12日，第17版。
④ 沈浩：《孔雀试片记》，《申报》（本埠增刊），1926年9月12日，第6版。
⑤ 1922年，陈定秀曾参与李大钊指导的女高师版话剧《孔雀东南飞》，集体编剧并饰演仲卿之妹。这是第一次将《孔雀东南飞》改编为话剧，轰动一时。
⑥ 洁芙：《剧场消息》，《申报》（本埠增刊），1926年12月9日，第18版。原文："是片字幕之工整美观，予敢谓是国产片中之特出者，西文亦可与舶来品并驾齐驱，旬属可贵。"
⑦ 《孔雀特刊·孔雀东南飞专号》。
⑧ 参见沈浩：《孔雀试片记》，《申报》（本埠增刊）1926年9月12日，第5-6版。
⑨ 《自由谈·游艺消息》，《申报》1926年10月22日，第13版。

北京大戏院开映《孔雀东南飞》盛况：北京大戏院昨（五号）日起开映情节哀艳悱恻而又突梯滑稽之国产佳片《孔雀东南飞》，虽值天雨，但观众拥挤异常，三次皆售满座。观众莫不啧啧，称该片之不凡云。①（次日）

程树仁导演、严素贞主演周空空等合演之哀艳滑稽巨片《孔雀东南飞》，连日在北京路新开之北京大戏院开演，日夜均售满座。兹闻天津、北京两处已择定开映日期，北京大戏院映毕即行运津，不再在沪续映云。②（末日）

与不俗的票房相对应的是有口皆碑的评价。不仅受到专业人士认可："摄影光线之佳，柔和优美、兼而有之，欧美所制，不能专美于前"，"以诗词歌本编为电影者，美国尝有之，吾国确以《孔雀东南飞》创其例"，③也受到了观众的喜爱："观毕，觉程君导演之手段，确有过人之处。素闻程君与洪深君同习戏剧于美邦，观此片后，益足征信。程君导演此片，与洪君导演之《冯大少爷》，可说同一风度，不以宏丽之内景以炫人，不用离奇怪诞、乱七八糟之穿插以博得观者一时之快感，层层写来，毫无一点火气，全以素描的方法将剧情剧旨通盘托出。初看时，似觉没甚意味，而一经回想，则觉技术之修养的是高人一筹，究非无甚研究之导演者可比……此实导演者聪明过人之处，用力少而成功多，实值得使人叹服。"④据现存影评，观众的赞赏大多针对影片的摄影、布景及字幕题绘，而批评声音主要来自故事情节及逻辑方面。⑤

2.《红楼梦》与"双胞案"

孔雀电影公司古装版《红楼梦》与复旦电影版《红楼梦》的纷争，是民国电影史中著名的"双胞案"之一。两个公司的纷争，在电影史的写作中，常被视作民国上海影业乱象的一个重要表现。在程树仁的表述中，复旦电影公司为"投机分子"，且他因为复旦版《红楼梦》和《中国影戏大观》的跟风，而暂停《中华影业年鉴》的续编，并终止制片活动。但事实果真如此吗？我们还需要回归历史现场找答案。

孔雀公司在1926年10月17日便登《申报》封面广告宣布开始摄制《红楼梦》，并于1927年5月正式开机。⑥结合1927年《申报》广告及电影特刊发布情况，可以发现孔雀版在拍摄过程中频繁发布广告和资讯，而复旦公司则在试片、公映环节频繁发布《申报》放映广告。也就是说，复旦公司存在程树仁指控的嫌疑，在孔雀公司发布拍摄《红楼梦》的计划后，低调地拍摄时装版《红楼梦》；但也存在在孔雀公司发布计划之前，就

---

① 《剧场消息》，《申报》（本埠增刊）1926年12月6日，第17版。

② 《自由谈·游艺消息》，《申报》1926年12月11日，第17版。

③ 沈浩：《孔雀试片记》，《申报》（本埠增刊）1926年9月12日，第5-6版。

④ 醉游：《评孔雀东南飞》，《申报》（本埠增刊）1926年12月15日，第18版。

⑤ 《申报》评论已被《孔雀特刊·红楼梦专号》悉数收录，可直接参考后者。

⑥ 程树仁在《导演红楼梦之一番用心》中的说法为5月3日；而《申报》消息则称5月7日。参见《剧场消息》，《申报》（本埠增刊）1927年5月8日，第2版。

拍摄的可能性。

表 3　复旦版与孔雀版《申报》广告信息汇总（年份：1927 年）

5/3 或 5/7	孔雀版开机	7/20—23	复旦版中央（公映）
5/20	孔雀版外人参观片场	7/22	复旦版《红楼梦再生缘合刊》
5/29	孔雀版摄《瞒消息凤姐设奇谋》	7/26	孔雀版照片：外人参观片场
6/3	孔雀版摄外景《泄机关颦儿迷本性》	不详	复旦版新中央（放映）
6/21	孔雀版宣布英文片名	7/31—8/2	复旦版世界（放映）
6/22	复旦版宣布试片	8/21	复旦版卡德（放映）
6/24	孔雀版摄《林黛玉焚稿断痴情》	9/18	复旦版闸北（放映）
6/25	孔雀版宣布已摄制 2/3 内景	10/16—19	复旦版新爱伦（放映）
6/27	复旦版中央大戏院试片	11/13—15	复旦版中华（第三次复演）
7/2	孔雀版近日摄制《黛玉葬花》	11/19;11/23	孔雀版发布剧照
7/9	孔雀版宣传女主角陆美玲	11/16—19	复旦版世界（放映）
7/18	孔雀版尚未摄竣，拟中秋左右上映	12/20	孔雀版《孔雀特刊·红楼梦专号》

在孔雀版宣布摄制 2/3 内景的两天后，即 1927 年 6 月 27 日，复旦版《红楼梦》便已经试片完成并发布广告。而据现有资料，孔雀版《红楼梦》最早的放映记录在 1928 年 2 月。虽然程树仁声称自己的影片质量更高，但无疑孔雀版《红楼梦》在时间竞争上已然落后于人。

表 4　孔雀版《红楼梦》上映情况

1928	2/17—18	孔雀东华戏院
	4/12—14	杭州影戏院
	11/11—14	（天津）明星大戏院
1932	11/24—26	新中央大戏院

孔雀公司和程树仁面对的窘境不止如此。复旦版《红楼梦》上映后广受好评，以至于在第二年依然有人对此片念念不忘："复旦影片公司，系闽南名士俞伯严所经营。俞氏先为购片商，对于选择影片及迎合观众心理之经验甚富。去岁乃试摄《红楼梦》，于炎夏中在沪开映，座常挤满。"①

所以从客观上来说，无论影片是否粗制滥造、观众如何低级趣味，孔雀公司和程树仁都面临着巨大的压力。在《红楼梦》即将摄竣时，程树仁"忽接得东亚画片公司自广东来信，要求将我所导演之古装《红楼梦》改名《石头记》。且云有复旦公司出品之今

---

① 《剧场消息》，《申报》（本埠增刊）1928 年 3 月 20 日，第 2 版。

装《红楼梦》在彼放映，将来开演古装《红楼梦》时，恐受其影响"。但是程树仁不愿修改片名，继续坚持曲高和寡，认为出于艺术的考量，可以放弃商业利益："实不能与投机分子鱼目混珠之徒争一日之长短。欲讲艺术，便顾不到营业；欲谈营业，是不必讲艺术。况且我的《红楼梦》是做来给上等人看的；他的《红楼梦》是做去给下等人看的。鸟同翼而聚飞，兽同足而聚居。这是不可勉强的。"①

图6　复旦版《红楼梦》剧照②

只是，这份对艺术的坚持，并不足以成为程树仁坚持制片的动力。1927年12月10日，孔雀公司出版《孔雀特刊·红楼梦专号》，与一般电影特刊不同，它看起来不像是影片宣传册，而更像是孔雀公司及程树仁停止制片的宣言书。这种情绪在《导演红楼梦之一番用心》的最后一节"（九）导演古装红楼梦后一番感慨"获得爆发。程树仁明确指出《中国影戏大观》的出版及复旦拍摄《红楼梦》是对他原创的抄袭与跟风，并由此推及他多年来在上海所见闻的诸如此类之现象，并宣布停止编修年鉴与制片："此皆诸君在上海所见之国民性也，夫复何言。仁维有谨祝诸君万岁，愿诸君永立于南京路、浙江路交叉之点，努力张目四顾，扩充于六极八方。仁不敏，愧不能并肩齐立，《红楼梦》片成，即暂停年鉴之续编，抛弃制片之决心。此后当另开辟蹊径为社会尽力，庶可不背吾国父老十年教育树仁之恩，不背吾友朋二十年来遇遇之望也。"③

---

① 程树仁：《导演红楼梦之一番用心》。
② 潘沧：《古装历史影片谈》，《中国电影杂志》（第一卷）1927年8月第8期。
③ 程树仁：《导演红楼梦之一番用心》。

图 7　左:《红楼梦再生缘合刊》封面①　右:《孔雀特刊·红楼梦专号》封面

对待如此指控，复旦公司在 1931 年在《影戏生活》(附《〈血花泪影〉特刊》)中发布了《三集红楼梦》拍摄计划，并在结尾直接回应:"还有，我们再拍《续红楼梦》了，在当日与我们争雄的程君，不知道也再拍一部并且出一本特刊来讥笑我们不。"②

至此，民国电影"双胞案"之《红楼梦》的争锋与回合获得较为完整的呈现，其中是非曲直每个人都会有自己的判断和思考:在本土电影产业发展初期，影片立意是以艺术为先还是商业为先? 宣扬理念的电影就比刺激欲望型影片高雅吗? 从程树仁在"双胞案"中的落寞结局，是否可以管窥海外专业电影留学生归国从影的"困境"? 但总之，程树仁的电影制片生涯由此终结。

三、结语

程树仁参与制作的影片至今尚未发现影像续存，但是从现存的编导自述及图片资料我们可知，程树仁一直坚持着"高尚影片"的制片方针。这契合了孔雀公司早期的制片宗旨"对内实行教育，对外改善国家形象、促进文化交流"。虽然其最终效果现已无从得知，大概率影响力微乎其微。但程树仁的制片主张和经历在当时绝非孤例，可以说他的遭遇是归国专业留学生在上海影坛生存状况的一个缩影;是理想与现实、东方与西方的一次碰撞。其中有水土不服，但更多意味着早期民国电影被忽视的另一种态度和尝试。所以，当谈论程树仁的电影经历时，我们有必要给予其"导演"身份以足够的观照。

---

① 程树仁曾描述此封面:"你没有看见他的特刊和招贴吗? 上面还要画着两个时行的赤身裸体的女人呢。这不是艺术吗? 错了错了，文章做出题外了，不然，不然。看见赤裸裸的女人就可使我们联想到时装。林黛玉是以'小花园''新会乐'为背景，看见赤裸裸的女人，便可勾引有研究性学倾向之民众来看这时装《红楼梦》，又做了一番鱼目混珠的功夫，这岂不是'招财进宝'的道具吗? 呵呵。"
② 晨光:《复旦新片述略》，《影戏生活》(第一卷) 1931 年 11 月第 43 期。

九、贤文化与组织传播研究

主持人语

《说文解字》言："贤，多财也。"段注曰："贤本多财之称，引伸之凡多皆曰贤。人称贤能，因习其引伸之义而废其本义矣。"可知"贤"兼具品德懿美与财富丰腴之意。由此观之，或可言：财（才）者，德之文；德者，财（才）之实。一表一里，相得益彰。当作整体观，不应作两段看。时至先秦，"贤"多与德，故《易传》有"尚贤""养贤""用贤"之说。尚贤者，尊贤为上，宾主相宜；养贤者，养心养能，表里相趣；用贤者，贤以致用，身国相安。《老子》则反其道而行之，言"不尚贤""不欲见贤"。此种视角，另辟蹊径，反者道动，无为而为。观之二者，一阴一阳，其途相异，其意同归。共承三代礼乐言行，同启后世圣贤文化。圣贤文化延绵不绝，浮沉深浅总归问学。古今相鉴，明哲致用。敬天尊道，明本顺性，尚贤慧物，贵和致远。以承贤圣，以省己身，质素文采，以期相宜。《黄宗羲、黄宗炎治道思想探析》《王船山史学的实学视角考察》《儒家生命教育观探究》《〈老子〉身心交往思想探究》皆论先贤讲习问道，溯源而上，反照于今。圣贤文化，根柢于行，言行相顾，君子慥慥。后学行健，敬慎鸣谦，原始反终，涵咏有言：

先秦之道，贲于丘园。知几察微，复道崇贤。
汉唐诗赋，受命于天。宋明心理，希圣希贤。

如斯逝者，至于现前。圣学不昧，立功立言。

青青洲澳，白鹭绵绵。吾侪同济，反身从前。

（中盐金坛盐化有限责任公司博士后工作站 林銮生）

黄宗羲、黄宗炎治道思想探析

胡士颍 *

（中盐金坛盐化有限责任公司博士后科研工作站

复旦大学管理学院博士后流动站，江苏常州，213200，上海，200433）

摘要： 黄宗羲、黄宗炎是明末清初浙东学派的代表人物，黄宗羲在哲学、史学、政治思想方面取得了极大的成就，梁启超曾论其社会政治批判思想曰"在二百六七十年前，则真极大胆之创论"。长期以来，学术界对黄宗羲论之甚多，鲜有关注黄宗炎关于天下治乱、君臣之礼结构、藏天下于天下等方面的论述，故本文着意发掘、梳理兄弟二人治道思想，并将之作为明末浙东学派治道思想的重要面向，为进一步探究黄宗羲政治批评、思想反思行为的发展背景作铺垫。

关键词： 黄宗羲；黄宗炎；治乱；君民；天下

基金项目： 国家社会科学基金一般项目"浙东学派黄宗羲、黄宗炎易学文献整理与思想研究"(项目批准号 :19BZX061) 阶段性成果。

黄宗羲是明末清初浙东学派、浙东史学之领袖，与其弟弟黄宗炎、黄宗会被誉为"浙东三黄"，影响深远。黄宗羲以《明夷待访录》为其全面反思和总结当时社会发展现实和历史治乱兴亡规律的著作，其言"古之有天下者，日用于精神于礼乐刑政，故能致治隆平，后之有天下者，其精神日用之疆场，故其为治出于苟且"[1]。对明清之际政治文化的严厉批判和痛彻反省，在黄宗羲、王船山等人那里有较多的论述，学界研之甚多。黄宗炎自幼在其兄黄宗羲的指导下攻读儒家典籍，中年以后专研易学，他的易学著述中也处处呈现其对于社会历史的治乱规律、君民之道的思索，同时提出构建一个理想的社会组织结构与运行法则。黄氏兄弟对于儒学政治的总结和思考，在浙东学派政治学说方面具有

---

* 作者简介：胡士颍（1983—），男，安徽阜阳人，中盐金坛盐化有限责任公司博士后科研工作站、复旦大学管理学院博士后流动站博士后，中国社会科学院哲学研究所副研究馆员。主要从事中国古代哲学研究。

[1] （清）黄宗羲：《留书》，《黄宗羲全集》（十一），吴光主编，平惠善点校，杭州：浙江古籍出版社，2012 年，第 6 页。本文所引此书，皆同此版本。

代表性，相比黄宗羲《明夷待访录》的巨大影响，黄宗炎易学著作中透露的政治观点少有人关注，本文侧重介绍他的论述。

一、天下治乱倚伏

王船山尝云："得可资，失亦可资也；同可资，异亦可资也。故治之所资，惟在一心，而史特其鉴也。"①此语概括了许多学者究心于史、以求为兴亡求解、为社稷谋福之初衷。黄宗羲、黄宗炎青年、中年时期从事抗清活动，对社会问题及历史变迁有切肤之痛。黄宗羲著《明夷待访录》首句提出"余尝疑孟子一治一乱之言，何三代而下之有乱无治也？"②，认为自三代以下有乱无治，政治僵化，社会黑暗。比较而言，黄宗炎对社会变革的认识和分析更为细密，将《周易》阴阳辩证思维应用到对历代王朝更替的历史变化的解释上，进行了比较深刻的总结。

黄宗炎在解否卦中也认为："古今治日少而乱日多，泰未终而否随之，清气上升而不降，浊质下凝而不举，于上下之际，若有物以隔塞之，然而实无形体之可征，惟上者自上，下者自下，在大化为天升地降，闭塞而成冬，在天下为君贵臣贱，贤人隐遁，在人身为火上水下，心肾不交。"③治乱、泰否、清浊之相对在宗炎看来是天道运行之常态，天之寒冬、社会之乱及心肾不交等皆是大化流行的衍生之物。即在上古时期，社会便是治乱相间。他看到："天上地下，原为定位，阳为君子，君子宜在上，阴为小人，小人宜在下，在上者为得位，虽失事权，然而相时观变，势可以有为，在下者为顺服，虽乘机遭会，然而俯仰随人，职主乎听命，故虞、夏、商、周一治一乱，皆由在上之君子出而定之其治否也。"（《周易象辞》卷五）由此他得出三代以降，世之治乱皆互相倚伏的结论：

> 天下之治乱互相倚伏。至治之时，文法制度，似乎可以久安而无弊，不知乱萌已在其中；大乱之世，积重难返，似乎滔滔陷溺，不知天意将回。（《周易象辞》卷五）

又说：

> 天地之气运，治乱相因，治之终，乱之始也。殷之末世，毒虐以甚，火之烈焰不熄，则乾坤或烬。武王以圣继圣，不容坐视四海之沸腾、生民之糜烂，用兵戈甲胄以出征，奉天讨而诛独夫，天下之友邦不期来会。（《周易象辞》卷九）

宗炎认为天下治与乱相互依附，认识是历史的普遍规律，观点与老子"祸兮福之所

---

① （明）王夫之《读通鉴论》（下），北京：中华书局，1975年，第1113—1114页。
② （清）黄宗羲：《题辞》，《黄宗羲全集》（一），第1页。
③ 《周易象辞》卷5，清文渊阁四库全书本。本文所引此书，皆同此版本。

倚，福兮祸之所伏"（《老子》第五十八章）极为类同。在他看来"物未有穷而不变、极
而不反者。至治之世，乱萌已伏；大乱之世，治端亦兆"。乱世乃无情之世，君臣、父子、
兄弟、夫妇、朋友各相判析，而无真心诚意行乎其间。因此，他从历史发展的状况来说
周王朝末期，诸侯兼并，废封建而立郡县，儒者的社会地位急剧下降："君子才德虽隆，
亦必得百里之地以为阶，始能朝诸侯、有天下，今屈抑同于编户，无尺土以自振，乌得
而治？否如干戈尚勇，则行不义、杀不辜，不一而足，是以暴易暴，君子岂忍为之乎？
所以三代以下，日相寻于否，特有甚不甚尔，安望其能泰哉。"（《周易象辞》卷五）鉴于
此，他总结说：

> 故者不得不去，新者不得不来。日出而照临万物，其时已过，则退入于苍茫、大泽
> 之下，何事不为尘迹？故天地革而四时成，即夏命终而汤革之，殷命终而武革之。（《周
> 易象辞》卷十四）

既而言之：

> 天下之生久矣，一治一乱。乱在天，洪水之类是也。帝尧当位，举舜、禹以治之，
> 化否为泰；乱在下，蚩尤、有苗之类是也。黄帝、帝舜当位，武功文德以治之，化否为
> 泰；乱在上，夏桀、殷纣是也。汤、武当位，为方伯连帅起，自诸侯以治之，化否为泰。
> （《周易象辞》卷五）

由此两段文字，可以看到，黄宗炎的思想，受到《周易》阴阳辩证关系的影响，将
之应用至对于社会政治历史的解释中。他对社会治乱的认识，首先是从客观世界的必然
性的角度来解释，他认为自然界有阴有阳，"阴阳之屈伸往来，随时变易，自隐微而显著、
而强壮、而盛满、而穷极，则消败随之。天不能逃乎时，时不能逃乎屈伸往来之外，亘
古亘今未有进而不退、存而不亡、得而不丧者"（《周易象辞》卷一）。这种历史观点之所
出，是其对于时代政治反思的结果。在明代洪武时期，朱元璋反思元朝灭亡的教训，即
提出了"民富则亲，民贫则离，民之贫富，国家休戚系焉"，"若年谷丰登，衣食给足，
则国富民安"（《明太祖实录》卷一）。但明代也并没有能够国祚永享，国家灭亡给世人造
成巨大的灾难，这在有些人看来是不可接受的。而宗炎则认为这是客观规律，不可阻挡，
也即在无奈之下接受了明代灭亡的现实。之所以如此，是宗炎深深地看清了历代王朝兴
衰的历史本质，尤其是从天下民众的角度，不仅认同，甚至支持推翻原有腐朽的王朝。
他说：

> 天下人民，无不厌弃夫昏乱之旧俗，而趋更新之德化。天命不常，昔之眷顾于彼者，

今改而佑，佑于此矣，天岂有私命乎？惟视人民所归向耳，顺天应人，何吉如之？（《周易象辞》卷十四）

天地失序，阴阳失范，君主失位而小人当权，久而必变。宗炎注解《象》"改命之吉，信志也"说："汤武之志，无利天下之心，救民于水火不得已，而除残伐暴，孚于天而天信，孚于民而民信也。"（《周易象辞》卷十四）他肯定了朝代更替的合理性，而不是强调盲目忠君"以死报国"，毕竟"一代之政治，徒重于威仪而事废，必至乎坏烂脱落而莫可收拾"。

造成这种社会变革的原因，是黄宗炎着重探讨的。虽然盛极必衰的历史规律是不能打破的，然而天地之气运闭塞，小人乖沴猖狂变乱天下，彼之伎俩既逞，未尝不自以为得志，不知一时之颠倒其暂也，天下无敢从而议之者，然而千秋是非长在。黄宗炎指出："在小人亦宜稍戢，夫锋锐君子，适遭斯厄无所施，其匡救惟有卷怀退藏保守一身之成德，以为生生不息之丕，基此几微之正气实上帝所眷注而回护者，在君子乌可妄有所试以变于小人，是均之不利，有攸往也，夫人心之剥，虽梏亡反复，而夜气仍存；世道之剥，虽弑父与君，公行不讳，而子臣弟友之分谊难泯，天地之剥，虽极其冰霜寒冽，而微阳自蕴，苟剥尽为坤，而始复则禽兽不远者，无平旦，乱世无隐，君子至冬之前，月无阳气岂其然。"（《周易象辞》卷八）如果从《周易》的思想来看，也即塞卦之义："古今之运会，一治一乱，因时而致，用使乱者复还于治，是塞之所系者，大矣哉。"（《周易象辞》卷十三）其间之王者，必可上应天意，下应人心，兴人之利，先任其事，而百姓顺从。宗炎认为孔子在《象辞》中有言君民，未尝稍及臣民之说，而已在其中，三代政治是古代社会的理想时期：

三代以上，君人者极一身之先，劳以厚民生，犯天下之艰难以防民患，及其成功不过民说而已；三代以下，民为轻，竭亿兆之暑雨祈寒以纵一人之声色，孤人之子，寡人之妇，使天下之肝脑涂地以快一己之暴殄，原其祸患，不过以民说君而已，君欲自说而已，非所谓顺天应人者也。顺天应人，汤武以之革命，则此先民犯难者，其伐暴救民之事欤？宜其忘劳死也，孟子取之，而民说则取之，取之而民不说则勿取，盖本乎此。（《周易象辞》卷十六）

三代以上，天子、君主以民为贵，身为世先以厚民生，不畏艰难以防民患，则人民喜悦、拥护；三代以下，君主以民为轻，竭尽天下财力供自己享乐，使子无父，妇无夫，天下之人肝脑涂地以供一己之用，归根结底，祸患的根源在于其政治是驱民以悦于君，君主自己一人纵乐欢悦而已，这种治理天下的方式根本称不上是顺天应人。真正顺天应人者，如同商汤伐桀、武王伐纣，他们是先民犯难，伐暴救民，百姓喜悦而顺从、拥护，故而孟子爱取以为说,称:"独乐乐,与人乐乐,孰乐?"(《孟子·梁惠王下》)此外,宗炎又从《周易》的卦位的角度,指出:"夫子云《易》兴于文王与纣之时,兑位西方有岐周之象,兑金从革有改命之象,凡为人君者,宜审于自说说民,其仁暴分矣。"(《周易象辞》卷十六)从圣人作《易》之安排,亦即昭示着人君治国不应只图一人之享乐,而应使天下之民丰衣足食,皆有其乐,由此,他认为圣人作《易》就是为了使人常存戒慎恐惧之心,图未来之事。

总之,宗炎辩证地看到祸福相依在社会历史发展中的表现,认为天下一治一乱,沿着治乱循环的线路发展,但祸患的源头就是君主独乐乐而不顾百姓之生死,不能与民同乐。历代王朝之兴亡的惨痛历史说明:"天下安存治之日少,危亡乱之日多。知其危,则凡去危之道,无不尽其力,危既去,始得安其位;知其亡,则凡致亡之事无不戒于心,远于亡,始得保其存;知其乱,则凡弭乱之法,无不谨,其防乱既弭,方可有其治君子审。"(《周易象辞》卷十九)《子刘子学言》卷一曰:"治乱之数,又谁制之乎? 曰:'制于人。'"① 从天下民心的角度固然可以得出根本的认识,但具体的政治运行,则系之与社会管理者,所以如何能使身获长安、国家常保,从根本上解决治乱循环的历史问题,宗炎从人治的角度提出超前的政治观念,进一步探讨了君民(君臣)关系。黄氏兄弟是明末清初浙东学派的表率,他们的政治批判和当时明清易代的社会政治背景息息相关,也与当时顾炎武、王夫之等致力于社会文化反思的思潮密不可分,黄宗羲、黄宗炎的政治批判来源和当时浙东一带的社会经济发展、文化思想互动也有深厚渊源,值得进一步深入探讨。

二、君民交相倚辅

历史治乱是社会的总体运行和变化的规律,而在其背后隐藏着决定社会兴衰的关键性因素,在中国古代儒家人士看来即是君主的德行、能力,以及君主与臣民之间的关系,它们直接影响一个王朝的命运走向,如宋代司马光在《进修心治国之要札子状》说:"夫治乱、安危、存亡之本源,皆在人君之心。"(《传家集》卷四十六)唐太宗李世民也比较清醒地理解了君舟民水的政治隐喻。黄宗羲、宗炎对君民关系的论述也很丰富,把对君民的讨论作为总结明朝灭亡教训的主要方面,他们的思考更为彻底、犀利。

黄宗羲《明夷待访录》之《置相》篇首即言:"有明之无善治,自高皇帝罢丞相始也。"②(《明夷待访录》卷一)这句话尽管争议颇多,却也着实比较真实地概括了明代自开国到灭亡,其君主与大臣之间的紧张关系,或废黜宰相制度,或以太监权力制衡大臣,这种极为畸形的处理方法直接导致了明朝社会危机的加重和最终以覆灭退出历史舞台。黄宗炎也把对君臣、君民关系的思考结果,应用于注解《周易》经传之中,表现出深刻

---

① (清)黄宗羲:《黄宗羲全集》(一),第278页。
② (清)黄宗羲:《黄宗羲全集》(一),第8页。

的政治洞察力，显示出与其兄黄宗羲极为相似的思想主张。

黄宗羲有《原臣》《置相》两篇，黄宗炎认为君主统领百姓、造福百姓不能仅靠自己单枪匹马，唯有知人善任才能凝聚人心人力。"能知能用，灾祸随消；不知不用，贤人君子老死，饥寒灾祸蔓延，流毒数世，至天怒自息，而后其乱渐平。此权实操于人君。"（《周易象辞》卷十二）他强调：

> 天下之至大有，人君之享大有，恒百年毕世而不可得遇，幸际此时者，固其才德所致，而要亦有天命存乎其间，日中则昃几微之顷尔。六五信顺尚贤，自始彻终，无有陨越，至富极贵，不见其骄亢，所以自天佑之，吉无不利。倘惟知贵刚，作威作福，玉食其去，信顺尚贤远矣，天命能中佑乎？（《周易象辞》卷五）

天下大有即人君大有，可遇而不可求，即使才德兼具之人，也需要天命护佑，否则就会如同日中则倾一般。《大有》之"六五，厥孚交如、威如，吉"说明人君能因柔顺之道而礼尚贤能之士，自始至终，至富极贵而不骄横亢世，故能"自天佑之，吉无不利"。相反，作为人君，只知道遵从刚强之道，作威作福，锦衣玉食而不能信顺尚贤，结果必然就是上下离心，大有之世不可得矣。

另一方面，宗炎认为："大臣才德寡弱，引用小人偾败国事，祸被人民之象，鼎实戒贪，厚禄难享，君子有忧之。"（《周易象辞》卷十四）国家之礼文，莫重于聘贤人，人生之际会，莫大于君臣之契合。人君固需尊贤重能之德，不过臣下也负有天下之责，尤其是才德兼具之人，贤人之升降对国家治理具有重要意义。宗炎指出："贤人升降，乃世道治乱之基，此出彼应，上下志同，不特臣求君，而君亦求臣也。"（《周易象辞》卷十三）他还进一步指出，君臣之间应互信，"《小畜》之君，畜养天下人民者也，是岂一手一足之力所能胜乎？必有亲信之大臣与之相孚，彼此之诚意两相维系而不可解，有孚挛如之象也。君以臣为邻，《书》：'臣哉邻哉，邻哉臣哉'是也。"（《周易象辞》卷四）以指挥打仗为例，将帅既定，则人君应专心听任，不要遥控指挥，牵制其举动；而将帅御兵则纪律严明，上下划一，不能旁挠猜忌，扰乱军心。总之，宗炎认为在国家治理中，君主扮演重要角色，国家治乱之权"实操于人君"，天下之功绩，如伊尹辅佐成汤成就功业，在于发挥了贤者之能成就盛世之治，其中的关键也在于成汤及时察识人才、礼贤下士，故而宗炎强调"为君之道无他，唯知人而已"（《周易象辞》卷六）。

在君民、君主和天下的关系问题上，黄宗羲十分称赞"古者以天下为主，君为客"[①]的思想，认为君主所毕力经营的应该是整个天下，而不是一己之私，尤其把天下绑架到自己的私利上。黄宗炎十分强调"天下一体"，认为应当以民为本，提出君民之情如父子

---

① （清）黄宗羲：《黄宗羲全集》（一），第2页。

相养，民以食君之思想。他说：

> 为人君而天下归之，斯得民矣。比者，吉之道也，其比之义若何？盖君民交相倚辅之象也。民非君，何所统一？强凌弱、众暴寡，欲不能遂、患不能除，天下纷杂而人不可生活矣；君非民，何所施其政教？城郭宫室、饔飧祭祀，俱废而莫举，虽曰圣贤，亦一南亩之耕夫矣。故其相须相倚，如车之有辅也，车行无竢于辅，无辅则将何以支其倾覆？民之比辅，岂仅仅繼旬辇毂之近乎？凡为其下之臣民，皆顺从而无违背，天下一体之象也。

即是说，得民者得天下，如同比卦所言之亲比之义，亦即君民交相倚重、辅助之象。没有君主，天下将一盘散沙，强凌弱、众暴寡，希望无法达到，祸患无法根除，则天下纷杂而民不聊生；没有百姓，则人君之政也失去意义，城郭宫室无从而建，饔飧祭祀等一切活动将无法进行，即有圣贤之称，也与耕夫无异。故而君民之间，像车与车轮一样相需相倚，是一体而不可分离的。

总之，黄宗炎认为人君应重视人才，及时发现、任用，使其发挥才智，造福社稷黎民；从君的角度而言，君应以诚信待之天下，天下之人亦顺应以诚信，"君民之情，同于父子，胶固维系不可解散"（《周易象辞》卷十七），换言之，君民父子之关系即"君民相养"，正如鼎卦之卦象所显示那样（《周易象辞》十四）。他进一步认为："夫君以民为天，民以食为天，民之所以仰观乎君上者，为其能食我也。"（《周易象辞》卷七）这里可以看出，黄宗羲的批评比黄宗炎更为彻底，思考也更为深刻，他清醒地认识到人君专制下的危害几乎是不可避免的，故而在《置相》篇中提出制衡思想，对此萧公权给予高度的评价："梨洲贵民之政治哲学，就上述者观之，诚首尾贯通，本末具备，为前此之所罕觏。夫专制之威至明而极，故专制之害至明而显。梨洲贵民之古义，不啻向专制天下之制度作正面之攻击。"[1]严格而言，黄氏兄弟的批评已经是传统政治哲学的重大突破，其论君民、君臣关系与之前大有不同，他们的诉求是建立优质政府，并且试图从梳理君臣关系入手，建立制度层面的对国家管理有效性的保障，但即便他们还试图保留君主的权位，这种设想在君主专制的社会结构下也无疑是与虎谋皮。

三、藏天下于天下

明末清初时期，社会动荡，王朝更替，外族入主中原，使社会秩序一度陷入长期混乱状态，民不聊生，政治颠覆和文化变革给儒家知识分子群体造成了巨大的心灵冲击，促使他们思考如何改造现实的方法、思路和理论，提出了构建新的社会秩序和社会状态

---

① 萧公权:《中国政治思想史》，北京：商务印书馆，2017 年，第 592 页。

的设想，如顾炎武、王船山、黄梨洲等人皆对此有过深刻之总结，产生了巨大的影响。黄宗羲提出的"天下为主，君为客"观点举世闻名，黄宗炎对于君主和天下的关系的思考也很显著。

天下非一人可私。鉴于明代大部分君主的表现，以及天下乱日多而治日少的状况，黄宗羲的总结异常深刻。他说："以为天下利害之权皆出于我，我以天下之利尽归于己，以天下之害尽归于人，亦无不可。使天下之人不敢自私，不敢自利，以我之大私为天下之大公。"[1]黄宗炎也认为天下不能仅限于一姓之家，他解比卦之"《象》曰：地上有水，比；先王以建万国亲诸侯"说：

> 先王明于此象，知天下非一人之天下，非一姓之天下，不过作之君以统亿兆之比耳。地开江河以纳沟浍之比，人分侯国以受臣民之比，故建万国而不私，亲诸侯而不忌。端拱在上，不病其孤危；殊方异域，不若其疏逖。则此万国者，皆可以迭有天下；此诸侯者，皆可迭为天子，顾其德泽之及于生民者何如。(《周易象辞》卷四)

宗炎对比卦分析后，认为先王通过比卦卦象认识到天下不是一君之天下，也不是哪一家的天下，之所以要设立君主，是天下众多之百姓咸来亲附并让其统领之故。如沟渠之水汇聚而成江河，臣民亲顺而国立，因此国家的形成与发展非为一己之私，人民亲附于诸侯而没有猜忌。帝王庄严临朝，清简为政，孤立危困之人不受其难；不同地方和区域之人，也不因地方疏逖荒远而被受其困。在此意义上，诸侯国取得天下，诸侯王成为天子，根本上还是因为其德行功业惠及黎民百姓，也就是说"天下非一姓之天下，则邑井非一人之邑井，唯有刚中之德者能出而当养民之任"(《周易象辞》卷十四)。

黄氏兄弟认为儒家所提倡的三代之治具有典型性。黄宗炎认识到人君即使有聪明才智，也是一手一足，不能完全得以发挥，及至昏庸之主，则天下无有宁日，因此他推崇三代之治。他说道："四海九州岛非一人所可私，非一人所可治，建为侯国，使各君其土，各子其民，即或元后之无良亦止暴残，其畿甸而毒敷不播于万方，故三皇五帝以及夏后殷周之盛。"(《周易象辞》卷三)其思想与黄宗羲有相同之处，很多学者将其作为古代启蒙思想之主张，认为是反对封建专制，具有重要意义。不过，需要指出的是，他们的主张在先秦也有类似之言。《吕氏春秋》尝言："天下非一人之天下也，天下之天下也。阴阳之和，不长一类；甘露时雨，不私一物；万民之主，不阿一人。"(《吕氏春秋·贵公》)通过比较可以发现，二者的主张几乎相同，具有很多一致的地方，不排除宗炎受到宗羲或《吕氏春秋》的影响，但宗炎的出发点是社会历史，而《吕氏春秋》是从自然的角度，虽殊途同归，也不可不察。

---

[1] （清）黄宗羲：《黄宗羲全集》(一)，第2页。

黄宗炎的易学著述与诗文中也反映出他对于社会问题及其解决之道的种种见解,具有重要的学术研究价值,明确提出"藏天下于天下"主张。他在注解同人卦中认为否卦上下不交,万物不通,人自为人而不同,因此休否、倾否以后,必然是同人方可更化,而同人正是大同社会的共同特征。其论云:

其卦上天下火,日之始升,甫离于地而将登于天之象,日之丽天,光明溥照,薄海内外,无不同者,但始升之际,其光明发于东方,尚有所隔障而未彻透,门户屋宇,林莽陵阜,城郭市厘之处,俱有所隐蔽,光明亦未浮照临,是于大同之中,有明有暗,世故人情之变态,遂自此而生,唯于野于郊,旷远宽平,一望无阻,日光所及,普天无异,方可以言同也。然而爻辞无一尽美者,何与藏天下于天下,鱼相忘于江湖,不求其同,则人无弗同,名为"同人"。(《周易象辞》卷五)

宗炎从其以象为基础、由象观义的易学方法理念出发,通过分析同人卦的卦象,揭示其中所蕴含的深层意蕴,提出带有独特思想内容的大同观。他并非像其他儒家学人那样把大同社会描述为没有任何缺点和完全理想化的社会,而是认为其中有明有暗,总体上是普天无异的,而且大同并非是形式上的大同,是功利主义所追求的毫无差别的一种存在状态,宗炎指出大同的本质是不求其同,而人无有不同,也即"藏天下于天下"。之所以如此,是社会现实必然性为要求的:

同朝则争位,同事则争功,同业则争利,同言则争名,故至于伏戎登墉,号咷师克,极人世之险隙而后已,天下之深雠多成于亲密,物之不齐,物之情也,人之不同,人之习也,使必欲强之而合于一途,其溃决不崇朝而至矣,如天日同居于上,其性同也。(《周易象辞》卷五)

这段话既是对同人卦的剖析,也是对明朝政治的客观考察,争位、争功、争利、争名正是导致明朝政治斗争尖锐化、社会矛盾复杂化的有力概括,只是在纷繁复杂的事务表象及其变化的背后,宗炎仍然肯定其所具有的共通性,也即其所说之"其性同也"。中国先秦时期对于"同""和"等有深刻的认识,如"以同裨同,尽乃弃矣",因此宗炎提出:

爱亲敬长,赤子入井,无弗同者,此心虚灵如天空不碍、日明不翳,远而至于东海、西海,千秋百世若合符节,一念徇私,则隔绝者不可得通,昏迷者不可得晓,枕簟即生戈矛,肝胆判为吴、越,圣人先得我心之所同,然同者何谓? 理与义,夫仁主爱,爱则易同,礼主和,和则易同,理有界限而分疏详,义有裁制而辨别严,圣人何不以仁礼同人,而偏取理义为同然乎? 是即类俗辨物之意也。(《周易象辞》卷五)

从对社会现象及人之心理与思想状况的分析入手，黄宗炎基本上站在历史客观认识论的立场，看到"同"的本质和中心内容是"理与义"，而其表现则是"类俗辨物"。以《象辞》"同人于野"为例，他说："言田野之人朴直醇庞，同里同井，朝夕相依，出入友，守望助，疾病扶持，耕种籽耘，收获赴公，各尽其所当为，而大同之象见矣。初于门，幼稚无知，未曾交与，仅识门中之父母、兄弟而已；二于宗，稍亲人事，已知有宗党之人矣；三将适外卦，有莽有陵，道路之象也；四登上卦，乘墉交游于城市之象也；五大师克遇朝廷之象也；上于郊，历尽世道之险阻，退而息交绝游者也。道途、城市、朝廷趋之愈众，其同愈难，其事愈险，圣人之道非斯人而谁与？忘人我、心虚明，则无偏党，机械变诈尽消于青天白日之下矣。"（《周易象辞》卷五）

宗炎所谓"藏天下于天下""鱼相忘于江湖"在理论上明显是吸取了庄子的社会理论和处世思想，只是将其融入以儒家思想理论为基础和框架的社会批评中，在宗炎看来，"藏天下于天下""鱼相忘于江湖"不是作为社会单位的个体逃避现实，而是采取积极的态度面对社会问题和在社会中更好地生存发展，故而将其矛头指向了一向以拥有天下为称的皇帝，实际上这才是"藏天下于天下"的关键。君主既可能是大同社会的缔造者，也可能是大同社会最大的障碍，而后者在历史发展演变中已十分明显，况且"凡可以蛊惑其心志，蔽塞其聪明者，无不极其智巧，以求五之一说，一人之心志，聪明有限，苟非大圣大贤，无不受其蔽锢者矣。此皆所以坏烂其身心，使之不能自主。是人君孚于剥我之人，危厉有不可胜述者"（《周易象辞》卷十六）。这句话即是说作为一国之君的皇帝，其本身也是凡人，具有很多和平常人一样的缺陷，不能在根本上保证天下的安定与社会的祥和，因此必须"藏天下于天下"。这也是宗炎治乱之论和君民之论的合理延伸，同时也是其对于君主制度的彻底反省。

藏天下于天下的最终目的是建立大同社会。黄宗炎认为对于人的实践活动来说，从大方面来看，莫过于纲常名教，小的层面来看，莫过于饮食起居，只有处处各得其当，方可心泰身安，行无不通。然而这些并不是轻易可以实现的，因为"人情有所拂逆，始长虑却愿无一往之失，通极而无窒塞，则上不喜闻匡弼，下亦惮于纳箴规，其为隔碍也，岂不甚哉？"不过，宗炎还是认为大同可以通过忘人己、屏私意的方式实现，并且以大有卦为基础，把大有作为千载难逢之大同社会的一种繁荣形态，故而言道："大同，夫物我前此之否可去，后此之来归者众，能以虚、公成大有之世。大有天佑，千古难逢，唯谦可以长守，谦则与人无争患，与物无违忤，安往而非豫乐乎？"（《周易象辞》卷二十一）

在对大同社会的描述上，黄宗羲、黄宗炎将之落实到井田制上，黄宗羲作《井田一》《井田二》《井田三》三篇，言："或问井田可复，既得闻命矣。若夫定税则如何而后可？

曰:斯民之苦暴税久矣,有积累莫返之害,有所税非所出之害,有田土无等第之害。"①黄宗炎最为详细地解释了作为大同社会表现的极其重要的方面是井田制,他说,万井为同,同方百里为家,八万为田,九万顷为畮,九百万。又云,八家为井,四井为邑,四邑为丘,四丘为甸,四甸为县,四县为都,四都为同,一同之数有四千九十四井,为家三万二千七百五十二,田以顷计者三万六千八百四十六,以畮计者,三百六十八万四千六百;一同之田,所少者过半,夏后氏五十畮准,周人百畮,以此相参,犹然未合。不过,更为严重的是:

> 然总之侯国也,一国之人,人各有事,人各怀心,焉能使之尽合于一辙,唯是春耕秋获,出作入息,会集于田野,有不待告诫,不烦期约,而无弗同者,天不言而四时行,迨日至而皆熟,各守疆里经界,斩然无可争也,各勤其四体,自享其仓箱,无弗和也,金玉珠玑藏之秘密而人不见,芃芃禾黍散之皋原而人不私,同人于野之象也,彼此无荆棘往来,无藩篱,岂不亨通畅达,何往而不宜?从来成大事,济艰险患,在人自为,心不能合,力亦既同矣,虽大川,固利涉也。然而阿比为同,其同非正,必利于君子之贞,则自一井以及一同,由一同以及天下,皆同于野,而方隅畛域,无不尽化矣。井邑丘甸,各有沟洫畎浍,以为田间之水道,至于一同之地,则同一大川以为堤防畜泄,兹大川者,又一邦一国之界限也,邦国区分于天下,非大同矣,故利涉大川,使间隔者无弗同也。

黄宗炎还从《春秋传》"天子之地一圻,列国一同"对大同进行解释,认为一同之地冒乎城郭之外也,同方百里,同一川之水,利借爵名。如《周书》"上宗奉同瑁,太保受同祭,啐以玉为之,可与圭璧相合"之言,表示的是凡受爵土之诸侯汇合于天子之朝庙,则用同为爵,"盖取会合诸侯之众,同而为一大同之义也"(《周易象辞》卷五)。他注"九五,同人先号咷而后笑,大师克相遇"说:

> 以阳刚中正之人而居君位,天下大同,虽遐陬异域,未有不云龙风虎而从者,何其言同人若此之难也?盖尧以不得舜为忧,舜以不得禹、皋陶为忧,大君之求贤以自助,不惮大声疾呼以招同心,求之既得,则喜说之色形于颜面,此同人先号咷而后笑之象也,彼同心之人混迹稠人广众之内,无从辨别,惟志同道合则一气相感,自能彼此无间而相遇合,是大师克相遇之象也。师,众也,大师,犹言大众也。克,能也,即选于众之意。贤人既同庶民,安有不同者哉,旧解谓卦止六二,一阴五阳俱欲同之,至于构怨兴兵,君臣相夺,则是后世之争,幸臣嬖妾矣,岂其然,岂其然。(《周易象辞》卷五)

---

① (清)黄宗羲:《黄宗羲全集》(一),第26页。

即是说位处中正之人，得君位而同天下，则远近之人都来归附相从。三代之尧舜禹相传以道，求贤若渴，同声相感，同气相求，同心协力，而后世则构怨兴兵，君臣相夺，天下纷乱不已，由此可见，同人之世需上下齐心方可为之。"大凡君子之待人接物，光明磊落，天下之穷奇极怪，遇青天白日而俱消，小人消沮蔽藏，每于荡荡平平之内，生逆诈亿不信之心以自夸其明察，以乱天下之大同，故人心之暧昧即世路之山川，国家之戈矛也。"（《周易象辞》卷五）

黄氏兄弟认为，最能体现"藏天下于天下"的治理是尧舜禹三代。三代之治是儒家典型的政治理想，自先秦典籍至近现代诸多学者，都对此兴趣浓厚，越是到了王朝更替、社会混乱之时，愈发引起儒家知识分子的注意。在牟宗三先生看来，儒家将尧舜三代政治作为理想政治形态，"是将政治形态之高远理想置于历史的开端，是将有待于历史之发展努力以实现之者置于其端以为准则"①。黄宗羲《明夷待访录》认为三代以下皆无所治，足见推崇之高。黄宗炎对此也着墨较多，从多个方面对三代政治予以论述，而论述的目的并非完全是出于对于三代政治原始面貌及实际情况的复述，而是对现实社会的反思批判和对未来理想社会的构建与期待。黄氏兄弟的批评精神，既有创造性，又与儒家的社会理论有深厚的渊源。"黄宗羲致力于宋明儒者所未竟之事业，他在保留住宋明儒学形上精华的前提下，弥补了宋明儒学理论之不足，开启了与传统学术相匹配、与社会现实相适应的儒学之新学。黄宗羲既保持了程朱理学缔造一个天理流行之社会的理想，又赋予个体主体建设这种理想的信心和热情；既保留了阳明心学的主体精神和责任意识，又重新建构了道德本体，为主体的过度推拓设置了限制。即黄宗羲创造了一种既融摄着程朱理学和阳明心学，又超拔于二者的儒学新形态。这个新形态的最大特点就是道德形上哲学与经世致用的结合和并重，即儒学的'形上道德实践形态'。在黄宗羲等人定下了新一代儒学学术发展的大方向之后，儒家思想开始发生重大的转向。"②

黄宗炎注解"黄帝尧舜垂衣裳而天下治"，认为：

唐虞三代之天子，其称五等之臣曰：诸父、诸舅，其升降、拜跪、迎送、燕享，俱成宾主之礼，初未尝深居高坐，使天下公侯师傅拜谒如天帝，曾不一举手相答也。原其妄诞不稽之故，实始于暴秦，彼见六国之僭王，既已帝制自居，而我能兼并而臣妾之，则视六国之帝制皆臣妾也，于是加于天子之上，不知几十百千万等而独贵，尽废公侯伯子男之爵位，郡县天下，则臣之卑又不知几十百千万等而咸贱矣，继秦以后但知踵事增华，日甚一日，竟谓谦恭逊让即非人君之事，后之儒者不思古昔，乃云坤五为女娲伊尹，是仅见秦以后之天子也，天子之于皇天后土，何莫非顺，承天子之于师傅大臣何可不顺

---

① 牟宗三：《政道与治道》，桂林：广西师范大学出版社，2006年，第3页。
② 程志华：《困境与转型——黄宗羲哲学文本的一种解读》，北京：人民出版社，2005年，第336—337页。

从？天子之于法家弼士何尝不顺听？而必欲君道贵刚以天子不可为黄裳，无乃以亢龙为贤乎？（《周易象辞》卷二）

　　这段话简要描述了三代及后世的基本状况，并加以对比，认为三代社会讲究宾主之礼，君臣、君民之间均保持良好关系。秦始皇统一六国，推行君主帝制，以六国为臣妾，废爵位制度，推行郡县，由是君位日尊而臣位日卑，天下之事接踵而至，不可收拾。宗炎这段话主要是将三代与秦及以后的社会历史做以对比，强调三代之治的优越性。《礼记》中多次描述理想社会，其中以"大同"为最高理想。宗炎认为："天下一统，大道为公，下比于上而有主，上比于下而得众，莫善于比，然非建国，则边鄙穷乡不得同夫畿甸；非亲侯，则鳏寡孤独何得沾其膏泽？三代以还，天子不列于一位，下无公侯之次第，为卿为相者，如庶人之在官，应徭役给使令而已，即有贵重之势，亦不过盗窃其权柄，以弄一时之威福。"（《周易象辞》卷四）由是，宗炎激烈批评后世败坏三代之治，否定了后世社会政治制度，换言之，他推崇三代政治，希望实行三代政治制度，最终是社会归于文明有序的大同社会。

　　宗炎认为当时社会经济也不合理，应该重新回到三代"井田"之制，他说：

　　欲为三代之治，必当先复井田，欲复井田，必当师其意而不泥其迹。天下之所产，自足供天下之用；一年之收获，自足给一年之食。今既无恒业，游惰者非仰地外之谷也，亦养于此田也；贫困者非竟能薇蕨毕生也，亦贷此富室之所入也。

　　要想实现三代之治良好局面，必须首先恢复井田之制；要想恢复井田制，必须把握井田制的真实、正确之意图，而不是拘泥于"井田"之形式。实行井田制，天下的产出足够天下人使用，一年之收获，足够一年之食用。百姓目前无恒常之业，（实行井田制后）无业之人不用仰仗地外之谷，也可以此田供给生活；贫困之人也无须毕生以薇和蕨为食，可暂时借贷于钱财多的人家以供其生活之用。宗炎主张实行井田之制，认为可以解决当前百姓的生活问题，但否定那些拘泥古代制度形式的做法，认为要按照现实情况灵活处理：

　　师其意，但均其田，八口之家，准以今田约二十亩，田之硗瘠者，则加以十亩，硗瘠之至者，则增至四十亩，使可更易而迭种。凡一方之田，俱有是三等。所谓公田，亦视此三等而错杂于私田之侧，八家助其耕种籽耘，至收获而纳粟于公庭，然后尽一岁之事。不泥其迹，不必制为井形，不必拘于八家九区之数。孟子已云："请野九一而助，国中十一使自赋。"（《周易象辞》卷十四）

这段话认为要把握井田制的主要思想，井田之形式是次要的，均田予民是主要的。以八口之家为单位，分田是以今天的二十亩左右为标准，若田贫瘠则增加十亩，贫瘠之至者再加十亩，使百姓可以长期耕种。凡是一个地方的田地，都可分为这三个等级。所谓公田，也可以按照这三个等级划分，错杂于四田的旁边，由八口之家来耕种，将收获所得缴纳政府，如此方为完成一年之事务。井田之制的实现，不必一定要按古代的方式划田为"井"字之形，也无须拘泥于八家、九家的划分之数。黄宗炎引《孟子·滕文公上》之语云"请野九一而助，国中十一使自赋"，意思是在农村实行九分抽一的助法，在都市自行交纳十分抽一的赋税。即主张农村与城市的税制应有所区别，因地制宜。他还指出："战国之时，阡陌未尽坏，已须润泽，况欲泥之于又数千年之后乎！是井田之不可复，不在于顽犷，而在于迂儒也。"（《周易象辞》卷十四）他认为井田制度在战国已经遭到很大破坏，后世再也没有真正恢复过，其原因不是百姓顽劣粗野，而在于儒家迂腐不化之士不能变通古法以应对现实情况的变化。

三代之治的核心是君民相养、以民为贵，这也是天下之治的根本要义。黄宗炎认为"三代以上民为贵，作之君、作之师以养斯民，教斯民而已。民虽众，愚而无智，不能兴大利弱，而不强不能除大害，于是有圣人出焉，能人之所不能，天下共爱戴之，皆曰：'是诚我愚弱者之父母也'。"（《周易象辞》卷十四）良好的社会关系与文化政策息息相关，宗炎注大畜卦"何天之衢，道大行也"云："衢即道也，荷天之衢，则东西南北大小共由，可云'大行'矣。养之不久，畜之不固，其行仅可谓之尝试。君相同心，贤才辐凑，险阻平夷无偏无党，太平之治见矣。故论治功必先端学术，学术不端，天下无真儒。彼哉汉唐，苟且功名，非三代之治也。"（《周易象辞》卷八）由此则君民一体，上下齐心，国强民富指日可待。在宗炎看来，实行三代之治，可以实现真正的民富兵强。他说："富有天下，而藏之民间，任之劳臣……古今之大缪，俱以富国强兵为行军之本，威武独断为出师之道，曾不知府库之富未可恃，必富在天下乃足久，甲兵之强不足畏，必邻国朝宗乃艾安，人君骋威不过匹夫之勇，必命将任之乃无敌于天下，是行军出师亦必以谦德为贵也，谦果无所不利矣。"（《周易象辞》卷六）

总之，宗炎认为降自衰周，诸侯兼并，发展到秦始皇废封建而实行郡县之制，君子俱在其下，士族阶层的社会地位受到极大削弱。他指出，明末清初的社会环境极为恶劣，社会矛盾尤其严重，只能采取三代的治理办法才能拯救天下。"今屈抑同于编户，无尺土以自振，乌得而治否？如干戈尚勇，则行不义，杀不辜，不一而足，是以暴易暴君子岂忍为之乎？所以三代以下，日相寻于否，特有甚不甚尔，安望其能泰哉？"（《周易象辞》卷五）因此，必须实现儒家所一贯主张的大同社会，推行三代社会的政治、经济文化制度，这也是历史发展与民众之共同需求。"制度之废兴，一姓而一革。天下之改革视乎民，民之向背视乎养善，养民者焉能家哺而户哺之？亦为之井田、教之畜牧而已，井田以供粢盛，粢盛具则必备牺牲，然后可以供祭祀，可以养圣贤。"（《周易象辞》卷十四）

　　黄宗炎的天下观、大同社会论，和其兄长黄宗羲有很多相似之处。黄氏兄弟的思想，是儒家理想社会观念传统的重要发展。黄宗炎指出："天下一统，大道为公，下比于上而有主，上比于下而得众，莫善于比。"（《周易象辞》卷三）他的不同之处，在于对大同社会的实际状况的认识有着比较客观现实的基础，吸取了朝代更替，尤其是明朝灭亡的的历史教训，从君主制度的核心症结入手，提出与众不同的思想。近代以来，以黄宗羲为代表的浙东学派批评思想得到极大的重视，近来亦有学者反思，指出其批评的局限性。然而应该肯定的是，"黄宗羲对于社会哲学的开拓，不仅因恢复了儒学对于社会的批判力，恢复了儒学的济世救民之旨而具有重要的现实意义，而且还因恢复了原始儒学人生哲学与社会哲学并举的'交融伦理'而具有重要的学术意义"[①]。黄宗炎关于儒家治道思想的论述，与黄宗羲政治思想多有类同，二者生活、活动、思想脉络较为紧密，故可借此扩展观察黄氏兄弟乃至浙东学人的思想互动，这不仅是其思想特出于时的重要学脉关系，也是得窥浙东文化思想酝酿不可缺少的工作。

---

①　程志华：《困境与转型——黄宗羲哲学文本的一种解读》，第336页。

王船山史学的实学视角考察

王学锋　谢　芳*

（衡阳师范学院马克思主义学院 船山国学院，湖南衡阳，421002 ）

摘要：王船山不仅是一位优秀的思想家、哲学家，而且也是一位难得的史学家，其晚年撰著的《读通鉴论》《宋论》是两部优秀的史学著作。晚明巨大的社会危机、政治危机，使王船山史学的价值取向发生了重要的实学转向，从宋明理学注重史学的泛道德价值，转向了更注重具体形下事务的经世致用价值，我们通过其史学观便可窥见一斑。王船山的史学观突显出了一种强烈的唯物辩证的色彩，表现出一定的前近代特色。但同时由于其史学过度关注具体历史事件及历史人物的功过得失，在某种程度上又丧失了形而上的理论关怀，未能从深层次上寻找到历史发展的规律。从根本上讲仍然未能脱离旧史学的窠臼，从而构成了其史学实学转向的局限。

关键词：王船山；实学；史学

基金项目：湖南省社科基金基地委托项目"经史视域下的王船山实学思想研究"（19JD05）。

　　历史是王船山非常关注和重视的领域，他的整个著作中，史论占据着核心位置。当前学界对船山实学的研究主要限于船山思想史资料，而对船山史学关注较少。在较少的船山史论研究中，嵇文甫先生的研究成果应该是比较全面的，但他主要是从哲学的高度发扬、挖掘船山"爱国主义精神，及在中国哲学史中的唯物主义和对近代的启蒙思想"[①]。从史论与思想的关系来看，学者的思想恰恰可以通过史论来体现和检验。因此，从实学视角考察船山史学，不仅可以深化对其史学的认识，而且可以更深刻地了解其实学思想转化的具体轨迹。明末清初的社会危机与各种矛盾交织的社会现实，使王船山撰史从传统史论追求立言之终极意义转向追求资为当世之治的社会价值。梁启超对船山史论是这

---

* 作者简介：王学锋（1971—），男，哲学博士，衡阳师范学院副教授。研究方向：传统文化、伦理学。谢芳（1972—），女，哲学博士，衡阳师范学院教授。研究方向：传统文化、伦理学、思想政治教育。

① 嵇道之：《先父嵇文甫的学术与生平》，郑州大学学报（哲学社会科学版）1995年第6期，第14页。

样评价的：“他有他的一贯精神，借史事来发表。他有他的特别眼光，立论往往迥异流俗。”①船山史学思想以内省为要，强调读史者贵在培养资治意识，撰史者亦需保持以古鉴今的经世之心，注重史学形而下的社会价值。对王船山史学实学取向进行解读，有利于对明末清初史学转向的整体把握，也有助于深化对该时期实学思潮的整体认识，因为船山"光辉的唯物主义思想为实学思潮提供了更为坚实的哲学基础"②。

一、船山实学与阳明心学

如梁启超先生所言：“凡研究一个时代思潮，必须把前头的时代略为认清，才能知道那来龙去脉。”③为此，要把握船山史学的实学特征，澄清船山实学与阳明心学的关系很有必要。至今学界仍有一个普遍的观点，即认为王船山实学是对阳明心学的反动，“社会意识的根源虽然深藏于社会经济之中，但是它的发展却是一个有自身规律的独立的运动。从思想发展的逻辑看，心学的没落是实学思潮兴起的原因；实学思潮的兴起是心学没落的归宿。它们是同一过程的两个方面”④。笔者认为此观点失之偏颇，原因在于其对实学概念内涵及属性的误解。只有弄清楚实学的内涵、特征，才能合乎逻辑和历史地弄清楚船山史学的理论源头，才能对船山史学的实学特征做出清晰的说明。

要厘清船山实学与阳明心学的关系，首先要对实学有相对确定的内涵界定。早在20世纪80年代学界就提出了实学范畴，但至今为止，在实学内涵、特点、代表人物以及实学思潮与其他思潮的界限等方面，尚存在较大分歧。在实学的内涵问题上，张学智先生对实学内涵的分类具有代表性和客观性。他说，“中国文化传统特别是儒家思想中，实学蕴涵的最主要内容是修德、明经、致用，它实际上体现为儒家的道统、学统、政统。实学的‘实’字最主要的意思是实有诸己，实下功夫，对文化传承、学脉赓续、国计民生有实绩实效等意思。”⑤根据张先生的理论，在传统儒学之中本已包含有实学的含义。传统儒学本身就充满了对现实关怀，主要包含内圣和外王两个方面。而且，如果说心学是中国传统学术的一个新的派别，那么实学则不具有这样的含义，“实学实际上是一个标志学术转型的价值性名称，不是一个有确定内容并因之与他种思潮区别开来的学术概念。它以它所贬斥的思潮或学风为虚见，以自己所认可的学术内容为实学”⑥。就以上对实学的理解来看，心学并不与实学处于平行或对立位置，阳明心学本身也充满着经世致用的智慧。

① 梁启超：《中国近三百年学术史》，长沙：湖南人民出版社，2010年，第78页。
② 张显清：《晚明心学的没落与实学思潮的兴起》，《明史研究论丛》第1辑，南京：江苏人民出版社，1982年，第318页。
③ 梁启超：《中国近三百年学术史》，第2页。
④ 张显清：《晚明心学的没落与实学思潮的兴起》，第307页。
⑤ 张学智：《中国实学的义涵及其现代架构》，《北京大学学报》2003年第6期，第19页。
⑥ 张学智：《中国实学的义涵及其现代架构》，第19页。

实际上，作为明末清初实学的代表，船山实学乃"因环境之变迁与夫心理之感召"[①]内外因素的综合影响下，士人向内圣外王兼重传统回归的产物。梁任公说清初社会思潮实质上是从"阳明学派这位母亲的怀里哺养出来"[②]的，嵇文甫先生亦有近似论述，他说，清代思想"有许多地方是继承他的"[③]。可见，心学并不与实学相对立，而且还是"促使实学思潮发生的理论渊源"[④]。向燕南先生从两个方面分析了这种"理论渊源"：心性论和知行观。一方面，从心性论上讲，针对程朱理学体系道心与人心的二元分化，王阳明的心学体系则将道心与人心统一，并落实于心，这就为王船山人欲即天理、理气合一的唯物主义色彩突出的论断奠定了理论基础。尤其在晚年居越（越城，即绍兴）讲学期间，王阳明提出"万物一体"的著名哲学命题。陈来先生这样评价这个命题："以'万物同体'的观念为重点，这引起了两个方面的变化，即通过万物同体表现为追求内心生活的高远的精神境界和宇宙体验，同时更在价值观上体现为对生民苦难的一种悲悯情怀，将解救人民的苦难作为他内心的一种终极关怀。""阳明的万物一体，在关注自我与宇宙同一的同时，同时强调外在的亲民实践。……对他中期关于心外无理、心外无物的那种过分内在化倾向，构成了一种平衡。从过于内向，变成了内外合一。"[⑤]陈来指出：王阳明"知行合一"的宗旨有两个方面，一即从为善的角度，"知而不行，实是未知"，二即从去恶的角度，则"一念发动处便是行了"。因此阳明学针对朱子学的问题而提出知行合一，其基本精神是强调行而不是强调知[⑥]。另一方面，针对朱子知先行后的二分论，王阳明提出知行合一论。王阳明解释"行"尽管是从意识发生处理论，但在逻辑演绎中，"行"往往被他阐述为具体的社会实践活动。比如，他说，"凡谓之行者，只是着实去做这件事"，"凡可用功可告语者皆下学，上达只在下学里"[⑦]，"我何尝教尔离了簿书讼狱，悬空去讲学？……簿书讼狱之间，无非实学。若离了事物为学，却是著空"[⑧]。从阳明的此种表达逻辑看，其所谓的知不再局限于德性之知，也包括闻见之知。阳明"知行合一"把形而上之道与形而下之器、为学工夫与日常践履紧密地联系在一起，通过日用民生来贯通道心，即致良知。

可见，心学并不是与实学相对立，相反它为实学思潮的兴起提供了广阔的空间。当然王门后学左派如龙溪、心斋等狂禅派因过度强调良知的见在性而忽略了实践之工夫则

---

① 梁启超：《中国近三百年学术史》，第 11 页。

② 梁启超：《中国近三百年学术史》，第 13 页。

③ 嵇文甫：《晚明思想史论》，北京：北京出版社，2016 年，第 19 页。

④ 向燕南：《从"主于道"到"主于事"：晚明史学的实学取向及局限》，《学术月刊》2009 年第 3 期，第 131 页。

⑤ 陈来：《"万物同体"与王阳明思想的晚年发展》，《九州大学中国哲学论集（第四十五号）》，（日）腾井伦明译，2020 年，第 14 页。

⑥ 陈来：《有无之境——王阳明哲学的精神》，北京：北京大学出版社，2006 年，第 100 页。

⑦ （明）王守仁：《王阳明全集》，北京：红旗出版社，1996 年，第 15 页。

⑧ （明）王守仁：《王阳明全集》，第 99—100。

另当别论。

二、王船山史学的实学转向

船山史学具有尖锐的批判性，明亡追究既是船山治史的一个基本动力，也是其述史的一个重大主题。可见，王船山史学的显著特点就是实学取向的转向，表现在由传统形而上的道德心性修养学转向形而下的经世致用之学。当然，也有观点因此认为王船山对社会矛盾和问题开展"积极思考的动力源不是内生型的，而是外生型的，是在国破家亡的形势下被迫进行的思考"①，从而质疑其思想启蒙的自觉性，这就是另当别论的问题了。

关于士人经世思想的路径，晚明王学左派王畿有过一段论述："儒者之学，务于经世。然经世之术约有两端：有主于事者，有主于道者。主于事者以有为利，必有所待而后能寓诸庸；主于道者以无为用，无所待而无不足，入者为主，出者为奴，见使然也。"②王畿认为经世是儒学的基本特征，但途径不一，有的主于道，以无为用，有的主于事，以有为用，这个总结是符合历史的。实际上，有宋以降，儒者为体现现实关怀的经世之途常常是将传统儒家的内圣外王并重分解为内圣或外王两路。以宋儒为代表，走的是外王路线，通过"存天理灭人欲"的道德格言，以一种宇宙论上的道德理念训诫世人，保持社会稳定秩序，以实现齐家治国平天下的外王理念；以阳明为代表则走的是内圣路线，将道德政治化，将本体论意义上的道德构建作为治道之本，用以规约行为，范导政治秩序。

就在这两条路径不分上下、博弈选择中，自宋代王安石改革失败，经世之途便宿命般地自外而向内转，由内圣而外王的经世之途得到重视。这种由内而外的经世之途的转向首先就表现在朱熹《通鉴纲目》的广泛流传，泛道德主义的史学滥觞，外王经世的史学，则在学术界沉沦。明代中期开始，社会危机不断显现，以及随着新经济因素出现而产生的功利主义思潮的兴起，在史学中追求外王之功的经世思想得到广泛关注。较早地提出的，如丘濬倡导的"儒者之学有体有用，体虽本乎一理，用则散于万事"③，这是明代实学思潮的发端。尤其在晚明清初的复杂环境中，民族危机、政治危机、社会危机多重压迫之下，王船山强调外王的经世路线特别显著，并构成了他两部史论《读通鉴论》《宋论》中实学的取向。

王船山史学实学取向的一个很重要的体现就是十分关注历史事件形而下的社会价值。其史论著作的内容十分庞杂，时间跨度很大，自秦至宋明皆有记载和论述，论述的手法多样。但在论述任何一个朝代的历史事件、典章制度、政治经济等中都有一个共同的特征，即利用历史事件来影射现实问题，探讨政治治理、国家经济、军事、文化等诸多方

---

① 谢芳：《王夫之经济伦理思想研究》，北京：中国社会科学出版社，2018年，第25页。
② 王畿：《王畿集·赠梅苑摺山东宪副序》（卷14），吴震校，南京：凤凰出版社，2007年，第374页。
③ （清）王文清：《王文清集·大学衍义补考略》（第2册），黄守红校，长沙：岳麓书社，2013年，第704页。

面的实用性问题。船山史学的实学取向的另一个特征，就是朴素唯物主义史学研究方法的运用，使其史学评论具有客观实在和公正性。

王船山史学的实学转向，不仅使被传统轻视的"术道""技艺之道"得到重视，比如农业、工业、贸易等内容大量地出现在王船山史学的视野中，论事多于论道成为王船山史学实学取向的重要特征，而且对传统的史学研究方法进行了创新性发展。

三、王船山史学的实学思想

王船山史学的实学思想主要包含以下几个方面的内容。

第一，"不言正统"的史学观。

饶宗颐先生说："中国史学观念，表现于史学史之上，以'正统'之论点，历代讨论，最为热烈。"[1]为什么如此呢？因为古代史学界历来重视史学的经世功能，正统论恰恰是发挥重要经世功能的重要途径。"正统理论之精髓，在于阐释如何始可以承统，又如何方可谓之'正'之真理"，由此"正可窥见中国史学精神之所在"[2]。我们知道，正统论具有两面性，既是道德评判的历史标识，也是维护现行政治统治的有力工具。正统论之所以在历史上经久不衰，一方面是因为统治者可以利用它来巩固自己的统治，另一方面，学界和史家也常常用正统论来评判政权的合理性，并为自己的理想政治张目。

而实际上，统观历史上各种正统论，我们可以发现各种正统论立论本身的困难处境。梁启超曾经就对正统论做出过激烈的批判。他说："中国史学之谬，未有过于言正统者也。……一言蔽之曰：自为奴隶之根性所束缚，而复以煽后人之奴隶根性而已。"[3]尽管这个评判有言辞过于激烈之嫌，但的确道出了正统论的偏失与窘境。从影响因素上讲，史家自身的立场、所处时代的复杂以及对现实的观照都可能成为影响史家对君主统治的合理性与否做出准确的评判。因此企图用某种或者某些立论来评判政治统治的合理性，不可避免地存在困难。比如宋代欧阳修曾经对正统做出这样的界定："传曰：'君子大居正'，'王者大一统'。正者，所以正天下之不正也；统者，所以合天下之不一也。由不正与不一，然后正统之论作。"[4]可是这样的界定不仅理论尚不甚清楚，而且在实际操作中也存在困难，很难利用这样的理论对历史上的政治做出允贴的评价。

王船山深谙中国的史学传统，因此面对史界正统论的问题，并对之做出自己的评判。他在史论《读通鉴论》卷末"叙述一"篇对正统论做出了这样的回应："不言正统"[5]。他反对用所谓的正统论对历史政治进行批判，这种观点贯穿于船山史学思想始终，尤其体现

① 饶宗颐：《中国史学上之正统论》，上海：上海远东出版社，1996年，第1页。
② 饶宗颐：《中国史学上之正统论》，第76页。
③ 梁启超：《中国现代学术经典·梁启超卷》，石家庄：河北教育出版社，1996年，第560页。
④ （宋）欧阳修：《欧阳修集编年笺注（四）》，成都：巴蜀书社，2007年，第34页。
⑤ （明）王夫之：《船山全书·读通鉴论》（第10册），长沙：岳麓书社，2011年，第1176页。

在分析具体历史事件和历史人物中。

为什么"不言正统"？他解释说："论之不及正统者，何也？曰：正统之说，不知其所自昉也。自汉之亡，曹氏、司马氏乘之以窃天下，而为之名曰禅。于是为之说曰：'必有所承以为统，而后可以为天子。'义不相授受，而强相缀系以揜篡夺之迹；抑假邹衍五德之邪说与刘歆历家之绪论，文其诐辞；要岂事理之实然哉？"①王船山分别从形而上的理论基础与形而下的历史现实对正统论做出了非常有力的反驳。从历史现实看，正统论并没有有效地发挥道德评判的功用，相反，它常常被如曹魏和晋司马氏一样的野心家所利用。很明显地"乘之以窃天下"，却阴谋诡计地盗用"禅让"之名，并堂而皇之名之曰："必有所承以为统，而后可以为天子"，实际不过是掩耳盗铃的幌子，这个批判是非常有意义的。

从正统论的理论根据来看，其理论来源是邹衍五德终始说，以及刘歆的余绪。王船山认为五德终始说只不过是与历史相违背的妖言邪说。为什么五德终始说本身是站不住脚的？他说："正统之论，始于五德。五德者，邹衍之邪说，以惑天下，而诬古帝王以征之，秦、汉因而袭之，大抵皆方士之言，非君子之所齿也。"②五德终始说是出自君子不齿的方士之口，没有任何理论根据，因此只能是小人的信口雌黄而已。而且五德终始说在理论上也是站不住脚的。他说："汉以下，其说虽未之能绝，而争辩五德者鲜；唯正统则聚讼而不息。拓拔宏欲自跻于帝王之列，而高闾欲承苻秦之火德，李彪欲承晋之水德；勿论刘、石、慕容、苻氏不可以德言，司马氏狐媚以篡，而何德之称焉？夏尚玄，殷尚白，周尚赤，见于礼文者较然。如衍之说，玄为水，白为金，赤为火，于相生相胜，岂有常法哉？天下之势，一离一合，一治一乱而已。离而合之，合者不继离也；乱而治之，治者不继乱也。明于治乱合离之各有时，则奚于五德之相禅，而取必于一统之相承哉！"③篡权者毫无道德可言，以德论之不免名不副实。因此，天下一治一乱乃是常态，而正统论则偏离了历史一离一合之大势，根本不存在所谓的五德相禅之邪说。五德终始说的弊端在于舍去人事而任之于天命，作为朴素的唯物主义者，王夫之却是明确地意识到人的主观努力和历史发展的必然趋势的重要作用。尽管天下一离一合之大势说未必很准确地概括了历史发展的基本规律，但还是比较符合历史的事实的。

而且王船山认为把正与统连用，更显得苍白无力。他说："天下之生，一治一乱。当其治，无不正者以相干而，何有于正？当其乱，既不正矣，而又孰为正？有离，有绝，固无统也，而又何正不正邪？"④只有把正从统中剥离开来，才能正确判断正抑或不正。正

---

① （明）王夫之：《船山全书·读通鉴论》（第10册），第1176页。
② （明）王夫之：《船山全书·读通鉴论》（第10册），第610页。
③ （明）王夫之：《船山全书·读通鉴论》（第10册），第610页。
④ （明）王夫之：《船山全书·读通鉴论》（第10册），第1177页。

不正是人事，"君子所辨为正不正者，其义大以精"①。综上所述，王船山的史学观摈弃了传统的旧说，强调要建立在对历史现实的实事求是的观察和理解中，并提出从理势的角度对天下之治乱做出正与不正的评价，这是船山史学观的实学特征。

第二，"不敢妄加褒贬""因时宜而论得失"的史评观。

史家的史学精神主要通过史学评论来得以显现。那么，我们适合用什么样的价值观评价历史事件和历史人物？按照马克思主义的观点，应该用历史分析法和阶级分析法。王船山坚持了这两个史评原则。

王船山不仅研究历史，而且研究史评史，他通过分析中国古代史上的历史评价来判断史评的价值和意义。正因为此，他看到了历史上的史评存在诸多弊端。王船山认为历史上评史者往往存在两大弊病：一是浅薄之说，在评价历史事件和人物中表现出一种肤浅的认知，用简单粗暴的方式评价，被表扬的不觉得荣耀，被贬斥的亦不觉得侮辱，但相对于第二个弊病，这种浅薄的认识倒还不至于伤风败俗；二是纤曲猥琐之说，崇尚阴谋险诈，鼓吹权谋，这种奸邪史说于世教民生则祸害极大，甚于洪水猛兽。船山提出了对历史要坚持"不敢妄加褒贬"②"因时宜而论得失"③的评价原则。具体的评价历史事件与任务的方法则主要有二，即历史分析法和阶级分析法。

首先是历史分析法。船山旗帜鲜明地反对用所谓的"天不变道亦不变"的传统理学观去看待历史，要避免用传统的所谓仁义或者善恶观来评价历史人物。历史人物与历史事件往往是不同时势发展的产物，要放在其具体的时势背景下来看，否则就会陷入"似仁似义"之类的空谈，并用一些特殊的事例损害古人的名声。船山明确提出因"势异局迁"④，这是要求，史家要把历史人物放在历史的潮流中去审视、评价，在进行史评的时候要相应地改变视角和方法，"就事论法，因其事而酌其宜"⑤，具体事情具体分析，只有这样才能得出相对正确的评价。

所以，他对史家"司马迁、班固喜为恢奇震耀之言"⑥，主观地引导读史者的思想颇有微词，不仅客观性评价丧失，而且可能蛊人心、淫风俗，廉耻以堕。因此他认为治史应该"刻志兢兢，求安于心，求顺于理，求适于用。顾惟不逮，用自惭恧；而志则已严，窃有以异于彼也"⑦。尤其对李贽、钟惺之流更是深恶痛绝。我们了解一下钟惺的史评特点，就更能清楚船山批他的痛点之所在。钟惺评史中有许多痛点是船山所不能容纳的，包括坚持儒家正统论、忠君思想，以及喜欢以个人情感和价值观引领读者的史评倾向。比如，

---

① （明）王夫之：《船山全书·读通鉴论》（第 10 册），第 648 页。
② （明）王夫之：《船山全书·读通鉴论》（第 10 册），第 1180 页。
③ （明）王夫之：《船山全书·读通鉴论》（第 10 册），第 1181 页。
④ （明）王夫之：《船山全书·读通鉴论》（第 10 册），第 1182 页。
⑤ （明）王夫之：《船山全书·读通鉴论》（第 10 册），第 1182 页。
⑥ （明）王夫之：《船山全书·读通鉴论》（第 10 册），第 1181 页。
⑦ （明）王夫之：《船山全书·读通鉴论》（第 10 册），第 1181 页。

钟惺对司马迁在为刺客、游侠等人立传时所赋予的主观意愿和主观的价值导向表示称赞，钟惺本人在评《史记》时更是惯用个人情感和价值观来感染、引导读者，例如他借《太史公自序》表达了对太史公其人其文的敬仰："观太史公执迁手而泣曰：'余先周室之太史也。'此句有一部史记在内，迁俯首流涕，觉千载而下，五十余万言中，字字声泪，且一一本之亲命。"① 这是引导读史者对作史者产生钦佩之情。而史评者所掺杂的个人主观情感和价值导向是船山所深恶痛绝的。这种史评不仅违背了历史客观公正的原则，而且很容易以个人之执念与偏见，而"导天下于邪淫，以酿中夏衣冠之祸"②，所以比洪水猛兽更祸害无穷。

王船山自己在评史时就坚持这一原则，在《读通鉴论》中，每一篇都没有标题，以免有主观立意之嫌。只是竭尽全力，于上下古今兴亡得失之故，制作轻重之原。

其次是用阶级分析法。船山认为中国历史上论述治道最好的史书当推《尚书》，可是春秋末期的孔子论治道却并不唯《尚书》独尊，因为孔子认为治道之关键在于帝王之心怀敬畏之道还是放肆之情。这是自唐虞以来治理天下的公理。只要统治者心怀仁民爱物之心，则不必拘泥于《尚书》之言，抑或孔子之言。古代的制度可以治理古代的天下，未必适合今天的治理，君子不以过去之是非为是非，适合于今天的治理方法未必适合于今后的时代，君子不墨守成规。正因为坚守这样的原则，在中国治理史上才会出现封建、井田、朝会、征伐、建官、颁禄等这些光辉的政治制度，可这些政治制度，尚书上并没有记载，孔子也从来没有说过。所以船山反对"以记诵所得者断万世之大经"③。

因为史家所处的时代不同，代表的阶级不同，对待同一事件的期待与评价不同。船山以孔子和孟子之异为例。孔子说，只要足食足兵，老百姓就会信任统治者。船山深入分析说，为什么孔子要言足、言信，是因为反思当时政治现状就是百姓不足不信。可是孟子的说法则不同，因为孟子处在战国时期，这一时期乃"古今一大变革"时期，天下诸侯各自为政，放恣渔猎、耕战刑名殃民，其治道完全与《尚书》、孔子之言背道而驰，因此没有史家有闲暇论各位君主的敬怠仁暴，因为所有的政令都可能置生民于死亡之中，能通变不置民于困境的几乎没有。此种形势所迫，为救焚拯溺，孟子才提出"徒善不足以为政"的观点，并提出理势历史观，与《尚书》、孔子言仁义的历史观有了不同。

评论历史要遵循这两个原则，不妄加褒贬，因时因势不同，并考虑历史人物所处的政治地位、历史背景，对之做出客观的评价。正因为历史背景极其复杂，有很多历史事件于史家来说并不完全能掌握，与其做出一些错误的判断或者评价，对后世带来不良的引导，还不如"为无定之言"，以免"执一以贼道"④。

① （明）钟惺：《史怀（一）》，北京：中华书局，1985年，第150页。
② （明）王夫之：《船山全书·读通鉴论》第10册，第1180页。
③ （明）王夫之：《船山全书·读通鉴论》第10册，第1182页。
④ （明）王夫之：《船山全书·读通鉴论》第10册，第1183页。

船山作史、评史，以为后世之资，但并不对未来社会设置成规，他深知未来之时势必不同于已成之历史，他的未来社会是一种开放的社会，只是认定人道必将成为任何社会通行的规则。王船山评议政治用以凸显应当如何呈现人道以"勉自竭以求合于圣治之本"①，"推本得失之原"②是船山治史、评史的出发点，反对"立一成之例"③。

这种深邃的史评观，使船山不可能只是借史来表达个人的情绪或者感情，他永远都是站在历史的高度，去探究"古今之通义"④。

第三，"览往代之治乱、力行求治之资"的史学价值观。

通过对历史事件的分析，观照现实，为现实的政治提供借鉴是王船山史论之宗旨，包括君王御人之术、国家各种法律制度的完善以及应对事变的管理方法等方面，力求将治史和求鉴紧密结合。这是对史学社会功能的认识，也是其史学价值观的体现。"一个时代的史学价值观既为这个时代的经济、政治、文化、史学的发展程度所制约，又反过来给予这个时代以深刻影响。"⑤

这种历史研究属于求"术"的范式，与宋明理学求"道"的范式不同，究其原因，是因为明朝中后期以来，政治危机、社会危机的严重压力之下，士人对国家与个人前途出现了前所未有的焦虑情绪。王船山又生活在朝代更迭的时期，这种感受就非常强烈。因而，在时代经世学需求的背景下追求实用知识，以历史镜鉴现实，以获得治世之术便成为船山实史学的一个突出特点。

王船山在《读通鉴论》的末尾《叙论四》中明确表达了自己治史的目的，"曰'资治'者，非知治知乱而已也，所以为力行求治之资也"⑥。史学目的或者功能不是仅仅了解历史上的治乱离合等一类历史故事就可以了，而是要吸取治术来为当世的借鉴，这是船山史学经世的重要景观。

为此，他批判一些史学家把治史当作一种娱乐或者张扬学识的方式，嬉笑怒骂毫无志向，"览往代之治而快然，览往代之乱而愀然，知其有以致治而治，则称说其美；知其有以召乱而乱，则诟厉其恶；言已终，卷已掩，好恶之情已竭，颓然若忘，临事而仍用其故心，闻见虽多，辨证虽详，亦程子所谓'玩物丧志'也"⑦。把评论历史当作一时的消遣，却不能吸收营养，说完即忘，于己于国都毫无用处，他说这些人似乎见多识广，思维能力强，但说到底只不过是一批玩物丧志的人。

那么如何将"力行求治之资"落到实处？他强调要落实到"心"的修养上，"故治之

① （明）王夫之：《船山全书·读通鉴论》第10册，第1182页。
② （明）王夫之：《船山全书·读通鉴论》第10册，第1182页。
③ （明）王夫之：《船山全书·读通鉴论》第10册，第1184页。
④ （明）王夫之：《船山全书·读通鉴论》第10册，第535页。
⑤ 赵俊：《贞观年间史评探析》，《社会科学家》1987年第8期，第85页。
⑥ （明）王夫之：《船山全书·读通鉴论》第10册，第1183页。
⑦ （明）王夫之：《船山全书·读通鉴论》第10册，第1183页。

所资，惟在一心，而史特其鉴也"①。治史就是要为现实政治获取善术、善法，故曰"夫治之所资，法之善者也"②。王船山的深邃之处在于，他看到了历史上的事件千千万万，环境不同，善恶评判不同，后果亦不同，历史不会重演，没有完全可供现实借鉴的完美模式，任何治道治术的善恶评价总是相对的，"善于彼者，未必其善于此也。君以柔嘉为则，而汉元帝失制以酿乱；臣以戆直为忠，而刘栖楚碎首以藏奸。攘夷复中原，大义也，而梁武以败；含怒杀将帅，危道也，而周主以兴"。正因为此，所以所有的历史事件既可以作为"治之资"，亦可以成为"乱之媒"，到底是选择或者结果会是哪一个，就靠自己用没用心，也就是正心。希望通过历史来达到什么目的，这完全取决于"心"，只有正心了，心正了，"则凡政皆可以宜民，莫匪治之资；而善取资者，变通以成乎可久。……得可资，失亦可资也；同可资，异亦可资也"③。

结语

船山史学的经世取向突出地表现在运用朴素的唯物辩证法分析和评判历史事件及历史人物，以资为当世之治。这种实学取向，使船山的学术视野向更广阔的社会领域推拓，其反映出来的是明末清初深刻的社会历史的变化，包括政治危机所引发的社会改革意识，经济新因素的出现而导致人们价值观的改变。船山对历史事件的关注，也使史学的经世功能得到极大提升。同时，对正心的重视，使船山史学思想表现出一种思想解放的自由色彩。

当然，如果从辩证的逻辑上讲，这种过分注重形而下历史事件的实学取向，即是它迎合社会需要的进步之处，亦必将构成其史学的局限之所在，形成了死的拖住了活的现象。这种局限性就表现在由于过于注重具体历史事件的描述和分析，过分注重对现实的资治，而不可避免地忽视史学的另外一个更宏大、更深远的功能，即对形而上之道的追求。他虽然已经意识到历史与时代的变迁必然有不可逆转的规律可寻，但却始终没有找到深层次的经济根源，也就阻碍史学向"究天人之际，通古今之变"的更高层次的发展，从而使船山史学终究未能脱离旧史学的窠臼。因此，我们在评价船山史学的实学取向之经世价值的同时，也要充分意识到其史学的局限之所在。

---

① （明）王夫之：《船山全书·读通鉴论》第 10 册，第 1184 页。
② （明）王夫之：《船山全书·读通鉴论》第 10 册，第 1183 页。
③ （明）王夫之：《船山全书·读通鉴论》第 10 册，第 1184 页。

儒家生命教育观探究

许素玉 *

（华侨大学哲学与社会发展学院，福建泉州，362000）

摘要： 儒家提出人之所以为万物之灵，并非在肢体构造特别优越，而是人类发展出家庭、社会、道德伦常，进而表现出高于动物本能的生命特性。以儒家思想为中心的生命价值观，其所传播的生命意义，承袭儒家思想以修身为本的自我修炼与提升、兼济天下的社会关怀、慎终追远的终极关怀、知行并行的生命实践。儒家理想中的君子人格，先从自我内心处要求，从心出发，以仁义之行为材料，为后世打造更接近世界大同的儒家理想。

关键词： 儒家；生命教育；探究

一、儒者生命的意义与价值、生命的自觉

儒家以人为本，承接天地间的庇佑，在个人的生命体现天地造化之功，也提出以人为万物之灵的理论基础。第二章所谈的儒者与天地的关系，而本节将提到儒者与人之关系，人之所以为人，将自己视作万物之灵，是因为人类发展出家庭、社会、道德伦常，进而表现出高于动物本能的生命特性。因此，我国的先人顺应着儒家、儒者所写下的规范和教导，提升了人类不同于动物的特性与高贵的情操，便能不再像动物般单纯以力量来创造生活环境

古代的人类发展出初阶的智能后，便逐渐发展出各种阶级、部落甚至国家，基于人与人的互相扶持的精神，还有创造工具、农业耕种等技能，让人类虽然在肢体构造上并非特别优越，却得以克服自然环境的限制增加了人类对环境的适应性。更重要的是发展出了文化。人类特有的文化思维能力一方面增加了生活在自然环境中的能力，另一方面也开始让哲学家、思想家们有足够的时间试着去解释大自然的一切，并且思考如何让人类生活得更好。

---

* 作者简介：许素玉（1962—），女，中国台湾人，华侨大学哲学与社会发展学院博士生。

当古代先民开始思考着这些问题"生命的价值""人生的意义"后，便对整体已经建立的社会产生了改革的作用。当社会模式逐渐确立为农业为主的集体生活时，人类便较难离群索居，人类试图去解释如何让人类稳定地维持共生共荣的模式，于是儒家开始发展自己的答案。儒家的核心概念：仁，观其字形，仁为二人，当有两个人相处在一起时，就需要以仁义待之，才能够保证彼此的安然无恙。但人类不是天生就会与同类相处，古有二桃杀三士的历史事件，正如动物本能为了生存而排挤到其他同类的生存所需，因此儒家认为人需要教育，以教育来改善人类的动物本能。而孟子曰：人之所以异于禽兽几希，庶民去之，君子存之。舜明于庶物，察于人伦，由仁义行，非行仁义①。

社会形态的改变，如果只靠齐头式的平等，对于人类群体的生活是不适合的，若单纯只靠个体强弱来决定生存的能力，便不能摆脱野兽的生活模式，将很难壮大群体。春秋战国时期的国君们，以富国强兵、扩张领土并且只顾侵略而不重视仁义的心态，仿佛回归远古时代力强者胜的竞争之中。在儒者的心中这被视为一种退化，好不容易才从动物茹毛饮血般地活着，进化到儒家的理想生活与统治形态。但周天子的权力弱化，各地诸侯展现出不臣之心，传统君臣伦常已不复存在，儒者们认为自己必须挺身而出，拨乱反正，提醒人们不只是为了生存，而是应该为了更高尚的目的而活着。如孟子曰：《春秋》无义战。彼善于此，则有之矣。征者上伐下也，敌国不相征也②。就充分显示出儒者对于春秋时期的诸侯竞争感到不齿，这样的战争是毫无正义性可言的，仿佛只是野兽为了增加自己的地盘大小而出来争斗，实非领导者所应作之行为，上行下效，上位者思考如动物，则人民为刍狗，更没有机会进入世界大同。而孟子也对于国家、君臣该有的状态做出指正：

使毕战问井地。孟子曰："子之君将行仁政，选择而使子，子必勉之！夫仁政，必自经界始。经界不正，井地不钧，谷禄不平。是故暴君污吏必慢其经界。经界既正，分田制禄可坐而定也。夫滕壤地褊小，将为君子焉，将为野人焉。无君子莫治野人，无野人莫养君子。请野九一而助，国中什一使自赋。卿以下必有圭田，圭田五十亩。余夫二十五亩。死徙无出乡，乡田同井。出入相友，守望相助，疾病相扶持，则百姓亲睦。方里而井，井九百亩，其中为公田。八家皆私百亩，同养公田。公事毕，然后敢治私事，所以别野人也。此其大略也。若夫润泽之，则在君与子矣。"③

孟子在评论春秋时期的重要经济策略井田制时，认为仁政就从平均分割田地，即使是一般的经济政策，平均分担后以及公私田各占一定比例，除了可以稳定生产之外，还

① 陈基政：《四书读本》，新北：西北国际文化，2010年，第833页。
② 陈基政：《四书读本》，第1052页。
③ 陈基政：《四书读本》，第710页。

可以具有守望相助，凝聚居民向心力的功能，是一种充分体现仁政的经济政策。从根本上去食衣住行的食，消解为了生存竞争而互相残杀的可能性，并且互相扶持增进彼此的生活质量，是一项符合儒家思想的政策，在儒者的想法中，脱离了仁义思维的政策，绝非好的策略。强秦以法家立国，人民畏法如天，然而却只是像被严刑峻法限制住的家禽走兽，仅为了不犯法而活着，更没有可能追求人类思想的更进一步。在儒家而言，这是人类文化演化的明显退化。

　　因此孟子曰：禹恶旨酒而好善言。汤执中，立贤无方。文王视民如伤，望道而未之见。武王不泄迩，不忘远。周公思兼三王，以施四事；其有不合者，仰而思之，夜以继日；幸而得之，坐以待旦①。

　　古代贤君不看重美好的饮食享受，而看重对于施政有所帮助的建言，正是儒者向往的思想境界，不只是追求生存上的享受，而是追求为天下的人民能够安居乐业，牺牲个人之娱乐以求追求群体发展，当统治者追求群体更好的发展之时，被统治者才有可能追求更好的生活，而非单纯求生存，文化在这样的环境中才会有所发展。春秋战国时期，诸侯国们追求以各种方式强化国家，凡是能够富国强兵的方法，都得以多方讨论。由于当时还在摸索世界道理的进程中，因此对于学问没有太多的限制，故当时得以百家争鸣，不同的哲学家们用各种方式去解释这个世界；而到了严刑峻法的秦代、专司征战的元代，大兴文字狱并且以八股取士的明代，在这些朝代中，整体文化发展都不是很好，在连人性都不重视的朝代，更遑论人类文明的进步。

　　人类的形体限于环境演化，在环境没有太大变化前，人类的生物特征不会有太大的变化。然而在思想上，人类仍然有很大的进化空间，儒家的思想哲学就是在进行一个思想上的进化。如何让人类过得更好，如何透过合作来让人类可以过更好地生活，即使现今的时代背景已经不似以往，不过纵使在民主时代中，儒家哲学仍然有许多历久弥新的见解，如孟子曰：为政不难，不得罪于巨室。巨室之所慕，一国慕之；一国之所慕，天下慕之；故沛然德教溢乎四海②。南怀瑾老师认为，所谓的巨室不能解释成巨富，或是财阀，应该是为国内的其他大势力，如同现今的在野党，不去与在野党做无谓的斗争，而是跟他们找出最大公约数，则可以追求最大数人民会赞同的政策，因为不管在什么时代，儒者都是在追求自己对于这个社会、国家做出最大的贡献，生命的价值不只在于提升自己，而在于提升整体文明。

---

　　①　陈基政:《四书读本》，第834页。
　　②　南怀瑾:《孟子与离娄》，台北：老古文化股份有限公司，2012年，第247页。

二、修身为本的自我修炼与提升

由于改变世界相当困难，改变自己与周遭人的生活相比之下容易许多，儒家所提出的"修身齐家治国平天下"便是从这样的出发点开始思考，己欲立而立人，己欲达而达人①，儒者不只追求少数人的利益，而是追求全人类的福祉。因此贯彻仁义之道便是一种让人民幸福的方法，孟子曰："人人亲其亲，长其长，而天下平"。②人人尽到自己的仁义，进而到达天下大同。在过去的时代背景中，儒家依据统治与被统治阶层不同的地位，君臣父子依据各自的上下关系，依照儒家规范去追求一个更好的境界。

子曰："道不远人。"人之为道而远人，不可以为道。诗云："伐柯伐柯，其则不远。"执柯以伐柯，睨而视之，犹以为远。故君子以人治人，改而止。忠恕违道不远，施诸己而不愿，亦勿施于人。君子之道四，丘未能一焉：所求乎子以事父，未能也；所求乎臣以事君，未能也；所求乎弟以事兄，未能也；所求乎朋友先施之，未能也。庸德之行，庸言之谨，有所不足，不敢不勉，有余不敢尽。言顾行，行顾言，君子胡不慥慥尔。③

以儒家哲学作为行为处事、待人接物之准则，则离道不远，正如孔子所言"天何言哉？天何言哉？四时行焉，草木生焉。"④求道并非那么遥远，符合仁道的行为，即是以自己的道德标准作为行为准则，不需要特别去做慈善行为，便是正道。哲学推广的第一个障碍就是如何说服不同背景、种族的人民。儒家以"己所不欲，勿施于人"作为基准，以求不违反人性的开端，训练人们能追求道德的提升，而非如同法家要求以严刑峻法来遏止最低道德底线的违法行为，光是在条文夹缝中生存即耗去人民大部分的精力，对于文明的深深盼望才是人类进步的原动力。因此乔达摩·悉达多为了追求印度境内的人民过更好的生活，创立佛教，给予深受种姓制度迫害的人民新的希望，相信人人皆可成佛，影响从公元前6世纪至今。孔子讲学六国，纵使遭遇秦代的焚书坑儒，然而儒家之学却仍然流传于世，探究其原因，应是其哲学原理从人类本性出发。有子曰："其为人也孝弟，而好犯上者，鲜矣；不好犯上，而好作乱者，未之有也。君子务本，本立而道生。孝弟也者，其为仁之本与。"⑤孝顺尊长，尊敬友善同辈，是为人类社会相处的基本共识，由此出发，则仁义不远，此为君子之道的基本要求。

达到了君子之道的基本要求后，便需要更加精进、提升自我，后以圣明典范作为学习对象。孟子曰："子路，人告之以有过则喜。禹闻善言则拜。大舜有大焉，善与人同。

① 陈基政：《四书读本》，第241页。
② 南怀瑾：《孟子与离娄》，第163页。
③ 陈基政：《四书读本》，第61页。
④ 陈基政：《四书读本》，第511页。
⑤ 陈基政：《四书读本》，第118页。

舍己从人，乐取于人以为善。自耕、稼、陶、渔以至为帝，无非取于人者。取诸人以为善，是与人为善者也。故君子莫大乎与人为善。"① 学习子路闻过则喜，与人为善，为了他人之事而努力，而非仅为自己的生存而努力，是人性与兽性间最大的不同。为了群体发展与荣耀而奋斗，更是仁义的具体实现。

然而修身与世俗间的协调，仍重视平衡中道，隐隐然与阴阳家说的阴阳协调相互呼应，过犹不及。孟子曰："伯夷，非其君不事，非其友不友。不立于恶人之朝，不与恶人言。立于恶人之朝，与恶人言，如以朝衣朝冠坐于涂炭。推恶恶之心，思与乡人立，其冠不正，望望然去之，若将浼焉。是故诸侯虽有善其辞命而至者，不受也。不受也者，是亦不屑就已。柳下惠，不羞污君，不卑小官。进不隐贤，必以其道。遗佚而不怨，阨穷而不悯。故曰：'尔为尔，我为我，虽袒裼裸裎于我侧，尔焉能浼我哉？'故由由然与之偕而不自失焉，援而止之而止。援而止之而止者，是亦不屑去已。"孟子曰："伯夷隘，柳下惠不恭。隘与不恭，君子不由也。"②

伯夷的疾恶如仇不愿妥协，是非过度分明，人类终归是群居动物，不能过度独立于人群，却所谓的是非善恶，是浮动的，正如孔子说的"乡愿，德之贼也"③，众人皆说好的老好人，也是败坏道德之人，也不足取。如柳下惠那般，过度自由自在，做事原则太轻浮，儒者也不取，非君子所当为。

因此取道中庸，与世俗做协调，尽力改变世界，而不变自己的核心价值，宋儒者曾言，仁者仁也④。仁为果仁，仁义的原则是存于本心，而非外显，保持中庸之道，无须刻意行之，自然而然体现，从基本的孝顺恭敬、与人为善，随时准备修正自己的行为，形成一种规律，则道不远矣。

问："一日克己复礼，天下归仁，朱子作效验说，如何？"先生曰："圣贤只是为己之学，重功不重效验。仁者以万物为体：不能一体，只是己私未忘。全得仁体，则天下皆归于吾仁，就是八荒皆在我闼意：天下皆与；其仁亦在其中。如'在邦无怨，在家无怨'，亦只是自家不怨，如'不怨天，不尤人'之意；然家邦无怨于我，亦在其中，但所重不在此。"⑤

这边王阳明先生提到，古之圣者其实强调的是自我修养的效果，并不刻意去影响天下，然而宋明理学家认为天地人为一体，只要儒者自我修养加深，如果刻意去强调儒者

---

① 陈基政：《四书读本》，第 634 页。
② 陈基政：《四书读本》，第 666 页。
③ 陈基政：《四书读本》，第 357 页。
④ 南怀瑾：《孟子与离娄》，第 257 页。
⑤ 李生龙：《新译传习录》，台北：三民书局，2012 年，第 490 页。

为了天下之事而行仁义，反而是治丝益棼，事倍功半之举，尽己之力，国家之中，人人尽己之力，则国太平，儒家讲究循序渐进，如中医下药，先确保国势稳定，再求增强，而非下重药一蹴而及，人民接受度较高，而且符合人性的理论基础也让儒学得以保存，心存仁义孝悌，同时克制儒者多余的内心欲望，探求天地间的道理。

三、兼济天下的社会关怀

孟子对于战争的发生与其影响，有相当的见解：

天时不如地利，地利不如人和。三里之城，七里之郭，环而攻之而不胜。夫环而攻之，必有得天时者矣；然而不胜者，是天时不如地利也。城非不高也，池非不深也，兵革非不坚利也，米粟非不多也；委而去之，是地利不如人和也。故曰：域民不以封疆之界，固国不以山溪之险，威天下不以兵革之利。得道者多助，失道者寡助。寡助之至，亲戚畔之；多助之至，天下顺之。以天下之所顺，攻亲戚之所畔；故君子有不战，战必胜矣。[1]

战争是为两国或多国间最激烈的沟通模式，然而孟子认为天时地利不可持，再怎样完美的地理优势，都有可能被攻破。希腊城邦中的斯巴达以军事主义治国，人人骁勇善战，然而在温泉关之役，一开始虽然以 300 多人挟地利之势，抵抗人数十倍以上的波斯大军，然而最后却被一个背叛的希腊人告密，而导致了斯巴达军队的败亡。孟子其言，得道者多助，失道者寡助，斯巴达军队一开始无法号召希腊各城邦一同出兵，已经是败亡的远因，而告密者只是压垮骆驼的最后一根稻草。一叶知秋，不施行仁政获取人民的信任，纵使平时可以用高压控制民众，一旦遭遇重大灾难，人民无法齐心合力，即会造成严重的后果，水能载舟，亦能覆舟，古人言道：国家兴亡，匹夫有责，其言不假。

然诚意之本，又在于致知也。所谓人虽不知而己所独知者，此正是吾心良知处。然知得善，却不依这个良知便做去，知得不善，却不依这个真知便不去做，则这个真知便遮蔽了，是不能致知也。……故致知者，意诚之本也。然亦不是悬空的致知，致知在实事上格。……如此，则吾心良知无私欲蔽了，得以致其极，而意之所发，好善、去恶，无有不诚矣。诚意工夫实下手处在格物也。若如此格物，人人便做得：人皆可以为尧、舜，正在此也。[2]

人人之所以可以成尧、舜，在于以诚意为本，格物在现今社会下或许可以解释为对

---

① 陈基政：《四书读本》，第 668 页。

② 李生龙：《新译传习录》，第 534 页。

社会环境的观察，以符合正义的方式从环境中取得所需之事物。君子之所以致良知，在于适应社经环境而做出适合当下国家所需要的学问，以无私欲之心，提升人民的文化与生活，这是当代儒者可以拥有的自我期许。

《大学》中写道：

古之欲明明德于天下者，先治其国；欲治其国者，先齐其家；欲齐其家者，先修其身；欲修其身者，先正其心；欲正其心者，先诚其意；欲诚其意者，先致其知，致知在格物。物格而后知至，知至而后意诚，意诚而后心正，心正而后身修，身修而后家齐，家齐而后国治，国治而后天下平。自天子以至于庶人，壹是皆以修身为本。其本乱而末治者否矣，其所厚者薄，而其所薄者厚，未之有也！此谓知本，此谓知之至也。[1]

除了要求统治者的仁政，也要求被统治者，修正己身，以为这个国家一同努力，从齐家、稳定的家庭，构成家族，不同的家族组成社会，不同的社会阶级构成整个国家，每个国民都是这个国家的重要元素，究其根本，儒者的目标就是：为天地立心，为生民立命，为往圣继绝学，为万世开太平[2]。以人为本，儒者认为"人"是天道在自然界的展现，为其他各个阶层的人民提供方向，承先启后，以期待创造一个更好的文明环境。因此曾子曰："士不可以不弘毅，任重而道远。仁以为己任，不亦重乎？死而后已，不亦远乎？"[3]

儒者除了诚实面对自己的修身养性之外更追求着自我实现，不只独善其身，还希望能带领社会到更正面的文化环境，安得广厦千万间，大庇天下寒士俱欢颜，达成少有所用、老有所养、世界大同的境界，是每一个儒者行仁义之道所追求的目标。如果少了这层考虑，仅是行小仁小义，眼光狭隘，只看见周遭人事物，并非一个儒者所应为。

心存修身齐家治国平天下，儒者应有经世济民之胸怀，关怀社会，在能力范围内规劝引导统治者至正道，为了无力影响社会环境的平民而尽力。孔孟讲学各国、各朝代以儒家取士，累积了数千年的治理实例与君臣折冲经验，时至今日，不应该让儒家仅仅成为学子的句读之学或基本道德教材，应该依时代变迁，去芜存菁，使民主政治统治者心存仁义，人民以此来监督政府，而且由于新媒体的出现，让修身齐家治国平天下的影响力不只属于统治阶级，一般平民也有论政的机会。因此儒家民本思维，在现今世界的应用，其实更有发挥空间。笔者认为儒者理想即是让人类文明继续提升的学问，因此，儒家思想只要稍稍与时并进，其实是当代民主国家所必需的一门学问。

---

① 陈基政:《四书读本》，第11页。
② 蔡仁厚:《宋明理学》，台北：台湾学生书局，1977年，第223页。
③ 陈基政:《四书读本》，第280页。

四、慎终追远的终极关怀

儒家虽不讲求迷信，也不讲神鬼之事，孔子曾言："未知生，焉知死？"①可见于孔子对于死后的世界是采取保留态度的，然而对于逝世的先人，儒者总是寄予无限的追思，因此儒者父母过世，必须守三年丧，以视孝悌精神。

子云：孝以事君，弟以事长，示民不贰也，故君子有君不谋仕，唯卜之日称二君。丧父三年，丧君三年，示民不疑也。父母在，不敢有其身，不敢私其财，示民有上下也。故天子四海之内无客礼，莫敢为主焉。故君适其臣，升自阼阶，即位于堂，示民不敢有其室也。父母在，馈献不及车马，示民不敢专也。以此坊民，民犹忘其亲而贰其君。②

重视人民对父母的感恩，则人民就容易尽忠于国君，顺应人性，并推广至忠君爱国的心态，体现了修身齐家治国平天下的关联性。慎终，让少者尊敬老者、亡者，不因死亡而有所减损，死后的世界固然不可测，然而如果没有先人，就不可能会有当下的生命，相同的感恩之情则得以联结不同环境背景的人民。虽然拥有不同的过去，不过生活在一起，都是由先人打拼而延续至今的共同体验，怀念先祖也是提醒儒者要记得谦卑，现在的一丝一缕都并非全然出于自己的原因，很大一个层面都是源于先人的奋斗。

儒家始终是以人为本的哲学，对于先人的怀念，绝非只是一种迷信，而是一种感谢，这份感谢，正是慎终追远的目的，也是人类文明继往开来的思维，怀念先人而持续修正自己，以达到古圣先贤所希冀能成就的高度，并以慎终作为一个评断儒者是否为孝悌之人。

子曰："父在，观其志；父没，观其行；三年无改于父之道，可谓孝矣。"③以三年守丧作为评断一个人的自治能力，父母过世之时，在无人要求与命令之下，以三年服丧作为报答父母养育十数年以至数十年的恩情。儒者一生在世，需要不停地经历，克服诱惑，克己复礼，发展到宋明理学则以朱熹的：存天理，去人欲。部分儒者为了留下名声，而出现更为极端的表现，以及过度要求贞节的情况产生，这即为儒家理论未依时代演进的部分表征，容易受不同意儒家者的攻击，就其本意，这些礼节上的要求，并非要求表面上的恭敬，或是公式化的仪式，论其本心才是儒家所重视的，客观之情境配合人主观之感受与判断，才是这些慎终仪式，或是"烈女不事二夫""饿死事小，失节事大"等观念。儒者的思考标准，并非仅仅由行为本身，若为沽名钓誉之举，则纵使守丧三十年也非儒者所为，正如同人与人之间的关怀，并非仪式行为，而是行为本身加上儒者的仁义之心，方可作为判断基准，是为儒者慎终追远的背后真实意义。《河南程氏遗书卷》第一卷曾言：

---

① 南怀瑾：《孟子与离娄》，第253页。

② 南怀瑾：《孟子与离娄》，第278页。

③ 陈基政：《四书读本》，第173页。

圣人即天地也。天地中何物不有？天地岂尝有心拣别善恶，一切涵容覆载，但处之有道尔。若善者亲之，不善者远之，则物不与者多矣，安得为天地？故圣人之志，止欲"老者安之，朋友信之，少者怀之"。死生存亡皆知所从来，胸中莹然无疑，止此理尔。孔子言"未知生，焉知死"，盖略言之。死之事即生是也，更无别理。①

程氏遗书也云："世闲有鬼神凭依言语者，盖屡见之。未可全不信，此亦有理。'莫见乎隐，莫显乎微'而已。尝以所求语刘绚，其后以其思索相示，但言与不是，元未尝告之。近来求得稍亲。"②以正式祭礼对待亡者，是因为不论生者亡者都是天地的一部分，对亡者尊敬，是生者的义务，如果要成为圣明之人，在宋明理学家心中，即是对这天地间的所有事物抱持亲近，对生者民胞物与，对死者心存敬畏，行事符合中道，人终归一死，然而在世上的每一刻至诚地面对所有生者与亡者，对于不能解释的现象，保持敬畏，诚实地对待这天地间万物。

五、知行并行的生命实践

《中庸》如此记载着：子曰："好学近乎知，力行近乎仁，知耻近乎勇。知斯三者，则知所以修身；知所以修身，则知所以治人；知所以治人，则知所以治天下国家矣。"③知、仁、勇，是儒者在于修身的三个阶段，以知识作为后盾，知道后实践，实践的过程中也许有错误，也必须懂得认错，因为人类是不可能完美的，在不断的尝试中，让自己更好，进而达到可以治理他人的阶段，由小见大，必先充实自己而去实践，儒家经典不停讲述循序渐进的道理，除了实行容易之外，按照这个顺序，也可以让儒者有可依据，并可以不断复制至一代一代的文化传承者。凡为天下国家有九经，曰：

修身也，尊贤也，亲亲也，敬大臣也，体群臣也，子庶民也，来百工也，柔远人也，怀诸侯也。修身则道立，尊贤则不惑，亲亲则诸父昆弟不怨，敬大臣则不眩，体群臣则士之报礼重，子庶民则百姓劝，来百工则财用足，柔远人则四方归之，怀诸侯则天下畏之。齐明盛服，非礼不动，所以修身也；去谗远色，贱货而贵德，所以劝贤也；尊其位，重其禄，同其好恶，所以劝亲亲也；官盛任使，所以劝大臣也；忠信重禄，所以劝士也；时使薄敛，所以劝百姓也；日省月试，既廪称事，所以劝百工也；送往迎来，嘉善而矜不能，所以柔远人也；继绝世，举废国，治乱持危，朝聘以时，厚往而薄来，所以怀诸

---

① 蔡仁厚：《宋明理学》，第 264 页。
② 蔡仁厚：《宋明理学》，第 262 页。
③ 陈基政：《四书读本》，第 24 页。

侯也。凡为天下国家有九经，所以行之者一也。①

九经是作为国君的九种规范，以此为规矩，则国家可以稳定进行，尊重其所选用的臣子，就其九种规范的源头，即是至诚，诚实地面对自己尚待修正的部分，诚实面对治理的事物，诚实面对各种专业，这才是作为一位儒者所应有的态度，儒家对于"诚"，自古以来，即为推崇，并且将此视为人与天地所共通的思维。如《中庸》也书：

诚者，天之道也；诚之者，人之道也。诚者不勉而中，不思而得，从容中道，圣人也。诚之者，择善而固执之者也。博学之，审问之，慎思之，明辨之，笃行之。有弗学，学之弗能，弗措也；有弗问，问之弗知，弗措也；有弗思，思之弗得，弗措也；有弗辨，辨之弗明，弗措也，有弗行，行之弗笃，弗措也。②

"仁义"是儒家的最终目标，"诚"是儒者对待学问的心态，也是作为面对世界的态度，诚者谦卑，循序渐进，事情不确定前不躁进，学习后不会的不去做，思考后不了解的事情也不去做，诚实审慎地去实行自己的一举一动，方符合中道，不疾不徐地切实地完成阶段性任务，是为诚，这在宋明理学中，被讲述得更清楚：至诚，天性也；不息，天命也。人能至诚则性尽而神可穷矣，不息则命行而化可知矣。学未至知化，非真得也。③

宋明理学对于儒家思想做出的最大变革，加入了阴阳哲理之外，还加入了格物致知的概念，观察天地万物间的变化，作为穷究天地，增进自己的材料，由世界上的各种景象作为认识自己的材料。如张横渠《正蒙·大心篇》云："由象识心，徇象丧心，知象者心。存象之心，亦象而已；谓之心，可乎？"④由自然界与人世界可以观察到的景象，作为镜子来映照儒者的心，然而又要用尽量客观的角度来判断景象本身，否则滞于见闻，仍然还是不见本心。心之活动，对周遭事物做出评价判断。《张横渠·干称篇》写道："妙万物而为之神，通万物而谓之道，体万物而谓之性。"⑤体验万物为人类的德性，先体验过才能有办法去通达事理，进而灵活应用所学，以万物之灵的人性去应用，儒家的经世济民之学，方可以为知行合一之学。

此须识我立言言宗旨今人学问，只因知、行分作两件，故有一念鼗动，虽是不善，

---

① 陈基政：《四书读本》，第24页。
② 蔡仁厚：《宋明理学》，第22页。
③ 蔡仁厚：《宋明理学》，第145页。
④ 蔡仁厚：《宋明理学》，第184页。
⑤ 蔡仁厚：《宋明理学》，第141页。

然却未曾行，便不去禁止。我今说个"知、行合一"，正要人晓得一念发动虚，便即是行了；发动处有不善，就将这不善的念克倒了，须要彻根彻底不使那一念不善潜伏在胸中：此是我上上言宗旨。①

　　春秋儒家建立基础架构，建立以仁义为念的理论基础，定义了修身齐家治国平天下，仁义由小而大循序渐进的关联，汉代加入了经学与阴阳理论，在孔孟学说的基础上添加实例与记录，加上经学取士讲究儒学的实用层面，到了宋明理学往内心处求，朱熹定义出存天理、去人欲的内心要求，而到王阳明时，定义出知行合一，在修身齐家之前，不只君子慎独，甚至在起心动念间即是行了，究其根本，从心念源头处去除不善，让行为符合正中之道，而求道之路本来就非一蹴可及。从心出发，以仁义之行为材料，为后世打造更接近世界大同的儒家理想。

---

　　① 李生龙:《新译传习录》，第 421 页。

《老子》身心交往思想探究

林鋆生 *

（中盐金坛盐化有限责任公司博士后科研工作站，江苏常州，213200

厦门大学人文学院博士后流动站，福建厦门361005）

摘要：身心交往问题是《老子》中的一个重要问题。身心之所以能够交往，首先需要两个重要前提，即空间和理性思维。空间是身心交往的物理前提，理性思维则是身心交往的精神前提。当这两个前提具备时，身和心之间的交往需要通过身体和语言文字这两个媒介，才能实现。身体是身心交往的物理媒介，语言文字是身心交往的精神媒介。老子重视身心交往问题，其目的则在于希望个体实现身心的和谐统一，并进一步返回真我状态，即复归于婴儿。

关键词：《老子》；身心交往；媒介；和谐

引言

从交往理论的发展轨迹而言，马克思和恩格斯最早提出了交往理论，并对传播学产生了重要影响；雅思贝尔斯则专门研究了交往的条件；法兰克福学派代表人物哈贝马斯在《交往行动理论》中将行为分为四种类型：目的性行为、规范调节行为、戏剧行为和交往行为。其中，交往行为是指"行动者个人之间以语言为媒介的互动"。可见19世纪以来的西方学者日渐重视交往行为，而这些理论家更倾向于将交往理解为不同个体之间的交往行为。厦门大学华夏传播研究中心则致力于构建华夏传播研究体系，力图从优秀的传统文化中挖掘具有本民族特色的传播思想，同时结合国外最新的传播理论，以期推陈出新，学以致用，从而更好地服务于当前的社会发展和文化传播。先秦典籍中，"交往"是一个非常重要的概念，在《周易》的泰卦和否卦 ① 中有着直接的论述。邵培仁、姚锦云合著的《天地交而万物通——〈周易〉对人类传播图景的描绘》一文总结出了《周易》

---

* 作者简介：林鋆生（1987—），男，福建宁德人，江苏常州中盐金坛盐化有限责任公司与厦门大学联合培养博士后，宁德师范学院汉语言文学系讲师，研究方向：易学与道家道教文化。

① 泰卦卦辞曰："小往而大来。"否卦卦辞则言："大往而小来。"

"交—通—合"的传播模式，这种模式也可以说与《老子》身心交往模式是不谋而合的。沈素珍《老子论人的身与心的和谐》一文从"祸莫大于不知足""知止""贵身为天下"三个方面来论述老子的身心和谐思想。老子处于礼崩乐坏的时代，纷争四起，民不聊生。在这个大背景下，老子从自我身心交往角度出发，思考个体如何应对外界混乱局面，这也使得"交往"有了更为丰富的内涵。可以说先秦时期开启了个体关于自我身心交往思考的新阶段。文本正是基于这样的一个背景，在借鉴已有成果的同时，将侧重点集中在讨论《老子》中的身心交往问题之上，主要包括三个方面，即身心交往的前提、身心交往的媒介以及身心交往的目的。

一、身心交往的前提

身心要实现交往，需要具备一定的前提，如果没有这些前提，身心之间的交往便无法实现。根据《老子》中的论述，可以总结为以下两点：第一，空间；第二，理性思维。空间可以说是身心交往的物理前提，身心之间如果不拉开空间，那么身心交往便无从谈起；理性思维则可以认为是身心交往的主观前提，因为如果没有理性的参与，身心交往则是盲目的，或者我们可以说"心"的发现乃是以理性思维为重要前提。以下分而论之。

（一）空间

正如哈贝马斯"主体间性"概念所说的，主体之间的交往需要建立在主体间性这一基础之上。这意味着主体和主体之间首先要有距离的存在。由此可知，身心分离是身心交往的前提。如果身心未分，身心则缺少交往的空间。因此，首先，身心交往的第一个重要前提便是空间，即个体只有在自我身心之间形成足够的空间，他才可能获得身心交往的基本前提。不同个体的这种空间大小不同，这个空间在一定意义上便可以用我们今天十分流行的一个词——格局——来形容。格局当然有更深的文化内涵，而其最素朴的状态就是个体身心之间所存在的交往空间。《老子》中对空间的概念也做了相应的论述。观之经文，身心之间的空间主要体现在"虚"这个概念上，而"虚"的概念在《老子》经文中主要由"谷"这一意象来承载。我们更多是从德行或境界的角度来理解"虚"和"谷"这两个概念，但我们如果从身心交往角度来审视，便可以从物理空间角度来对之进行理解，因为"谷"原本就是一种物理存在，而"虚"正是"谷"的一个显著特征。它们都意味着一种空间的存在，而这正好是身心交往的重要前提。

《老子》言："天地之间，其犹橐籥乎？虚而不屈，动而愈出。多言数穷，不如守中。"[①]"虚"即表达一种空间，正如橐籥，中间是空的，而正是由于这种空间的存在，为其能够产生各种乐音提供了前提，这种空间正是橐籥之所以为橐籥的原因。如果没有虚空的存在，橐籥也就无法发挥其功能。因此，如果没有这个"虚"，也就无所谓"不屈"，进一

---

① 楼宇烈：《老子道德经注校释》，北京：中华书局，2008年，第14页。

步也就没有所谓的"动而愈出"。这可以从反面来说明，即实则屈，屈则不可动，不可动则音声无所出也。从身心交往而言，此所谓"不屈"即身心得以交往，也就是下文的"动"，"动"后则身心交流，若坎离相交，水火既济，这样的结果便是乐音得以生发，生命之曲得以演奏。故老子言："道冲，而用之或不盈。渊兮，似万物之宗。（挫其锐，解其纷，和其光，同其尘，）湛兮似或存。吾不知谁之子，象帝之先。"①冲，古字为"盅"，训"虚"。《说文解字》言："盅，器虚也。"②"道冲，而用之或不盈"可理解为道像一个大容器，中间是虚空的，于是它的作用取之不尽用之不竭。这个"用之或不盈"便可理解为身心交往后的效果。身心交往而后产生了效用，如果不交往，这个"用"便无法发生。那么，何以产生此不盈之用？关键就在于"道冲"，也就是这个"盅"，即"虚"。如果没有"虚"，后面的具体之"用"便失去了前提。于是，老子言："致虚极，守静笃。万物并作，吾以观复。"③万物如何能够"并作"？这个"作"便有交往之意，强调一种动的状态。在此基础上，我才得以"观复"，王弼注曰："以虚静观其反复。""观复"的前提在于"万物并作"，"万物并作"的原因则是"虚静"，所以这里便产生了"虚静—万物并作—观复"的逻辑链条。

在《老子》中，承载"虚"这个概念的重要意象便是"谷"。关于"谷"这一意象，《老子》中有相关经文如次：

谷神不死是谓玄牝。玄牝之门是谓天地根。绵绵若存，用之不勤。（第6章）
敦兮其若朴；旷兮其若谷（第15章）
知其荣，守其辱，为天下谷。为天下谷，常德乃足，复归于朴。朴散则为器，圣人用之则为官长。（第28章）
谷得一以盈。（第39章）
上德若谷。④（第41章）

分析上述引文，可以看出《老子》中用"谷"这一意象来形容个体包容的状态。包容这个概念至少有三层含义：首先，包容意味着虚空，如果不虚空，则难以容纳其他事物，因此包容意味着空间的存在，这是交往的前提；其次，包容意味着交往，如果没有交往，则无须言及包容，因为包容总会有个包容的对象，因此，可以说包容是一个说明包容者与包容对象相互交往的概念；最后，包容意味着一种潜在的效用，若经文言"绵绵若存，用之不勤""朴散则为器""谷得一以盈"，这里的"用""器""盈"皆是"谷"

① 楼宇烈：《老子道德经注校释》，第10页。
② （清）段玉裁：《说文解字注》，北京：中华书局，2013年，第214页。
③ 楼宇烈：《老子道德经注校释》，第35页。
④ 楼宇烈：《老子道德经注校释》，第16、33、74、106、112页。

的潜在效用。"谷"作为空间的象征是显而易见的，"谷"所具有的内涵和效用也皆是建立在空间这一前提之上，也即朱子所言"谷只是虚而能受"（《朱子语类》第一百二十五卷）。陈鼓应先生解释"谷神"："谷"形容虚空。① 再观《老子》第十一章："三十辐共一毂，当其无，有车之用。埏埴以为器，当其无，有器之用。凿户牖以为室，当其无，有室之用。故有之以为利，无之以为用。"② 经文言及的"车之用""器之用""室之用"皆是以"无"为前提的。这里的"无"可理解为"虚"，因为"虚"而产生空间，由于空间的存在而具备了包容性。"虚"便是"谷"的主要特征，包容则是谷的具体效用。身心交往便是在"虚""谷"的前提下，而相互往来，相互包容，对个体的思维方式和行为方式产生各不相同的影响。

需要明确的是，由"虚"而产生的身心之间的空间，一方面使得身心相对分离，从而为身心交往提供了重要前提；另一方面自然也造成了个体身心之间的分裂，这也是个体产生精神问题的一个重要原因；从人类理性发展的角度而言，身心的分裂有其必然性，而我们更需要从发展的角度来对之进行审视，即这种空间为身心之间绵密的交流提供了必要的条件。由此，理性大放异彩。"道"的概念正是理性之冠上的璀璨明珠。

（二）理性思维

在有了空间这一基本前提后，另一个身心交往的前提便是理性思维。前者相对而言可以说是一种相对客观的，而理性思维则是相对主观的。从逻辑上而言，个体当先察觉到"身"，再察觉到"心"，即身在先而心在后，这里的"心"是理性思维层面的、能动的心，而非指组成身体的五脏中的"心"。作为人体器官的"心"是与"身"同时存在的。但作为主观的、能动的心则存在着一个被发现的过程，就像科技史中"火"的发现一样。我们可以认为理性便是一种"器"，即上文所谓"朴散则为器"的"器"，于是它便有了不勤之用，能够充盈山谷。同时，理性反过来是身心之间交往，即身心之间拉开空间的证明。如果没有理性的参与，则无法完成身心交往。或者说，如果缺乏理性的参与，则只能停留在"身"的层面，而无法通过"身"进入到"心"的层面，如此也就只能停留在物的层面，此即孟子所谓"人与禽兽之别几希"。因此，要实现身心交往的另一个前提便是个体的行动有了理性的参与，此"心"动了起来，心动了，也就有了灵性，才为"身"带来了活水源头，源源不断地滋养这个"身"。因此，可以说理性意味着一种觉醒，一种"觉"的状态是身心交往的重要前提。如果没有这种"觉"，则不知"心"为何物。不知"心"为何物，则难言交往。《说文解字》言："觉，悟也。"③ 又言："悟，觉也。"二者为转注，皆是说明理性的重要作用。

---

① 陈鼓应：《老子译注及评介》，北京：中华书局，2009年，第80页。
② 楼宇烈：《老子道德经注校释》，第26—27页。
③ （清）段玉裁：《说文解字注》，第413页。

春秋这个阶段理性蓬勃发展，其中最具代表性的作品便是《老子》和《易传》。《易传》乃是集体完成的作品，而《老子》则是一人完成，思想前后贯通，很好地体现了作者对其所处时代的看法。其中"道"的抽象概念的提出，也是理性发展到新阶段的标志性事件。理性的发展，可以说是个体自我意识不断增强后一种自然而然的选择，即个体开始日渐注意到"我"的存在以及"我"的价值。《老子》正是古圣先贤对这一问题的重要阐述。在《老子》中，无论是"道"的抽象概念的提出[①]、否定式的语言特色、一以贯之的"无为而为"的思维方式，都体现了当时人们对自我意识的觉知。在《老子》经文中是这样形容"理性"的：

知其荣，守其辱，为天下谷。为天下谷，常德乃足，复归于朴。朴散则为器，圣人用之则为官长。（第28章）
谷得一以盈。（第39章）

从引言中可以将理性理解为"朴""一"。作为"朴"，"朴散则为器"，即"器"是理性的具体表现形式，虽然"器"也是一个抽象概念，并非实指某个具体的器物，但作为器物的总名，相比于"朴"，已经是一个相对具体的概念了。从引言中，我们还可以看出理性具有能知能守的特性。这里的"知"和"守"就是一种"觉"的状态。"知"和"守"表示行动上有意识的往来，正如"谷得一以盈"之"盈"，何以能盈？在于"得一"，"得一"便可理解为理性的获得。"盈"则是交往的结果。因此，如果没有理性的存在，"谷"便无法"得一"，无法"得一"则天地、身心皆不得交往，不得交往则无以盈，圣人无可用之器也。

二、身心交往的媒介

讨论了身心交往的前提之后，我们需要进一步考察《老子》中身心交往的媒介。对于个体而言，身心交往首先是在个体身体中进行，因此身体可以说是最直接的媒介。如果没有了身体，身心交往活动将直接失去载体；在身体这个相对具象的媒介的基础上，个体实现身心交往还需要相对抽象的媒介——语言。

（一）身体

《老子》经文中对"身"这个概念有着较为翔实的描述，涉及"身"这个概念的经文有九章内容，所占章节比例超过10%。由此可见，"身"的概念在《老子》中是比较重要的。《老子》在探讨身心交往问题时，有时认为心为本而身为末，表现出了"轻身"的价

---

① 虽然《周易》等文本中已经有了"道"这个文字，但却是在《道德经》中"道"被赋予了形而上的抽象特征，以之作为世界产生的本源以及万物运行的规律。

值取向；有时又表现了"重身"的思想。看似矛盾，但是当我们认真阅读《老子》经文时，会发现这只是老子表达自己哲学思想的一种表现手法，也就是说，"身"和"心"在老子看来都是贯通的，并未有高低之分。然而出于个体悟性差异，因而如此表达，这乃是一种方面法门，正如经文所言"吾言甚易知，甚易行。天下莫能知，莫能行"。因此，我们在不同的经文章节中可以看到老子对待身体的态度各不相同。这并不能说老子思想是前后矛盾的，恰恰相反，这是老子思想因着时空、对象的不同而呈现出的不同形态，正如老子主张"上善若水"。水无定形，因时而变。"水"便体现为一种方便法门。无论"重身"，还是"轻身"，我们都能从中看到老子将"身"作为身心交往的重要媒介。也正是因为身体的这种媒介意义，于是在不同的经文章节中，它有了不同的价值取向。

《老子》第十三章中说道："宠辱若惊，贵大患若身。何谓宠辱若惊？宠，为下得之若惊，失之若惊，是谓宠辱若惊。何谓贵大患若身？吾所以有大患者，为吾有身，及吾无身，吾有何患！故贵以身为天下，若可寄天下；爱以身为天下，若可托天下。"①这是老子对"身"这个概念以及身心关系描述得最为翔实精彩的一个章节。因为身体乃是身心交往的物质媒介，所以老子首先强调了"身"的重要性，即所谓的"贵大患若身"，强调了绝大多数人都是贵身的。因着个体的贵身，于是他便有了大患。于是老子在此时，话锋一转，认为"及吾无身，吾又何患"。所谓"无身"并非指没有身体，而是放下对身体这个身心交往媒介的执着。可是如此似乎便没了方向，因为执着本身也意味着一种方向。老子倡导个体将这份执着由"身体"这个媒介转向更高的存在——"大象"，故经文言"执大象"。然而事实上"大象"是"视之不足见，听之不足闻，用之不足既"的。何可得而执之？所以"执大象"只是一种喻指，而非实指，它表示了目标和趋势。虽然"执大象"并非实指，但是它有其具体的表现形式，那就是上述引文中的"贵以身为天下"和"爱以身为天下"，也就是要将小我，即这个"身"，融会到"大我"，即"天下"之中。这样个体便可以超越"身体"这一媒介，从而走向更加悠游广阔的世界，此即经文言"知常容，容乃公，公乃全，全乃天，天乃道，道乃久。没身不殆"②的状态，后来《庄子》中的"德充符"者、"逍遥游"者便是一种具体体现。因此，在这一章经文中，我们看到了老子认真地描述了身心交往的媒介——身体，并对"身"表达了自己的基本态度，即贵"身"同时又不能执着于"身"，并且还要想方设法进一步超越"身"。《老子》经文中强调贵身的地方有：

名与身孰亲？身与货孰多？得与亡孰病？是故甚爱必大费，多藏必厚亡。知足不辱，知止不殆，可以长久。（第44章）

---

① 楼宇烈：《老子道德经注校释》，第29页。
② 楼宇烈：《老子道德经注校释》，第36—37页。

用其光，复归其明，无遗身殃。是为习常。（第52章）

修之于身其德乃真。修之于家其德乃余。修之于乡其德乃长。修之于邦其德乃丰。修之于天下其德乃普。故以身观身，以家观家，以乡观乡，以邦观邦，以天下观天下。（第54章）

与此同时，强调不可执着于身的经文有：

天长地久。天地所以能长且久者，以其不自生，故能长生。是以圣人后其身而身先，外其身而身存。非以其无私邪？故能成其私。（第7章）

功遂身退，天之道。（第9）

奈何万乘之主而以身轻天下？轻则失根，躁则失君。（第26章）

是以圣人欲上民，必以言下之。欲先民，必以身后之。是以圣人处上而民不重，处前而民不害。（第66章）

由此可见，"身"乃是身心交往的重要媒介。贵身说明了作为物理存在的身体的重要性，如果没有这个存在，生命本身就不存在，身心交往也就失去了基本媒介。因此，自然是要贵身。与此同时，老子强调要超越"身"，也就是要通过"身"这个媒介，而进入"心"的层面，"心"的层面是广阔无垠、没有边界的，是一个"自由王国"。这个"自由王国"恰恰又根植于"身"这一现实存在。这样"身"便成为现实世界与自由世界的媒介。"现实世界"与"自由世界"就相当于"身"和"心"，身心之间的往来沟通便需要通过"身"这个媒介才能完成。

观之上述经文，老子把"身"作为身心交往的媒介，希望通过对"身"的确认，使得个体能够重视自我身体，认识自我身体。在此基础上，进一步通过"身"而进入"心"。进入"心"之后，并非就停留在"心"之中，而是又要返回"身"中，即经文所谓"复归于朴""和光同尘"，达到身心交往的和谐状态。

（二）语言文字

语言文字作为身心交往的媒介，老子对之有着十分清醒的认识。老子出函谷关，不得已而留下五千言，这个行为本身已经很好地说明了老子对语言文字的自觉意识。如果不留下这五千言，身心交往方式便会失去一个向度，即道家所提供的对自我身心状态的观照方式。因此，留下这五千言乃是老子不得已而为之之举，此即庄子所言"知其不可奈何而安之若命"的生命态度。老子深知语言文字作为身心交往的媒介对于个体认识自我、理解生命有着重要的意义，同时又看到人们很容易被语言文字所形成的思维惯性所束缚。于是老子便以这种方式留下五千言，从而最大限度地削弱语言文字本身对个体身心交往的束缚，同时我们可以看到老子对语言文字的自觉意识也淋漓尽致地体现在经文之中。首先，老子运用了一种否定式的表达方式；其次，老子通过肯定和否定的语言表达，重在说明一种言外之意。这种言外之意既是对语言文字这一媒介的确认，同时也是对它的超越。

老子曰："希言自然。故飘风不终朝，骤雨不终日。孰为此者？天地。天地尚不能久，而况于人乎？"[①]引文中"希"字表示一种否定，《老子》第十四章解释"希"曰"听之不闻名曰希"，意指听却听不到。同时，"希"还可以理解成"少"。《尔雅》曰："希、寡、鲜，罕也。"[②]所以希言即少言之意。无论哪一种，都表达了否定之意。老子说自然是少言寡语的，这是老子对"言"的重要认知。当然这里我们需要明确的是，自然首先是"有言"，然后才是"希言"。可以说"希言"中内在地包含了"言"，并且是无所不言，正如经文言"玄之又玄，众妙之门"，万有皆从此门出入。老子希望人也能效仿自然去进行自己的行为，在看到语言的重要性的基础上，又能不执着于语言文字这个媒介。于是老子进一步强调："知者不言，言者不知。"[③]这可以说是对"希言自然"的另一种表达方式。老子在此处仍然是利用了否定式的表达，将"知"和"言"对立起来看待，又言"善者不辩，辩者不善"[④]，将"辩"与"善"对立起来看。这种对举乃是为了让人更好地认识到"言"的局限性，从而超越语言文字这一媒介，表达出一种言外之意，让相契者能够在这样的表达中体悟到"道""大象""谷神""玄牝"的存在。经文言"明道若昧。进道若退。夷道若类。上德若谷。大白若辱。广德若不足。"又言："善行无辙迹。善言无瑕谪。善数不用筹策。善闭无关楗而不可开。善结无绳约而不可解。是以圣人常善救人，故无弃人。常善救物，故无弃物。是谓袭明。故善人者不善人之师。不善人者善人之资。不贵其师、不爱其资，虽智大迷，是谓要妙。"[⑤]这些都是否定式的表达，我们在《老子》经文中可以看到大量的否定式表达，这也构成了该经文的基本特征。这些表达主要说明了老子希望超越语言文字这一媒介，同时也是把言外之意寄托在这些否定式的语言文字之中。但现实情况是语言文字作为身心交往的媒介，常常会使个体陷入语言文字之中，使得个体由于受制于惯性思维而失去自我。故老子言："吾言甚易知、甚易行。天下莫能知、莫能行。"认为"不言之教，无为之益，天下希及之"。老子因此教导人们要做到"言善信"，要"悠兮其贵言"，强调要"处无为之事，行不言之教"，乃至于"多言数穷，不如守中"。[⑥]语言文字作为身心交往的媒介，在《老子》经文中，通过否定式的表达，显然已经被超越了。但这并不影响语言文字作为媒介而存在。老子以文入心，协理身心，而这也正是老

---

① 楼宇烈：《老子道德经注校释》，第 57 页。
② （晋）郭璞注，（宋）邢昺疏：《尔雅注疏》，上海：上海古籍出版社，2010 年，第 63 页。
③ 楼宇烈：《老子道德经注校释》，第 147—148 页。
④ 楼宇烈：《老子道德经注校释》，第 191 页。
⑤ 楼宇烈：《老子道德经注校释》，第 111—112、70—71 页。
⑥ 楼宇烈：《老子道德经注校释》，第 175、120、20、40、6、14 页。

子讨论身心交往的重要目的。

三、身心交往的目的

不同时期，我们看待一个文本的角度是不同的。例如河上公更多是从修身角度进行理解，王弼主要以玄解老，吕岩的《吕祖秘注道德经心传》则主要立足于道教进行解读，程大昌的《易老通言》则是以易解老，吴澄主要从儒家角度来解读，憨山德清则从佛学角度来解释，现代学者詹石窗教授的《道德经通解》则立足于文本并加入自己生活中的切身体会，可谓雅俗共赏，刘笑敢教授的《老子古今》则是从版本学的角度出发，对比了重要的五种版本，认为应该进行概念考古，从而厘清《老子》中重要概念的原始内涵及其变化轨迹。无论从哪个角度进行理解，我们都可以在其中看到一个重要主题，即身心交往问题。由不同时期注释老子的文本可以看出，身心交往问题确实是《老子》文本中的一个重要问题。老子论及身心交往这一问题，自然有其目的。通过对经文的研究，笔者认为可以归纳为：实现身心和谐统一，回归个体真我状态。

春秋时期，社会动乱，战争频繁，人们生活朝不保夕，身心之间矛盾紧张，这已经是一种普遍现象。老子正是基于这样的现状，力图通过一些方法，来实现身心之间的平衡。虽然这也可以说是一种无奈之举①，但是客观上却为个体身心自由开拓了一条光明之路。并且在我们的文化发展过程中，这条路一直是文化发展的一个重要向度。个体若要实现身心交往的和谐状态，首先便是要正视身心之间的冲突，只有在此基础上，才可能达到身心和谐统一。老子便描述了身心失衡状态："企者不立，跨者不行，自见者不明，自是者不彰。"②吕祖注曰："跂是斜身不正，故不立。为何譬跂？意斜必心著世欲，猿马不收，何能得静？……跨者乃一脚而立，岂可行软？譬此者何也？因人不渐进，知而不行，如独脚而立，岂可久乎？……自有邪见，妄自为是，不归自然，岂能通透内学？……自立偏见，终日妄参，大道必不能转能彰现，何以求彰？"③经文所说的"企"（同"跂"）和"跨""自见""自是"都是欲望过度，身心失衡的具体表现。吕注则进一步解释了这些行为，认为这些行为乃个体心意歪斜、妄自为是的体现。因此，需要加以约束，不可让其蔓延。老子因着这种忧虑，进一步强调："祸莫大于不知足，咎莫大于欲得，故知足之足，常足矣。"④强调个体要懂得对自我有一个清晰的认识，当求"知足之足"，而不可陷入"不知足"和"欲得"的欲望牢笼之中。在揭示了个体常会存在身心失衡情况的基

---

① 这里说的无奈之举，实际上是指一种面对不好的客观条件，不得不做出的应对行为。这种应对行为在客观上多少包含了被动色彩，从这个角度而言便可称为"无奈之举"。但是如果个体对这个被动行为有所觉悟，并对之进行反转，由被动变成主动，便也可以实现一种真正的自由。事实上，《老子》中说的就是要实现这种悠游自在的生命状态。个体如果触及"道"，也就触及了真正的自由。

② 楼宇烈：《老子道德经注校释》，第60页。

③ （唐）吕岩：《吕祖秘注道德经心传》，桂林：广西师范大学出版社，2014年，第48页。

④ 楼宇烈：《老子道德经注校释》，第125页。

础上，老子进一步提出了相应的解决方案。

老子说道："执大象，天下往；往而不害安平太。乐与饵，过客止。道之出口，淡乎其无味，视之不足见，听之不足闻，用之不足既。"①这章经文可以说是对《周易》中泰卦的深刻描述。"太"通"泰"，"往而不害安平太"可以断句为"往而不害，安平，泰"。此处"泰"是对"往而不害"的一种总结性描述，表达了一种和谐有序又交通无碍的状态。经文中的这种状态是针对"天下"而言，回归到一个人身上，那便是身心的和谐交往。身心交往的这种往而不害的和谐状态，根据经文表述，需要在交往过程中贯穿一条重要原则：止，此即经文所谓"乐与饵，过客止"。当然这个"止"的原则需要在具体行为中才能有所依托。那么个体当发出什么行为？老子认为个体的行为应当是"执大象"。这个行为具有深刻内涵，这也可以说是个体要达到身心和谐的重要条件。个体如果发不出"执大象"这一行为，则很难实现"安平，太"的身心和谐状态。于是问题便转化为如何才能做到"执大象"，从而实现身心和谐。

《老子》经文主要提供了以下几条路径：首先，老子从正面进行说明："我有三宝，持而保之。一曰慈，二曰俭，三曰不敢为天下先。慈，故能勇；俭，故能广；不敢为天下先，故能成器长。"②可见个体要从"慈""俭""不敢为天下先"三个方面进行自我修炼。如何做到慈？经文言："绝仁弃义，民复孝慈。"即需要对"仁""义"这种惯有的价值判断有一个理性的认识。如何做到俭？老子言："敦兮其若朴。"又言："见素抱朴，少思寡欲。"③可见要做到俭，便当少思寡欲，敦厚如石，素履之往，独行其愿。其次，一个很重要的途径便是辩证思维，或者可以说和谐就是一种辩证，和谐就是一种平衡。《老子》第二章说道："天下皆知美之为美，斯恶已；皆知善之为善，斯不善已。故有无相生，难易相成，长短相形，高下相倾，音声相和，前后相随。"④因此，个体要"执大象"，先要知晓"大象"无象，执而非执。正是因为大象无象，因此便消解了"执"这个动作；消解了"执"这个动作时，反而实现了一种超越，而与"大象"相契合。非有所执，而大象常在常存；大象常在常存，故执之可矣；执之可矣而大象又"淡乎其无味，视之不足见，听之不足闻，用之不足既"。这就是老子所强调的辩证思维，这种辩证思维及其所引起的行动，正好是实现身心和谐所需要的重要途径。这种辩证思维，也便是老子所谓的"反者，道之动"。个体需要有这个"反"，"道"方有可能动，"道"动而后方有可能"执大象"，"执大象"则"天下往"也。往而不去害之，故可身心"安平，太"也，如何实现不去害？这就是要贯彻"止"的原则，即要晓得"知足之足，常足矣"的道理。归纳而言，便是要晓得"反"乃是作为事物运动的规律和内在动力；同时要明确，事物一旦进

---

① 楼宇烈：《老子道德经注校释》，第87页。
② 楼宇烈：《老子道德经注校释》，第170页。
③ 楼宇烈：《老子道德经注校释》，第48、37、48页。
④ 楼宇烈：《老子道德经注校释》，第6页。

入运动过程中时，便要遵循"止"的行为准则。这是老子辩证思维所要把握的核心要素，即"反"和"止"。这是实现身心和谐的根本途径。

当然，老子认为在身心实现和谐状态后，还需要进一步修炼，从而恢复到真我状态，即经文所说的"复归于婴儿"的状态。也就是说修行的生命状态没有止境，以至于将日用常行和境界修行融为一体，彼此相照，如此也就是上善若水、和光同尘。

结论

通过以上论述，可以看出老子认为身心交往需要两个前提，分别是空间和理性思维。前者是物理层面的前提，后者则可认为是精神层面的前提。同样，身心交往也需要两个媒介，分别是身体和语言文字。身体是身心交往的物理媒介，语言文字则是身心交往的精神媒介。身体作为身心交往的媒介，使得个体更多地感受到自我的存在，从而进一步认知"身"，确认"身"；而语言文字作为身心交往的媒介，则使得个体更多地体悟到"心"的能量，也就是所谓的"鸢飞戾天，鱼跃于渊"的一种超越自身居处的狭小时空的束缚，而进入一种广阔的天地之间。这里的"天地"并非只是指一种实际存在的、人们肉眼能够看到的天地。这里的"天地"更是指一种精神所建构出来的世界。这个世界是个体所独有的，是无限广阔但又极其私人化的时空。与此同时，需要明晓，老子强调"身"和"语言文字"的重要性，同时又强调要对这些媒介进行超越。在老子看来，任何媒介都是过渡性的，虽然重要却不可执着，否则永远触及不到"道"。即使是"道"，老子也是说"吾不知其名，强字之曰道"。因为这个被表达出来的"道"，首先就呈现为一种语言文字，所以不可留恋，不可执着。于是老子用一种否定式的描述进行表达。这是《老子》全书文字表达的一个重要特征。可以说，老子正是通过这种否定式的表达实现了对语言文字这种媒介的超越，同时也正是在这个过程中，实现了身心交往的和谐统一。这种身心交往的和谐统一状态，不仅需要个体对道理有一个深刻的认识，更需要个体在实实在在的生活中如切如磋，如琢如磨，见素抱朴，和光同尘。

十、国学新知

很荣幸邀约到钱耕森先生，全面介绍他的"大道和生学"，同时还约请到几位学者，从不同视域阐释"大道和生学"与其重要意义。

北大著名哲学家张世英先生说："'大道和生学'是耕森学友探索、构建的一种新哲学。"二十多年前，钱耕森先生对"和实生物"的深入思考和对"和为贵"的追问，拉开了探索、构建"大道和生学"的帷幕。"大道和生学"回答了宇宙生成论的问题，提出"万物产生于大道之和气"。钱耕森先生长期致力于精研中华民族优秀传统文化，打通了史伯的"和生"说、老子的"道生"说、庄子的"气生"说和《周易》的"太和"说与"生生"说，融入"和平发展"的时代精神，从而探索、构建了"大道和生学"新的哲学体系。

"大道和生学"即哲学史讲哲学，将"道""和""气""生"四个传统哲学的核心理念紧密结合，以大道立论，形成了这一体系的显著特征。"大道和生学"是一种创新的哲学：新诠"和实生物"说为"和生学"，打通史伯"和生"说与老子的"道生"说……"大道和生学"是一种生命哲学，体系中以"生""生命"最为根本。"大道和生学"揭示了万物生成、成就事业的客观规律，也体现了"和平发展"的时代精神，对于构建和谐社会，实现"人类命运共同体"大有裨益。

史向前的《儒家"仁和"思想的特质》指出，钱耕森的"大道和生学”阐明了“和”的本质在于“生”，“生”是中国传统文化的根本特征，无论是儒家的“仁生”说，还是道家的“道生”说，都是对史伯“和生”思想的继承和发展。钱耕森的“大道和生学”是对儒道为代表的中国古代哲学的一个重大发掘，也是对中华民族价值理念的根本揭示。史向前深入分析研究与比较了儒家、道家的“和生”思想，提出，儒家主“仁和”，其要在“人和”与“亲和”，仁和是本于亲亲，贵在仁民，直到爱物的“和生”说；道家主“道和”，所言人间和谐与社会秩序是以天地万物的自然和谐与自然秩序为主要依据的，相对于儒家而言更重人性的自然与舒展。儒家与道家的“和生”说始终处于平衡互动之中的，儒家以人和为主导，其言和谐固然有各自的相安与得宜，还有着推己及人的关爱与互动，乃是中国传统“和”的哲学文化的主流思想与精神。

耿春红的《“和实生物，同则不继”的政治文化生态解读》阐述了钱耕森的“大道和生学”思想的基本观点，阐述了钱耕森从“世界万物是如何生成”这个哲学问题入手，深入研究了史伯“和实生物，同则不继”的和生思想，肯定了史伯这一哲学思想的贡献和重要意义。耿春红则从史伯所处的政治生态环境探析了“和实生物，同则不继”思想的国家治理层面的意义，指出，历史上诸多专制君王亡国，根本原因在于唯我独尊的政治体制，在于专制统治下君王自私人性的膨胀而毫无约束，从而揭示了“和生学”对于当今治国理政的现实意义。

李勉映的《简论钱耕森“大道和生学”思想的哲学史意义和哲学意义》指出，“大道和生学”是钱耕森整理发掘史伯和生思想基础上建树的，经过对中国古代和古希腊先哲学说的比较研究，确证了钱耕森关于史伯是中国哲学甚至是世界哲学的第一人，从而把整个世界哲学史都提前了的观点，提出史伯当时代表了中国甚至世界的思想高度。李勉映从生命哲学的视角，论证了大道和生学的要义在“和”，“和”为万物之宗，和而生物，人类的价值目的是“生”，故须以“和”为道。李勉映认为“以他平他谓之和”揭示了“和”的精髓在于其表达了生命的整体性。生命是整体性与个体性的统一，是生命整体自由发展并不断提高的前提条件，由此也揭示了钱耕森“大道和生学”把“和”与“生”相关联并将其上升为大道的重要的哲学意义。

（南京大学历史系中国思想史专业博士　陆元祥）

"大道和生学"新哲学体系

钱耕森　沈素珍 *

(安徽大学哲学系，安徽合肥，230039)

"大道和生学"是我多年来对中国传统文化中"和生"思想，进行挖掘、梳理、研究、探索与创新，所形成"和生学"的新哲学体系。

一、"大道和生学"起源于我对"和实生物"与"和为贵"的思考

"大道和生学"起源于我长期以来对史伯的"和实生物"与孔子的"和为贵"思想的思考。1994年10月我应邀出席了"孔子诞辰2545周年纪念与国际学术讨论会"，向大会提交了《"和为贵"新论》一文，文中将我探索多年、思考成熟的"和生学"作为"新论"提出。文章在系统论证了史伯"和实生物"哲学思想的基础上，提出了自己新的思考，"和"何以为贵？就在于它能"生物"，因此我的新论是："生物之用，和为贵。"这一创新观点突破并超越了"礼之用，和为贵"的传统，当即受到了好评。台湾著名的《孔孟月刊》编辑部审稿评论为"立意甚佳"，并迅速于该刊1996年1月刊出。这样我酝酿已久的"和生学"的新理念，由此公之于世。

从此以后的二十多年的时间，我进一步挖掘、梳理、研究中国传统文化中的"和生"思想，将史伯的"和生"说与老子的"道生"说打通，提升为"大道和生学"，写成了《大道和生学简论》一文。方克立（中国社会科学院著名哲学家）评价说："大作揭示了老子'道生'说与史伯'和生'说之间的内在联系，将其贯通、整合、提升为'大道和生学'，是中国哲学史研究的一个重要创见。大作《"大道和生学"简论》只有短短七千字，讲清楚了中国哲学中宇宙生成论的一个重要问题。"[①]

2015年3月2日，《光明日报》发表了拙作《大道和生学》长文。

---

* 作者简介：钱耕森（1933—），男，安徽巢湖人，安徽大学哲学系资深教授，安徽大学方东美研究所所长。创建"大道和生学"，2017年度汤用彤学术奖获得者。沈素珍（1953—），女，上海人，安徽大学社会与政治学院副教授，研究方向：中国传统文化中国哲学。

① 钱耕森：《大道和生学研究》，合肥：安徽大学出版社，2019年，第271—272页。

2016 年 12 月 28 日，《人民日报》又发表了拙作《"和"为天下之大道》的专文。

2018 年底，我将二十多年来研究的"和生学"构建成新的哲学体系，撰写了《大道和生学研究》专著。北京大学著名哲学家、我的恩师张世英先生，特为此书做序。他在序中说："'大道和生学'，是耕森学友探索构建的一种新哲学。"①

美籍著名学者成中英先生评论说："'大道和生学'，是耕森教授正在探索构建的新哲学体系。……是他攻读精研中国哲学数十年厚积薄发的硕果。"②

二、"大道和生学"作为新哲学体系，所要回答的是世界万物如何生存发展的问题

世界万物是如何生成的？生成万物的本原是什么？这些都是哲学问题。前者是生成论，后者是本体论。二者有区别又有联系。亚里士多德说："万物从其中产生的东西，也就是万物的本原。"③胡适把天地万物怎样来的宇宙论作为哲学的首要问题，他说："哲学的门类也有许多种。例如：一、天地万物怎样来的。（宇宙论）"④

整个世界是由万物构成的。万物又是怎样构成世界的呢？对于这个重大问题的讨论迄未停止过。这是哲学上的一个重大问题，也是每一位哲学家都必须回答的一个问题。翻开中西哲学史，不同的哲学家都做出不同的回答。例如，西方最早的哲学家、被称为哲学之父的泰勒斯（约公元前 624—前 547 年）提出"万物产生于水"和"万物产生于土"。比泰勒斯更早的中国春秋时期的管子（？—公元前 645）也提出"万物产生于水"。还有万物产生于"火""气""道"等不同的回答。我的"大道和生学"新哲学体系重点研究生命体如何使其生生不息，永恒发展，明确提出了"万物产生于大道之和气"的新主张。

三、"大道和生学"的理论渊源

"大道和生学"的理论渊源于史伯的"和生"说、老子的"道生"说、庄子的"气生"说和《周易》的"太和"说与"生生"说。

"大道和生学"的理论源头是史伯的"和实生物"说，我将其概括为"和生"学。在我之前，学界虽然都引用史伯"和实生物"说，但尚未对其哲学思想进行深入的研究，而国外更少有人知道史伯的思想，因而似乎成了"绝学"。而我则将其上升到"和生"哲学的新高度，这是我的理论创新之处。

金春峰（人民出版社著名编审）评价说："'大道和生学'为吾兄力作，字斟句酌，

①　钱耕森：《大道和生学研究》，张世英《序》，第 1 页。
②　钱耕森：《大道和生学研究》，成中英《序》，第 4 页。
③　亚里士多德：《形而上学》，983b22 — 27。
④　胡适：《中国哲学史大纲》卷上，北京：商务印书馆，1987 年，第 1 页。

大有朱子'格物补传'之风。'为往圣继绝学，为万世开太平'，吾兄殆新张子（张载）也。"[1]

美国洛杉矶罗耀拉大学名教授王莹莹评价说："希望您能继续做史伯的研究。国外对他的研究很少，特别是哲学界，很少有人知道史伯。您的研究有很高的国际价值！"[2]

（一）史伯的"和实生物"说，即"和生"说

1. 史伯"和实生物"说的提出

史伯是西周末代天子周幽王的太史。史伯在与郑桓公（在公元前774年、周幽王八年任司徒）讨论西周的命运时，断言西周"殆于必弊"，原因是周幽王在治国用人方面采取了"去和而取同"的错误原则和路线。

史伯是一位明智的政治家，他主张在治国理政以及在选拔干部上必须采取"去同而取和"的正确的路线，并将现实中具体的政治与社会问题，提到了"和同之辨"的哲理高度，明确了"和"与"同"的本质区别与不同价值。

史伯更是一位智慧的哲学家，在"和同之辨"的基础上，提出了著名的"和实生物"说，将"和"从社会政治问题上升到哲学命题，明确回答了哲学上关于万物生成发展的古老而又根本性的难题。

"和"何以生万物？

史伯说："夫和实生物，同则不继。以他平他谓之和，故能丰长而物归之；若以同裨同，尽乃弃矣。"（《国语·郑语》）

史伯的这段话，内含着丰富的哲学思想，其要点有三：阐述了"和"的价值为"和实生物"；指出了"同"的不可持续性，"同则不继"，"以同裨同，尽乃弃矣"；更重要的是史伯提出"和实生物"的论断，并以"以他平他谓之和，故能丰长而物归之"予以有力的证明。因此，我认为"以他平他谓之和"的论述是史伯给"和实生物"的"和"所下的经典定义。

2. 史伯为"和"所下的第一个定义

中国传统"和"文化源远流长，甲骨文中就有"和"字的出现，古老的《诗经》中已含有"和"的思想，尧帝提出了"协和万邦"（《尚书·尧典》）的理念，更早的黄帝则已提出了"万国和"（《史记·五帝本纪》）的名言，《周礼》推出"以和邦国"思想，等等。但在史伯之前，他们都没有对"和"做过界说，所以说史伯为"和"所下的定义是中国历史上"和"的第一个定义。

史伯的"以他平他谓之和"的定义，言简意赅，内涵很丰富，主要有两点：

① 钱耕森:《大道和生学研究》，第272页。
② 钱耕森:《大道和生学研究》，第274页。

第一，"和"的多元性，这是"和"的充分条件。

"和"必然要有多元的他、他……存在为前提，不然单一的，即为"同"。在史伯看来，"和"与"同"有着本质的区别，其价值也不同。

和，是多元的他、他……的组合，不同事物（意见）的相加、相融合。如：水＋土＋火＝陶罐；水＋食材＋佐料＝美味的和羹；红＋黄＋兰＋绿＋……＝万紫千红，才呈现出春天的美景。自然界的生态，人类社会的发展，无一不体现出他的多元性。多元方能互补，从而使其生生不息，可持续发展。这就是"和"的价值所在，"和实生物"。

同：是单一的，同一事物（意见）的重复，如同单一的清水＋清水，还是清水，不能产生新事物，如同人类没有异性的存在不能繁衍，因而"同则不继"。

第二，多元的"平衡"性（平他），这是"和生"不可或缺的第二个必备的条件。

我将"以他平他"中"平"的内涵，新解为"三平"："平等""公平""平衡"（以和谐为主）。这里的"平"，不是一方吃掉另一方，而是"三平"。

在多元的统一体中，相异的事物、不同的对立面，相互冲突，经常处于不平的失衡状态，无法形成合力使其不断发展。因而必须使统一体内的他、他……都处于"平等"地位，以"公平"的原则，通过协调"平衡"，在动态中，尊重包容各异，异中求同，这就是"和而不同"，而不是"同而不和"。当系统内的他与他达到高度"平衡"之时，即"和谐"之时，则新生事物也就会油然而生了。诸如大家经常说的"和羹"，是由不同的主料、副料、佐料组成，还加上火候，再由经验丰富、技艺高超的厨师根据不同的口味，反复"平""平衡"，精心制作，从而形成美味可口的浓汤。诸如社会上各类团体与经济组织，要使其存在与发展，必然也要有这"三平"，各成员首先要有平等的地位，公平地参与，并以"公平"的原则充分发挥出各自的作用，最后通过协调，平衡各方利益。当今联合国作为处理国际事务的组织，其决策也是如此。"平等""公平""平衡"这一理念与"和生"的理念，显然是相通的。联合国的宗旨与口号是"和平与发展"，"和平"即"和"，"发展"即"生"，也就是"和生"。我国向世人宣布今后所要走的是"和平发展"的道路，即"和生"之路。当今中央的国际战略：和平、发展、合作、共赢。简而言之，即"和生"的国际战略。

综上所述，"多元"与"平衡"二者是事物这一矛盾统一体生存与发展的关键，是核心，一个都不能少。诸如：人体健康的阴阳平衡，身与心平衡；饮食结构的荤素搭配，五谷杂粮的多元平衡；自然生态物种的多元平衡；社会人口结构中的男、女比例平衡，老、中、青的比例平衡；产业结构一、二、三产业的合理平衡；社会发展"五位一体"：经济、政治、文化、社会、生态的平衡发展，等等。习近平总书记提出的"人类命运共同体""人与自然的生命共同体"，都是建立在多元平衡的基础上的。人们对事物发展动态"平衡性"的认识，是逐步深化的，是在走了弯路以后，才认识到平衡发展的重要性。而我们的先贤史伯却在2800年前就已经认识到"以他平他谓之和，故能丰长而物归之"。

只有平衡了，才能和谐，才能发展。可见，史伯关于"以他平他谓之和"的定义非常精当，十分丰富，极其智慧。

刘笑敢（香港中文大学著名哲学家）评论说："'和生学'的大作……不仅有学术理论上的新意，更有现实的启发意义。其中'以他平他'的议论和发挥尤为精彩，我深深赞同。"①

史伯为了论证他的"和实生物"的理念，在文中先引了历史上的先王为例。他说："故先王以土与金木水火杂，以成百物。"（《国语·郑语》）我国古代先哲认为金、木、水、火、土，是构成万物的五种最基本的元素。此处的"杂"字之义，按史伯的观点，其实就是"和"字之义。这就是说，万物是由金、木、水、火、土五种最基本的元素相互结合、相互"和""和谐"在一起，相互达到"平""平衡"状态时而形成的。

接着，史伯又不厌其烦地再一次地遍举实例予以详证："是以和五味以调口，刚四支以卫体，和六律以聪耳，正七体以役心，平八索以成人，建九纪以立纯德，合十数以训百体。出千品，具万方，计亿事，材兆物，收经入，行姟极。"（《国语·郑语》）这充分表明史伯明确主张可以四个他、五个他、六个他、七个他、八个他、九个他、十个他、百个他、千个他、万个他、亿个他、兆个他、经个他、姟个他（按：即无数个他）之间在互动中达到平、和（即平衡、和谐）的状态时就能产生出万事万物。这样，史伯就完全证明了自己的"和生"新哲学具有真实性、客观性、普适性、有效性和合法性。

而"同"为什么不能产生万物呢？

在史伯看来，同一东西无论是简单的重复或者相加，归根到底都只能是"自我同一""自我相加""自我重复""自我复制"而已，只能是用尽了，便没有了，产生不出任何新事物。因此，史伯断然地说："同则不继"，"若以同裨同，尽乃弃矣"。为此，他又列举数例加以证明。他说："声一无听，物一无文，味一无果，物一不讲。"（《国语·郑语》）其意是说，只是一种音调，没有和声，未免太单调了而没有再听的必要；只是一种颜色，没有文采，未免太单调了而没有再看的必要；只是一种味道，未免单调而不能成为美味，也就没有再吃的必要；只是一种事物，不与别的多种事物相比较，也就无法做出全面而公允的评价。

最后，史伯又用自己的"和生"新哲学指导现实，解决社会问题。他要求真正的王者应该自觉地用"和生"学去治国理政："故王者居九畡之田，收经入以食兆民，周训而能用之，和乐如一。夫如是，和之至也。于是乎先王聘后于异姓，求财于有方，择臣取谏工而讲以多物，务和同也。"（《国语·郑语》）这种"和乐如一""和之至""务和同"的国家，其实就是已构建成的"和谐社会"与"和谐世界"。

可见，史伯所提出的"以他平他谓之和"的一系列论据，包括对"和"与"同"不同价值的正反两面的论证，对于证明"和实生物"的论题，逻辑分明，说理充分。有了"以他平他"，就能"和生"；没有"以他平他"，就不能"和生"。"以他平他"，是"和生"不可或缺的必要条件，这也就是史伯关于"夫和实生物"与"以他平他谓之和，故能丰长而物归之"的奥义之所在。

3. 史伯的历史贡献

第一，进行了"和同之辨"，明确指出"和异裨同"。

第二，提出了"和实生物"的新概念、新命题，对其进行了充分的论证。

第三，对"和"下的第一个新定义：是中国悠久的"和"文化史上第一个定义，也是一个历久弥新的经典性的定义。不仅具有历史意义，还具有重大的现实意义。

史伯的哲学思想博大精深，他所构建的"和生"哲学，有背景，有理论，有论题，有论据，有论证，有践行，在中国历史上产生深远的影响。中国历史上儒、佛、道各家不断传承"和""和生"的理念，使之成为中华文化的精髓与核心。由于篇幅有限，各家对"和生"思想的传承在此不再赘述，请参看拙著《大道和生学研究》第二编《中国传统和生思想源远流长》。

（二）老子的"大道和生"说

老子不仅传承了史伯的"和实生物"说，并创造出中国哲学史上第一个博大精深的形而上学的体系——"道生万物"说或者"大道和生万物"说。简而言之为"大道和生"说。

老子主张万物是由"道"而生。那么"道"是如何生成万物的呢？

老子说："道生一，一生二，二生三，三生万物"，这里老子用"一、二、三、万"的自然实数的加法来描述"道生万物"，是他用深入浅出的话语来表达"道生万物"的玄妙的哲理。紧接着他又极其精辟地指出："万物负阴而抱阳，冲气以为和。"（《老子·四十二章》）这两句话，有着内在不可分离的有机联系。"道生一"的"一"指"元气"；"道生二"的"二"指"阴阳二气"；"道生三"的"三"指"和气"；"和气"生"万物"。也就是"道"先通过"元气"，再通过"阴阳二气"的"冲气"产生"和气"，进而产生万物。

"万物负阴而抱阳，冲气以为和"这句话精深的内涵，主要有三：

第一，老子引进了"阴阳"二气这两种哲学上的基本范畴，来说明"道"之所以生万物，乃是经由阴阳二气而生的，是由"阴"与"阳"不断互动的结果。

第二，老子进一步引进了"冲气"来说明"道"是如何通过阴阳二气来生万物的。什么是"冲气"？"冲"，本作"沖"，二者相同。"冲气"与阴阳二气关系密不可分，它内含有阴阳二气，它就是由阴阳二气共同构成的。但它又是一种特殊状态下的阴阳二气，即阴阳二气处于相互交冲与激荡的状态。仅就这个意义而言，它又是不同于一般的阴阳二气的一种气体，这种极具个性特色的阴阳二气，就可以称之为"冲气"了。

第三，老子更进一步引进了"冲气以为和"的"和"来说明"道"是如何通过阴阳二气相互交冲与激荡而生万物。简言之，即如何通过"冲气"来生万物。阴阳二气，不相互交冲与激荡，是生不出万物的。单阴独阳，是无法生出万物的，正如单身男女，是不可能生人一样的。只有当阴阳二气经过相互交冲与激荡，并且还必须达到"和"，即"和谐""平""平衡"的状态时，才能产生出新生事物，生生不息，日新又日新，从而产生出万物。这"和"的状态，万变不离其宗，还是阴阳二气的"和"，因此，它又可以称之为"和气"。

所以，老子所说的"万物负阴而抱阳，冲气以为和"的全句的完整意思是说，万物之所以产生，就是由于构成万物的阴和阳的二气，彼此互动，相互交冲与激荡达到了"和"的状态时，就形成新的和谐的统一体，即形成了新事物，天长地久地生生不息，就会源源不断地无穷无尽地产生出万物。

由上述可见，老子的"道生万物"说，其实也就是"和气生万物"说。这样一来，老子的"和气生万物"说也就与史伯的"和实生物"说，在本质上则是一致的了。

老子的"道生万物"说，对史伯的"和生学"做出了巨大的发展，主要的创造性在于：

（1）把"道"引进来了；

（2）把"阴阳二气"引进来了；

（3）把"冲气"引进来了；

（4）把"和"与"气"结合起来了，形成了"和气"；

（5）把经验的"以他平他谓之和"，上升到理性的"冲气以为和"；

（6）把具体的现实的"和生万物"说，提到了抽象的哲理的"道生万物"说的高度。

总之，史伯开创了"和生学"，老子则建立了"和生学"。并且，老子后来居上，超越性地创新出中国哲学史上第一个博大精深的并在全世界产生极其深远影响的形而上的体系——"道生万物"说，实即"大道和生学"。

（三）庄子的"气生"说

庄子主张万物产生于"气"，"通天下一气耳"。认为贯通天下万物的死生、彼此、臭腐与神奇的变化都是"气"，万物死生变化都是"一气"聚散的结果。当然这"一气"含阴阳二气，这"一气"归根到底也是"道"生的，但庄子之说凸显了"气"在"道"及其"阴阳二气"化生万物过程中的独特作用。所以，可以称之为"气生"说。

阴阳二气如何化成万物？是"阴阳交通成和而生万物"。"至阴肃肃，至阳赫赫，肃肃出乎天，赫赫发乎地，两者交通成和而物生焉。"（《庄子·田子方》）所谓的"两者"，指的就是"阴阳二气"。所谓的"交通"，指的就是阴阳二气的互动、"相冲"。当阴阳二气互动、相冲达到"和"，形成"和气"时就会生物。所以，庄子的"气生"说和老子的

"道生"说一样，归根结底还是"和生"说。

庄子紧接着上一句话，又说："或为之纪而莫见其形。"(《庄子·田子方》)"或"，指代上句：阴阳"两者交通成和而物生焉"。"纪"，即纲纪、规律。庄子在这里把阴阳"两者交通成和而物生焉"视为不见其形的"纪""纲纪"，即规律。"和生""道生"，在庄子之前虽赋予极大的普适性，但尚未提高到，至少尚未如此明确提升为"规律"的层面，而将"和生""道生""气生"上升为"规律"的第一人就是庄子。这正是庄子独特的巨大贡献。

庄子强调"阴阳平衡"与"阴阳和谐"的重要性。从正反两方面一再强调"道生""和生"与"气生"的核心——阴阳平衡的问题。他认为，阴阳应该平衡，而不应该失衡，阴盛阳衰或者阳盛阴衰，都是一偏。"太冲莫胜。"(《庄子·应帝王》)"太冲"：指阴阳二气互冲而调和。"莫胜"：指阴阳二气不要偏胜。他主张对于阴阳无所偏颇，应予以调和。阴阳二气得到了调和，就不会有阴盛阳衰，或者阳盛阴衰，阴阳二气就能保持"平衡"与"和谐"。可见，庄子的"太冲"，即老子的"冲气"。并且，庄子用"莫胜"强调了构成"冲气"中阴阳二气所具有的平衡性与和谐性。因为阴阳和则可生物，而阴阳不和失衡不仅不能生物，并且还会危害生命，这一思想也是对史伯"平"的理念的进一步阐述与发展。

（四）《周易》"太和"说与"生生"说

《周易》中有着丰富的"生生"的思想，提出"生生之谓易"(《系辞上·第五章》)。"易"就是讲变化。《周易》就是通过阴阳变化来研究、揭示世界万物生存发展的规律。"乾……以大生，坤……以广生"(《系辞上·第六章》)，充分肯定了宇宙天地生生不息的品德。"天地之大德曰生"(《系辞下·第一章》)，认为促进生命共同体的生生不息是为"大德""盛德"，这不但把"生"品德化，而且还置之于最高品德的地位。"和生"作为宇宙之大道，首先体现为万物生生之道。

《周易》中有着丰富的"太和"思想，提出了"太和生万物"的理念："保合太和，乃利贞。首出庶物，万国咸宁。"(《乾卦·彖传》)。由太和而始生万物，于是才有万国之安宁。无论是"和实生物"，还是"保合太和，乃利贞"都是从本体论的高度，将"和"认定是万物生生不息的本源。为何"太和"能"首出庶物"和"万国咸宁"呢？就是因为"太和"之内含有"生"的本质属性。史伯提出"和实生物"和《易经》表述的"保合太和，乃利贞"，奠定了古典中国哲学"和生"哲学的基础，它明确地揭示了中国"和"文化的本质特征在于"生"。

由上所述，史伯的"和生"说、老子的"道生"说、庄子的"气生"说，《周易》的中"太和"说与"生生"说，成为拙作"大道和生学"的理论渊源。

著名哲学家张世英先生在其《序》中评论说："耕森学友多年来致力于打通史伯的

'夫和实生物，同则不继'的'和生'说、老子的'道生一，一生二，二生三，三生万物。万物负阴而抱阳，冲气以为和'的'道生'说、庄子的'通天下一气耳'的'气生'说、《周易》的'保合太和，乃利贞。首出庶物，万国咸宁'（《乾卦·象》）的'太和'说。……他在融会贯通优秀的传统文化的基础上，又紧密结合'和平发展'的时代精神，自家体贴创造出'大道和生学'，在哲理上传承发展了中华优秀文化的传统，在践行上对构建和谐社会与和谐世界做出了很大的贡献。"①

四、"大道和生学"哲学体系的研究特点

这一哲学体系研究特点即哲学史讲哲学，将传统哲学中 4 个重要的核心理念，"道""和""气""生"相结合，作为理论命题，并以大道立论，将"和生学"提升到"大道"的本原与规律的高度，形成"大道和生学"。美国夏威夷大学著名哲学家成中英教授评价说："鸿文联系史伯与老子加以发挥，并以大道立论，实为灼见。"②

"道"，是中国思想中最崇高的概念，最基本的原动力。

"道"在中国传统文化中，本义是人走的道路，后引申为规律、原理、道理、准则、宇宙的本原与本体等重要含义，成为形而上的重要理念。

《周易》："一阴一阳为之道"（《周易·系辞上传·第五章》），天、地、人"三才之道也"（《周易·系辞下传·第十章》）。老子把"道"视为先天地而生的宇宙本原。"有物混成，先天地生，寂兮寥兮，独立而不改，周行而不殆，可以为天下母，吾不知其名，字之曰道。"（《老子·二十五章》）孔子："朝闻道，夕死可矣。"（《论语·里仁》）金岳霖认为：正是作为"万事万物之所不得不由，不得不依，不得不归的道，才是中国思想中最崇高的概念，最基本的原动力"。因此，"国人对之油然而生景仰之心"③。

十分欣喜的是，正在我研究"大道和生学"之时，习近平总书记 2014 年 9 月 18 日在访问印度时，提出："我们都把'和'视作天下之大道"，"相互尊重、平等相处、和平发展、共同繁荣，才是人间正道。"习总书记也将"和"提高到"大道""正道"的高度。为此我撰写了《"和"为天下之大道》一文，发表在 2016 年 12 月 28 日的《人民日报》上。

"和"是中国传统文化的核心与精髓。

在中华文化体系中，"和"作为一个古老的概念最早出现在甲骨文中。《经籍篡诂》解，"和，谐也"。"和"亦有"和谐"之意，和谐乃存在于天地之间的一种极为普遍的现实，有了和谐才能共生，即"和生"。

早在五千年前中华民族的始祖黄帝就提出"万国和"（《史记·五帝本纪》）。随后，尧帝提出了"协和万邦"（《尚书·尧典》），《周礼·天官冢宰》"礼典"推出"以和邦国，以

---

① 钱耕森：《大道和生学研究》，张世英《序》，第 1—2 页。
② 钱耕森：《大道和生学研究》，成中英《序》，第 4 页。
③ 金岳霖：《金岳霖全集》第 2 卷，北京：人民出版社，2013 年，第 20 页。

统百官，以谐万民"。史伯更提出："夫和实生物"，影响深远。有子说："礼之用，和为贵"，等等，形成了我国的"和"文化悠久辉煌的传统，成为中华民族的基因与灵魂。

"生"是中国传统文化最显著的最根本的特点。

中国传统哲学就是"生命哲学"。《周易》提出："生生之谓易。"（《系辞上·第五章》）"天地之大德曰生。"（《系辞下·第一章》）"乾……以大生，坤……以广生。"（《系辞上·第六章》）史伯的"和生"、老子的"道生"，孔子的"天生"、庄子的"气生"说，都是研究生命共同体如何使其生生不息，永恒发展。

"生生不息"是中国哲学的第一原理。"和"与"生"紧密相连："和"是"生"的手段、方法、大道。"生"是"和"的目的、归宿、最大价值、最高境界与最高理想。"和"的本质在于"生"。"和乃生，不和不生。"（《管子·内业》）"和"离开了"生"就失去目的、归宿与价值。朱贻庭（华东师范大学著名哲学家）说："万物由'和'而生，'和'是事物生存的最佳状态和生命之源。'和'的本质在于'生'"。"'和生'作为宇宙之大道，首先体现为万物生生之道"。又说："我在多年前就明确表示赞同钱耕森教授的观点：中国古典哲学关于'和'的思想，与其说是'和合'哲学，不如说是'和生'哲学。"[1]

金春峰（人民出版社著名编审）评价说："大道和生学""较之'仇必和而解''兼和''和合学'，一'生'字画龙点睛，得往圣道统之妙。"[2]

"气"是中国传统文化的重要元素与核心概念，中国传统文化也就是"气"文化。

中国传统哲学认为世界由阴阳二气构成。中国的气文化源于庄子，他提出："通天下一气耳"，"人之生，气之聚也。聚则为生，散则为死……故万物一也"（《庄子·知北游》）。庄子明确主张万物都由一气构成。北宋罗钦顺认为"通天地，亘古今，无非一气而已"。"气"是宇宙万物的根本，是万物的本源，万物产生于气。著名哲学家张岱年先生认为宋明理学除了有"理学""心学"，还有"气学"。"气学"是以"气"为最高范畴的哲学，把"气"作为一种范畴来加以研究和探讨的，"气"成了中国传统文化中的重要元素与核心概念。

在中国哲学上"和"与"气"紧密相连，形成"和气"说。老子："万物负阴而抱阳，冲气以为和。"老子的"道"主张万物是由阴阳二气"和生"而成。庄子认为至阴至阳二气"两者交通成和而物生也"（《庄子·田子方》）。也主张万物是阴阳二气"和生"而成的。我国中医治病的原理就是调理人体中的阴阳二气之平衡。

国外的有识之士，高度评价了中国传统的"和气"说。如英国著名哲学家罗素说："中国至高无上的伦理品质中的一些东西，现代世界极为需要。这些品质中我认为"和气"是第一位的。"[3]罗素完全认同了关于"和气"是中国至高无上的伦理品质中的"第一位"

① 朱贻庭：《"和"的本质在于"生"——"大道和生学"之我见》，《江汉论坛》2016年第6期，第43—49页。
② 钱耕森：《大道和生学研究》，第272页。
③ [英]伯特兰·罗素：《中国问题》，秦悦译，上海：学林出版社，1996年，第167页。

的观点。

"大道和生学"将以上"道""和""气""生"这四个传统哲学中的核心理念紧密地相结合，作为理论命题，即哲学史讲哲学，构成了这一体系的显著特征。

五、"大道和生学"的理论创新

"大道和生学"的理论创新，概而言之主要有以下六点：

1. 继了史伯的绝学，将"和实生物"说新诠为"和生"学，将"以他平他为之和"说新诠为我国和文化史上第一个经典性的定义。

2. 将老子的"道生"说，新诠为"和生"说。

3. 打通了史伯的"和生"说与老子的"道生"说。

4. 将"和生"思想提到"大道"的高度，创立了"大道和生学"新的哲学体系。

5. 将有子的"礼之用，和为贵"新解为"生物之用，和为贵"，揭示了"和"的本质与最大价值在于"生"。

6. 创新性地提出"史伯是中西哲学史上第一人"。这一研究成果的价值和意义，可以使中国哲学史的开端顺理成章地从公元前5世纪的老子、孔子提前到公元前7、8世纪的史伯，完全可以也应该大大地提前近二三百年！超越了胡适和冯友兰中国哲学史开端于老子和孔子的主张。将史伯和西方哲学史上第一位哲学家泰利斯（Thales）比较，史伯早于泰氏约180年。所以，总起来完全可以说，史伯是中西哲学史上的第一位哲学家。这一观点受到学术界的好评与赞赏，并已开始运用于中西哲学史的教学与研究之中。

贵州大学中国文化书院创办人、荣誉院长张新民教授评论说："无论衡以东西方学术标准，史伯氏皆可谓世界哲学史上之第一人。如证以《尚书·尧典》'协和万邦'，《史记·五帝本纪》'万国和'之说，更可见史伯氏之说，虽论证发挥颇为邃密，亦绝非一时偶然之创见。而先生之诠解发明，诚可谓史伯氏之知己也。"①2018年5月6日，中国政法大学召开2018年首届"中国和文化"座谈会，会议主题为"'大道和生学'与中国和文化"。著名哲学家张世英先生出席会议并做了评论："我发现钱耕森老师的思想成就的特点有两条，一个是有创新，有新见，比如说最明显的是，他提出史伯是中西哲学史上第一个哲学家。我们现在学术界，一般来讲，创新的东西不多，就是说老话，是冯友兰的照着讲，而不是接着讲。钱耕森老师的思想成就除有创新外，另外还有一点，他的创新都是有根有据的。所以他的第二个特点是功底很深。""近多少年来我跟他联系比较多，跟我欣赏他这个有关，又有创新，又有根底。"张世英先生曾在2015年3月5日评价说："拜读大作，不胜敬佩。功底深厚，卓有新见，我国学界急需你这样的学者。"这一评论写入了《大道和生学研究》的其《序》中。②

① 钱耕森：《大道和生学研究》，张新民《序》，第9页。
② 钱耕森：《大道和生学研究》，张世英《序》，第2页。

六、"大道和生学"的意义与价值

"大道和生学"在理论上传承与发展了中国传统的"和"文化，在融会贯通史伯的"和生"、老子的"道生"、庄子的"气生"以及《周易》的"生生"与"太和"思想的基础上，创新了"和生"学。舒大刚（四川大学名教授）评价说："'和生'说可谓抓到中国文化的核心问题，'和实生物'的原理，不仅在自然界中普遍存在，而且在人类社会也是人们奉行的基本法则。……'和生'说不仅揭示了万物生成的客观规律，而且还树立了处理人事、成就事业的绝对真理！"又说："先生的鸿文应当大力宣传，使其多多地嘉惠国人。"[①]

哲学是时代精神的反映。"大道和生学"充分体现了当今"和平与发展"的时代精神。不仅具有理论意义，更有着重要的现实意义。"和生"即"和谐共生"，是生命共同体的相融共生。"和生学"的五大核心理论要素：多元、平衡、和谐、共生、生生不息。这与当今"和平、发展、合作、共赢"的国际战略以及中央提出的"人类命运共同体""人与自然生命共同体"的理念显然是相通的。"大道和生学"是以人的身与心、人与人、人与社会、人与自然界的"和谐共生"为研究对象，揭示了万物生成发展的客观规律，以促进人的个体生命、人类生命和社会生命、自然界生命健康成长、幸福成长！"大道和生学"在实践上有益于解决当今社会存在的四大危机，人的身与心的危机、人与人的危机、人与社会的危机、人与自然界的危机，有助于我们实现"心态和谐""世态和谐""生态和谐"，有益于我国的和平崛起、构建和谐社会与和谐世界以及实现"人类命运共同体"的伟大的历史使命。

贵州大学张新民教授评论说："一言以蔽之，'大道和生学'云云，非特贡献于吾国学者甚多，即于人类和平事业，亦大有裨益。"[②]

张世英先生评论："'大道和生学'的研究及其硕果，富有学术性和启发性，值得一读。""'大道和生学'，自问世以来越来越受到广泛的关注与好评，他最近荣获著名的汤用彤学术奖所颁发的 2017 年度的学术奖和 2018 年北京大学安徽校友会成立 20 周年所颁发的优秀校友奖，就是很好的证明。"[③]

---

① 钱耕森：《大道和生学研究》，第 274 页。
② 钱耕森：《大道和生学研究》，张新民《序》，第 8 页。
③ 钱耕森：《大道和生学研究》，张世英《序》，第 2 页。

附录

张世英序

"大道和生学",是耕森学友探索构建的一种新哲学。耕森学友于20世纪50年代在北京大学哲学系念书时,我教过他们"列宁《哲学笔记》"一课。他当时是班长,和我们老师联系较多。时间虽然已经过去了半个多世纪,但是我们师生之间的联系却始终保持着,实属难能可贵。

耕森学友读书时和他后来教书时,"斗争哲学"很流行,意识形态占统治地位,非学不可,非教不可。而耕森学友却自学到了史伯的"和生"哲学并予以持守之,虽然在很长的一段时期里是不可以公开学、不可以公开讲的。这充分体现了我们北大人做学问应保持独立精神和自由思想的优良传统。这个好传统是我们北大蔡元培校长所开创的。他于1916年12月出任北大校长时,倡导"思想自由,兼容并包"。今年适逢蔡元培校长诞辰150周年,我们传承和发扬这个优良传统就是对蔡校长最好的缅怀和纪念。

耕森学友多年来致力于打通史伯的"夫和实生物,同则不继"的"和生"说、老子的"道生一,一生二,二生三,三生万物。万物负阴而抱阳,冲气以为和"的"道生"说、庄子的"通天下一气耳"的"气生"说、《周易》的"保合太和,乃利贞。首出庶物,万国咸宁"(《乾卦·象》)的"太和"说,以及金岳霖的"道是中国思想中最崇高的概念,最基本的原动力"的"论道"说和冯友兰的"和是中国哲学的传统和世界哲学的未来"的"大和"说。他在融会贯通优秀的传统文化的基础上,又紧密结合"和平发展"的时代精神,自家体贴创造出"大道和生学",在哲理上传承发展了中华优秀文化的传统,在践行上对构建和谐社会与和谐世界做出了很大的贡献。我曾评价说:"拜读了大作'大道和生学',敬佩之至。你已是卓有成就的大家,还望百尺竿头,更进一步,为中华文化作出更大贡献。"(2014年3月26日)又评价说:"拜读大作,不胜敬佩。功底深厚,卓有新见,我国学界急需你这样的学者。我虽然也做点国学研究,但写不出你这样高水平的国学文章。'师不必贤于弟子',信然。"(2015年3月5日)最近,我还评价说:"我发现钱耕森老师的思想成就的特点,有两条,一个是有创新,有新见,比如说最明显的是,他提出史伯是中西哲学史上第一个哲学家。我们现在学术界,一般来讲,创新的东西不多,就是说老话,是冯友兰的照着讲,而不是接着讲。钱耕森老师的思想成就除有创新外,另外还有一点,他的创新都是有根有据的。所以他的第二个特点是功底很深。""近多少年来我跟他联系比较多,跟我欣赏他这个有关,又有创新,又有根底。"(2018年5月6日)

耕森学友的"大道和生学",自问世以来越来越受到广泛的关注与好评,他最近荣获著名的汤用彤学术奖所颁发的2017年度的学术奖和2018年北京大学安徽校友会成立20

周年所颁发的优秀校友奖，就是很好的证明。

　　这本《大道和生学研究》论文集，选收了耕森学友多年来所写的"大道和生学"的主要论文，同时也选收了其他学者所写的对"大道和生学"的评论的重要论文，基本上反映了耕森学友和其他学者共同对"大道和生学"的研究及其硕果，富有学术性和启发性，值得一读。

　　我衷心希望耕森学友能继续与时俱进，在学术上不断做出更大的贡献，是为序。

张世英（毛笔亲笔签名）

2018 年 5 月 20 日于北京大学时年九十八岁

儒家"仁和"思想的特质

——从钱耕森先生的"大道和生学"说起

史向前[*]

（安徽大学哲学系，安徽合肥，230039）

摘要：钱耕森先生的"大道和生学"揭示了中国传统哲学的统一本体与基本精神：即"和生"。儒、道两家均以阐明"和生"为依归，但因不同的立场观点而表现出不同的思想特质。相对于道家主张的"道和"（"天和"），儒家主张的是"仁和"（"人和"）。儒家仁和思想的特质有二：人和与亲和。仁和是本于亲亲，贵在仁民，直到爱物的一种"和生"说。这是始终与道家的"天和"处于平衡互动之中的中国传统"和生"哲学文化的主流思想与精神。

关键词：仁和；人和；亲和

基金资助：安徽省教育厅人文社科基地重点项目"安徽道学的历史传承"。(SK2016A0056)

引言

钱耕森先生创立的"大道和生学"，指出中国古代哲学是以"和"——多元的平衡与和谐，作为世界本原与大道，万物是由"和"而生的。他通过对中国儒道两家哲学发展的分析与梳理认为："无论老庄道家哲学的'道生'说，还是孔孟儒家的'仁生'说，都是对史伯'和实生物'说的传承与发展，归根到底也都是史伯的'和生'思想。"[①]这是对以儒道两家为代表的中国古代哲学的一个重大发掘，也是对中华民族价值理念的一个根本揭示。正如钱先生在该书《前言》所说的："'和'是中华民族的基因与灵魂，是中国传统文化的核心与精髓。'和'的本质与最大价值在于'生'，'生'是中国传统文化最显著的最根本的特点。"

---

[*] 作者简介：史向前（1962—），男，安徽广德人，安徽大学哲学学院教授。研究方向：中国古代哲学与宗教。

[①] 钱耕森：《大道和生学研究》，合肥：安徽大学出版社，2018年，第222页。

"和"既是中国古代最早形成的哲学观念，同时也是我国古代各个不同学派共同信奉的价值观念，尤以儒道两家贡献卓著。钱先生认为儒道两家哲学也成为一"和"，二者相别相异又互动互补，对立统一，综合创新，遂有了几千年中华哲学文化的生生不息。钱先生还进而对儒道两家"和生"学说的不同特点进行了区别，认为："儒家重视的是'礼之和'，把'和'规定为'礼'的重要作用；而道家突出的是'道之和'，把'和'规定为'道'的重要作用。但二者都充分肯定了'和'在万物生成中的不可或缺的作用。"①受此引导与启发，本文主要就孔孟儒家的"和生"说试做一点补充，以见中国儒家"和生"思想精神之特质，以见中国传统"和生"哲学文化之贯通。

孔孟儒家的"和"也可以说是"道之和"，此道是仁义之道。一言以蔽之，就是仁之道、仁之和，或曰义之和、礼之和。儒家的和谐依据人间社会的现实差异制定出合理的人伦秩序，在原则与秩序中求和谐，故秩序是儒家和谐的基本内涵。孔子说："克己复礼为仁。"（《颜渊》篇）仁是礼的本质与精神，礼是仁的规范与秩序。同时，义之原则也是因礼而见，因礼而实。从外在的、实行的方面说，是"礼之和"；从内在的本质的方面说则是"仁之和"。没有了"仁"之根本或精神，就没有了"礼"，也就没有了"和"，也就没有了"和生"。故从根本上说，儒家是主"仁"而言"和"，是仁和。

"仁和"的要义即特质有二，一是人和，二是亲和。

一、人和

《说文》解"仁"曰："亲也，从人二。"即人与人之间的互相亲密、和睦。"仁"的含义，孔子曰"爱人"，宋儒言"生理"，中医说"感通"等，所有这些，本质上说的都是一个"和"，即多元的平衡与和谐。没有多元的平衡，就没有相感、相通，以至相生。从总体上说，儒家的"仁和"包括天地万物在内，但"仁和"不同于一般的"和"。"仁和"的立足点不在天道，而在人道。如果说道家的"道和"是天和，那么儒家的"仁和"就是人和。"天和"是从天道出发的天地万物之和；"人和"是从人道出发的人类社会之和。

"仁和"的要义，首先就是人和，即人与人之间的平衡与和谐。"一阴一阳之谓道"，如果说"道"是阴与阳的平衡与和谐，那么"仁"就是人与人的平衡与和谐。所谓的相爱、相通等，首要的便是人与人之间的相通与相爱。

孔子讲"仁"，《中庸》云："仁者，人也。"郑玄注："读如相人偶之人。"偶者，匹也，配也。清人阮元云："必人与人相偶而仁乃见。"②"人偶"意为人与人相亲相近、相匹相配。换言之，也必人与人相偶而仁乃见。故曰仁者，人也。又云："古所谓人耦，犹言尔我亲爱之辞，独则无耦，耦则相亲，故从人二。……若一人闭户斋居，瞑目静坐，虽有德理在心，终不指为圣门所谓之仁矣。"（同上）

① 钱耕森：《大道和生学研究》，合肥：安徽大学出版社，2018年，第64页。
② （清）阮元：《研经室集·论语论仁论》，北京：中华书局，1993年，第176页。

　　讲仁，就是讲人道主义，就要把人放在第一位，故《乡党》篇载厩中失火，孔子只问"伤人乎"，而不问马。《微子》篇载子路问津于隐者，遭到讥讽而不告。孔子怅然曰："鸟兽不可与同群。吾非斯人之徒与而谁与？"不与同群就是不与同和。意谓我只能与世人同群，"隐者"已离弃人类而同于鸟兽，我怎么能与鸟兽同群呢！朱子《集注》曰："言所当与同群者，斯人而已，岂可绝人逃世以为洁哉？"又引张子曰"圣人之仁，不以无道必天下而弃之也"，表明了正为天下无道，故孔子欲以仁道拯救天下耳。故曰："道不同，不相为谋。"(《卫灵公》)不相为谋，也即不与共事、不与共和也。

　　孟子讲"仁"，乃"恻隐之心"。"无恻隐之心，非人也。"(《孟子·公孙丑上》)恻隐，即同情，也即亲近，是情感上的亲近。这是作为人的标志，是针对人说的，而不是针对万物说的，也即针对人与物的根本区别说的。孟子认为，犬之性与牛之性不同，牛之性与人之性不同。人有自然的食色之性，但人之所以为人，或者说人与动物以及他物的本质差异，在于人有内在的仁性，即恻隐之心，这是人所固有的道德属性。孟子说："人之所以异于禽兽者几希，庶民去之，君子存之。"(《离娄下》)人也有兽性，但经过文化教育、熏陶，可以变化气质，臻于性善的道德君子。因此，人为天地之心，人为五行之秀，人为万物之灵。总之，人是不同于万物而超越万物的特殊群体。不仅如此，甚至成为超越天地的唯我独尊者。荀子称人心为"天君"，即主宰之官。《内经》曰："心者，君主之官，神明出也。"(《素问·灵兰秘典论》)正如明儒王守仁所说的："人者，天地万物之心也；心者，天地万物之主也。"[①]人作为自然之子，被放在天、地、人三者关系中最重要的地位。人是天地之心，是自然的主持者，是天地的主管者。

　　由此可知，恻隐之心的首要对象也是人。孟子的"恻隐之心"也即"不忍人之心"，它说明了首先是对人，对世人，而不是对动物或他物的恻隐与不忍。因为人与物属于不同的类别。继孔子的"不与同群"说，孟子又指出了"不与同类"说，曰："故凡同类者，举相似也。""犬马之与我不同类也。"(均见《孟子·告子上》)又说："岂惟民哉？麒麟之于走兽，凤凰之于飞鸟，泰山之于丘垤，河海之于行潦，类也。圣人之于民，亦类也。"(《公孙丑上》)物以类聚，人以群分。因为"同群"，即"同类"。既不"同类"，便不可与"同群"。不可与"同群"，便是不可相互亲和了。

　　《礼记·三年问》指出："凡生天地之间者，有血气之属必有知，有知之属莫不知爱其类。今是大鸟兽则失丧其群匹，越月踰时焉，则必反巡其故乡，翔回焉，鸣号焉，蹢躅焉，踟蹰焉，然后乃能去之。小者至于燕雀，犹有啁噍之顷焉，然后乃能去之。故有血气之属者，莫知于人，故人于其亲也，至死不穷。将由夫患邪淫之人与？则彼朝死而夕忘之，然而从之，则是曾鸟兽之不若也。"万物都是以类相知，以类相爱，也都是以类相

──────────
　　① (明)王守仁:《答季明德》,《王阳明全集》卷6,吴光、钱明、董平、姚延福编校,上海:上海古籍出版社,2011年,第238页。

合，以类相群。与他类合群，等于失去己类，等于不如他类了。这并非说人类不可以与禽兽以至万物相和谐，而是强调这种和谐有着类别的不同，或者说有着先后、亲疏、厚薄的不同。如孟子所曰："天时不如地利，地利不如人和。"（《公孙丑》下）。"天时""地利"也就是"天和""地和"，但都不如"人和"。意谓"人和"才是最基本的，最优胜的。可以说，在明辨"人与禽"以至"人与物"的差异这一点上，儒家比主张"齐物"的道家更具人伦观念及人道精神。

《中庸》曰："能尽人之性，则能尽物之性；能尽物之性，则可以赞天地之化育。"人之性与天地万物之性是相通的。但这里说的"性"不是人物共有的自然食色之性，而是人特有的道德仁义之性。只有胸怀仁义、尽仁尽义，方能尽物之性，从而使万物各得其宜，进而赞助天地之化育，创造天地之和谐。反之，"仁义充塞，则率兽食人，人将相食"（《滕文公下》）。换句话说，万物之和谐，以至天地之化育，是在立足于人性、人和的基础之上建立起来的。如朱子说的："尽物性，只是所以处之各当其理，且随它所明处使之。它所明处也只是这个善，圣人便是用它善底。如马悍者，用鞭策也可乘。……如虎狼，便只得陷而杀之，驱而远之。"（《朱子语类》卷六四）可见，驯服马牛，驱杀虎狼，即是尽仁尽义。这是尽物之性，也是尽人之性。唯此才有人和，以至天和。反之，马牛桀骜不可乘负，虎狼吃人不能驱杀，不仅没有了人和，也没有了万物和谐，甚至也没有了天地化育。

"天地生物一般"，我们甚至可以从某些动物身上也能看到类似的"人性"，但动物没有人类的社会情感，也没有理性的自觉，而人则有。这就是人之所以为"贵"者。唐代韩愈写有一篇反对佛教的文章《原人》。文章的标题用一个"原"字，就是从源头入手，弄清问题的真相。原人，就是从"人"的问题上说佛道所谓的"众生平等"，将人与动物相并列的"人"，不是真正的人。"人者，夷狄禽兽之主也。"韩愈从儒家立场，也即中国文化的基本立场出发主张，人为天地之主，万物之灵。人施仁义而及普天之下，则动物得其情，而万物得其平。

道家言人和

老庄道家的"道和"，遵循的是"道法自然"这一最高原理。在老子那里，人为宇宙"四大"（道、天、地、人）之一，但排在"四大"的末位，是"四大"中最小的。"人法地，地法天，天法道，道法自然"（《老子》第二九章）即人类要效法天地之道，要遵循自然大道；人性要向自然回归，返璞归真。因此，人类要用心去体会、保持与天地万物的相互联系、平等，与天地"抱一"，与万物和同。

庄子进而提出"天地与我并生，万物与我为一。……是以圣人和之以是非而休乎天钧"（《齐物论》）的"物我齐同""天人和乐"思想。庄子云："夫明白于天地之德者，此之谓大本大宗，与天和者也。所以均调天下，与人和者也。与人和者，谓之人乐；与天和者，谓之天乐。"（《庄子·天道》）庄子认为，天地之德即是天地之和，是社会和谐的大本大宗。相对于"人和"，天地之和，也即"天和"，才是根本的，最重要的，它是"人和"的基础。换句话说，只有达到了"天和"，才会有真正的"均调天下"的"人和"。成玄英疏曰："均，平也；调，顺也。……均平万有，大顺物情，而混迹同尘，故与人和也。"它强调在人与物的异同关系中，重要的是人物之齐同，人禽之共同，而不是人物之异，人禽之别。

道家思想也不是没有"人禽之辨"。《庄子·齐物论》结尾说："不知周之梦为蝴蝶与？蝴蝶之梦为周与？周与蝴蝶则必有分矣。"周之与蝶虽然本质齐同，但确实又有分别的。不过，这种分别的基本立场与价值方向却不是"人生之道"，而是"自然大道"，难免会走向人禽以及人物的不辨与齐同，即荀子所批评的"蔽于天而不知人"（《荀子·解蔽》）。诸如老子强调的"天地不仁，以万物为刍狗；圣人不仁，以百姓为刍狗"（《老子》第五章）、庄子描述的"至德之世，同与禽兽居，族与万物并。恶乎知君子小人哉！"（《庄子·马蹄》）"当是时也，……万物不伤，群生不夭，人虽有知，无所用之，此之谓至一"（《庄子·缮性》）、"至一"即自然纯粹之时代。这种时代，人为刍狗，并同万物。这给人的印象都是轻视或者混同了人禽之间的本质区别。更有如列子描述的："状不必童而智童；智不必童而状童。圣人取童智而遗童状，众人近童状而疏童智。状与我童者，近而爱之；状与我异者，疏而畏之。有七尺之骸，手足之异，戴发含齿，倚而趣者，谓之人；而人未必无兽心。虽有兽心，以状而见亲矣。傅翼戴角，分牙布爪，仰飞伏走，谓之禽兽；而禽兽未必无人心。虽有人心，以状而见疏矣。"（《列子·黄帝》）列子从形状不一定相同而智慧相同这一前提出发，进而得出"人未必无兽心"，"禽兽未必无人心"的结论，等于泯灭了人禽之间的本质区别。于是及至魏晋一代名士，因为祖述老庄，崇尚自然，生活上也放达成风，过者沦于放荡而自同于禽兽矣。《世说新语·德行》篇引王隐《晋书》说他们"去巾帻，脱衣服，露丑恶，同禽兽"，"盖庄生齐物之论，本自天真，然亦常导人入此邪道"，指出他们虽然偏离了庄子"天和"的思想精神，然而也与庄子"齐物"论的影响与引导有关。凡此，皆是因为注重"天和"而带来的人与禽兽以及万物的齐平与混同。

追求"天和"的道家将"人和"纳入"天和"之中，以"天和"统一"人和"。于是这种"天和"中的人，就是"天人"，就不是儒家"仁和"中的"仁人"了。在庄子那里，天人也即"真人""至人"，属于与众不同的"畸人"。"畸人者，畸于人而侔于天。"（《大宗师》）虽然异于众人，其心却是与天齐一。成玄英疏曰："畸者，不偶之名也。修行无有，而疏外形体，乖异人伦，不耦于俗。"这一解释很得体。"不偶"即是不仁、不亲。说明了他们是不与世人亲近、不与众人合群的人。故曰："天之小人，人之君子；天之君子，人之小人也。"（同上）"君子"就是胸怀道德的人；"小人"就是违背道德的人。因为不同的道德观，于是就有了不同的人格标准。从天的道德看是小人的，从人的道德看是君子；

从人的道德来看是君子的，从天的道德来看反而是小人。世俗社会中的仁人君子其实只是"小人"，不算是真正的人；只有顺从天道自然的人，才能算是"君子"，才是真正的人。由此可见，庄子所谓的"人和"，最终是基于人之自然天性的"天和"。

"天人合一"是中国文化的核心理念，中国文化十分重视人与天地万物的和谐，但这一和谐是建立在"人禽之辨"以及"人物之别"的基础之上的人本的和谐，人文的和谐。中国人骂人发狠的一句话，就是"禽兽""废物"。一个深层的原因，就是人与禽兽万物属于不同类别、不可同群的文化心理吧！

二、亲和

"仁和"的要义，其次是"亲和"。

《说文》解仁曰："亲也。""仁"字的象形就是两个人相亲近，说明了"仁"的本义就是亲近，表义才是爱人，合义就是亲爱。因为亲近，所以相爱，此即仁爱。郭店楚简《五行》云："不亲不爱，不爱不仁。"故仁爱是因亲而爱，愈亲愈爱；同理，"仁和"是因亲而和，愈亲愈和。

"仁"在孔子那里，就是血缘亲情。《礼记·祭义》述孔子之言曰："立爱自亲始。"爱人以亲爱自己的亲人为起始和本源。故曰"孝悌也者，其为仁之本与！"（《论语·学而》）没有亲亲之孝悌，也就没有推己之爱人。孟子说得最清楚："亲亲，仁也。"（《孟子·尽心上》）又曰："仁之实，事亲是也。"（《孟子·离娄上》）表明仁的初始的、基本的含义是对父母及子女的亲爱。故孟子又曰："仁者无不爱也，急亲贤之为务。"（《尽心上》）这表明了仁爱最要紧的还是亲人和贤人。孔孟所诉诸的血缘亲情，即亲子关系，具有生理、心理、情理、伦理等多方面的支持和表现，这是每个人都切身体验，无须论证的。

"仁"在孟子那里，是恻隐之心，即同情悲悯之情。恻隐之心是对他人"痛苦"的一种同情与关切。这是与"冷漠""隔阂"相反的一种彼此的关心与同心，是仁之"亲近"在人的情感上的表现。孟子的恻隐之心道出了"仁者爱人"的内在本性。如果我们追问一句，人为什么要爱人以至于爱物？就是因为有恻隐之心。要之，它同样是本于亲人，是对亲人"痛苦"的恻隐之心为本源的。这也是孝心的一种表现，没有孝亲之心，就没有了爱人之本。

《论语·子张》载子游曰："丧，致乎哀而止。"曾子曰："吾闻诸夫子，人未有自致者也，必也亲丧乎！"朱子集注曰："致，尽其极也。盖人之真情所不能自已者。"儒家认为伦有亲疏，情有厚薄。一般的亲友之丧，尽哀而已；如果有尽哀而不能自已者，那必定是至亲之丧吧。"丧礼，哀戚之至也。"（《礼记·檀弓下》）面对至亲的伤痛苦楚，以至生离死别，无疑是人生最真挚、悲恸的情感宣泄！这说明了人之"恻隐之心"表现最为突出的无疑还是至亲之人。因此父母至亲，在丧服中的体现也最为隆重，名为"斩衰"，丧期三年。其他则并以礼制来区别、安顿不同亲疏关系中的情感表达，区分为齐衰、大功、小功、缌麻等丧服，各有相应的服制容仪与起居节度以表达适切的哀悼之情。儒家视亲情为一切有情之根本，与此相应，为至亲守孝之服制则为一切制度之根本，故称"守孝"亦曰"守制"。

儒家认为，"仁"的精神不能仅仅停留在爱自己的亲人上面。仁爱始于亲亲，急于亲亲，却不止于亲亲，只有通过推己及人，走向社会人群，方能真正实现"仁"的精神。《中庸》引孔子的话说："仁者，人也，亲亲为大。……思事亲，不可以不知人。""仁爱"的品德是人本身所具有的，爱自己的亲人最为基本，还须扩充推及他人，通过知人、爱人，方可真正成就仁德，并最终成就亲亲。新出土的《郭店楚简》中说得很清楚："亲而笃之，爱也；爱父，其继之爱人，仁也。"对自己亲人爱到极点，那也只能叫"爱"；爱自己的父母，扩大到爱别人，这才叫作"仁"。所以儒家认为"亲亲"必须扩大到"爱人""亲民"，要对老百姓行"仁政"，方为"仁爱"。孟子说得更明确："君子之于物也，爱之而弗仁；于民也，仁之而弗亲。亲亲而仁民，仁民而爱物。"（《尽心上》）面对血脉相连的亲人，有着最深厚的亲爱之情；对无血缘关系的众人，有着推己及人的胸怀；对于人类以外的物种，也有取之有时、用之有节的爱惜之心。可见，孟子这里也是以爱民而非以爱亲为"仁"的，表明了亲亲只是仁之始，爱人、爱民方为仁之成，至于爱物则是仁之尽了。如齐宣王见牺牛而发不忍之心，此乃仁之发端，就此推及、扩充，直到无人不被其泽，方为仁政。因此孟子讲"仁"重在讲"仁政"，最重要的就是"民之为道也，有恒产者有恒心"，就是要使老百姓都能够有固定的产业，这样才会保有道德良心和道德行为。所以孟子说"夫仁政，必自经界始"，意思是说"仁政"首先要使老百姓有自己的土地等资产。如果没有固定的产业，就不可能有良好的道德素养和道德风气，也就不可能有希望的生活安定与社会和谐。

可见，儒家仁爱在工夫论层次上，首先表现为家人亲情之爱（"亲亲"），然后向外推及世人，以至万物。依次表现为"亲亲""仁民"，以及"爱物"的一个无限的过程。此即孟子所谓的"亲亲而仁民，仁民而爱物"（《尽心上》）。《大学》曰："物有本末，事有终始，知所先后，则近道矣。"万事万物都是有本有末，有始有终的，知道了其中的先后次序，你就与道接近了。亲亲之孝悌即为仁道之本始，也即为仁之始。"欲治其国者，先齐其家。……家齐而后国治。"家齐即家和，国治即国和。欲治其国者，先齐其家；同理，欲和其国者，先和其家。在儒家看来，这是国家治安、社会和谐的根本基础，也是人生幸福的精神家园。

"安得广厦千万间，大庇天下寒士俱欢颜，风雨不动安如山。呜呼！何时眼前突兀见此屋，吾庐独破受冻死亦足！"我们每当读到杜甫的《茅屋为秋风所破歌》时，总会为他的无私大爱所敬佩；同时，当你读到《春望》中的"感时花溅泪，恨别鸟惊心。烽火连三月，家书抵万金"时，又会被他的这种亲情眷念所感动。其实，这正是孟子"亲亲而仁民"的工夫体现。在儒家看来，亲亲是本源，仁民是流行，因有"源泉混混"之本原，所以才有"放乎四海"之大爱。这大概也是杜甫所以被推为"诗圣"的原因之一吧。

孟子又曰:"万物皆备于我。"(《尽心上》)天下万物的本性都与我相通,都为我所具备。张载《西铭》亦云:"民吾同胞,物吾与也。"万民是我的同胞,万物是我的同伴。以此推衍开去,儒家遂有"以天下为一家,以中国为一人"(《礼记·礼运》),以至"以天地万物为一体"(程颢《识仁篇》)的境界。这是儒家仁爱的至尽体现。"已识乾坤大,犹怜草木青。"(现代新儒家马一浮先生诗句)即便是经历世事沉浮、阅尽人间沧桑,当俯身看到草木生发,春风又绿,依然能够生出怜悯、同情之心。这是人之常情,是侧隐之心的展现与开放,更是人类和万物的和谐与共生。

道家言亲和

老子从"道法自然"出发,对儒家的亲亲之仁进行了批判,认为和谐的人生社会应当是彼此"有之"的自然关系,而不是互相"亲之"的亲亲关系(《老子》第十七章:"太上,下知有之;其次,亲之誉之。")。所谓"有之"的关系,就是知道对方的同在,却没有相互的人情或人祸,即不需要人为的关心,也没有人为的祸害,如其描述的"鸡犬相闻,老死不相往来"(《老子》第八十章)社会现象。

那么,仁义又是如何产生的呢?老子认为,仁义道德都是大道废止、社会异化之后出现的不得已的治理工具,是谓"大道废,有仁义"(《老子》第十八章)。因为天道自然,故老子断言"天地不仁"(《老子》第五章)。唐代道学家李荣《道德经注》曰:"天地无心,绝于憎爱,以无爱故,故曰不仁。"天地无心无情,对待万物没有所谓的爱或者不爱,故曰不仁。不仁即不亲,故又曰"天道无亲"(《老子》第七九章),天道平等无差,无有亲疏。万物各得其性,自相治理。

《庄子·齐物论》开篇描述的就是一幅与物"不偶""不亲"的形象:"南郭子綦隐机而坐,仰天而嘘,答焉似丧其耦。"成玄英疏曰:"耦,匹也。谓身与神为匹,物与我为耦也。子綦凭几坐忘,凝神遐想,仰天而叹,妙悟自然,离形去智,答焉坠体,身心俱遣,物我兼忘,故若丧其匹耦也。"郭庆藩《集释》曰:"'其耦'本亦作偶,匹也,对也。"因为与物无偶,即不亲不近,无我无私,没有差别,所以齐物。又曰:"彼是莫得其偶,谓之道枢。"彼此不相亲近,无匹无对,这就是"道"的关键。庄子说:"相濡以沫,不如相忘于江湖。"相濡,就是相偶相亲;相忘就是莫得其偶;江湖指的就是自然之道。庄子认为,与其互相关心,不如彼此相忘,回归自然天性,才是理想的生活。世间万物包括思想言论,看起来是千差万别,归根结底又是平等齐一,没有差别,或曰一视同仁、没有偏爱的。

从此出发,庄子对儒家为仁之本的"孝"进行了批判,认为孝亲不值得推崇,并且最高境界的孝亲就是没有亲情。庄子说:"以敬孝易,以爱孝难;以爱孝易,而忘亲难;忘亲易,使亲忘我难;使亲忘我易,兼忘天下难;兼忘天下易,使天下兼忘我难。"(《庄子·天运》）这段话的意思就是：用尊敬来尽孝容易，用恩爱来尽孝就困难。用恩爱来尽孝容易，用淡忘的态度对待父母就难。用淡忘的态度对待父母容易，使父母用淡忘的态度对待我则难。使双亲用淡忘的态度对待我容易，而用淡忘的态度去对待天下人则难。用淡忘的态度对待天下人容易，而让天下人都忘却自身则难。这是庄子关于孝亲的层次说，敬爱、恩爱、亲爱等等并非庄子之孝的理想、典范。庄子所谓的孝就是父子相忘，互不关心。要从"敬亲""爱亲"，走向"忘亲"，进而"使亲忘我"，以至"兼忘天下"，并认为这是"孝"的最高境界，是真正的大孝。

在儒家看来，孝的基本要求就是"养生送死"，尤其是送死，最见孝子之亲情。如孟子曰："养生者，不足以当大事，惟送死可以当大事。"（《离娄下》）儒家也因此最重"丧礼"，于人生诸礼仪中最为繁杂、厚重。所以如此，正是顺适人情的缘故。道家则不然，庄子说："夫大块载我以形，劳我以生，佚我以老，息我以死。故善吾生者，乃所以善吾死也。"（《大宗师》）他认为人之生死，皆属自然，不足以动心忍性，反当应视为乐事，即使亲死亦然。庄子又假设颜回问仲尼曰："孟孙才，其母死，哭泣无涕，中心不戚，居丧不哀。……以善处丧而盖鲁国，固有无其实而得其名者乎？"孔子曰："夫孟孙氏尽之矣，进于知矣。"（《大宗师》）这句话意谓孟孙氏真是尽孝啊，超过了一般懂得丧礼的人。孟孙氏的处丧守孝，有名无实，却以"善处丧"而"盖鲁国"。可知他依然会遵循母丧其间应尽的诸般礼节。所不同的是：虽然哭泣，却是"哭泣无涕"，"中心不戚"，而非"哀戚之至"。此即庄子所谓的"内直而外曲"（《人间世》），既"相忘、无亲"，又"随俗、顺世"的表现。这种内心不悲又外合世俗的例子彰显了庄学论孝的不同，也就是在经验现象里所呈现的大孝之异。

学界对老庄道家是否反对儒家孝亲，以及亲情伦理持有不同观点。不过，因为不同的和谐观，两家的孝亲观显然是不一样的。《庄子·人间世》篇假托孔子的一段自述，更加表明了庄子对待儒家孝义的态度与心境。

"天下有大戒二：其一，命也；其一，义也。子之爱亲，命也，不可解于心；臣之事君，义也，无适而非君也，无所逃于天地之间。是之谓大戒。是以夫事其亲者，不择地而安之，孝之至也；夫事其君者，不择事而安之，忠之盛也；自事其心者，哀乐不易施乎前，知其不可奈何而安之若命，德之至也。为人臣、子者，固有所不得已！"庄子也承认，爱亲之孝与事君之义，这是天地赋予每个人的神圣的道德义务，也是家国天下保持稳定和谐的基本秩序。正所谓"我固有之"的"天理人情"，不可解于心，不可逃于天地之间，绝不是纯粹私人的个体的事情。陈鼓应先生说："每次当我读到这里的时候，都为亲情之爱的不可解于心所深深触动。"①但是，不同于儒家的内在性分中事，庄子则视为外在戒命中事。孝义之所以"不可解""不可逃"，是因为"不可奈何"，因为"有所不得

① 陈鼓应：《道家的人文精神》，北京：中华书局，2012年，第206页。

已"。于是，在正常境遇下，儒家与庄子所主张的孝义实践并无二致。但当面临"仁未必亲""孝未必爱"乃至于父母之丧的情感变局，庄子于经验现象中的孝行践履与儒家便有着很大的不同了。可以说，正是这种不同，道家庄子为社会伦理生活中的世人保留了一份人性之自然、人情之自然。

结语

钱耕森先生的"大道和生学"揭示了"和"是中国哲学的根本精神，也是中国文化的核心理念。儒、道两家都一致加以构建与倡导，但对和谐的思想与追求，儒、道两家又是各持其趣，并相得益彰。道家是主于"道"而言"和"，所言的人间和谐与社会秩序是以天地万物的自然和谐与自然秩序为主要依据的，相对儒家而言，坚守了人性的自然与舒展。儒家则是主于"仁"而言"和"，强调的是"人和"与"亲和"。在儒家看来，人的生命价值、人的生活需要，高于一切，并主于一切。世界固然是多元的平衡与和谐，但并非多元齐同，而是以人和为主导、为目的的。亲情的维系、亲近的关系是和谐的根本与基础，和谐固然是各自的相安与得宜，但并非各行其是，而是有着推己及人的关爱与互动。这是中国传统"和"的哲学文化的主流思想与精神。

"和实生物，同则不继"的政治文化生态解读

耿春红 *

（衡水学院学报编辑部，河北衡水，053000）

摘要：史伯的"和实生物，同则不继"说，除了包含"世界万物是如何生成"的哲学问题外，还应看到它在国家政治文化层面的意义，即该学说的提出是对当时政治环境的反动，对中国两千年政治文化生态亦具有深刻的批判意义。具体来说即反对一人说了算的政治体制、君主独裁的政治模式、一家一姓的国家属性。该意义从三个方面来谈："和实生物，同则不继"的字面意义、出现的上下文语境以及史伯所处的时代背景即生活的政治生态环境。如果历代国王君主能够真正领会史伯"和实生物，同则不继"的国家政治文化的意义并遵循之，也许中国的历史会是另外一个模样。

关键词：史伯；"和实生物，同则不继"；政治文化生态；钱耕森；"和生学"

因某次哲学会议有幸结识安徽大学资深教授、著名学者钱耕森先生，也因此接触了钱先生提出的著名哲学观点"和生学"。经过和钱先生多次探讨，达成一个意向：在《衡水学院学报》开辟一个新的栏目——"大道和生学"，此栏目从 2014 年第二期至 2022 年刊登多篇国内外专家学者关于"和生学"方面的文章，在学术界和期刊界影响甚大。钱先生本人也因此观点和对哲学的不懈探求精神而荣获 2017 年度"汤用彤学术奖"[①]。作为该栏目主持人的笔者，也因此对"和生学"有了一知半解的了解。钱先生和很多专家学者在谈到"和生学"尤其是"和实生物、同则不继"这一哲学术语时，多半是从"世界万物是如何生成"的这个哲学问题谈起，阐释"和实生物"的哲学含义及其带来的深远影响。如《衡水学院学报》2014 年第 2 期刊登的钱先生的文章《"大道和生学"运思轨迹

---

* 作者简介：耿春红（1968—），女，河北衡水人，衡水学院学报编辑部副主编，教授，研究方向：古代文学、中国哲学。

① 鉴于安徽大学哲学系资深教授钱耕森先生在传承与发展中国优秀传统文化，特别是在探索与创建"大道和生学"哲学体系上做出卓越的学术成就和他高尚的师道师德，汤用彤学术评奖委员会经认真研究，于 2017 年 12 月 28 日决定授予钱耕森先生"汤用彤学术奖"，以表彰钱先生在国学教学与研究上做出的突出贡献。上述内容见《衡水学院学报》2018 年第 2 期，彩插 1。

略述》，提出了史伯"和生学"的五点贡献：一是明确回答了万物生成论的形而上学的根本问题；二是"以他平他谓之和"，给"和"下了定义；三是史伯用"和生学"将中华民族源远流长的"和"的传统精神有机结合起来；四是史伯的"和生学"对中华民族的发展影响深远；五是史伯的"和生学"在今天依然具有实意义①。

又如钱先生在《光明日报》2015 年 3 月 2 日国学版上发表的《大道和生学》一文中具体谈到了史伯关于"和"的定义里至少包括的三个要点：其一，"和"的组成，不像"同"，……而是包括了多元的"他"；多元的"他"，……必须是"平"的，也就是"平衡"的关系。其二，以厨师做对比，指出："这就意味着各自的'他''公平'地行使了自身的权利，在公平的竞争中，大家都能做到物尽其用。"其三，还是以厨师做出可口饭菜为例，只有将各种材料和调味品达到最高度的"平衡"，才能做出最美味可口的饭菜。否则只是"合"在一起，"混"在一块，彼此发生不了关系，各是各的味道。"可见，史伯关于'以他平他谓之和'的定义非常精当，十分丰富，极其智慧。"②

钱先生作为"和生学"的创立者，这些观点是"和生学"的代表观点，应该说非常准确地阐释了"和生学"的哲学含义及其贡献，也是"和生学"的本根意涵。但笔者认为"和生学"或者说史伯提出的"和实生物，同则不继"说的原始意义远远不止于此，它还应该有更深刻的现实政治意涵及国家政治文化层面的意义。当然，关于这一点，钱先生在一些文章中也谈到过，如《衡水学院学报》2016 年第 2 期其文《史伯与伯阳父是一个人吗？》就谈到了昏君周幽王上演"烽火戏诸侯"的闹剧，"特别是他长期实行'去和而取同'的组织路线和人事制度，顺我者昌，逆我者亡，最终导致亡国被杀"③。在这里，钱先生尚没有更多地从政治方面进行阐释和展开，其现实的政治意义也就不太彰显了。其他专家学者也多是循着"和实生物"的哲学含义进一步拓展到其他学说，比如与儒家、道家的学说比较等，而少有涉及政治文化层面的论说。笔者认为"和实生物，同则不继"应该回归到原始语境和当时的现实政治中去考察，就会更加明确它的国家治理层面的意义。正如胡适所说："在中国的一方面，最初的哲学思想，全是当时社会政治的现状所唤的反动。"④史伯"和实生物,同则不继"思想不仅是对"当时社会政治的现状所唤起的反动"，而且对于整个两千多年的封建帝制亦具有深刻的批判意义。

首先，史伯说过的最重要的话是："和实生物，同则不继。"从文字上来说，两句话对仗公允，意思相对，颇有点对联的味道。具体看："和"与"同"相对，"实"与"则"相对，"生物"与"不继"相对。"和"，《说文解字》解释为："相应也。从口禾声。"其原始意思是多个声音互相应和，引申为多样性、多个的意思，既可以指实物的多样性和多

① 钱耕森：《"大道和生学"运思轨迹略述》，《衡水学院学报》2014 年第 2 期。
② 钱耕森：《大道和生学》，《光明日报》2015 年 3 月 2 日，第 16 版。
③ 钱耕森：《史伯与伯阳父是一个人吗？》，《衡水学院学报》2016 年第 2 期。
④ 胡适：《中国哲学史大纲》卷上，北京：商务印书馆，1987 年，第 54 页。

样，也可以指思想意识方面的意见、见解、想法等的多样性；"同"，《说文解字》："会意。
从冃 (mào)，从口。冃，重复。"意思是声音是重复的，引申为单一性、单个的意思，既
可以指实物的单一性、重复性，也可以指思想意识方面的意见、见解、想法等的单一性、
重复性；"实"是副词，确实、的确的意思，"则"也是副词，大致当"却"讲；"生物"，
生出万事万物的意思，上升到国家发展的层面，就是长久发展、长治久安的意思；"不继"，
则是生不出万事万物，就是绝种，上升到国家存亡的层面，就是国家不存，亡国绝种的
意思。两句话连起来讲就是：多样性才能生出万事万物，单一性只能导致绝种不存；就
一个国家的政治文化来说，只有允许多种思想和言论并存才能长久发展、长治久安，若
只有一个人说了算，独裁专断，听不得不同意见，排斥不同思想，如此的政治文化生态，
那只能导致国家的灭亡。

其次，再看这两句话出现的上、下文。当时史伯作为史官，与朝中自为司徒的郑桓
公有一段对话，《国语》卷十六《郑语》这样写道：

（郑桓公）公曰："周其弊乎？"对曰："殆于必弊者也。《泰誓》曰：'民之所欲，天必
从之。'弃高明昭显，而好谗慝 [tè] 暗昧，恶角犀丰盈，而近顽童穷固，去和而取同。夫和
实生物，同则不继。以他平他谓之和，故能丰长而物归之。若以同裨同，尽乃弃矣。故
先王以土与金、木、水、火杂，以成百物。是以和五味以调口，刚四支以卫体，和六律
以聪耳，正七体以役心，平八索以成人，建九纪以立纯德，合十数以训百体。出千品，
具万方，计亿事，材兆物，收经入，行姟极。故王者居九畡之田，收经入以食兆民，周
训而能用之，和乐如一。夫如是，和之至也。于是乎先王聘后于异姓，求财于有方，择
臣取谏工而讲以多物，务和同也。声一无听，物一无文，味一无果，物一不讲。王将弃
是类也而与专同。天夺之明，欲无弊，得乎？"①

这段话大致意思是周王室将会衰败，其主要原因是它抛弃了多样性的发展，而专用
雷同单一性模式，这是上天要夺取它的理智，终归要衰败，因此看出，作为专制的君主，
个人的喜好和思想对于治国理政何其重要。他做对了，国家就能生存；他做错了，国家
就要灭亡。一国之命系于一人之手，非常危险。所以治理国家和自然界、社会中的实物
一样，也要保持多样性的统一，允许有不同的声音和意见，这样才能阴阳相合，像金、
木、水、火、土那样相生相克、循环往复、生生不息。这分明是对独裁专制体制的一种
反动看法。中国的政治体制自三皇五帝起，逐步建立起来的是国王或皇帝专制体制，就
是一人独尊，一人说了算，这种政治体制越往后越明显也越严重，一直到 20 世纪初清王
朝覆灭为止。一家一姓王朝的覆亡和更迭，实际上都是因为"同则不继"造成的，皇帝

---

① 徐元诰：《国语集解》（修订本），王树民、沈长云点校，北京：中华书局，2015 年，第 470—473 页。

大权独揽，一人说了算，英明的还能听一听不同意见，昏庸的干脆就谁说得好听听谁的，想怎么干就怎么干。他们可以吃"五味"，可以刚"四支"，可以听"六律"，可以赏五色，等等，但是一人说了算的专制帝制不可更改，唯我独尊的政治体制不能改变，于是伟大如秦皇、汉武，英明如唐宗、宋祖，无论开创多么宏大的帝国伟业，最终还是不免于一家一姓帝国的毁灭，其根本原因就是没有遵循"和实生物"的思想，而皆"同则不继"。

　　第三，我们再来考察史伯所生活的时代，更可清楚地看出史伯提出"和实生物，同则不继"的现实意义。

　　史伯是西周末代天子周幽王的太史，名颖，字硕父。太史一职，在夏、商、周都是一个重要官职，是记录历史和历法的官员，掌文书起草、诸侯卿大夫策命、国家典籍、天文历法、祭祀等。作为朝中如此重要的官员，应该对历史尤其当朝历代君主的所作所为一清二楚。周幽王，本名叫姬宫涅，是周代第十一位王周宣王姬静的儿子，他的爷爷再往上是第十任王周厉王姬胡，这爷仨可以说把周王朝一步步拖到了没落、衰败的境地。

　　先说周厉王姬胡。姬胡喜欢独断专行，又很爱财，喜欢与别人争夺财物。上任后不久就急于敛财。于是就任用一位叫荣夷公的所谓财政专家主持政务。荣夷公是一个小人，至少是一个只知道巴结上司的小人，而罔顾其他人的利益。荣大管家就把贵族和老百姓赖以生存的山川水泽的资源收归国有，搞垄断经营。这引起了国人尤其贵族们的怨恨和各种反抗。姬胡对此采取高压手段进行镇压。他采取特务政策，类似于明代的东厂与西厂。而且不用本国人当特务，而是到卫国聘请。聘请很多卫国懂巫术的人。这些人本身就很神道，他们说自己眼睛很厉害，看谁一眼就知道有没有造反之心。结果是首都镐京及周边遍布大大小小的秘密特务。凡是他们指认为有谋反心思的人，立刻处决。当时整个社会气氛阴森恐怖，人和人见了面不能说话，只能目视，最后连目视也不可以了。周厉王姬胡非常高兴，认为我行我素，还没人敢说什么，更不敢暴力反抗，形势一片大好。有大臣如召公站出来说，这只是堵别人的嘴而已，仅只堵嘴，是不能解决问题的。要解决问题，必须从根本上解决，那就是与民同利。周厉王听不进这些谏言，一意孤行。结果导致公元前842年发生政变。贵族们率领百姓进攻王宫，处死所有巫师特务们，周厉王姬胡只好弃城出逃，逃到彘邑（今山西霍州），并死于此处。

　　姬胡逃走后，出现了召公、周公共同摄政的局面，史称"共和政治"。共和政治第一年，中国历史就有了文字记载，这是中华民族对人类最大的贡献。从这个事情来说，没有元首的中央政府，局面还不错。也从反面说明了这种"共和政治"，至少免除了一人说了算的独裁政治。可惜这种局面只维持了14年，后来周厉王姬胡的儿子姬静瞅准了一个机会即位，恢复君主政治，史称周宣王。

　　周宣王虽然在周朝40个国王中，被称为所谓的"明君"，但他依然逃不过政治学上的两大定律：一是绝对权力产生绝对腐败；二是绝对权力产生绝对低能。周宣王姬静死得既明确也很蹊跷。事情是这样的：姬静有个名叫鸠的妻妾，看上了一个叫杜恒的大臣，想和他私通。杜恒是一个正人君子，不答应，于是这个妾恼羞成怒，到宣王那里去诬告杜恒，说调戏她。宣王一听，不分青红皂白，就把杜恒囚禁起来。杜恒的朋友左儒到宣王那里去为杜恒辩驳，可是已被绿帽疑云压昏了头的姬静宣王听不进道理去，立马将杜恒处斩，杜恒在刑场上向天哀号发誓，我无罪而君王杀我，如果死而有知，不出三年，我一定让他知道他是凶手。他的朋友左儒回到家，沮丧悲愤无处诉说，也跟着自杀了。三年后的一天，即公元前782年的一天，周宣王姬静举行大规模秋猎，忽然出现了一辆奇怪的车子，车身和马匹都是白色，车上却坐着一个红衣红帽，手拿红弓红箭的人，正是已被处决的杜恒，结果姬静被射死。当然这是一个荒诞的传说。周宣王可能死于突发的心脏病，也可能被流矢所伤，总之死于非命。人们就把他的死与三年前被枉杀的杜恒联系起来。所以姬静宣王因为草菅人命，即便是国王君主，也要付出生命代价。他之所以能草菅人命，与其说源于一个男性的自尊，不如说是因为他作为国君的独断专行。

周宣王姬静死后，他的儿子姬宫涅继位，谥号周幽王。他娶了申国国君的女儿做王后，生了儿子宜臼做太子。姬宫涅面对的是一个危机四伏的政局，可他糊涂而马虎，一头雾水。登基后不久，除广收美女外，对什么都不感兴趣。很快，他就把朝廷中最能干最忠心的官员们，全部驱逐，只让会摇尾巴结的小人佞臣在朝中为官，即史伯所说的"弃高明昭显，而好谗慝暗昧，恶角犀丰盈，而近顽童穷固，去和而取同"[1]。有谁胆敢直言劝谏，立刻被逮捕入狱。甚至封国国君如褒国国君褒珦直言规劝，他也以天子名义，将其逮捕下狱。让忠臣们闭上嘴之后，作为一人独大的国君就可为所欲为了。把对美女的兴趣作为首要的他，恰巧遇到了一位美女，名叫褒姒，美若天仙，千娇百媚一笑生。此女子一下子就把姬宫涅吸引住了，连同多日不上朝，只与褒姒"叠并交同"：坐则叠股，立则并肩，饮则交杯，食则同器。接下来就是一场剧烈的争宠斗争，不过六年，到了公元前773年，褒姒大获全胜。申皇后被囚禁冷宫，太子宜臼被贬为庶民。周政府立刻宣布，立褒姒当皇后，立褒姒生的小儿子伯服当太子，朝中一干"重臣"一致赞扬君主英明。之后姬宫涅为博得爱妻一笑，上演了一场"狼来了"的游戏，就是历史上著名的"烽火戏诸侯"的故事。戏弄各路诸侯的下场就是：姬宫涅彻底葬送了他的王朝和他自己的命以及她的小儿子伯服的命，爱妻褒姒也被掠走当玩物。首都镐京被烧成一片焦土，以后再也不能作为首都。周王朝只好把中央政府东迁到400公里外的洛阳，政府权威，荡然无存，王朝统一的局面逐渐不能维持，降而成为列国中的一员。姬宫涅制造了一个历史重大转折点，巨变开始，旧秩序结束，中国的历史开启了一个混乱、不安、分裂、内战频仍的局面，个个封国逐渐脱离中央掌握，各行其是，你方唱罢我登场的春秋时期开始了。周幽王的所作所为恰好印证了"和实生物，同则不继"的现实反面意义。周幽王作为一国之君，不专心搞政务，而一心只要满足自己的一私之欲，不顾国家利益和君王形象，谁

---

[1]　徐元诰：《国语集解》（修订本），王树民、沈长云点校，北京：中华书局，2015年，第470页。

给他的这么大的权力？因为他认为天下是姓周的，我是国王我说了算，人性的自私和毫无约束的政治体制，导致周幽王独断专行到胡搞的地步而没有人敢说个"不"字。

以上就是史伯生活的时代背景。这样的政治局面，这样的政治模式，作为一位史官，他最清楚，君主政治实际就是一人说了算，如果该君主头脑清醒，颇有智慧的话，在不耽误自己享受的同时，还能认清楚形势，知道自己肩上的责任和重担，任用贤人和能臣共同治理国家，比如开国的一两代君主。但是很多朝代升平日久之后由于特殊的传位方式，很多君主多是昏庸，自私自利，个人私欲无限膨胀，乃至于因为某个爱好、某个人、某件事情把国家搞砸的比比皆是，个人也身首异处或死于非命的更是数不胜数。正如著名历史学家柏杨先生所说的："有力量干掉帝王的，只有帝王自己，也只有他才有资格充当可怕的掘墓人——掘他自己性命的墓，掘他自己王朝政权的墓，和掘百千万别人的墓。"[①] 史伯对现实有着清醒的认识，又有着哲学家的智慧，他用生动的比喻和阴阳五行的道理，说明国家要治理好，作为国王或君主责任重大。不能一人说了算，要实行开明政治，虚怀若谷，广开言路；要认识到国家是大家的国家，天下是天下人的天下。国家体制、模式、属性实际上在"天下是天下人的天下"的理念统摄下，应该是一回事。

可惜，两千多年的政权文化生态一以贯之、一人说了算的政治体制，君主独裁的政治模式，一家一姓的国家属性，导致了无数亡国灭种的悲剧。如果历代国王君主能够真正领会史伯"和实生物，同则不继"的国家政治文化层面的意义，也许中国的历史会是另外一种模样。

---

① 柏杨：《帝王之死》，北京：人民文学出版社，2006年，"提要"。

简论钱耕森"大道和生"思想的哲学史意义和哲学意义

李勉映 *

（上海励景建筑设计有限公司，上海，201600）

摘要： 本文从哲学和哲学史两个视角论述钱耕森教授"大道和生"思想。钱教授认为，"生命哲学"是中国传统哲学的主流和本质。史伯提出的"和生"说为"生命哲学"，不仅早于老子的"道生"说和孔子的"天生"说，还早于古希腊最早的哲学家泰利士的"水生"说哲学思想，因此史伯是中国哲学甚至是世界哲学的第一人。钱教授"大道和生"思想是在新的历史条件下对史伯的"和生"思想的深入发掘整理的基础上，对中国传统的"生命哲学"的传承和发展。本文作者阐述并高度评价了"大道和生"思想的理论价值和思想史价值，还结合自己有关生命哲学思想做了一点补充，以冀能具有一定的启发意义。当否？请专家和读者多予指正。

关键词： 钱耕森；和生学；史伯；哲学；哲学史

钱耕森教授的"大道和生"哲学思想，无论在哲学史上，还是在哲学上的贡献都是有极大意义的。

先谈钱耕森教授"大道和生"思想的哲学史意义。

首先，"大道和生"思想是钱耕森教授在整理发掘西周时期史伯思想的基础上建树的。钱教授2015年3月在《光明日报》发表的《大道和生学》一文深入阐述了他的"和生学"思想。他说："史伯是西周末代天子周幽王的太史。周幽王八年（公元前774年），郑恒公任司徒。史伯在与他讨论西周命运时，提出了著名的'和实生物'说。我把它概括地称之为'和生学'"。① 钱教授指出世界万物是如何生成的问题，是一个形而上学的问题。对这个问题的回答，老子有"道生"说，孔子有"天生"说，而史伯有"和生"说。早于孔子、老子约二百几十年的史伯，无疑是老子和孔子的先驱。一般认为中国哲学史的起

---

* 作者简介：李勉映（1952—），男，浙江宁波人，上海励景建筑设计有限公司总经理，曾在安徽大学哲学系就读，中国哲学史方向研究生，主要研究方向为中国哲学，著有《生命：意志与历史》一书。

① 钱耕森：《大道和生学》，《光明日报》2015年3月2日，第16版。

始是由孔子定位的，所以钱教授提出的史伯是中国哲学史的起始之新说就使中国哲学的起点向前推了二百几十年。这一点多年来很多专家学者都给予了肯定，笔者在此就不赘述了。

第二点，古希腊最早的哲学家泰利士（约公元前624—前547年），解释了世界万物是如何生成的："泰利士哲学的基本命题是：水是世界的本原。在他看来，水是万物统一的基础和原因；万物从水产生，又还原为水；世界万物形形色色、千变万化，唯有水是不生不灭的。"[①]泰利士约早孔子几十年，而史伯早孔子二百几十年，这样史伯就比泰利士早了近二百年。这就把整个世界的哲学史也提前了。这个意义是巨大的。这点也已有很多专家学者给予了肯定，我也不再赘述了。我要补充的是下面几点：

第三，雅思贝斯提出的第一轴心时代，根据是几乎在同一时期，中国、希腊、印度、两河流域，这几个地区的文化出现了高峰，出现了它们各自的代表性人物。中国也是以孔子为坐标的，所以史伯的发掘与发现使得第一轴心期的起始时间也提前了，起码中国比希腊哲学要早了一百多年。我觉得第一轴心区的问题不是个小问题，因为当时的科技落后，文化的交流借鉴条件极其有限，而且这时社会还没完全发育，文化受社会历史的影响还较小，这种状态下有几种文化的高峰同时出现，说明了它是比较纯粹的能标志人类思维能力发育程度的，是一次比较纯粹的人类智力赛跑。而在这前四名中谁是冠军，一定意义上反映了这一人种的智力程度和人类当时能达到的智力高度，是值得探索并予以明确的。

第四点，中国和希腊文明轴心期时有一共同点，那就是当时都没有统一至上的人格神。古希腊是众神，这一点如果由史伯作为起点就尤为明显，因为史伯在探究"道"这个万物之"宗"之"源"时，仍没借用人格神去解答，这更难能可贵。当然孔子也是回避鬼神这个问题的，《先进》篇记载："季路问事鬼神。子曰：'未能事人，焉能事鬼？'曰：'敢问死。'曰：'未知生，焉知死。'"但孔子不着重本体论，他从没企图去解决万物的宗源问题，所以他不论鬼神与史伯不论鬼神还是有区别的。史伯是在探究本体问题时不论鬼神，那基本就是否定了另一个世界的存在可能，就是认为万物之源在现世的世界里就可以找到的。这一点与古希腊的一些哲学家的对本体问题的探索的态度是基本一致的，不仅体现了这两种文明的一致性，并且体现了这两支文化的更高一筹，因为从现今看来这两支文化的本源区域更为发达，与现代化结合得更好。当然，希腊文明后来与希伯莱的基督教文明结合了，可能由此发展得更好，但我想没有希腊的基于人的文明作为基础，从而导致文艺复兴、宗教改革那样的运动把神再拉向人，成为同时具有神与人两极的文化，西方的历史也不会这样去写的。这个问题我们另外有机会再谈吧。

第五点，古希腊文明在论述万物的本质时常用某种物质或物质现象来归结。比如泰

---

　　① 冒从虎、王勤田、张庆荣：《欧洲哲学通史》上卷，天津：南开大学出版社，1985年，第30页。

利士认为"水"是万物之源，巴门尼德则认为是"基质"，阿那克萨哥拉认为是"奴斯"，即一切基质的本源质（基质的基质），毕达哥拉斯学派则认为"万物皆数"，即"数"是万物的本源。这一切归结，比之史伯的"和"，其抽象能力总还是略逊一筹。因为上面这些总还离不开具体的物质或物质现象。而"和"虽也是一种物象，但它更是一种"道象"，涵盖的现象更普遍，从而也更具有哲学意味。

以上几个问题，相互关联，由于史伯是中国哲学史第一人，还可能是世界哲学史第一人，所以他的思维方式及其思想高度，代表了中国甚至世界的当时思维方式及其思想高度，所以更具有特别的意义。

下面再谈钱耕森教授"大道和生"思想的哲学意义。

"大道和生"的要义在"和"。和而生物。那么这个归结万物之宗的提法正不正确，或者是不是具有启发性价值？这就是它的哲学意义。这方面也会使它的哲学史意义得到加强。我觉得"和"为万物之宗，为大道的提法是正确且具有普遍的启发性价值的。此乃基于以下几方面考量。

一、所谓"道"、所谓万物之宗的东西必须具备一个条件，那就是必须涵盖万物、适用万物的生成和存在条件，但其本身不必是物。物是由多种元素组成的，高于物的应是组成的条件，而不能还是物。这一点如果确立，那"和"而生物就没有了问题，并且将其放在"道"甚至"大道"的位置上都没有了问题。因为没有各种元素在一定条件下实现了"和"，任何事物都很难生成而存在。相反如果把某一样物质作为万物的起源，那反倒是局限了我们的思维，是机械的了。可以说这样的物质很难找到。而且这样的思维也否定了物质的多样性。还有，前面说了，不把某种物质作为万物起源，可能是中国哲学起点高于希腊的地方，如果我们认为这点站不住，那这个"高于"也就站不住了。

二、以"和"为道，这样的归结和提法不仅满足了上述作为万物之道的必要条件，可以归结为道，也确实是准确的、很难再有其他选择的。因为，大道和生的"生"给出了另一个条件，那就是"生出""生成""生存"。而在这个前提条件下唯"和"适合。因为没有"和"，这几个"生"的存在是不可能的。任何新事物、包括新生命的诞生都离不开"和"，都是不同的、矛盾的事物经过"和"而达到"生成""存在"的结果。任何物体和事物都是由各种不同元素组成，如果这些要素不"和"就不会有新事物生成，也不会有"生存"或"存在"。所以既然讨论万物之根本、之条件、之前提，那么"存在"已是前置的条件，而这个"存在"必须以"和"为条件，那"和"岂不是万物之本？

三、大道和生学的主和说的哲学现实意义。以前人们曾片面地理解"对立的统一"或"否定之否定"基本规律，以至大搞阶级斗争，强调斗争哲学，最后酿成"文革"那样的大祸，这些都是以往的认识的教训。在对立的统一中把对立作为前置的、绝对的条件，认为统一是相对的，其实这是个误区。对立和矛盾是经常性的事物关系，但这不等于它就是"道"。我认为"道"有主体性意义，因为我们作为认知主体要认识客观规律是有目的性的，自觉或不自觉地这种主体性都会渗入人类的认识和行为中的。所以我们作为"类"的目的也是评判正确性的标准之一。一般地说，人类的价值目的是"生"，是存在。所以"和"作为"道"才是合适的。尽管事物的矛盾对立也贯穿于事物发展的始终，但"生"是依靠于"和"而不是依靠于矛盾对立。当然，这里的"和"还包括了解、把握各种不同条件和因素，改变它们不相适宜的部分，使之相互适应，从而产生新的事物或者形成新的局面。

强调矛盾斗争是否也能促进矛盾发展而使新事物产生了？也许也行，但这种方式是一味推进矛盾、扩大矛盾，使旧事物死亡，然后再生发新事物，而这种方式往往不符合人类的价值。当今世界科技高度发达，如果任用矛盾扩大的办法、用旧事物死亡再诞生新事物的逻辑去考虑问题，只会使这个世界毁灭、使人类灭亡。所以"大道和生"这一思想还有极强的现实意义。这种现实意义也证明了它作为"道"及至"大道"的合适性。

另外，"大道和生"确立了"和"而不是"合"的地位。这一点对我们把握好和合之度、把握好这二者之间的区别，也是很有现实意义的。"和""合"的区别主要在"合"具有"合并"的意思，而"和"是在确认各自主体仍存在的基础上的。我们说的"一分为二"作为认识论可以，作为本体论、道论要推敲；而同样"合二为一"我看也改动一下为"和而不一"为好。另外，"合"作为"道"那尤为是不合适，因为这就肯定了一方吃掉一方的方式，这就会造成世界的单一化、单极化。这样的东西作为"道"会是一种错误的，甚至会导致灾难的引领。当然"合作"这种"合"是可以的，但这种"合"其实也需"和"作为前提条件的，所以从"道"的意义上说莫如以"和"为道好。

四、对新生命哲学的启发意义。钱耕森教授在《"大道和生学"新的生命哲学》一文中谈到他对"大道和生学"的探索和构建。他说："'生命哲学'，是中国传统哲学的主流和本质。"[1] 他"将中国传统哲学中'道''和''气''生' 4 个重要的核心理念以及'和平发展'的时代精神，传承并发展为'大道和生学'的新的哲学体系"[2]。

要谈这个问题，我想结合 2009 年初出版的拙著《生命：意志与历史》来谈。这本书主要提出了一个生命整体观，认为生命整体是超越现实的存在，是在现实空间中看不到的、但又确确实实是存在的存在。因为我们每个人从生命意义上看都是不完全、不完整的。生命的基本要义之一是通过新陈代谢达到延续，而一个人是无法完成这种新陈代谢的，每一个单个的人都不行，所有个人的简单叠加都不能延续生命，也就不能代表生命这个东西的全部概念。只有两个不同性质的人的组合也许可以使生命延续，但两个人的意志是如何可能被组合了？这里一定要有一个共同的意志才行；然而不同的个人怎么会有共同的意志呢？这个意志的利益主体是什么呢？几乎所有的父母都甘愿为自己的子女

① 钱耕森:《"大道和生学"新的生命哲学》,《中华文化与传播研究》, 北京: 九州出版社, 2019 年, 第 3 页。

② 钱耕森:《"大道和生学"新的生命哲学》, 第 4 页。

付出很多，甚至牺牲自己的存在，如果生命仅是空间中可观察到的这些存在，那就无法说清这些意志的来源。所以可以肯定，有另外一种生命的存在，有另外一个意志发出者，它无关于个体自己的生存，甚至需要牺牲自己的生存利益、资源乃至生命本身。我认为这个意志主体应该定义为区别于空间现实中的个体生命，而称之为整体生命的。虽然在空间现实中我们看不到它，它在空间形态上只是虚，是无，但在意志上我们可以清晰地看到它的存在。从整体生命与现实个体生命的关系，我们更容易理解虚与实的关系。整体生命是虚在的，现实世界中找不到它，但如果没它我们的很多意志和价值就找不到来源，也找不到主体。比如道德，它的主体是什么？是神？是上帝？都不是，其实道德的利益主体就是生命整体这个东西。我们还有审美、爱、公正、平等这些意志的来源：其实都是生命整体。但这种生命整体在现实空间中没有独立的承载体，于是只有靠现实的、个体的生命去承载它，也就是说在现实中，每个个体身上有两种意志来源：一种是来源于整体生命的，一种是来源于个体生命的生存需求的。这使人类很矛盾和痛苦，并且人类一直想解决它，一直想找到另一个意志来源。德国哲学家康德曾提出一个"绝对命令"，就是你要对别人做什么事之前，你先要问一下，如果别人对你做同样的事你能同意吗？这个命令，实质就是通过位置的互换找到道德的律令。为什么位置互换就能找到道德的律令呢？其实要说有什么"绝对命令"，那这个"绝对"就是我们生命整体，因为我们都是这个整体中的一员，我们互相需要、互相支撑，才组成这个整体，所以我们是平等的、也同一的。这种平等性、同一性是通过互换位置而找到并落实到具体行为中的。

在康德之前很多年的中国也有一句名言，是伟大的中国哲学家孔子说的，那就是"己所不欲，勿施于人"，这句话与康德的那句异曲同工，其实也讲的生命因整体性而来的行为界定的可互换性。

前面我们已说过史伯要早孔子二百几十年，那么史伯谈没谈过这个问题呢？史伯说"以他平他谓之和"（《国语·郑语》）[1]。何谓"以他平他"？就是"以他度他"，就是以自己的标准度量他人能否接受，从而找到道德的边界。更重要的是，由上也就可以说从生命的普遍性、同一性，及其更根源的整体性找道德根据的道路，起源于中国、起源于史伯。钱耕森教授发掘出史伯"和生"思想的重要意义也就不言而喻了。

而且"以他平他谓之和"还点了"和"的精髓要义在于其表达了生命的整体性。关于这点参看史伯的还有一句话就更为明白"同则不继"。就是说相同性别的人是没有后代的。这是用最直接、最普遍、并可感知的案例，来说明"同"是不可为之事。生命是整体性与个体性的统一，现实生命的个体性存在，及其由于个体性而有的多样性发展，是生命整体自由发展并不断提高的前提条件。生命的这一特征，是"和"的必须性依据。从这一角度再去看"和实生物"就会明白"生"除了指新事物的生成的意思外，还有新

---

① 左丘明：《国语》，上海：上海古籍出版社，1978年，第515页。

生命诞生的意思。由此也可以说史伯的"和生"思想是新生命哲学的滥觞。也由此可以看出钱耕森教授提出的"大道和生学",把"和"与"生"关联并将其上升为大道的极其准确极其重要的哲学意义。

当前世界,各种宗教信仰和哲学思想及文化传统冲突而纷争,并成为这个世界分裂动荡的主要原因之一。新生命哲学有可能成为揭示文化冲突根源的想法,而这一想法的肇端竟是我们中国甚至世界的最早的哲人史伯,这很值得全世界的华人哲学家去探讨和光大,而这里的首功又当推钱耕森教授。大道和生学,实为大道而不虚矣。